HAMBURG SUB & POP

JUNIUS

DO-IT-YOURSELF-TOUR 1

STARTPUNKT

U-Bahn-Station St. Pauli [U 3]

ENDPUNKT

U-Bahn-Station Messehallen [U 2]

DAUER

etwa 1,5 Stunden

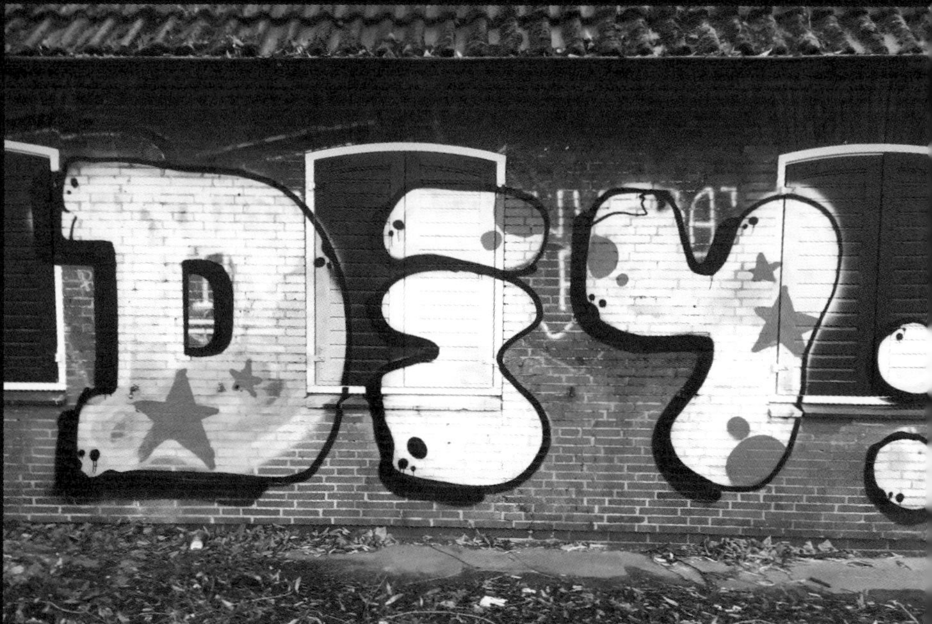

aber längst im Mainstream angekommen sind, zwischen Allbekanntem und Unbekanntem, zwischen Basisinfos für Neulinge im Thema und in der Stadt sowie dem Nerdtum, von dem ein solches Projekt letztlich angetrieben wird und lebt.

Inwieweit das gelungen ist und ob die Balance zwischen der wie immer streitbaren Berücksichtigung von Orten, Gruppen, Leuten und den notwendigen Auslassungen stimmig ist, liegt natürlich auch im Auge der Leser*innen dieses Stadtführers. Die Herangehensweise, seine Gegenstände mittels thematischer Spaziergänge durch die Stadt zu erschließen, soll es jedenfalls ermöglichen, die Subkultur im Wortsinne zu erleben, und mehr noch: auch als Gast oder vielleicht sogar als Aktivist*in daran zu partizipieren, sie am Leben zu erhalten und sie mitzugestalten. Denn darum geht es – um den Erhalt einer Kultur, die die Stadt erst lebenswert macht.

INHALT

HAMBURG SUB & POP ist die Summe einzelner Teile meiner Arbeit der letzten Jahre, aber keine Zusammenfassung von bereits Veröffentlichtem. Neben tatsächlichen Überschneidungen mit Themen, die mich seit längerem beschäftigt haben, und der Auseinandersetzung mit Organisationen und Szenen sowie deren Protagonist*innen bündelt das Buch vielmehr einige Motive, fügt sie neu zusammen und vertieft sie. Denn Sub- und Popkultur ist viel mehr als ihr auf den Benutzeroberflächen der Stadt sichtbarer Teil und sowieso mehr als das, was bloß mehr Spaß und Unterhaltung verspricht als die etablierte Kultur. Im urbanen Raum kristallisiert sie sich immer wieder in überraschenden und neuen Formen, sei es als ein Werk der Streetart, als spontanes soziales Projekt oder als ein musikalisches Erzeugnis, das nur zu einer bestimmten Zeit an einem bestimmten Ort möglich ist. Und auf diese Weise bestimmt Sub- und Popkultur die DNA einer Stadt, ist ihr individueller Kern, ein subversiver, progressiver, manchmal romantischer Teil von ihr und mit ihrem nicht immer realistischen Sinn für das Machbare politisch manchmal genauso kraftvoll wie mitunter eben auch naiv. Sie zu erhalten war unter anderem Ansporn zu diesem Buch, denn die Alternativkultur bestimmt die Lebensqualität einer Stadt für viele ihrer Bewohner*innen weit mehr als die sonstigen städtischen Infrastrukturen und muss deshalb der berühmte Stachel im Fleisch des Establishments bleiben.

Hamburg Sub & Pop soll eine Lücke schließen. Denn zwar gibt es vereinzelte Publikationen zu relevanten Orten und Figuren der jeweiligen Hamburger Szenen oder zu ganzen musikalischen und kulturellen Strömungen, wobei es sich naheliegernderweise größtenteils um Abhandlungen über die maßgeblich von Hamburg ausgehende und Deutschland prägende Punk- und Avantgarde-Bewegung sowie die sogenannte Hamburger Schule handelt. Aber letztlich sind diese Informationen doch weit verstreut, ob sie nun in Form von Zeitungsartikeln über legendäre Kneipen und Clubs wie das Onkel Pö, das Subito, Heinz Karmers Tanzcafé oder das Front vorliegen, ob als Buchveröffentlichung mit speziellem Blickwinkel wie der Band „Lass uns von der Hamburger Schule reden“ oder ob sie wie etwa die Ausstellung „Geniale Dilletanten“, die die Subkultur im Deutschland der 1980er Jahre zum Thema hatte, 2016 durch verschiedene große Museen tourte und in Hamburg im Museum für Kunst und Gewerbe Station machte, Solitäre der neueren Sub- und Popkulturgeschichtsschreibung sind.

Hamburg Sub & Pop ist also als Zusammenfassung bekannter und weniger bekannter, bereits ausführlich dargestellter und bislang eher vernachlässigter Teile der Sub- und Popkulturgeschichte der Stadt zu verstehen und erhebt weder Anspruch auf Vollständigkeit noch auf besondere Originalität in der Darstellung subkultureller Phänomene. Zu leisten war dabei ein gewisser Spagat – zwischen Underground und kulturellen Formen, die zwar aus der Subkultur stammen,

DER SLOGAN „Do it yourself" ist älter, als man denken sollte. Bereits 1912 forderte das US-Magazin „Suburban Life" seine Leser*innen unter diesem Motto dazu auf, die Dinge selbst in die Hand zu nehmen und die Wände selbst zu streichen. Ein ganz anderer Vorläufer waren die in den 1920er Jahren in Deutschland beliebten Bau- und Experimentierkästen, die Materialien zu autodidaktischer Forschung und eigener Praxis in Gebieten wie Naturwissenschaften und Technik enthielten, bevor sich der Do-it-yourself-Gedanke dann im England der 1950er Jahre mit Anschlüssen an die Arts-and-Craft-Bewegung des 19. Jahrhunderts breiter popularisierte. Der vor allem seit Anfang der 2010er Jahre verstärkt zu beobachtende und durch das Web 2.0 geförderte Trend der eigenen Gestaltung, Herstellung und Zurschaustellung von Hobby-, Haushalts- und Dekorationsobjekten, im Englischen als „Craft Art Design" bezeichnet, hat also eine lange Vorgeschichte.

Und damit ist der Begriff auch älter als eine andere, in Musikindustrie und bei Musiker*innen populäre Verwendung: die durch die Punkszene nämlich, in der der Do-it-yourself-Slogan in verschiedenen Ableitungen („DIY or die!") zu einem der zentralen Leitmotive wurde. Ralf Dörper, Musiker bei den Krupps (früher unter anderem S.Y.P.H.), beschreibt in Jürgen Teipels Standardwerk über den deutschen Punk-/New Wave-/NDW-Underground „Verschwende deine Jugend" den Kern der Idee wie folgt: „Der Grundgedanke war: ‚Jeder, der unten im Publikum ist, könnte genauso auf der Bühne stehen.' Und viele, die im Publikum standen – irgendwann standen die auch auf der Bühne." Alle können also im Prinzip alles oder es zumindest versuchen. Aber nicht die Übertragung des DIY-Ethos auf alle Bereiche und Medien des eigenen Wirkungskreises wie etwa Fanzines und freie Radios, Labels, Kneipen, Livemusik-Clubs oder die Mode hebt die DIY-Idee im Punk und später der HC-Szene oder der Riot-Grrrl-Bewegung von anderen Fortsetzungen des Gedankens ab, sondern die Tatsache, dass in diesem Kontext entstandene Musik und Produkte erstmalig kommerzielle Verbreitung fanden, während sich die Aktivitäten zugleich dem üblichen kommerziellen Verwertungskreislauf entzogen. Die DIY-Musikszene hat also immer als widerständiger Gegenentwurf zum Mainstream fungiert und tut es bis heute.

Während der Kerngedanke stets derselbe blieb, hat sich die Motivation der Do-it-yourself-Ethik in den letzten Jahrzehnten allerdings verschoben. Anfangs stellte das Selberherstellen von Produkten schlicht eine Möglichkeit dar, Geld zu sparen. Hinzu kam der Wunsch nach einem individuell gestalteten Erzeugnis, der Hoheit über den Produktionsprozess, seinen Ort und seine Dauer. Immer mehr rücken neuerdings der bewusste Umgang mit Ressourcen und der Wunsch, einer zur Wegwerfgesellschaft entwickelten Konsumgesellschaft persönlich entgegenzuwirken, wie er sich unter anderem in Repair-Cafés und Experimenten mit Upcycling widerspiegelt, ins Zentrum des DIY-Gedankens. Selbst aktiv werden ist allerdings auch als Versuch der persönlichen und kulturellen Selbstermächtigung, der Umkehr von (Macht-)Verhältnissen und des Aufweichens sozialer Vorgaben zu verstehen, wenn eine explizit politische Komponente auch nicht immer gegeben ist.

Die folgende Tour führt uns an Orte, an denen sich der Do-it-yourself-Gedanke auf vielfältige Weise in die Tat umsetzen lässt und seinen verschiedenen Motiven Raum gegeben wird. Allen gemeinsam ist, dass man Zeit mitbringen sollte – sei es, weil es sich um Kursangebote handelt, die an verschiedenen, aufeinan-

MUSIK ZUR TOUR

D.S.-13
DIY KILLED BY THE KIDS
aus dem Album »Killed By The Kids«
(Havoc Records 2001)

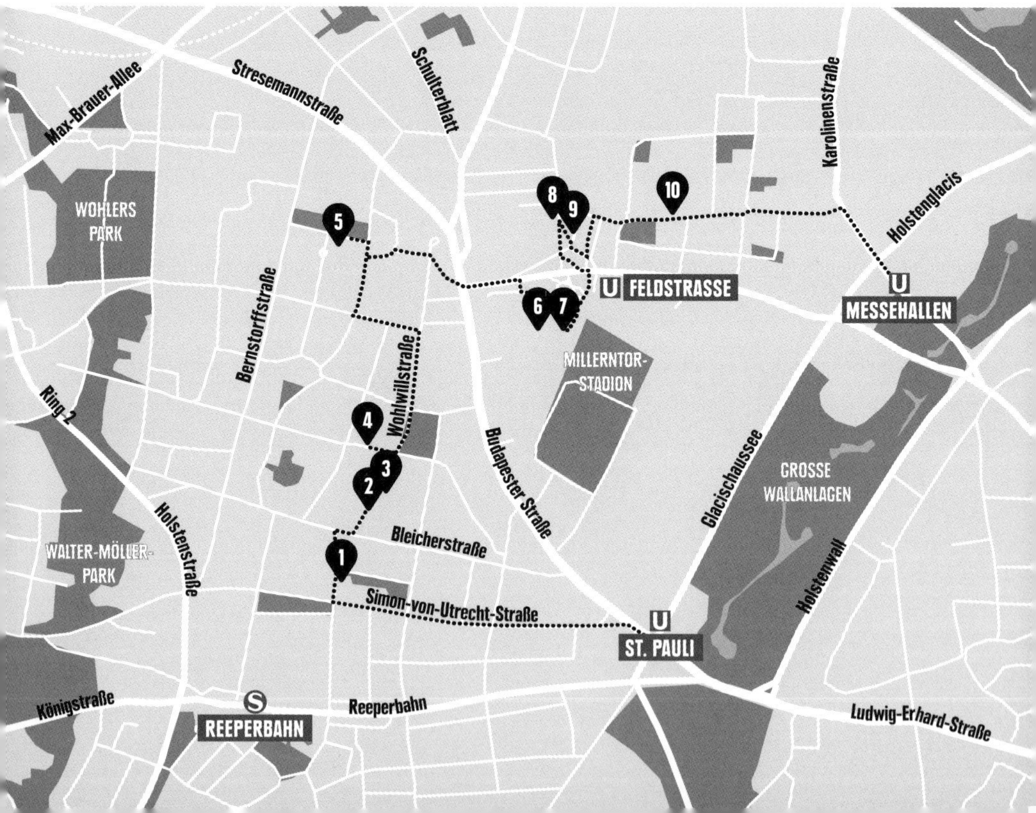

der aufbauenden Terminen stattfinden, oder um Engagement im Viertel, das auf Regelmäßigkeit angelegt ist und sich kaum in wenigen Stunden initiieren oder erbringen lässt. Diese Tour ist deshalb vor allem für alteingesessene Hamburger und Neuankömmlinge in der Stadt geeignet, die nicht nur kurz vorbeischauen, sondern etwas Neues entdecken möchten, um tätig zu werden und dabei Kontakte zu knüpfen.

Wir starten an der U-Bahn-Station St. Pauli. Mit Blick in Richtung der S-Bahn-Station Reeperbahn folgen wir der rechter Hand parallel zur Reeperbahn verlaufenden Simon-von-Utrecht-Straße bis zum ehemaligen Israelitischen Krankenhaus auf Höhe der Hein-Hoyer-Straße, in dem heute das Einwohnermeldeamt St. Pauli untergebracht ist. Der Urban-Gardening-Spot „Gartendeck" befindet sich direkt hinter dem Gebäude.

GARTENDECK 1

Simon-von-Utrecht-Straße 4
20359 Hamburg
➡ www.gartendeck.de

Seit 2011 gibt es dieses Urban-Gardening-Projekt auf St. Pauli, das sich zuerst auf dem Dach einer Tiefgarage in der Straße Große Freiheit befand und seit 2019 hinter dem 1841 erbauten und in den 1960er Jahren an diesem Standort aufgegebenen Israelitischen Krankenhaus eine neue Fläche gefunden hat.

Überlieferungen nach soll gemeinschaftliches innerstädtisches Gärtnern bis auf das Jahr 3000 v. Chr. in Mesopotamien zurückgehen. Die heute als Urban Gardening oder Urban Farming bekannten Formen, wie sie im Gartendeck-Projekt praktiziert werden, sind dagegen etwas neueren Datums und eine Weiterentwicklung des sogenannten Guerilla Gardening, einer subtilen, gewaltlosen Protestform bzw. eines Mittels zivilen Ungehorsams, deren Ursprünge in US-amerikanischen Großstädten der 1970er Jahre liegen.

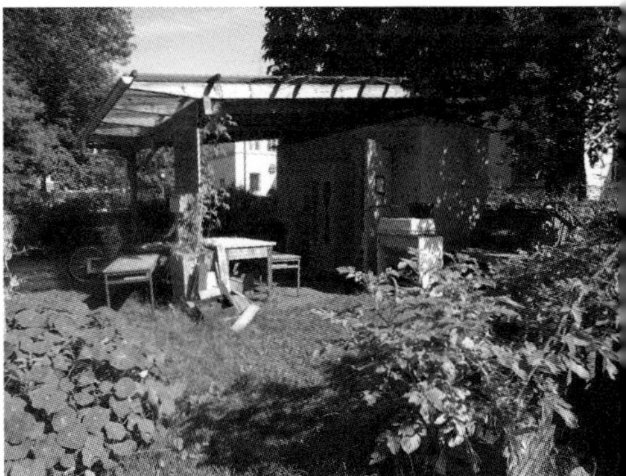

Die Motive der vor allem seit den 2000er Jahren in Europa aufkommenden Bewegung reichen von dem Wunsch nach Selbstversorgung und dem Grundgedanken wechselseitiger Unterstützung über Proteste gegen die Agrarindustrie bis hin zur Umgestaltung des öffentlichen Raums. So unterstützt auch der Verein Gartendeck e.V., der hinter dem Projekt steht, die Kampagne „Solidarische

Raumnahme“, in der sich verschiedene selbstorganisierte Stadtteilzentren, Nachbarschaftstreffs, Bauwagenplätze, kollektive Garten- und Wohnprojekte sowie soziokulturelle Einrichtungen zusammengeschlossen haben und die das Ziel verfolgt, mietfreie und kostenlose Raumnutzungen für all jene Menschen zu erlangen, die sich für das Gemeinwohl einsetzen.

Die für die Projektteilnehmer anfallenden Aufgaben sind naturgemäß abhängig von den Jahreszeiten. Dazu gehören die Aussaat und das Abernten, der Beschnitt, das Jäten von Unkraut oder die Entfernung von Schnecken und natürlich das Gießen, für das es einen eigenen Dienst gibt, weil die Pflanzen in den Gewächshäusern täglich gegossen werden müssen. Das Gartendeck verfügt auch über einen eigenen Bienenschwarm, der von der Regionalgruppe des Vereins Mellifera e.V. und einem Imker betreut wird. Dieser vermittelt unter anderem in Kursen die vom Verein vertretenen und angewendeten Grundprinzipien bei der Bienenhaltung und entwickelt sie zusammen mit Interessierten weiter. Der Verein ist auch im Internet zu finden ➡ **WWW.MELLIFERA.DE**

Beim Gartendeck kann jede*r mitmachen, auch ohne Beitritt zum Verein oder regelmäßige Teilnahme und außerdem über klassische Gartenaktivitäten hinaus – zum Beispiel muss man nicht Mitglied sein, um Workshops anzubieten oder an Yoga-Kursen teilzunehmen.

Vom Gartendeck bis zur nächsten Station sind es insgesamt nur etwa 300 Meter. Zunächst gehen wir die Talstraße Richtung Clemens-Schultz-Straße entlang. An der Einmündung befindet sich uns gegenüber ein netter Laden für gebrauchte Möbel, die RFI Gallery, die über einen Risographen verfügt und Risoprints verkauft, sowie das St. Pauli Tourist Office, dessen Mitarbeiter*innen unter anderem Stadtteilrundgänge anbieten. Neben dem Büro und Ladengeschäft, wo es unter anderem Bücher, Postkarten und andere Mitbringsel mit Hamburg-Bezug zu kaufen gibt, zweigt rechts die Wohlwillstraße ab, in die wir einbiegen und bis zur Hausnummer 10 gehen.

WOHL ODER ÜBEL 2

Wohlwillstraße 10
20359 Hamburg
➡ www.wohloderuebel.net

Es gibt wohl keinen Stadtteil Hamburgs, der in der Außenwahrnehmung so sehr für die gesamte Stadt steht wie das nur zweieinhalb Quadratkilometer kleine St. Pauli zwischen Hafen, Altona und Neustadt. Nachdem 1894 nur einige Teile der damaligen Vorstadt St. Pauli in Hamburg aufgingen, wurden mit dem Groß-Hamburg-Gesetz von 1937 auch die bis dahin zur selbständigen Stadt Altona gehörenden Gebiete, darunter unter anderem die Große Freiheit, Teil der

Hansestadt. Der heutige Stadtteil verfügt mit den geschichtsträchtigen Landungsbrücken, dem Rotlichtviertel und der Reeperbahn, die schon seit Jahrhunderten als Amüsiermeile diente, über einige weithin bekannte Attraktionen, die St. Pauli für viele auswärtige Besucher zu einem Synonym Hamburgs gemacht haben. Das dabei von Politikern, Stadtmarketing, Gewerbetreibenden und anderen Protagonisten gewünschte und erzeugte Image gefällt allerdings längst nicht allen Bewohnern des Stadtteils.

„Wohl oder Übel" ist eine von Anwohner*innen gegründete Initiative, die die mit diesem geschönten Bild einhergehenden sozialen und politischen Entwicklungen auf St. Pauli seit 2015 kritisch begleitet. Ob steigende Mietpreise im Viertel, kontroverse Bauprojekte wie etwa das sogenannte Paulihaus, der „Über-Tourismus" oder die Zukunft der seit Jahren leer stehenden und denkmalgeschützten Schilleroper, im Stadtteilwohnzimmer der Initiative in den ehemaligen Räumlichkeiten des Art Store St. Pauli finden Interessierte Raum für Ideen, Projekte, Anschluss an Initiativen oder einfach nur ein offenes Ohr für ihre Anliegen. Von Donnerstag bis Samstag gibt es verschiedene Veranstaltungen wie etwa Lesungen, Konzerte, Diskussionsabende, Filmabende und Ausstellungen – nur Partys gibt es nicht, denn davon, so sagen die Macher*innen, wolle man den schon von den Touristenmassen gebeutelten Anwohner*innen nicht noch mehr zumuten.

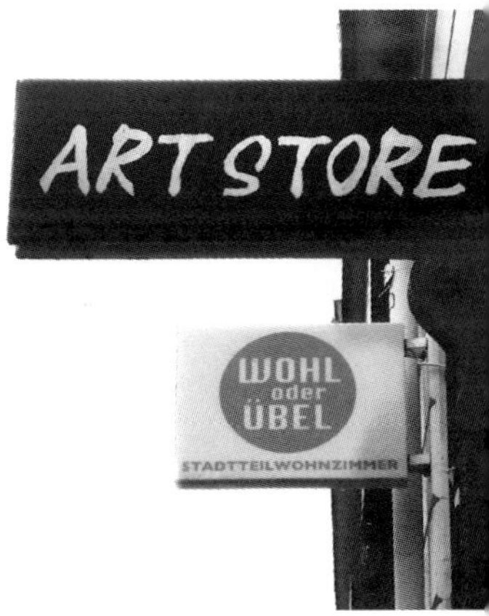

Die Initiative Wohl oder Übel ist nicht die einzige, die sich den Herausforderungen und Problemen des Stadtteils annimmt: Ähnliche Ziele verfolgen beispielsweise die Arbeitsgruppe St. Pauli Code JETZT! (PlanBude) oder die Initiative St. Pauli selber machen, die sich im Centro Sociale (siehe vorletzte Station dieser Tour) trifft. Die Anwohner-Ini Schilleroper oder die Feldbunker-Initiative hingegen setzen sich ganz konkret mit den namensgebenden Projekten auseinander und für sie ein (wie in ersterem Fall) oder organisieren Protest wie im Fall der Bunkeraufstockung.

Am Suicycle Bike Store & Rahmenmanufaktur und dem Kaffee Stark vorbei geht es nun zum Durchgang Jägerpassage. Dabei lohnt es sich, die Augen immer mal wieder auf die Fassaden, Laternenpfähle, Schilder und andere Flächen zu richten: Graffiti-Tags, Sticker und Streetart so weit das Auge reicht.

JÄPA VOKÜ

Wohlwillstraße 22 (Jägerpassage)
20359 Hamburg
➡ www.bewegungsmelder.org/futterkasten

Das linksalternative Pendant zu den von kirchlichen oder karitativen Trägern organisierten Suppenküchen nennt sich Volxküche und hat seinen heutigen Ursprung in der Hausbesetzer-Szene der 1980er Jahre. Die Schreibweise mit „x" signalisiert dabei die antinationale Haltung von Teilen der Szene, die den Begriff „Volk" als ein nationalistisches Konstrukt ablehnt und ihn deshalb verfremdet, zugleich aber am revolutionären Beiklang seiner linken Tradition festhält. Die im selbstverwalteten Zentrum Sauerkrautfabrik im Bezirk Harburg für die Gemeinschaftsküche gebrauchte Bezeichnung Küche für Alle (KüfA) geht hier noch einen Schritt weiter, indem sie auf alle Anklänge an den traditionellen Begriff der Suppen- oder Volksküche verzichtet und durch ihren Namen signalisiert, dass sie buchstäblich „für alle" und nicht nur für ein wie immer geartetes „Volk" offen ist.

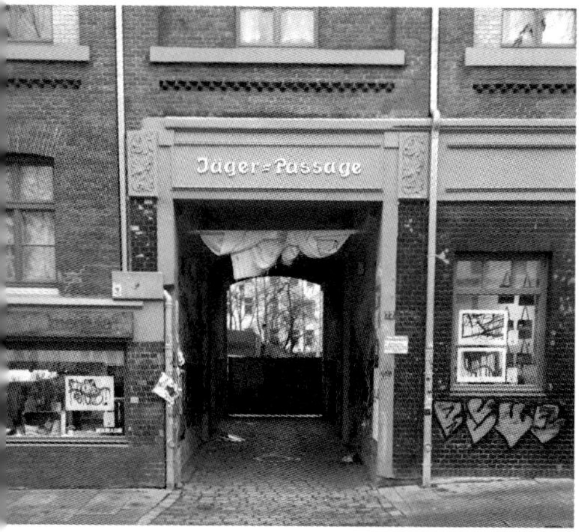

Gemeinsam haben alle Küchen dieser Art, dass hier gemeinschaftlich, meist einmal die Woche, manchmal öfter, zu regelmäßigen Terminen gekocht und das Essen anschließend zum Selbstkostenpreis oder darunter an Gäste ausgegeben wird. Dabei handelt es sich so gut wie immer um vegetarische, oft auch zusätzlich um vegane oder wie hier in der JäPa-VoKü um ausschließlich vegane Mahlzeiten, deren Zutaten aus Spenden und in manchen Küchen teilweise auch durch Containern zusammengetragen, hier jedoch von der Küchengruppe ganz regulär eingekauft werden. Die JäPa-VoKü ist eher als nachbarschaftliches Projekt zu verstehen und findet in den Räumlichkeiten eines alternativen Wohnprojekts in der Jägerpassage statt, jenes Komplexes in einem Hinterhof an der Wohlwillstraße, wo in den 1960er Jahren die berühmte Aufnahme John Lennons für das Cover seines später veröffentlichten Soloalbums „Rock 'n' Roll" entstand (siehe Plattenläden-Tour, S. 177). Während in selbstverwalteten Zentren VoKüs oft in Verbindung mit Konzerten oder im Anschluss an andere Veranstaltungen stattfinden, ist die Küche unabhängig von einem kulturellen Programm. Dafür bildet der Innenhof der Gebäude eine ruhige Oase in der einigermaßen quirligen Wohlwillstraße und bietet eine ganz besondere Atmosphäre aus nachbarschaftlichem Miteinander, Gemütlichkeit, Engagement und vielen Dingen, für die es sich lohnt, die Augen offen zu halten.

Die Jägerpassage verlassend, wenden wir uns nach rechts und passieren den Plattenladen Back Records sowie Strips & Stories, ein kleines Geschäft, das sich unter anderem auf Graphic Novels spezialisiert hat (siehe auch S. 140). Wir biegen links ab in die Brigittenstraße und gehen am Salon Schöne Brigitte vorbei bis zur Hausnummer 5. Das B-Movie-Kino befindet sich im Hinterhof. Der Eingang ist dank Beschilderung und Graffiti-Mural nicht zu übersehen.

B-MOVIE 4

Brigittenstraße 5
20359 Hamburg
⇒ www.b-movie.de

Seit 1987 befindet sich das kleine kommunale und ehrenamtlich geführte Kino B-Movie hier an seinem Standort. Nach Anzahl der Sitzplätze ist das Filmtheater mit seinen knapp sechzig Kinostühlen sogar das zweitkleinste Kino der Hansestadt überhaupt. Dass durch die gemeinnützige Organisation des Kinos kommerzielle Zwänge fehlen, nutzen die Kinobetreiber*innen für ein monatliches, thematisch kuratiertes Programm, das vor allem mit Genrefilmen, Exploitation-, Trash-, Underground- und Experimentalfilmen aufwartet. Die Filme, die oft von unbekannten Macher*innen stammen und im Anschluss an die Vorführungen zur Diskussion stehen, werden, sofern möglich, nicht nur in der Originalsprache, sondern auch im Originalformat gezeigt.

Regelmäßig wird das B-Movie als Spielstätte des Internationalen Kurzfilm Festivals Hamburg, der dokumentarfilmwoche hamburg, der Lesbisch Schwulen Filmtage Hamburg und anderer Filmveranstaltunen genutzt. Filme mit dem Fokus auf Polygender-Themen werden zudem einmal monatlich im Rahmen der Q-Movie-Bar gezeigt, und auch der Dokumentarfilmsalon auf St. Pauli und die Reihe Hörbar haben feste Termine in den Räumlichkeiten des Kinos. Letztere Veranstaltung stellt eine Möglichkeit zum Musikmachen und zur Vernet-

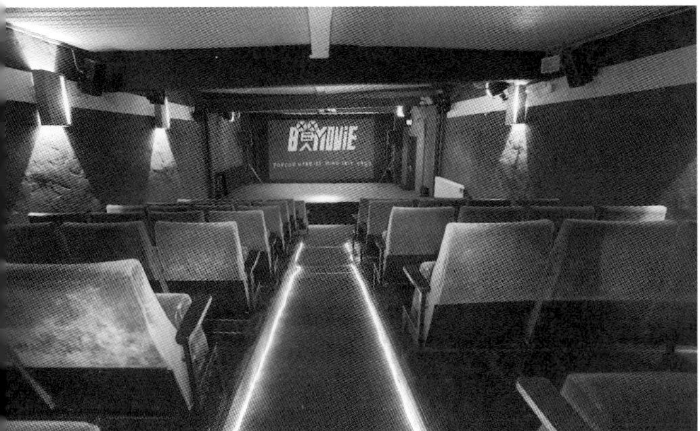

zung für Produzenten der experimentellen, atonalen und der Geräuschmusik dar. Dabei stehen auch medienübergreifende Projekte aus den Bereichen Film, Text, Performance und verwandter Formate im Mittelpunkt der Aktivitäten des hinter der Hörbar stehenden Vereins. Der geringe Eintritt von 3,50 Euro für Kinoveranstaltungen, die Vereinsstruktur und die vielfältige Nutzungsmöglichkeit der auch für Dritte offenen Räumlichkeiten, in denen auf einer kleinen Bühne hin und wieder auch Konzerte, Lesungen und andere Veranstaltungen jenseits des Films stattfinden, machen eine niedrigschwellige Teilhabe möglich.

Das B-Movie ist Teil des transeuropäischen Netzwerks Kino Climates, eines Zusammenschlusses unabhängiger Kinos, der sich für die freie Programmgestaltung und Diversität des Kinos einsetzt. In den Sommermonaten veranstaltet das B-Movie das Open Air am Stintfang, bei dem nahe der Jugendherberge oberhalb der Landungsbrücken ein Freiluftfilm gezeigt wird – Hafenblick inklusive.

Wir laufen zurück auf die Wohlwillstraße und biegen links ab, vorbei an dem Restaurant Remo und dem Kultimbiss Kleine Pause, wo sich Kiezbesucher zu jeder Tages- und Nachtzeit stärken können. Wir folgen der Straße, bis wir die beliebten Kneipen Eldorado und Toast Bar hinter uns gelassen haben, und biegen linker Hand in die Thadenstraße ein. Nach etwa 150 Metern geht es über die Lerchenstraße weiter, nach weiteren 150 Metern in den Lerchenstieg. Dort gehen wir bis zur Hausnummer 2.

ROCK KIDS ST. PAULI E.V. 5

Lerchenstieg 2
22767 Hamburg
➡ www.rockkids-stpauli.de

Gegründet wurde Rock Kids St. Pauli e.V. bereits 2001 von dem Soziologen Peter Achner, der dem Verein auch heute noch vorsteht. Achner, der zu der Zeit in einer Kindertagesstätte im Stadtteil arbeitete, gelang es dank Spenden, das aus Rasseln, Klanghölzern und Glockenspielen bestehende Angebot an Musikequipment der Kita um einige Instrumente auszubauen, mit denen sich Rockmusik machen lässt. Zuerst mit den Kita-Kindern, bald darauf unter dem Banner eines Vereins, brachte er fortan Kindern Instrumente und seine große Leidenschaft Rockmusik näher, war Achner in den 1970er Jahren musikalisch doch mit Bands wie Black Sabbath und Deep Purple sozialisiert worden und wirkte seitdem auch selbst in diversen Bands und Projekten mit. Seit der Gründung des Vereins, dessen Ziel es ist, Kindern und Jugendlichen niedrigschwellige, für alle offene und kostenlose Musik- und Kulturangebote anzubieten, heißt seine Band „St. Pauli Rock 'n' Roll Kids" – eine 15-köpfige Vereinsband, die allerdings nur eines von vielen Projekten des Rock Kids St. Pauli e.V. ist und auch nicht in St. Pauli, sondern in Altona probt.

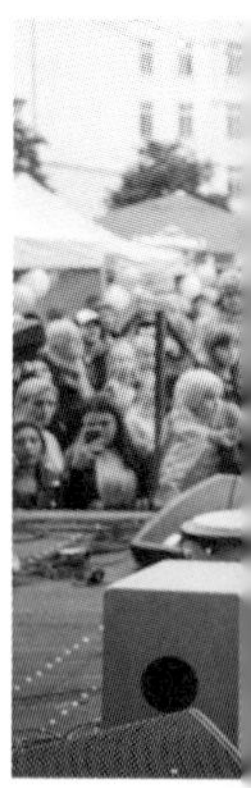

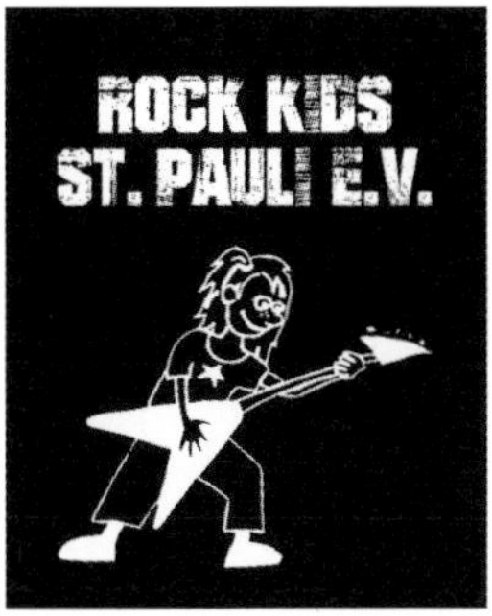

Überhaupt hat der Verein sein Angebot mit den Jahren auch auf andere Stadtteile erweitert und ermöglicht neben Musikkursen und Workshops auch CD- und Videoaufnahmen, Kooperationen mit Schulen und internationale Austauschreisen, die unter anderem nach Luxemburg, Dänemark, Belgien oder Polen führen. Ein Highlight für die kleinen Rockstars sind natürlich die Konzert- und Festivalauftritte mit der Vereinsband. Rund 15-mal im Jahr steht diese auf kleineren und größeren Bühnen und war unter anderem schon bei Veranstaltungen im Gruenspan, auf dem Spielbudenplatz, beim Hafengeburtstag, dem Bernstorffstraßenfest, in der Parkanlage Planten un Blomen und im Fanladen des FC St. Pauli zu Gast. Und wie es sich für eine echte Rockband gehört, besteht das Wirken der St. Pauli Rock 'n' Roll Kids nicht nur aus Bühnenauftritten oder Proben im Studio, sondern sie veröffentlichen natürlich auch auf CD: So findet sich die Formation unter anderem auf dem beim Hamburger Indie-Label Tapete erschienenen Sampler zum hundertjährigen Geburtstag des Clubs vom Millerntor, wo sie neben Künstlern wie der Terrorgruppe, Turbonegro, Bela B., Station 17 oder Björn Beton aka Schiffmeister von Fettes Brot vertreten ist.

Der Fußballklub unterstützt die Arbeit der Rock Kids auch über seine vereinseigene Plattform Kiezhelden, genauso wie beispielsweise der clubkinder e.V. oder die Künstler- & Managementagentur Oktober Promotion. Das Angebot des Vereins Rock Kids St. Pauli e.V. ist dank der Unterstützer nicht nur kostenlos, sondern erfordert bei offenen Projekten auch keine Anmeldung.

Vom Lerchenstieg geht es rechts zur Lerchenstraße, an der Straße Bei der Schilleroper werfen wir einen Blick auf die freigelegte Stahlkonstruktion des denkmalgeschützten und einsturzgefährdeten Gebäudes (www.schilleroper-ini.blogspot.com), um über einen Verbindungsweg zum Arrivati Park/Grüner Jäger zu gelangen und dort die Budapester Straße zu überqueren. Am zukünftigen Standort des umstrittenen Paulihauses entlang gehen wir zur Rindermarkthalle, die wir durch den Eingang zum Treppenhaus D betreten, um ins zweite Obergeschoss zu gelangen. Dort befinden sich Firmen, Initiativen und Vereine mit verschiedenen Bezügen zum Stadtteil und auch unsere nächste Station.

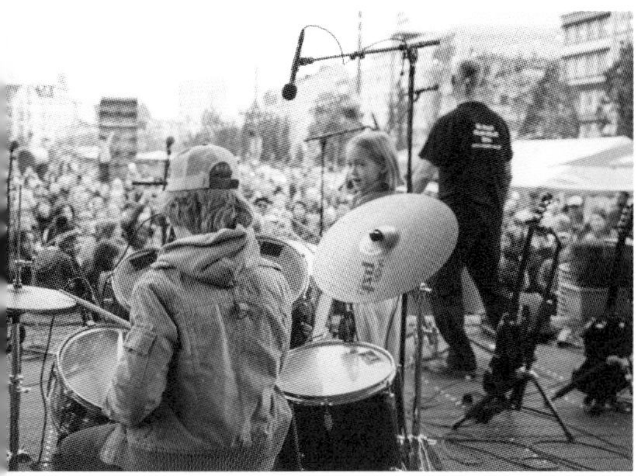

HOT SPOT
FAB LAB FABULOUS ST. PAULI

Um eine weitere Institution des DIY-Gedankens kennenzulernen, muss man sich derzeit in dessen Hamburger Exil im Oberhafen begeben. Dort befindet sich seit dem Auszug aus der Lerchenstraße 2019 das **FAB LAB FABULOUS ST. PAULI**, genauso wie es auf den Färöer-Inseln, in der kasachischen Hauptstadt Astana, in Kingston auf Jamaika, im japanischen Osaka, in der Bronx und in Indien sowie an gut 1300 weiteren Orten auf der Welt Fab Labs gibt.

Fab Labs sind lokale Produktionsstätten, die allen offenstehen und in denen Menschen mithilfe von computergesteuerten Maschinen wie beispielsweise einem 3D-Drucker Dinge selbst herstellen können. Zumeist handelt es sich dabei um Produkte, die man nicht kaufen kann und für deren Herstellung es spezieller Produktionsmittel bedarf, die die wenigsten Leute zu Hause haben – wie Lasercutter, CNC-Fräsen oder Schneideplotter zur präzisen Verarbeitung von Materialien wie Metall, Holz, Acryl, Kunststoff oder Plexiglas. Die Idee dieser Werkstätten für alle entstand vor einigen Jahren am Massachusetts Institute of Technology (MIT) in Cambridge, USA, das erste deutsche Fab Lab 2009 an der RWTH Aachen. Hinter den Fab Labs steht eine Bewegung, die primär drei Ziele verfolgt: eine kostenlose und leicht zugängliche technische Aus- und Weiterbildung, die Förderung von Innovationen, die aus der Mitte der Gesellschaft kommen, und den nachhaltigen Umgang mit Ressourcen wie eine entsprechende Gestaltung von Produktionsprozessen und natürlich ein diesen Kriterien entsprechendes Endresultat.

In Kontakt treten und die Räume und Maschinen nutzen kann jede*r, egal ob Anfänger*in oder schon mit Materialien und Geräten vertraut, die Mitglieder des Trägervereins Fabulous St. Pauli e.V. stehen jede*m mit Rat und Tat zur Seite. Die Kosten für die Nutzung von Materialien und Geräten werden dabei so gering wie möglich gehalten. In einigen Jahren soll das Fab Lab nach St. Pauli zurückkehren: Wie unter anderem das Rock-'n'-Roll-Hotel Kogge (vormals Bernhard-Nocht-Straße) und der Molotow-Club (jetzt: Reeperbahn) soll es in die neuen Esso-Häuser am Spielbudenplatz einziehen. Aber der Besuch im Oberhafen lohnt nicht nur wegen des exilierten Fab Lab St. Pauli: Im **KREATIVQUARTIER OBERHAFEN** hat sich in den letzten Jahren unter anderem als Außenstelle des Gängeviertels ein Coworking-Space für Filmschaffende, die **FILMFABRIQUE**, angesie-

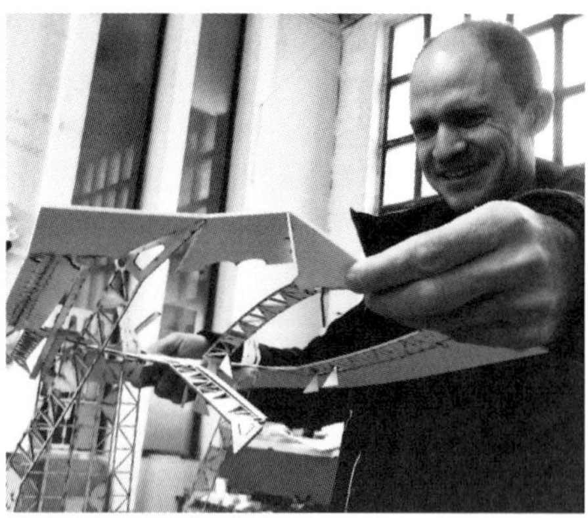

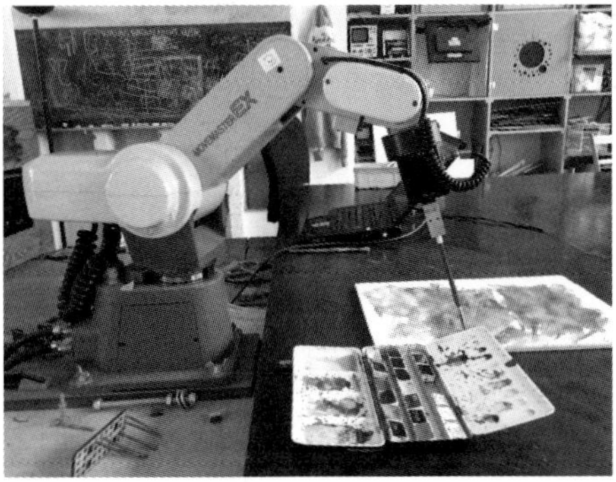

delt, und der Nachfolger des weit über die Stadtgrenzen bekannten Underground-Clubs Moloch, die anderswelt, findet sich ebenso auf dem Gelände wie Die Brüder Publishing, ein in Hamburg und Berlin ansässiger Independent-Verlag. Produziert wird hier das einzige englischsprachige Magazin über Hamburg mit dem Titel „gentle rain", zugleich ist der Verlag Veranstalter der jährlich stattfindenden Indiecon, einer internationalen Messe und Konferenz für unabhängige Magazine und Verlage. In der **HANSEATISCHEN MATERIALVERWALTUNG** wiederum finden sich allerlei Requisiten, Bühnenbilder, Möbel und Materialien aus dem Theaterfundus – eine Lagerhalle, in der eine Art ganzjähriger Indoorflohmarkt stattfindet. Sachen können dort gekauft oder gegen eine Gebühr ausgeliehen werden. ➡ **WWW.FABLAB-HAMBURG.ORG**

Den Oberhafen erreicht man mit der U4, Haltestelle HafenCity Universität, oder der U2, Haltestellen Steinstraße bzw. Meßberg, und dann zu Fuß weiter, zum Beispiel an den Deichtorhallen vorbei. Auch der Hauptbahnhof ist fußläufig gelegen.

NÄHSCHULE ST. PAULI 6

Neuer Kamp 31 (Rindermarkthalle)
20359 Hamburg
➡ www.naehschule-st-pauli.de

Seit 2015 gibt es die Nähschule St. Pauli am aktuellen Standort in der Rindermarkthalle. Rosi Bätz, Gründerin, Leiterin und Namensgeberin eines Modelabels, ist in ihrem Leben viel herumgekommen, bevor es sie erst nach Hamburg und dann in das hiesige Atelier verschlug, das auch die Nähschule beherbergt. Geboren in Berlin, dort, in München und in Karlsruhe aufgewachsen, machte Bätz zuerst eine Ausbildung zur Modedesignerin in der Hauptstadt, bevor sie unter anderem in den Ateliers von Wolfgang Joop und Vivienne Westwood arbeitete, Kostüme und Mode für die Bühne und für niederländische Kunden entwarf und kurzzeitig im Moderessort der Zeitschrift „Brigitte" tätig war.

Im Jahr 1993 übernahm Bätz dann die Leitung der Textilwerkstatt im Kursangebot des Vereins Luur-up e.V., der seit Mitte der 1980er Jahre für ein breites

Freizeit- und Werkstattangebot für Kinder und Jugendliche in dem sozial eher prekären Stadtteil Lurup sorgt. Es sollte der Auftakt zu einer Reihe ähnlicher Tätigkeiten wie der Leitung von Workshops oder des Textilunterrichts an Berufsfachschulen werden, denen Bätz auch heute noch nachgeht und die 2015 in die Gründung der Nähschule mündeten.

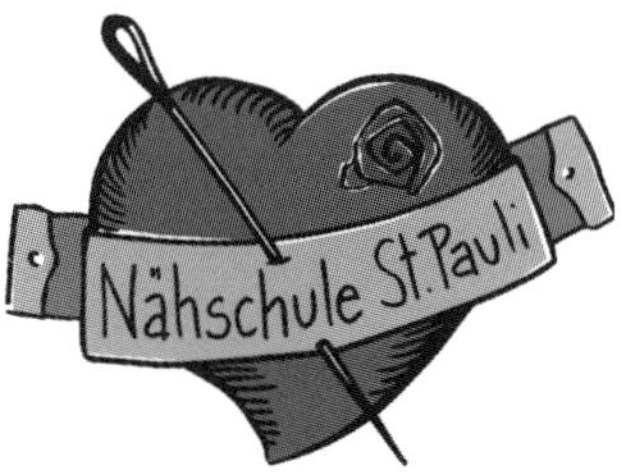

Seit 1996 betreibt Bätz außerdem das Modelabel unter ihrem Namen, dessen Atelier zuerst in der Sternstraße lag und das sich die Räumlichkeiten heute mit der Nähschule teilt. Dort bietet die Modedesignerin verschiedene Kurse zum Thema Nähen für unterschiedliche Niveaus von Anfänger*innen bis zu Profinäher*innen an. Man erfährt hier das Wichtigste über Stoff, Schnitt und Fadenlauf, erlernt den richtigen Umgang mit Maschinen und Materialien, aber auch Techniken wie das Stopfen, Flicken und Reparieren. Es werden Schnittmuster entworfen, in kleinen Übungen beispielsweise das Annähen von Knöpfen oder Reißverschlüssen, von Kragen und Taschen erlernt, und natürlich wird genäht. Die Maschinen werden gestellt, aber eigene Ausrüstung kann natürlich auch mitgebracht werden.

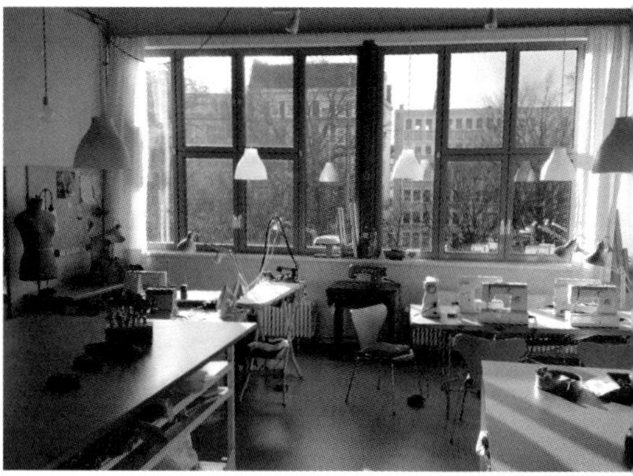

Und weil das Selbstherstellen und Reparieren von Kleidungsstücken an sich schon einen Gegenentwurf zu Fast Fashion und der Konsumlogik der Wegwerfgesellschaft bildet und in der Nähschule auch Upcycling Teil des Angebots ist, werden selbstverständlich auch die Maschinen dieser Philosophie gerecht: Sie sind gebraucht, stammen aus fünf Jahrzehnten, sind aber selbstverständlich tipptopp in Schuss.

Wir verlassen die Rindermarkthalle, überqueren ihren Vorplatz, dann die Feldstraße auf Höhe der U-Bahn-Haltestelle gleichen Namens und gehen in die linker Hand liegende Sternstraße am portugiesischen Café Estrela vorbei bis zur Hausnummer 17.

NACHLADEN. 7

Sternstraße 17
20357 Hamburg
➡ www.sternstundendeskapitalismus.de

Platten-, Fanzine- und Comic-Shop, Typo- und Designwerkstatt, Bibliothek und Ausstellungsraum – das alles ist der nachladen. in der Sternstraße auf nur wenigen Quadratmetern. Außerdem ist er Produktionsort des seit mittlerweile elf Jahren erscheinenden „Pareidolia Magazins“, herausgegeben von Tim Reuscher, dem Betreiber des nachladen. und der dazugehörigen und alles zusammenhaltenden Wortmarken-Plattform Sternstunden des Kapitalismus.

Seit 2008 bietet Reuscher im Laden Secondhand-Schallplatten aus dem Bereich Punk, Fanzines aus aller Welt und Comics an, die Fanzine-Bibliothek zum Stöbern und Lesen im Laden umfasst rund 600 Titel. Reuscher ist Grafiker, Illustrator und Mitgründer wie -betreiber des 2003 entstandenen Büros ITF Graphics, das Kund*innen wie unter anderem Ex-Berghain- und Panoramabar-Resident Efdemin, den Darmstädter DJ und Produzenten elektronischer Musik Roman Flügel, Pantha du Prince, Lawrence, Christian Naujoks, Stella, JaKönigJa oder Dirk von Lowtzow im Portfolio hat.

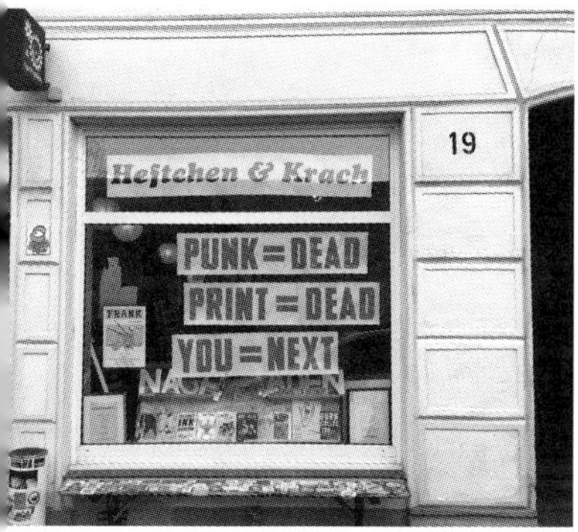

Seit 2016 findet sich im Laden eine Druckmaschine des japanischen Herstellers Riso, mit der im gleichnamigen und dem Siebdruck ähnlichen Verfahren Zines, Comics und andere Druckprodukte wie etwa Flyer oder Poster direkt im Laden hergestellt werden – als Einzelstücke oder in kleinen Auflagen, die auch direkt geschnitten und gebunden bzw. geheftet werden können. Die Wände des Ladengeschäfts werden regelmäßig für Ausstellungen grafischer und typografischer Arbeiten sowohl von einzelnen Künstler*innen als auch von Gruppen genutzt. Sie dauern meist drei Wochen, und nicht selten folgt eine Ausstellung direkt auf die vorherige.

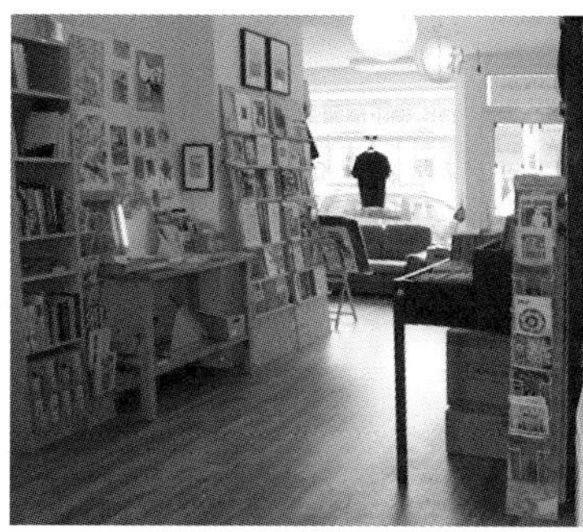

Im nachladen. befindet sich auch eine Annahmestelle der Hamburger Ortsgruppe des Vereins Second Bandshirt, der mit den Einnahmen aus dem Verkauf von gespendeten Bandshirts vor allem aus dem Punk- und HC-Bereich lokale antirassistische, soziale und karitative Projekte unterstützt.

Keine fünfzig Meter Fußweg sind es von hier bis zum selbstverwalteten Zentrum des Viertels, dem Centro Sociale. Dafür überqueren wir die Sternstraße schräg links und befinden uns gleich am Kopf des Backsteingebäudes, das das Zentrum beherbergt. Zum Eingang geht's einmal ums Eck.

CENTRO SOCIALE 8

Sternstraße 2
20357 Hamburg
➡ www.centrosociale.de

Die Macher*innen des autonomen Centro Sociale (ital. für Bürgerhaus, Bürgerzentrum) haben den Nachbarschaftstreff seit dessen Gründung 2008 als einen Gegenort zur zunehmenden Kommerzialisierung des Viertels etabliert. Nicht nur die nicht-kommerziellen Räume, die ohne Eintritt und Verzehrzwang betrieben werden, unterscheiden das Centro von den anderen Veranstaltungsorten im Umkreis des Karolinen- und Schanzenviertels. Das rund 500 Quadratmeter große denkmalgeschützte Backsteingebäude, das früher wie viele Gebäude rund um die Straße am Neuen Kamp zum einst hier ansässigen Schlachthof gehörte, ist bis heute im Besitz der Stadt und wird von einer früher städtischen, jetzt privatwirtschaftlich arbeitenden Firma verwaltet. Betrieben wird das Centro jedoch von einer Genossenschaft, ehrenamtlich geführt und weder von Sponsoren*innen, Stiftungen oder ähnlichen Geldgeber*innen noch durch städtische oder kommunale Mittel unterstützt.

Im Centro ist alles möglich, was sich die Mitglieder*innen der Genossenschaft dort vorstellen können: Partys und Konzerte, Lesungen, Filmvorführungen und selbstorganisierte Fortbildungen, Sprachkurse, politische Diskussionen, Seminare, Kindergeburtstage und Familienfeiern. Das Centro verfügt über verschiedene Räumlichkeiten unterschiedlicher Größe, einen Saal etwa, aber auch eine Werkstatt. Verschiedene Gruppen nutzen die hier vorhandenen Möglichkeiten, so beispielsweise die Initiative St. Pauli selber machen, das globalisierungskritische Bündnis Attac, die Rote Hilfe, aber auch nichtpolitische Gruppen wie die Fahrradselbsthilfe, die sich einmal wöchentlich zum gemeinsamen Klönen, Schrauben

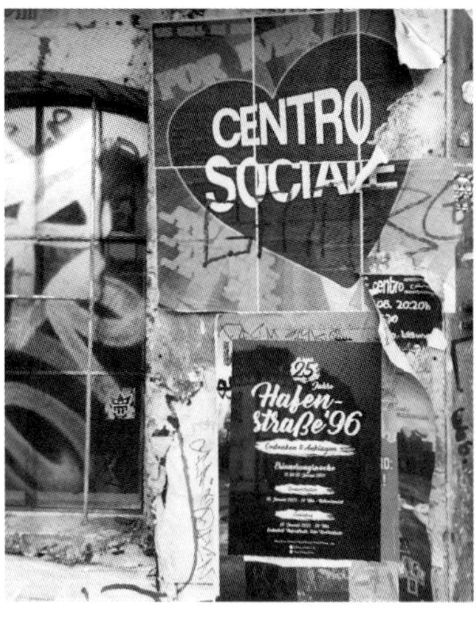

und Polieren trifft, oder Veranstalter von Theaterkursen für Kinder. Engagierte helfende Hände werden nicht nur immer gesucht, auch die Zugangsbarrieren

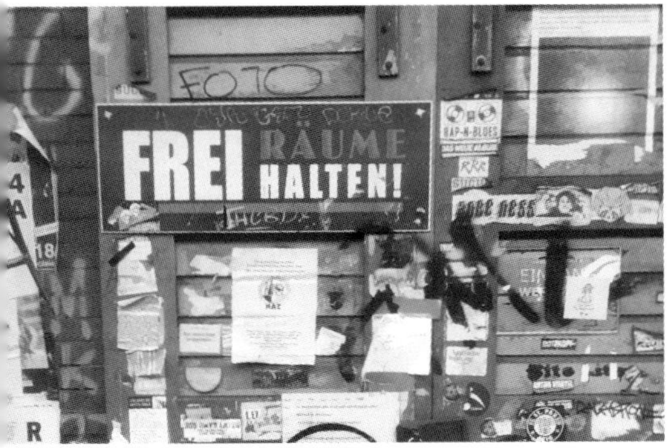

sind so niedrigschwellig gestaltet, dass das Angebot zum Mitmachen einlädt: Helfende und die, die es werden wollen, können sich online für Schichten eintragen – ohne vorab vorstellig oder gar Genossenschaftsmitglied werden zu müssen. Auch Mietanfragen können auf der Website gestellt werden, wo gleich ein Terminkalender über die Veranstaltung und damit die Belegung der Räume informiert.

Unser nächster und letzter Stopp ist nur etwa 200 Meter entfernt. Um dorthin zu gelangen, verlassen wir das Centro Sociale rechter Hand durch die Schlachthofpassage, passieren das Knust, die Freitreppe am Lattenplatz und überqueren hinter Smallville Records auf der einen und der Hanseplatte auf der anderen Seite die Gleise der U3 über eine kleine Brücke. An der Karo Ecke vorbei folgen wir der Marktstraße den Hausnummern absteigend bis zur Nummer 102, dem Ladengeschäft der Druck Dealer.

DRUCK DEALER 9

Marktstraße 102
20357 Hamburg
➡ www.druckdealer.de

Ähnlich wie der nachladen. bieten auch die Druck Dealer ein paar Straßen weiter Möglichkeiten zum Drucken, hier allerdings keinen Riso-, sondern klassischen Siebdruck. Und auch Ausstellungen nationaler und internationaler Künstler*innen finden in dem Laden in der Marktstraße statt. Dahinter stehen Nele Maack, Gesa Lange und Rolf Schade, von denen die beiden Frauen sich an der HAW (Hochschule für Angewandte Wissenschaften) während des Studiums kennenlernten und dort ihre Liebe zum Siebdruck entdeckten.

Angeboten werden nicht nur allerlei Kleidungsstücke und Printdesign der Druck Dealer wie befreundeter Partner*innen, darunter Originale, Skizzenbücher, Postkarten, Jutebeutel oder Buttons, sondern auch ein Druckservice. Dafür können die Textilien und andere Materialien sowohl mitgebracht als auch über den Laden bezogen werden. Dieser verwendet für Textildrucke hauptsächlich Textilrohlinge der Marke Earth Positive, die vegan, klimafreundlich, ökologisch und unter sozial verträglichen, fairen Bedingungen hergestellt werden.

Zu den Partner*innen gehören nicht nur Künstler*innen aus den Bereichen Grafik, Design und Illustration, sondern auch Verlage wie avant, Reprodukt, Rotopol oder der MamiVerlag, die unter anderem Comics, Graphic Novels und Bilderbücher für Kinder und Erwachsene verlegen. Das Veranstaltungsprogramm wird durch regelmäßige Buchpräsentationen, Lesungen oder Filmvorführungen ergänzt.

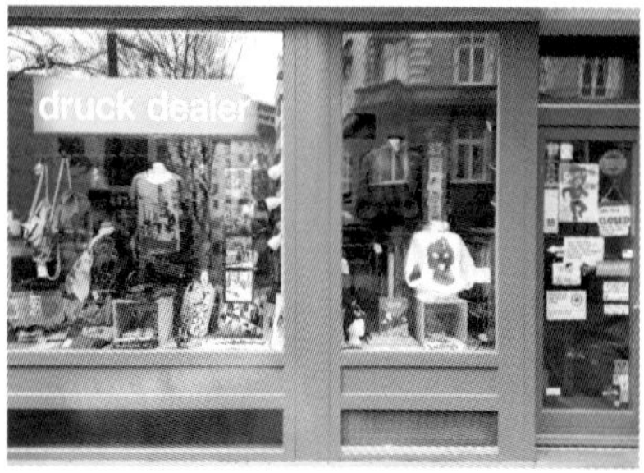

Die Marktstraße geht es nun etwa 400 Meter entlang. An der Einmündung in die Glashüttenstraße passieren wir das ehemalige BBQ-Restaurant Gefundenes Fressen des Rappers Samy Deluxe. Es ist zwar mittlerweile dauerhaft geschlossen, die Location wird allerdings von Samy Sorge, so der bürgerliche Name des Rappers, weiterhin genutzt, etwa zur Aufzeichnung seines Podcasts „Hochkultur". Die Marktstraße mündet in die Karolinenstraße, von der aus es links am Technoclub PAL, dem Hamburger Fernsehturm und diversen Messe-Gebäuden entlang ins Grindelviertel und zur Universität geht. Wenn wir rechts abbiegen, gelangen wir nach wenigen Metern zum Eingang der U-Bahn-Station Messehallen, dem Endpunkt dieser Tour.

NOCH MEHR ADRESSEN

URBAN GARDENING

KEBAPGARTEN
Schomburgstraße 6–8
22767 Hamburg
➡ www.kulturenergiebunker.blogspot.com
Garten des KulturEnergieBunker AltonaProjekts, daher der Name.

KRÄUTERGARTEN HAMMER PARK
Hammer Park, Eingang Caspar-Voght-Straße
20535 Hamburg
➡ www.krautwerke.de
Bereits seit 1982 bestehender, öffentlich zugänglicher Kräutergarten im Hammer Park. Beetpflege und Kräuterlese sind jede*r auch ohne Mitgliedschaft möglich.

FUHLSGARDEN
Steilshooper Straße/Ecke Langenfort
22307 Hamburg
➡ www.fuhlsgarden.de
Urban Gardening Projekt in Barmbek-Nord im sogenannten Grabeland. Neben Gemüsesorten und Kräutern gibt es Obstsorten und Bienenvölker. Fuhlsgarden kooperiert mit der Kita Die Kleinen Strolche, die die Fläche ebenfalls nutzt.

FAHRRADWERKSTATT

THE#BRAKE
Valentinskamp 28 B
20355 Hamburg
➡ www.facebook.com/thebrake-hamburg
Offene Werkstatt im Gängeviertel. Tresen, Schnack, spontane Öffnungszeiten über Telegram.

DIE SCHRAUBSTELLE – SELBSTHILFE FAHRRADWERKSTATT NUR FÜR FRAUEN
Glashüttenstraße 112
20357 Hamburg
➡ www.facebook.com/Die-Schraubstelle-Selbsthilfe-Fahrrad-werkstatt-179697058748207
Fahrradwerkstatt im Karoviertel von Frauen für Frauen.

FAHRRADLADEN ALTONA
Behringstraße 89
22763 Hamburg
➡ www.derfahrradladenaltona.de
Kommerzieller Laden, aber auch Hilfe zur Selbsthilfe unter anderem durch Kurse zum Thema.

SONSTIGE WERKSTÄTTEN

HAUSDREI E.V.
Soziokulturelles Zentrum HausDrei
Hospitalstraße 107
22767 Hamburg
➡ www.haus-drei.de
Holz- und Metallwerkstätten mit Maschinen und Werkzeugen zum Deichseln, Sägen, Fräsen. Auch Repair-Café.

DIE MOTTE
Eulenstraße 43
22765 Hamburg
➡ www.diemotte.de
Vielfältiges Veranstaltungs-, Kurs- und Werkstättenangebot für alle Interessierten. Zehn Werkstattgruppen unter anderem für Siebdruck, Video, Foto, Keramik, Fahrradreparatur, Gärtnern, Angebote ausschließlich für Mädchen und mehr.

VOKÜS

➡ www.bewegungsmelder.org/futterkasten
Übersicht zu allen Hamburger Volxküchen mit Öffnungszeiten, Angeboten und Preisen/Spendenhöhe für die Mahlzeiten.

ELEKTRONISCHE MUSIK-TOUR

2

STARTPUNKT

U-Bahn-Station Messehallen [U2]

ENDPUNKT

S-Bahn-Station Hammerbrook [S3, S31]

DAUER

etwa 2 Stunden

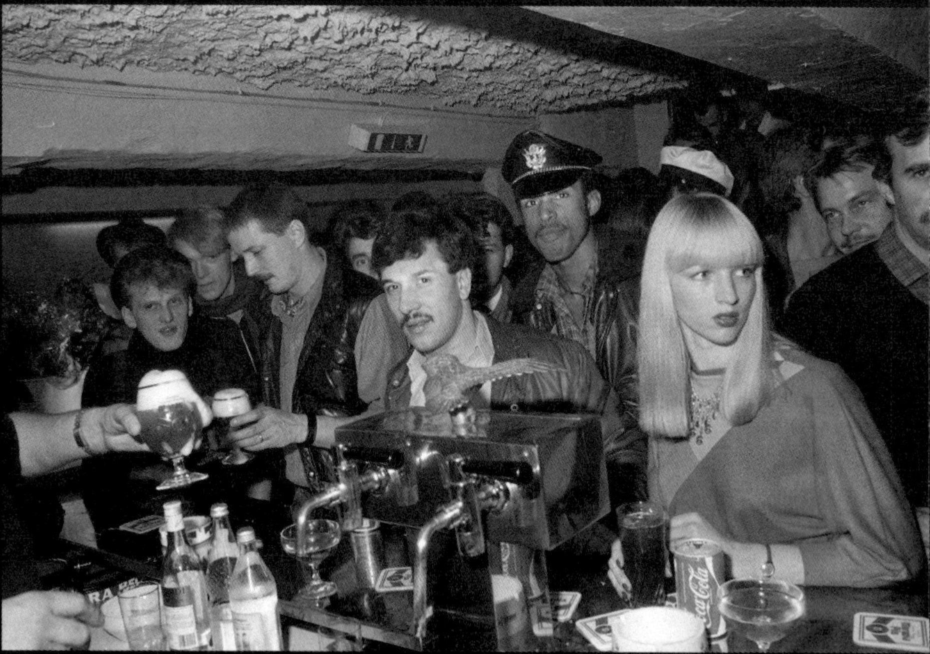

B**ETRACHTET MAN** die Musikkulturen der letzten Jahrzehnte, dann ist Hamburg vor allem für die Punk- und Avantgarde-Subkultur der 1980er, die Hamburger Schule und die in den 1990er Jahren entstandene lokale Hip-Hop-Kultur bekannt. Die hiesige Szene für elektronische Musik steht dagegen bis heute im Schatten Berlins. Das ist nicht weiter verwunderlich, hat die Hauptstadt als einer der Geburtsorte von Techno und eines der Hauptziele des Partytourismus für Generationen von Raver*innen und anderer Subkulturen doch bis heute eine immense und immer noch wachsende Anziehungskraft. Nicht anders verhält es sich auch mit den elektronischen Subgenres und den dazugehörigen Undergroundkulturen, deren Entstehung so gut wie nie mit Hamburg in Verbindung gebracht wird, sondern hauptsächlich mit Berlin und Frankfurt, aber auch mit Köln und München. Ein mit der Stadt verknüpftes Branding spezieller elektronischer Klänge, wie es beispielsweise der Begriff „Sound of Frankfurt" für die bis Ende der 1990er Jahre im Rhein-Main-Gebiet entwickelte Soundsprache von Hi-NRG bis Trance darstellt, gibt es in Hamburg nicht. Und auch eine unauflösliche Verbindung der Stadt mit einem bestimmten Stil, wie sie etwa für Minimal Techno und Köln besteht, sucht man in Hamburg vergeblich.

Als 1983 in den Kellerräumen des monumentalen Kontorhauses Leder-Schüler am Heidenkampsweg das **FRONT** seine Türen öffnete, war dies allerdings eine spezielle Hamburger Premiere mit weitreichender Bedeutung: Deutschland hatte seinen ersten Club für House-Music (Abb. links). Allen voran der damalige Resident-DJ und heutige Fashion Director des Zeit Magazins **KLAUS STOCKHAUSEN** prägte den Sound des FRONT bis zu Beginn der 1990er Jahre, bevor er seinen Job hinter den Turntables gegen eine Karriere als Stylist und Redakteur in der Modewelt tauschte. Mit dem FRONT schufen der Betreiber **WILLI PRANGE** und sein Lebenspartner **PHILLIP CLARKE** einen Ort, an dem das Club-Erlebnis, wie wir es heute kennen, entstand, und trugen so die Disco-Ära endgültig zu Grabe. Eine wummernde Anlage, Lichtshow, exzessive und substanzreiche Partys: Das FRONT entwickelte sich in kürzester Zeit zu einem weit über die Stadt hinaus bekannten Club und erlangte als Safe Space darüber hinaus eine erhebliche Bedeutung für die Schwulenszene Hamburgs, auch wenn es nie zum reinen Gay-Club wurde. Auf seinem Höhepunkt galt das FRONT als die Hamburger It-Location schlechthin, war allerdings zu weit vom Geschehen auf dem Kiez entfernt, als dieser sich zum Zentrum des Clublebens in Hamburg entwickelte. Auch mit der wachsenden Popularität von Techno in den 1990er Jahren konnte der House-Club nicht mehr mithalten und verlor zusehends an Bedeutung. Im Jahr 1997 musste das FRONT schließen.

Und was tat sich sonst zu der Zeit in der Hamburger Clubszene? Ebenfalls am Anfang der 1980er Jahre eröffneten der heutige Betreiber des Uebel & Gefährlich **WOLF VON WALDENFELS** und der Gastronom **GÖTZ ACHILLES** das **ALLES WIRD GUT** und machten nach dessen Ende ab 1986 den **FUN CLUB** im Hinterzimmer der Kneipe **EIMER** in der

Elbchaussee. „Das gängige Club-Koordinatensystem in Hamburg Mitte der 80er", erinnert sich der DJ, Autor und Labelbetreiber Finn Johannsen in einem Beitrag über das FRONT, „bewegte sich irgendwo zwischen Mod-Kultur und Northern Soul sowie Post-Punk und Wave". Zu den Locations, die Vorreiterrollen bei der Entwicklung der Clubkultur in Hamburg und bei der Etablierung elektronischer Musik als primäre Clubmusik einnahmen, zählt Johannsen neben dem **VOILÀ** und dem **STAIRWAYS** auch das **KIR** und das dem legendären New Yorker Studio 54 nachempfundene **TRINITY**, eine Popper-Disco, die Maßstäbe bei Konzept, Licht und Sounds setzte. In Poppenbüttel gegründet, entwickelte sich das Kir, das es zwar noch heute gibt, aber keine ganz so bedeutende Rolle mehr spielt, erst an der Max-Brauer-Allee, wo es von 1987 bis 2003 residierte, zur Institution. Wer The Sisters of Mercy, Depeche Mode oder The Cure liebte, ging hier am Wochenende aus. Auch Konzerte gab es neben den Wave-Partys – und was für welche: Die Ärzte, New Model Army, Soundgarden, Björk, Kurtis Blow standen auf der winzigen Bühne, bevor sie wenige Jahre später Hallen füllen sollten.

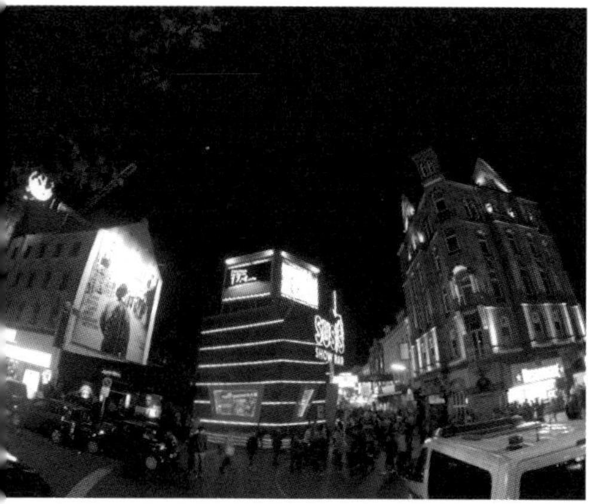

Einem anderen wichtigen Club der späten 1980er und der 1990er Jahre hat der Regisseur Sebastian Schipper ein Denkmal gesetzt, indem er dort die Party-Szene seines legendären Hamburg-Films „Absolute Giganten" drehte: dem **TEMPELHOF**, das ab 1989 für über ein Jahrzehnt die elektronische Szene Hamburgs prägen sollte. Heute befindet sich an seiner Stelle am Hamburger Berg 13 das headCrash, wo Punkrock und Metal zu Gehör gebracht werden. Der Tempelhof Club war Teil der zunehmenden Konzentration entscheidender Hamburger Clubs auf dem Kiez, die in den 1990er Jahren begannen, das heutige Bild des Ausgehviertels zu prägen, auch wenn dann nur der legendäre Hardtechno-Schuppen **TUNNEL** seine Stellung behaupten und sich nach mehreren Umzügen einige Jahre am Ende der Reeperbahn halten konnte (Abb. oben). Anfang 2021 musste der Club einem Hotelneubau weichen, soll dem Vernehmen nach aber an einem anderen Ort weitergeführt werden. So kommen Raver*innen heute auf dem Kiez nur noch im **BAALSAAL** und einigen Clubs auf der Großen Freiheit wie etwa dem **H1** und dem **BKI:KIEZINTERNAT** auf ihre Kosten, während es viele, teilweise legendäre Läden schon lange nicht mehr gibt: Namen wie **UNIT**, **OPERA HOUSE**, **SHANGRI-LA** und spätere Clubs wie **PHONODROME**, **CLICK** und **ECHOCHAMBER**, die alle bis 2005 am Nobistor residierten, oder der von den DJs und Produzent*innen **SOLOMUN** und **MAGDALENA** eröffnete Club **EGO**, der sich von

2009 an fünf Jahre lang in der Talstraße befand, sind bestenfalls noch den Älteren ein Begriff.

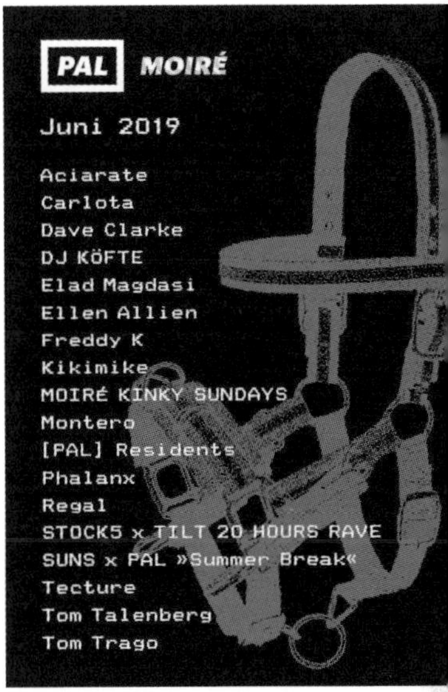

Als einzigen reinen Technoclub kann Hamburg heute neben den erwähnten Kiez-Clubs nur noch das 2014 gegründete **PAL** vorweisen, denn auch wenn andere Clubs für die lokale, überregionale oder sogar internationale Elektroszene eine gewisse Rolle spielen, werden sie doch hauptsächlich anderen Kontexten zugerechnet. Dazu gehören der **GOLDEN PUDEL CLUB** am Hafen, dessen Programm sich von den frühen 2000er Jahren an von der bis dato gitarrenlastigen Ausrichtung auch zu einem international wahrgenommenen Ort für Elektronisches entwickelte, das **UEBEL & GEFÄHRLICH**, das **FUNDBUREAU** oder der **WAAGENBAU**. Aber auch neben diesen größeren Clubs mit Schnittflächen zur Elektroszene sind die Subkulturen elektronischer Musik und ihre Orte in Hamburg vielfältig: Der **KACHELRAUM** im Künstlerhaus frappant e.V., die **ROTE FLORA**, die **SCHALTZENTRALE** im Bille-Kraftwerk, die **ASTRA STUBE**, der **ANGEL*KLUB**, **KAMPNAGEL**, das **HAFENKLANG** oder das **GÄNGEVIERTEL** sind wichtige Spielstätten, Treff- und Bezugspunkte für Künstler*innen, Veranstalter*innen, Labels und Fans dieser Musik in ihren verschiedenen Facetten, ohne dass sie in der breiteren Wahrnehmung hauptsächlich für das Genre stehen. Die Bandbreite reicht dabei von Drum 'n' Bass und Dubstep beim **WOB!WOB!** im Hafenklang über Italo Disco und Tropical House in der Schaltzentrale, Veranstaltungen auf Kampnagel, die sich in den Koordinaten von Elektronik und Tanz/Performance bewegen, bis hin zu Aufführungen des renommierten Ensemble Resonanz, das gemeinsam mit Musiker*innen wie RVDS, Felix Kubin und Phuong-Dan die Grenzen von klassischer und populärer Musik aufhebt.

Und trotz des Schattendaseins, das die elektronische Musikszene der Hansestadt vor allem international fristet, hat sie doch eine Reihe einflussreicher Akteur*innen hervorgebracht. Zu ihnen gehört etwa **BORIS DLUGOSCH**, der neben Klaus Stockhausen in den 1980er Jahren langjähriger Resident des FRONT war. Mit seinem Remix des Moloko-Stücks „Sing It Back" von 1999 landete die britische Formation einen weltweiten Clubhit, der sich auch in den nationalen Charts weit oben positionieren konnte und längst als Klassiker gilt. Dlugosch war zu dieser Zeit längst kein unbeschriebenes Blatt mehr. Bereits 1991, mit Anfang zwanzig, hatte er als Mitglied von VDT (Vorsprung durch Techno) mit „Tanzlust" eine erste 12-inch-Platte veröffentlicht, die damals bei **CONTAINER RECORDS** erschien. Im Anschluss an den Moloko-Erfolg konnte Dlugosch dann eine Reihe Remixe auch für andere Größen der elektronischen Musik (u.a. Röyksopp, Jamiroquai, Daft Punk u.a.) und zugleich für Weltstars der Popmusik wie Mary J. Blige, Mariah Carey und a-ha fertigen. Der Remix von „Sing It Back“ bildete so nicht nur den Anfang einer Karriere als Schöpfer der vielfältigsten Neuaufnahmen, sondern auch einer bis heute andauernden Zusammenarbeit mit Moloko-Sängerin Róisín Murphy.

Ebenfalls 1999, im Jahr von Dlugoschs weltweitem Mixerfolg, hoben **PETER KERSTEN** (Lawrence), **PAUL KOMINEK** (Turner) und **DAVID LIESKE** (Carsten Jost) in Hamburg das Label **DIAL** aus der Taufe, das sich durch zahlreiche einflussreiche Veröffentli-

MUSIK ZUR TOUR

DAVID AUGUST
HAMBURG IS FOR LOVERS
von der EP »Peace of Conscience«
(Diynamic 2011)

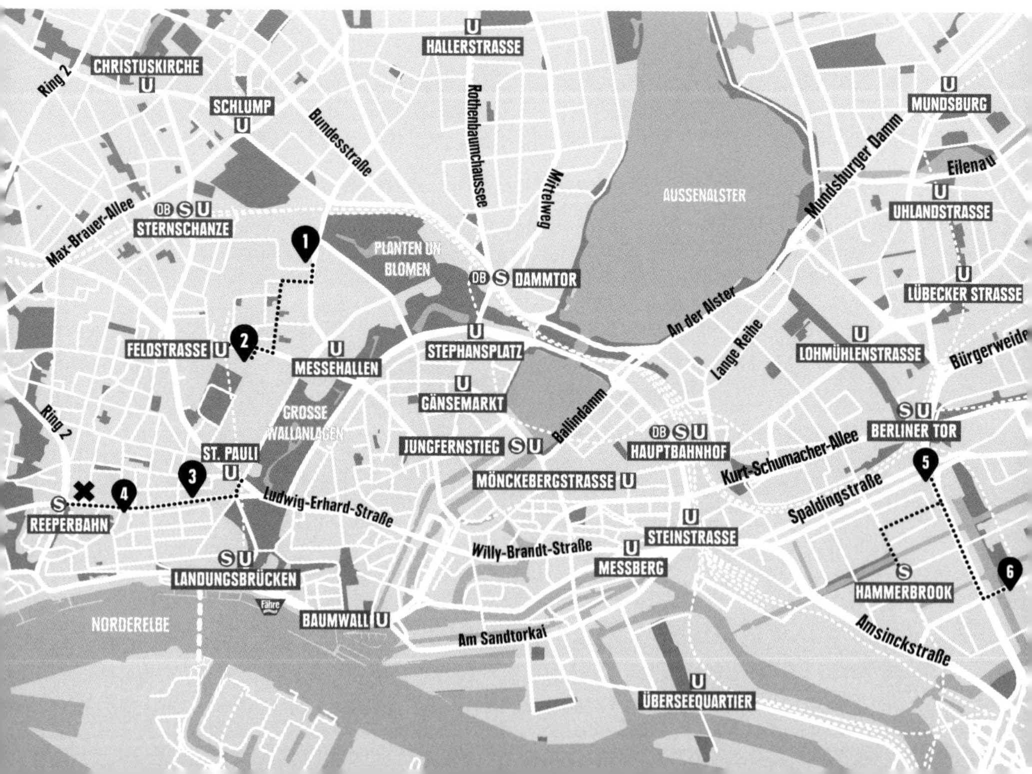

chungen von Künstler*innen wie Pantha du Prince, Efdemin, DJ Richard sowie der Labelbetreiber selbst unter Freunden elektronischer Musik weltweit einen exzellenten Ruf erspielen konnte und mittlerweile in Berlin ansässig ist. Lawrence war einige Jahre später auch an der Gründung des **SMALLVILLE RECORD STORES** in der Hein-Hoyer-Straße beteiligt, hat sich aber mittlerweile daraus zurückgezogen. Heute werden der Laden und das seit mehr als zehn Jahren existierende zugehörige Label gleichen Namens von **JUST VON AHLEFELD** und **JULIUS STEINHOFF** geführt, die auch als Duo **SMALLPEOPLE** firmieren und zugleich unter verschiedenen anderen Namen solo aktiv sind. Plattenladen und Label, für dessen Corporate Design von Beginn an der Künstler Stefan Marx verantwortlich war, sind weit über die Landesgrenzen hinaus bekannte Institutionen.

Ebenfalls bereits auf eine längere Geschichte kann das Label **DIYNAMIC MUSIC** zurückblicken. Der in Ottensen aufgewachsene, vielfach ausgezeichnete DJ und Produzent **SOLOMUN** etablierte es ab 2006, veröffentlichte Künstler*innen wie Kollektiv Turmstraße, H.O.S.H., Stimming, Adriatique sowie seine Schwester Magdalena und wuchs in der Folge selbst zum DJ mit Starstatus heran, der es inzwischen auf Millionen Follower sowie eine eigene Residency auf Ibiza (Solomun +1) gebracht hat und außerdem einen eigenen Charakter in der populären Videospiel-Reihe „Grand Theft Auto" verkörpert.

Eine Auszeichnung der besonderen Art gewann 2017 die Hamburger Musikproduzentin und DJane **HELENA HAUFF**: Ihr „Essential Mix" für die renommierte gleichnamige Sendung auf BBC Radio 1 wurde als Mix des Jahres ausgezeichnet – als erster Mix einer Frau überhaupt, nachdem das von DJ Pete Tong moderierte Format bereits seit 25 Jahren bestand. Seit ihrem Debüt auf Actress' Label Werkdiscs im Jahr 2013 hat sich Hauff kontinuierlich in den Kreis der Weltstars elektronischer Musik vorspielen können und mit ihrem „dunklen, düsteren, grobkörnigen Sound" (so die „SPEX") Kolleg*innen und die Fachpresse begeistert. Der „Spiegel" nannte sie den „Shootingstar der deutschen Techno-Szene", der „Rolling Stone" zählte ihr Debüt „Discreet Desires" von 2015 zu den besten Platten des Jahres, und Veranstalter*innen wie Sónar, Dekmantel oder Primavera Sound buchen die frühere Golden-Pudel-Club-Resident DJane längst für die Mainstage.

Die folgende Tour führt uns an wichtge Orte der elektronischen Musik in Hamburg von heute, zu Clubs von gestern und beleuchtet die Rollen, die weitere Protagonist*innen der Szene in der Stadt gespielt haben. Sie startet an der U-Bahn-Station Messehallen, die wir über den Ausgang Karolinenstraße verlassen, um gleich auf die andere Straßenseite zu wechseln. Dort führt unser Weg an einigen kleinen Erdgeschoss-Läden in mehrstöckigen Altbauhäusern vorbei, darunter einigen Restaurants wie der XeÔm Eatery mit vietnamesischer Küche und exzellentem Mittagstisch. Ein Blick in die direkt vor dem Restaurant abzweigende Karolinenpassage bietet ein zugleich dörfliches und großstädtisches Flair – fast malerisch und etwas südeuropäisch wirken die Häuser, Fassaden und Balkone, auf die wir hier einen Blick erhaschen. Zu unserer ersten Station folgen wir der Straße noch etwa 200 Meter Richtung Fernsehturm. Die Location des Clubs PAL können wir nicht verfehlen – sie befindet sich in einem alten Backsteinbau unterhalb des Daches der Messehalle A1 an der Einmündung zur Lagerstraße.

PAL 1

Karolinenstraße 45
20357 Hamburg
➡ www.pal-tv.de

Der Betreiber des PAL, André Stubbs, kann schon auf eine längere Hamburger Club-Vergangenheit zurückblicken und hat früher unter anderem den G.U.M. Club am Hamburger Berg und die Bar Morphine, damals Seilerstraße, gemacht. Zu dieser Zeit – Mitte der 2000er Jahre – legte er auch als DJ Nomad Platten auf und verschwand dann für ein paar Jahre nach England, von wo seine Familie stammt. Zurück in Hamburg, eröffnete er 2014 das PAL (Phase Alternating Lines) im ehemaligen Umspannwerk Karoline, dem alten Backsteingebäude unter den Messehallen unweit des Fernsehturms. Zu dem Club gehören mittlerweile ein zweiter Floor, genannt Moiré, und der Club Volt. Freitags gibt es House, am Samstag Techno Detroiter und Berliner Prägung von nationalen wie internationalen Stars und Protagonist*innen der lokalen Szene. Robert Hood, Marcel Dettmann, Ellen Allien, DJ Hell, Carl Craig, Boys Noize, Fjaak – wer nach großen Namen sucht, wird regelmäßig fündig.

Das Kernteam des Ladens bilden jüngere, innerhalb der und über die Stadtgrenzen hinaus vernetzte Resident-DJs (VUUDUU, Lifka, Strathy, Faerber, Sunny u.a.) sowie erfahrene Szeneakteure wie Marc Schneider und Harre Kühnast. Gemeinsam sorgen sie nicht nur für die nötige stilistische Bandbreite, sondern stehen auch für unterschiedliche Generationen von Aktivst*innen des Hamburger Nachtlebens. Schneider und Kühnast etwa sind bereits seit den 1990er Jahren in der Szene aktiv, Letzterer veranstaltete unter anderem die Fuse-Reihe im Cube-Club, betrieb den Club Click, hostete die Tresor-Night im Phonodrome und mixte zusammen mit seinem Kompagnon die dazugehörige Kompilation. Nicht zuletzt war er außerdem als Schlagzeuger, Remixer und Co-Produzent für die Hamburger Krautrock-Band Station 17 tätig. Einen le-

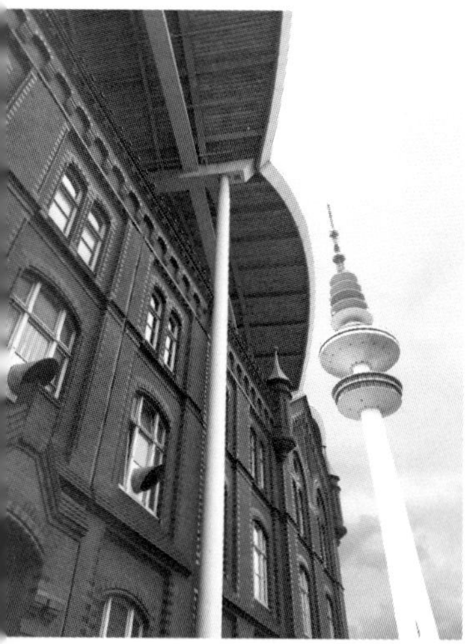

gendären Ruf genießen die House-Partys des Labels Lehult um Eddie Ness, Liem und DJ Assam, die monatlich im PAL stattfinden. Seit Ende 2020 gehört das Label LAP zur PAL-Familie.

Aus dem PAL kommend laufen wir zurück in die Richtung, aus der wir gekommen sind. Auf der Höhe der U-Bahn-Station biegen wir an der Station für die Mietfahrräder rechts in die Marktstraße ein. Die Hauptstraße des Karolinenviertels führt uns auf einem kurzen Spaziergang geradewegs vor den Feldstraßenbunker, wo sich das Uebel & Gefährlich befindet.

UEBEL & GEFÄHRLICH 2

Feldstraße 66
20359 Hamburg
➡ www.uebelundgefaehrlich.com

Das „Uebel", wie die Location auch kurz genannt wird, ist zwar weder ein klassischer Tanzclub noch ein Ort, wo hauptsächlich elektronische Musik gespielt würde, für die Szene der Hansestadt ist der Club dennoch von herausragender Bedeutung. Auch dank des Fassungsvermögens von rund tausend Besucher*innen machen bei ihren Hamburg-Auftritten DJs vom Schlage Ben Klock, Deborah De Luca, Adam Beyer, Len Faki, Chris Liebing oder Oliver Koletzki im Bunker Station, Labels nutzen das Uebel für kuratierte Labelnächte – mit bekannten in Hamburg ansässigen Künstler*innen wie den Adana Twins, Extrawelt oder Oliver Huntemann –, und verschiedene regelmäßige Partyveranstaltungen wie der Bunker Rave, Maximale Liebe, Flimmer, Weird laden zwischen den meterdicken Betonwänden im vierten Stock, den man entweder über eine Wendeltreppe oder den Lastenaufzug (an Veranstaltungstagen mit Fahrstuhlführer*in) erreicht, zum wöchentlichen Tanz ein.

Breit gefächert ist das stilistische Spektrum der elektronischen Agenda des Clubs: queere House-Partys (Daddy's Boy), Elektro (Moonbootica), harter Techno (Othercult) und Konzerte bzw. DJ-Sets von (Elektro)-Pop-Künstler*innen (Disclosure, Coma). Als Support und im zum Club gehörenden Turmzimmer gibt es regelmäßig lokale Acts und Crews hinter den Decks. Legendär sind die ObenUntenAlles-Partys, bei denen auch der ebenfalls im Bunker ansässige Club Terrace

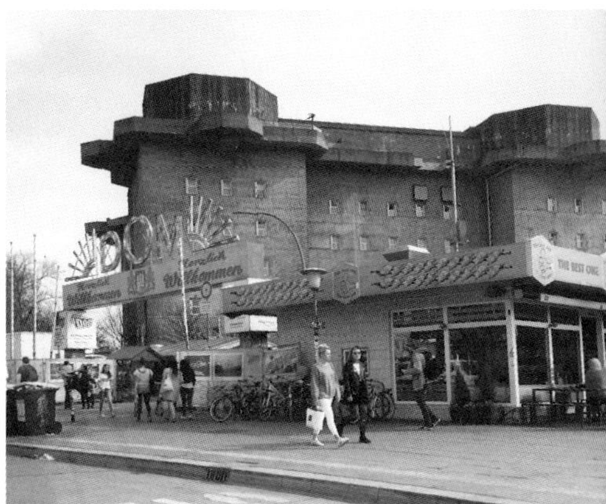

Hill und die Dachterrasse geöffnet sind, von der man einen der besten Ausblicke über Hamburg hat. Pflichttermin für viele Rave-Freund*innen ist der „Urknall“ genannte Post-Silvester-Rave, der am Morgen des 1. Januar startet und länger als 24 Stunden dauert. Seit Ende 2020 sendet das Community-Radio [sic]nal mehrmals wöchentlich live aus dem Bunker und setzt dabei auch auf DJ-Sets von mit dem Bunker verbundenen Künstler*innen.

Wir verlassen das Bunker-Gelände und fahren von der U-Bahn-Station Feldstraße mit der U3 eine Station bis St. Pauli. Über den Ausgang Reeperbahn gelangen wir auf Hamburgs bekannteste Straße und gehen diese auf der rechten Straßenseite bis zu unserem ersten Stopp auf dem Kiez bei Hausnummer 25.

BAALSAAL 3

Reeperbahn 25
20359 Hamburg
➡ www.facebook.com/baalsaal.club.official

Der kleine, dunkle Kellerclub Baalsaal versteckt sich hinter einer unscheinbaren Eingangstür zwischen der Kiez-Bar Cowboy und Indianer und dem Lehmitz. Viel Underground, Locals wie Julez Cordoba, Steven Shade, Oliver Eich, Rich vom Dorf, aber auch weithin bekannte Stars der Szene sind hier zu erleben. So ließ es sich im Baalsaal in den letzten Jahren zu Thomas Schumacher, Tiefschwarz, Joyce Muniz, Bebetta, Marco Resmann, Karotte oder Gabriel Ananda tanzen. Der ehemalige Resident-DJ des legendären und inzwischen wiederauferstandenen Frankfurter Technoclubs U60311, Felix Kröcher, gehört im Baalsaal zu den Stammgästen in der DJ-Booth, und auch die ehemaligen FRONT-Resident-DJs Martin Landsky und Boris Dlugosch haben hier bereits aufgelegt. Das Programm bewegt sich zwischen Deep House und Techno härterer Gangart, regelmäßige Partys heißen „Komm tanzen“ oder „St. Echno“. Donnerstags haben Student*innen freien Eintritt, und im Sommer begibt sich der Club beim Baalsaal Open Air an unterschiedliche Orte der Stadt wie den MLOVE Future City Campus an der Elbe oder das Edelfettwerk im Eidelstedter Gewerbegebiet.

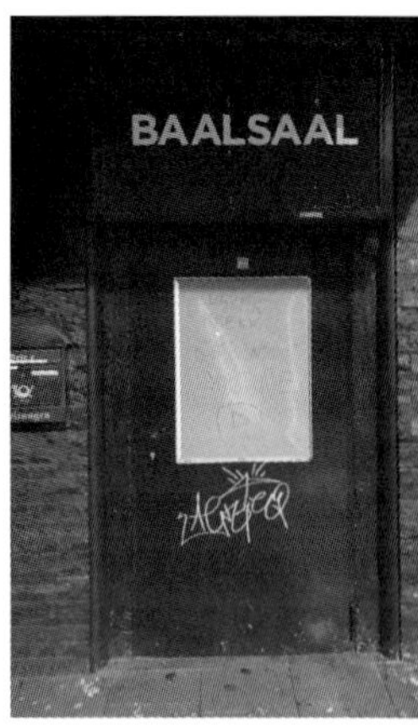

Etwa 600 Meter laufen wir nun die Reeperbahn bis zu ihrem westlichen Ende herunter und passieren dabei jede Menge bekannte Kiez-Orte: die Seitenstraßen Hein-Hoyer-Straße, Hamburger Berg, Talstraße, die Penny-Filiale auf dem Kiez und zahllose Sex-Shops, Table-Dance-Bars und Bordelle. Unser Ziel, der Tunnel Club, befand sich bis vor kurzem am Beatles-Platz, genau dort, wo die Große Freiheit in die Reeperbahn mündet. Die Adresse teilte er sich mit dem legendären Vergnügungslokal Susis Show Bar.

HOT SPOT
TUNNEL

Es dürfte kaum einen Club in Hamburg geben, der mehr als zehn Jahre existiert und noch nicht den Standort wechseln musste. Mit Glück bleibt es bei einem Umzug, viele Clubmacher*innen wie die des Kir, des Mojo Clubs oder des Molotow mussten sich allerdings gleich mehrfach nach neuen Räumlichkeiten umschauen. Der **TUNNEL CLUB** gehört nach Stationen an der Großen Freiheit, im Keller des ehemaligen Tanzlokals Café Keese, am Kopf der Reeperbahn und an anderen Orten in der Umgebung von Hamburgs Amüsiermeile definitiv zur zweiten Kategorie, und die Odyssee des Clubs ist noch nicht beendet. Denn auch aus den vorerst letzten Räumlichkeiten musste der Club ausziehen und machte Anfang 2021 Platz für einen Hotelneubau.

Begonnen hatte der Tunnel Club als Partyreihe Anfang der 1990er Jahre in der ehemaligen Location der legendären Vergnügungsstätte Hippodrom in der Großen Freiheit 10/12, das einst der Kiezgröße Willi Bartels gehörte, dessen Leben und Wirken den Regisseur Dieter Wedel zu dem Fernsehmehrteiler „Der König von St. Pauli" inspirierte. Bis heute haben sich die Macher*innen dem Underground verschrieben, und über die Jahre entwickelte sich der Club immer mehr vom Laden für **HARDTECHNO** und **TRANCE** zu einem Ort für **HARDSTYLE** und **HARDCORE**. Von der DJ-Kanzel heizten seit der Eröffnung 1993 Größen wie **SVEN VÄTH**, **CARL COX** (Abb. rechts), **WESTBAM** oder **DR. MOTTE**, später nahezu die gesamte niederländische Hardcore-Elite um Labels wie **MASTERS OF HARDCORE** oder Künstler*innen wie **HEADHUNTERZ** dem Publikum ein. Und wer die Musik der Clubnächte mit nach Hause nehmen wollte, konnte das eine ganze Zeit lang tun: „Tunnel Trance Force" hieß die Reihe populärer Compilations, die auf dem gleichnamigen Label des Clubs veröffentlicht wurde und einen breiten Querschnitt der dort gespielten Tracks umfasste, darunter Musik von **JAM & SPOON**, **TALLA 2XLC**, **MEMBERS OF MAYDAY**, **DARUDE**, **TIËSTO**, **COSMIC GATE** und **MAURO PICOTTO**. Über siebzig Ausgaben der Serie, von denen einige in den Charts landeten, entstanden so, bis das Label schloss. Auf den Technoumzügen der Love Parade und beim Hamburger Pendant **GENERATION MOVE** (1995, 2006 und bei der letzten Ausgabe 2007 in Kiel) bespielte die Tunnel-Crew eigene Wagen. Heute sendet **TUNNEL TV** DJ-Mixe live via YouTube.

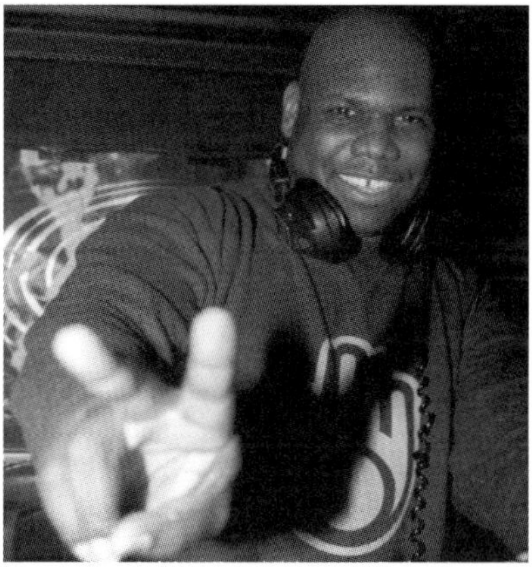

Nicht weit von unserem Standort, auf der anderen Seite der Reeperbahn, wo heute der Sexy Angel Sex-Shop und die Vulkan Spielothek ihre Geschäfte betreiben, befand sich einst direkt am Hans-Albers-Platz der legendäre Plattenladen Container Records. Um dorthin zu gelangen, laufen wir die Reeperbahn keine hundert Meter zurück und überqueren sie an der nächstgelegenen Ampel bei der Darkside Boutique Hustler (Hausnummer 152). Auf der anderen Straßenseite lassen wir die Einmündung zur Lincolnstraße rechts liegen und gehen zwei Querstraßen weiter bis zum Hans-Albers-Platz vor.

CONTAINER RECORDS † 4

Reeperbahn 115
20359 Hamburg

In der historischen, von Fachwerkhäusern dominierten Altstadt des kleinen Städtchens Dömitz in Mecklenburg-Vorpommern, rund sechzig Kilometer südöstlich von Hamburg, könnte elektronische Tanzmusik kaum ferner sein. Von einer gewissen Musikleidenschaft, wenn auch keiner für elektronische Sounds, zeugt immerhin ein kleines Musikcafé mit Veranstaltungsraum im Ort namens „Martins“, dessen Wände mit Instrumenten und alten Zeitungsausschnitten über The Who, Jethro Tull und Bob Dylan übersät sind. Eigner des Cafés ist Martin Larsen, ein Mann, der in dem kleinen Elbstädtchen in der Metropolregion Hamburg seine neue Heimat gefunden hat, nachdem er hier an der Reeperbahn ein bewegtes Großstadtleben als Laden- und Labelbetreiber von Container Records geführt hatte, in dem sich alles um eine Musik ganz anderer Art gedreht hatte als im Dömitzer Musikcafé.

„Daddy und sein Haus für House”, überschrieb die „taz“ in den 1990er Jahren einen Artikel über Larsen und seinen Plattenladen und befand: „Wenn die DJ-Szene eine Familie ist, ist der 45-Jährige ihr Vater.” Und gemeint waren damit nicht nur die DJs, die sich elektronischen Genres verschrieben hatten, sondern auch die Hip-Hopper wie Der Tobi und das Bo oder Fettes Brot, die bei Container Records ein- und ausgingen, oder Easy Business, die bei dem zugehörigen Label unter Vertrag standen. Doch vor allem als Wegbereiter von Techno und House machten sich das Label, das 1993 an Polydor verkauft wurde, das Studio in Bramfeld und der Plattenladen – zunächst ebenfalls dort, später auf der Reeperbahn – verdient. Rund 800 neue Platten kamen damals jede Woche rein, von den meisten Neuerscheinungen, wie es damals üblich war, nicht mal eine Handvoll Exemplare. Man musste schon früh da sein, Glück haben oder ein eigenes DJ-Fach, in dem die Platten zurückgelegt wurden. Obwohl er einer anderen Generation angehörte, verstand Larsen die Musik, die noch junge Szene und deren Protagonist*innen, veranstaltete House- und Techno-Partys, veröffentlichte den Sampler „Definition Of House“ und gab sogar eine kostenlose Zeitung heraus, in der sich alles um das Thema House drehte. Ende der 1990er Jahre war es dann aber gut, seitdem wohnt Larsen in Dömitz, wo er nicht nur die Musikbar betreibt, sondern auch schon Open-Air-Veranstaltungen auf der dortigen Festungsanlage organisiert hat. Dort spielten zwar vor allem Cover-Rockbands, aber nicht nur. Auch Boris Dlugosch war auf den Wehranlagen des Städtchens schon zu Gast.

Keine fünfzig Meter zurück geht es nun zur S-Bahn-Station Reeperbahn, von wo aus wir mit der Linie S3 stadtauswärts Richtung Hammerbrook fahren. Die Station Hammerbrook verlassen wir über den Abgang Frankenstraße und gehen die Hammerbrookstraße gegen die Fahrtrichtung bis zur Gotenstraße entlang, in die wir rechts einbiegen und, an einigermaßen heruntergekommenen Büro- und Gewerbegebäuden vorbei, rund 400 Meter direkt dem bekannten Bürogebäude Berliner Tor entgegenlaufen. Am Ende der Straße erreichen wir den mehrspurigen Heidenkampsweg, wenden uns dort nach links und gehen an der Straße entlang bis zur Hausnummer 32.

FRONT †

Heidenkampsweg 32
20097 Hamburg

„Jeder Samstag im FRONT war das Beste, was ich je gesehen habe. Daran denkt man schon zurück”, erinnerte sich vor einiger Zeit Boris Dlugosch im Interview mit dem Kölner „Kaput Mag“. Schon als Siebzehnjähriger stand Dlugosch Ende des Jahres 1986 und danach für fast weitere zehn Jahre jeden Samstag hinter den Decks und prägte von dort zusammen mit Klaus Stockhausen den Sound und den Ruf des House-Clubs im minimalistisch eingerichteten Keller des alten Kontorhauses Leder-Schüler in Hammerbrook. Die Location hatte zu dieser Zeit schon viele Tanzlokale gesehen. Dem FRONT direkt vorangegangen war das Danny’s Pan, ein seit Mitte der 1960er bestehender Hamburger Folk-Club, in dem u.a. Otto Waalkes und Mike Krüger erste Erfolge gefeiert

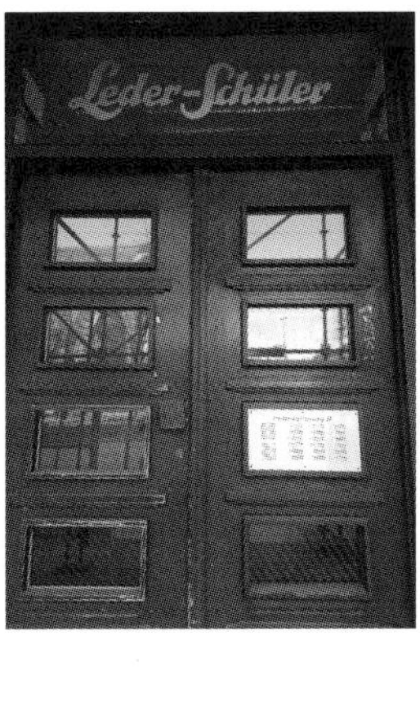

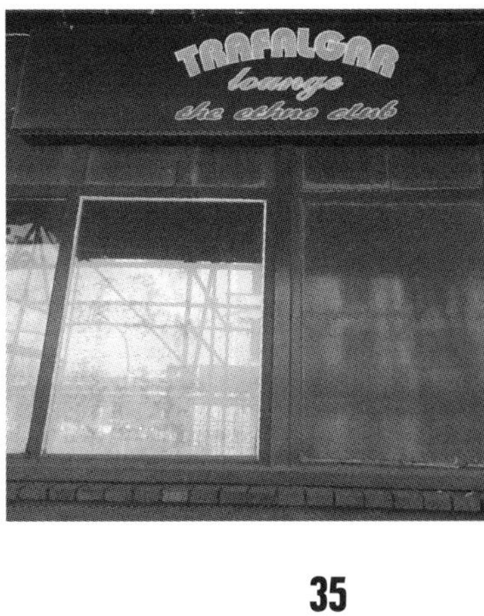

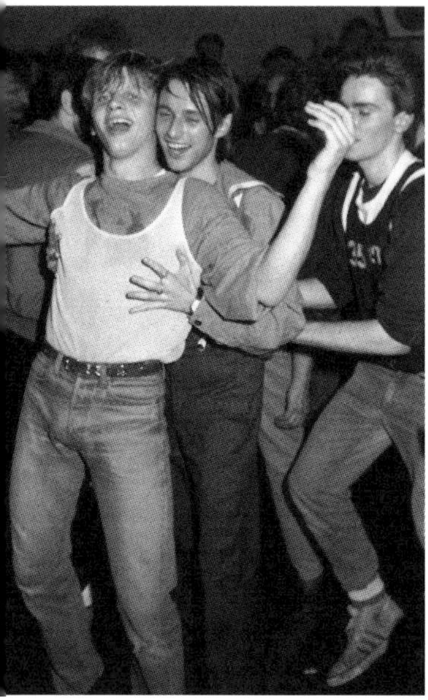

hatten, und noch davor hatten die Räume den Cotton Club beheimatet sowie direkt nach dem Krieg das Tanzlokal Tangorett. Auch nach der Schließung des FRONT zog wieder eine Diskothek ein, allerdings gibt es auch diesen Nachfolger, das Shake, schon längst nicht mehr.

Die DJs des FRONT prägten die europäische House-Szene außerhalb Englands über Jahre und waren maßgeblich daran beteiligt, dass Label wie Strictly Rhythm auch hierzulande populär wurden. Kein Wunder also, dass die Macher die Riege der House-Prominenz im FRONT hinter den Plattentellern versammeln konnten, allen voran den als Godfather of House bekannten und bereits 2014 verstorbenen ehemaligen Resident des legendären Chicagoer Warehouse, Frankie Knuckles. Das Club-Erlebnis, das das FRONT seinen Besucher*innen bot, war legendär – und ist zum Glück von dem Underground-Fotografen Rüdiger Trautsch festgehalten worden, der unweit des Clubs sein Studio hatte und dem hier ikonische Bilder der Schwulenszene jener Zeit gelangen: „Nach zwei Stunden trug die Hälfte kein T-Shirt mehr – egal ob Frau oder Mann", erinnerte sich Dlugosch später in der „MOPO" an die Sitten und Gebräuche und berichtete von Kellnern, die während des Getränkeausschanks hinter der Bar robusten Sex hatten: „So etwas war fast normal."

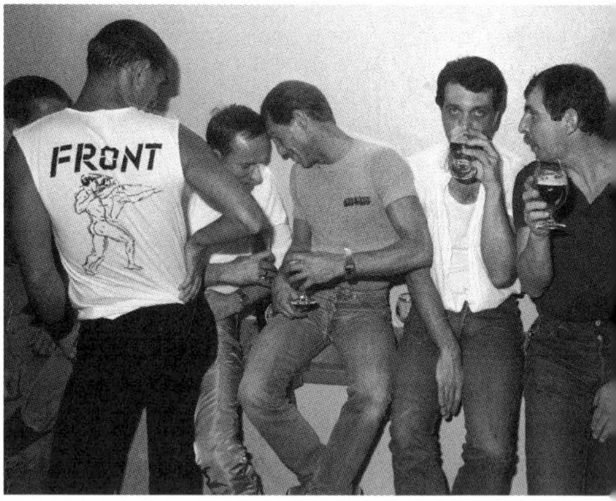

1997 schloss das FRONT schließlich seine Türen – das Nachtleben hatte sich immer mehr auf den Kiez verlagert, und dem Techno-Boom hatte der House-Club nichts Neues entgegenzusetzen. Seit das FRONT Geschichte ist, werden in loser Folge an verschiedenen Orten immer wieder Revival-Partys mit Teilen der alten Crew veranstaltet, zuletzt 2018 auf Einladung des „Zeit Magazins", wo Klaus Stockhausen heute arbeitet. Mit der Kompilation „Running Back Mastermix: FRONT by Klaus Stockhausen & Boris Dlugosch" wurde glücklicherweise ein Querschnitt der Musik des Clubs als DJ-Mix für die Nachwelt erhalten. Und auch die Bilder des FRONT-Fotografen Trautsch (Abbildungen oben) haben inzwischen Klassikerstatus und wurden in einer eigenen Ausstellung gezeigt.

Wir laufen nun den Heidenkampsweg in der Richtung zurück, aus der wir gekommen sind, und folgen ihm für mehr als einen halben Kilometer. Dabei überqueren wir zwei Kanäle und nach dem zweiten an der großen Kreuzung mit der Süderstraße erst den Heidenkampsweg und dann links über eine Brücke den „Hochwasserbassin" genannten Wasserlauf. Das Kulturzentrum Südpol befindet sich unmittelbar hinter der Brücke bei Hausnummer 112.

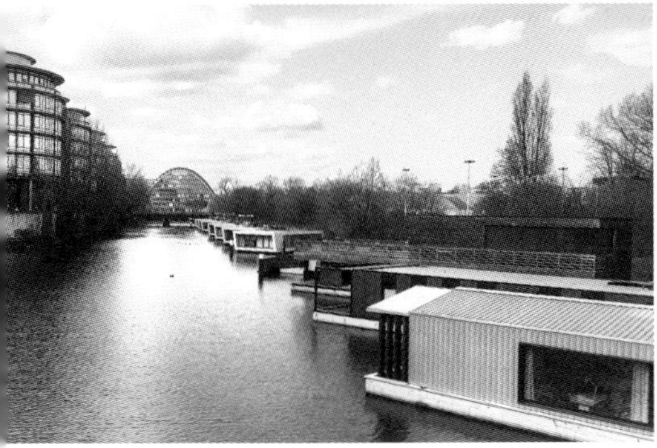

SÜDPOL 6

Süderstraße 112
20537 Hamburg
➡ www.suedpol.org

„Kulturelles Neuland – Keimzelle für künstlerische Zonen e.V." heißt der Trägerverein hinter dem Club Südpol, der kein kommerzielles Unternehmen ist und dessen Name auch nicht gleich Assoziationen an Techno, House oder andere Spielarten elektronischer Tanzmusik weckt. Der Südpol ist weit mehr als ein Club, nämlich Teil eines Veranstaltungszentrums, das seit 2016 auf dem ehemaligen Gelände der Hamburger Wasserwerke entsteht. Die 4500 Quadratmeter Fläche direkt am Kanal, das alte Backsteingebäude, der Hof und andere Außenanlagen werden nicht nur für Partys, sondern auch für Konzerte, Lesungen, Podiumsdiskussionen, Performances und andere Veranstaltungen genutzt. Außerdem gibt es Ateliers, Werkstätten, ein Tonstudio, Probe- und Ausstellungsräume. Das Veranstaltungszentrum Südpol ist wie das in der Nähe befindliche Kraftwerk Bille seinerseits Teil eines größeren Vorhabens, nämlich des Stadtentwicklungsprojekts „Stromaufwärts an Elbe und Bille", mit dessen Hilfe das von Büros, Gewerbe und Verkehrstrassen geprägte östliche Hamburg zwischen Hammerbrook und Mümmelmannsberg im nächsten Jahrzehnt als Wohn- und Arbeitsort attraktiver werden soll.

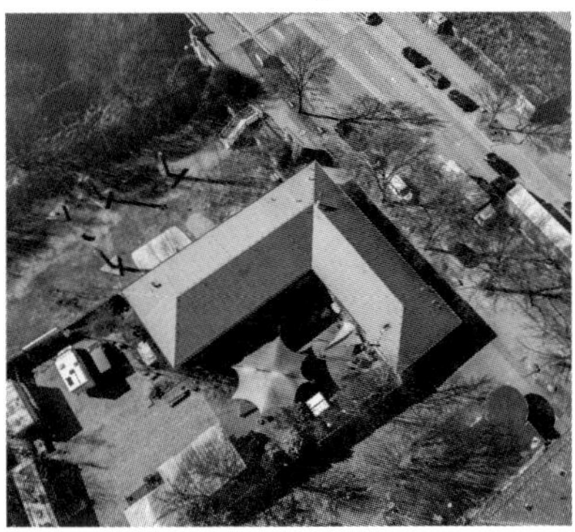

Der Südpol im alten Hochwasserbassin spielt bei den Plänen als Kreativquartier eine herausragende Rolle. Und auch für die elektronische Musik ist hier ein attraktiver Ort entstanden: Auf den beiden Floors „Unten" und „Oben" lassen DJs Techno, House und alternative elektronische Klänge hören. Neben Events mit den Residents Antoine Baiser, BL Brixton und Spoul sowie hauseigenen Veranstaltungsreihen finden immer wieder Label-Partys (25 Jahre Kanzleramt Records, Pampa Records u.a.) und andere Sonderformate (Moloch x Südpol; ill x IFZ u.a.) statt und sind

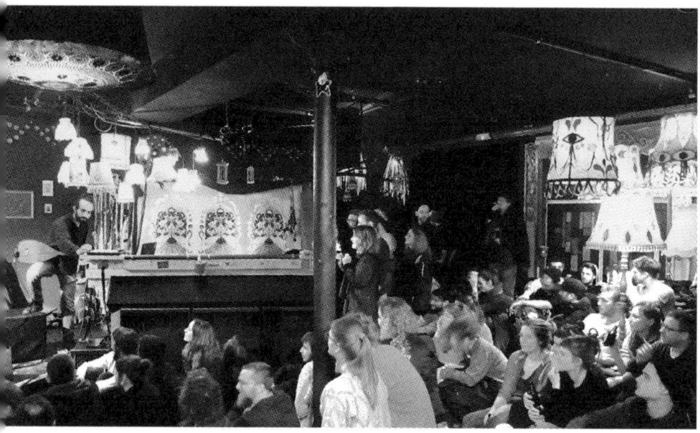

DJs wie Peter van Hoesen, Oliver Huntemann oder Aurora Halal live zu erleben. Die Partys im Südpol, in dessen Räumlichkeiten die Club-Szenen für die Verfilmung von Tino Hanekamps Roman „So was von da" gedreht wurden, erfordern allerdings etwas Ausdauer. Sie dauern gerne mal 48 Stunden.

Vom Südpol zur S-Bahn-Station geht es zurück über Brücke und Heidenkampsweg, nach deren Überquerung wir dem Verlauf der Süderstraße bis zur Hammerbrookstraße folgen. Hier biegen wir nach rechts ab und haben die S-Bahn-Station schon im Blick.

NOCH MEHR ADRESSEN

CLUBS

ANDERSWELTEN
Stockmeyerstraße 43
20457 Hamburg
➡ www.facebook.com/anders-welthamburg
Nachfolger des berüchtigten Moloch-Clubs im Oberhafenquartier, ebenfalls von den Macher*innen des Gängeviertels betrieben. Underground, Fusion-Festival-Atmosphäre, Parallel-Universum.

BEAT BOUTIQUE
Max-Brauer-Allee 219
22765 Hamburg
➡ www.beatboutique.club
Kleiner Club an der Sternbrücke für Elektronisches und mehr. Bakongo Sessions (Afrobeat, Afro-House etc.), LEiSURE, Klangextase, Tropical Tech-Tekk, House Boutique, It's Grim Up North! und andere Reihen.

FUNDBUREAU
Stresemannstraße 114
22769 Hamburg
➡ www.fundbureau.de
Bekannter Club an der Sternbrücke, gegründet 1997. Viel elektronische Musik (Techno, Deep & Tech House, Psy, Trance, Goa u.a.), Nachtflohmarkt, regelmäßige Partys & Crews Fivephoria, Sabbel Nich, dat Geit, Vögeln mit Freunden, Still Techno u.a.

JUICE CLUB
Stresemannstraße 204
22769 Hamburg
➡ www.juice-club.net
Techno, Psy, Prog, Trance, Goa und Artverwandtes. Motto- und Themenpartys sowie Afterhour-Veranstaltungen. Angeschlossenes Label, Veranstalter- und Booking-Agentur ov-silence Music.

TURTUR
Am Veringhof 13
21107 Hamburg
➡ www.turtur-wilhelmsburg.com
Pizzeria am Veringkanal, in den Wintermonaten Club. Viele Fremdveranstalter*innen, einmalige Partys und Konzerte, regelmäßige Reihen u.a. Psylent Society, Harmonie im Bassgewitter, Magische Beats, Druck!, Neujahrsrave.

YOKO
Valentinskamp 47
20354 Hamburg
➡ www.dieyoko.de
Bar und Club beim Gängeviertel, ehemals Yoko Mono (Marktstraße). Diverse Veranstaltungen, viele Partys, regelmäßige Reihen & Crews Club mit honey, fruity loops, MEAN u.a.

FESTIVALS & OPEN AIRS

BUTTERLAND
Reiherstieg-Hauptdeich
Uferpark 21
21107 Hamburg
➡ www.facebook.com/meinbutterland
Jährlich auf dem Gelände des MS Dockville in Wilhelmsburg stattfindende eintägige Open-Air-Veranstaltung. Martha von Straaten, Kollektiv Turmstraße, Stephan Bodzin, Lexy & K-Paul, Adana Twins, Oliver Schories, Boris Dlugosch u.a.

PUDEL OPEN AIR
Am St. Pauli Fischmarkt 27
20359 Hamburg
➡ www.pudel.com
Live-Reihe Pudel Garden im Hof des Pudel, findet seit mehr als zehn Jahren statt. Nika Son, Erobique, Jimi Tenor, Ada, Lawrence, Momus, Kyle Hall, Move D, Gudrun Gut, Thomas Fehlmann u.a.

TEKKNO IST GRÜN
ehemals Neuhöfer Damm 98
21107 Hamburg
➡ www.tekkno-ist-gruen.de
Veranstalter*innen Tanzen & Pflanzen, Hafengrün, Oster Air, Tekkno am Teich, Fremdveranstalter*innen für u.a. Stil vor Talent- und Katermukke Open Airs, seit zehn Jahren in Wilhelmsburg und Umgebung aktiv.

RADIO

ELECTRO ROYAL (BYTEFM)
mit Martin Böttcher
➡ www.technoarm.de
Wöchentliche Sendung mit Wiederholung seit 2008. Techno, House, Electro. Martin Böttcher ist DJ, Autor und Radiomoderator u.a. beim Deutschlandradio und -funk.

HALLO:RADIO
➡ www.soundcloud.com/hallo-radio
Seit 2019, seit 2020 wöchentlich Do bis So, live. Mental Sports, toomuchfuture, HR3 Clubnight, Wake Up Session, Groovy Schüssel, Difficult music for difficult people, Sunday Brunch Session u.a. Konstantin Bessonov, Possy-Kollektiv, Phuong-Dan, The Press Group, RVDS u.a.

[SIC]NAL
➡ www.youtube.com/c/UebelGefährlichHH
Community Radio des Uebel & Gefährlich seit 2020, Mi bis Sa ab 18 Uhr via YouTube & website. DJ-Sets, Talks u.a. Plattenrille, Shutters, St. Pauli Code Jetzt!, Hamburg Sub & Pop, ill, Saturate Records, Erobique, Oliver Huntemann u.a.

URBAN BEAT FLO (FSK RADIO)
mit Hardy Storz
➡ www.fsk-hh.org/sendung/Radio+Urban+Beat+Flo
Elektronische Musik des Underground, monatlich über das FSK Radio. Hardy Storz ist Betreiber von Otaku Records, DJ und war Mitarbeiter bei Container Records.

GALERIEN- & OFF-KUNST-TOUR

3

STARTPUNKT

Bahnhof Altona [DB/S]

ENDPUNKT

Bahnhof Harburg [DB/S]

DAUER

etwa 3 Stunden

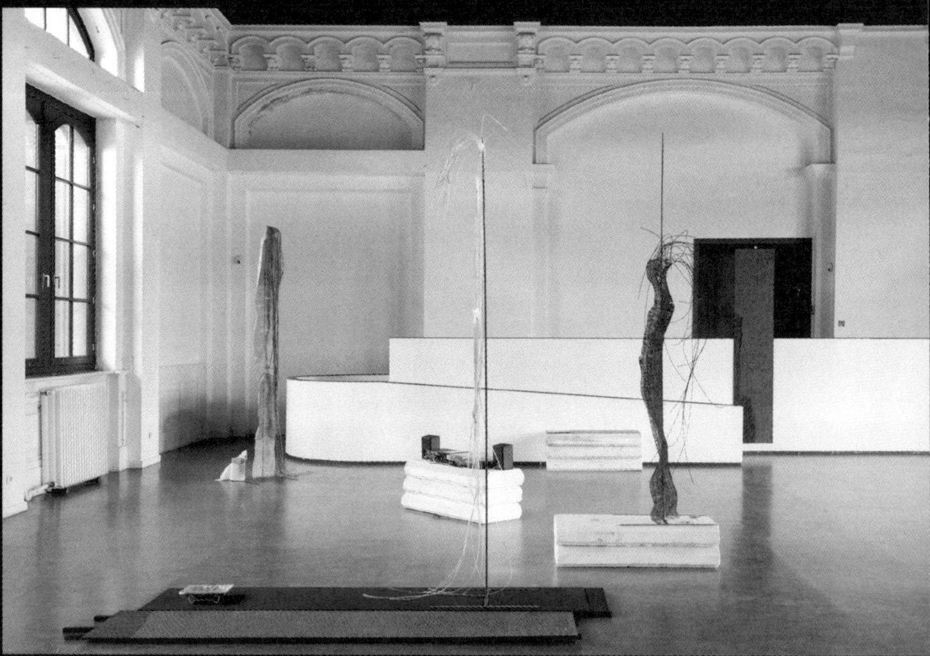

ANLÄSSLICH DES interdisziplinären Kunstfestivals „Wir nennen es Hamburg" schrieb der Schriftsteller Carsten Klook vor einigen Jahren: „Off ist eine Lebensform und -einstellung. Eine politische, ästhetische und soziale Bewegung, die auf Zustände mit den Mitteln der Kunst reagiert." Das Kürzel steht also für weit mehr als nur für die periphere Lokalisierung der Räume neben der offiziellen und staatlich subventionierten Kultur, in denen sich bildende und darstellende Kunst, Literatur und Musik fernab des etablierten Mainstreams entfalten können. Off ist immer auch Ideal, Romantik, will widerständig sein und sich der Definition, dem Markt, der Verwertungslogik, den Trends und dem herrschenden Pragmatismus des Establishments entziehen. Aber Off, das ist inzwischen auch Marke, ein Label, mit dem sich Vertreter*innen von Stadt, Politik und Wirtschaft schmücken, und immer häufiger Motor der Gentrifizierung wider Willen. Ohne Off kein On, ohne Sub kein Pop, ohne Underground kein Mainstream.

Die Off-Kultur, von der auf dieser Tour die Rede ist (denn genau genommen handelt ja dieses ganze Buch von Off-Kultur), lässt sich vor allem den bildenden Künsten zurechnen. Den einen Anfang für die Entwicklung dieser Szenen in Hamburg zu finden ist allerdings kaum möglich, schließlich steckte der Gedanke mehr oder weniger in allen künstlerischen Avantgarden des 20. Jahrhunderts. Wenn man bei der Suche aber in die 1970er Jahre zurückgeht, liegt man sicher nicht falsch. Denn in diesem Jahrzehnt machte sich auch in Hamburg eine junge Generation bildender Künstler*innen daran, vermehrt politische und gesellschaftskritische Impulse fernab der etablierten Institutionen zu setzen – das 1977 gegründete **KÜNSTLERHAUS WEIDENALLEE**, das heute als **FRISE** in der Arnoldstraße fortbesteht, entstand aus diesem Geist als eines der ersten seiner Art in Deutschland. Und interessanterweise ist eine der bedeutendsten staatlichen Kunstinstitutionen Hamburgs, die **HOCHSCHULE FÜR BILDENDE KÜNSTE** (HFBK), bis heute nicht nur Ausbildungsstätte für den künstlerischen Nachwuchs, sondern eben auch besonders eng mit der freien Szene verknüpft.

Im Jahr bevor das Künstlerhaus in der Weidenallee entstand, gründete **HILKA NORDHAUSEN** die **BUCH HANDLUNG WELT** in der Marktstraße und damit den wahrscheinlich wichtigsten Ort der Off-Kultur Hamburgs jener Zeit. Rund um diesen für viele Anschlüsse offenen Kunstort entwickelte sich das Viertel zur Keimzelle verschiedener alternativer Strömungen, darunter die Hamburger Punk- und Avantgardeszene, zu der u.a. das **RIP OFF** und die **MARKTSTUBE** gehörten. Alfred Hilsberg förderte mit seinem in den 1980er Jahren gegründeten Label **ZICKZACK RECORDS** vom Karoviertel aus nicht nur Bands wie die Einstürzenden Neubauten, Palais Schaumburg oder Abwärts, sondern prägte mit seinen Artikeln für die damals in Hamburg herausgegebene Zeitschrift **SOUNDS** auch die wegweisende Musikzeitschrift dieser Zeit (und nebenbei den Begriff „Neue Deutsche Welle"). Die in

„Sounds" veröffentlichten Texte zeichneten sich insbesondere durch den Einfluss des US-amerikanischen Gonzo- und Popjournalismus aus und sorgten damit für ein neues Maß an individuellem Stil und Subjektivität, die die Redaktion so unterschiedlichen Autor*innen wie Andreas Dorau, Xaõ Seffcheque, Joachim Lottmann und Albert Oehlen zugestand.

Die Regale des Ladenlokals der Buch Handlung Welt brachen zwar unter Katalogen, Künstlerbüchern, Fanzines und Broschüren förmlich zusammen, nicht weniger denn als Umschlagplatz für Bücher jedoch dienten ihre Räume

MUSIK ZUR TOUR

THEODOR SHITSTORM
KUNST
aus dem Album »Sie werden dich lieben« [Staatsakt 2018]

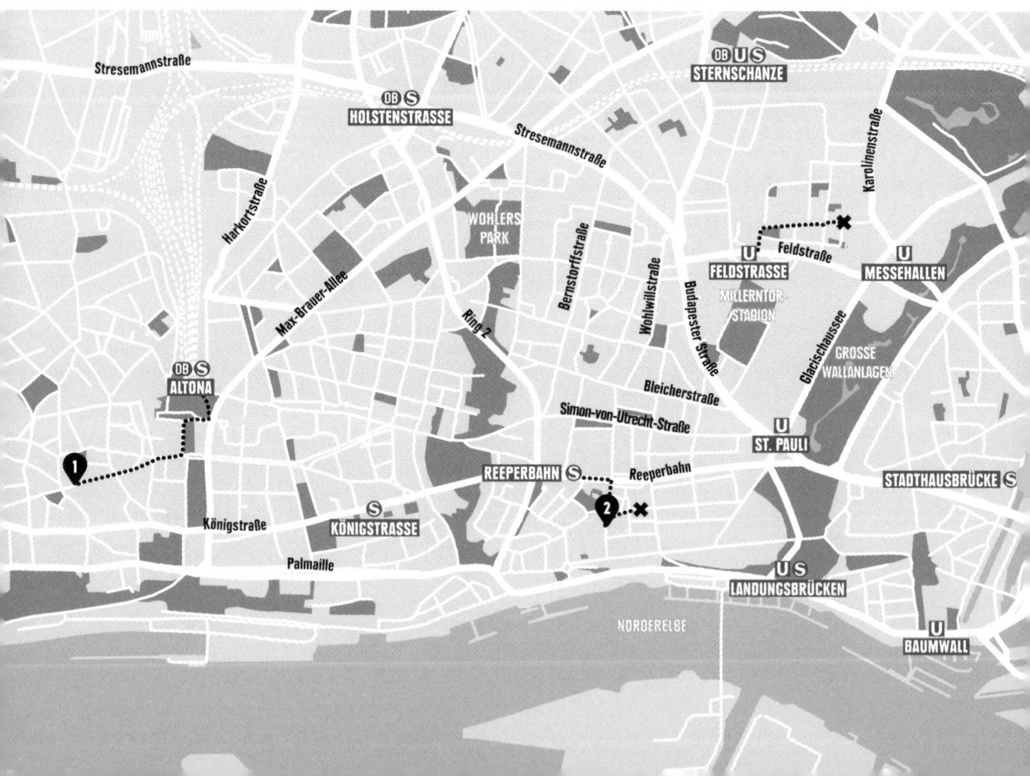

der experimentellen Hervorbringung von Kunst in Form von Lesungen, Filmvorführungen, Performances und natürlich als Treffpunkt und Ort des Austauschs.

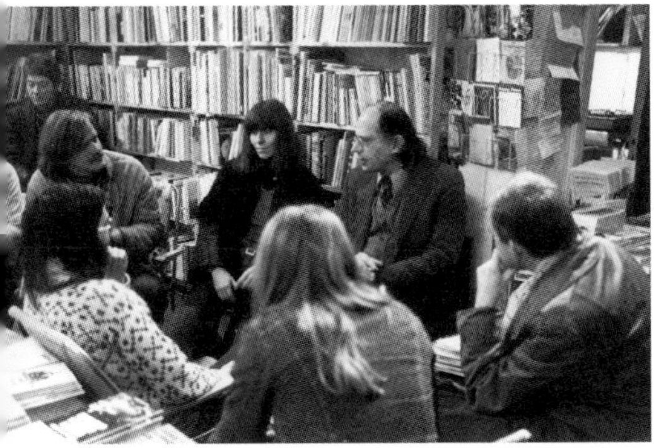

Die **OEHLEN-BRÜDER, WERNER BÜTTNER, THOMAS FEHLMANN, DIEDRICH DIEDERICHSEN, MARTIN KIPPENBERGER**, Jan Kerouac (die Tochter Jack Kerouacs), Allen Ginsberg (Abb. links, 1979) und sein späterer Übersetzer **MICHAEL KELLNER**, der in den ersten Jahren selbst hier arbeitete – die Liste späterer Berühmtheiten und Kulturvermittler, die im Zusammenhang mit der Buch Handlung Welt aufzuzählen wäre, ist lang und prominent.

1983 schloss der Laden, im selben Jahr las Rainald Goetz in Klagenfurt seinen Text **SUBITO** über die Hamburger Kneipe dieses Namens (wobei er sich mit einer Rasierklinge in die Stirn schnitt), ebenfalls 1983 eröffnete Claudia Schneider-Esleben, Schwester des Kraftwerk-Gründers Florian Schneider und an der HFBK ausgebildet, ihre Galerie **MÖBEL PERDU** für Design, Kunst, Architektur und Avantgarde-Veranstaltungen. Ein Jahr später machte **JÖRG IMMENDORFF** während seiner Gastprofessur an der HFBK die Kneipe **LA PALOMA** auf, und so trieben die Keime des politischen Aufbruchs der 1970er Jahre ihre späten avantgardistischen Blüten bis zum Ende der 1980er Jahre, bevor etwas Neues begann.

Die Geschichte der Off-Kultur, ihrer Akteure und deren Verbindungen untereinander, aber auch ihrer Netzwerke in die Stadt und zu ihren Institutionen lässt sich bis heute fortschreiben, und die vielfältigen Beispiele sind vielen geläufig, auch wenn sie nicht immer als Vertreter dieser Tradition verstanden werden. **PARK FICTION** und die **MS STUBNITZ**, das **BERNSTORFFSTRASSENFEST** und das Kino **B-MOVIE**, Clubs wie der **GOLDEN PUDEL**, der **SÜDPOL**, die **ANDERSWELT** und längst verblichene Orte wie die **KRANICHE BEI DEN ELBBRÜCKEN**, autonome Zentren und alternative Wohnprojekte, aber auch Medien, etwa das **FREIE SENDER KOMBINAT** (FSK) und **BYTE.FM**, stehen für eine Lebensform und wirken mit ihrer Einstellung des Off in die Stadt und darüber hinaus. Sie sind Teil eines großen Ganzen, der „politische[n], ästhetische[n] und soziale[n] Bewegung, die auf Zustände mit den Mitteln der Kunst reagiert" eben.

Unsere Tour startet am Altonaer Bahnhof, dessen Gebäude wir Richtung Paul-Nevermann-Platz verlassen. Über die Museumstraße führt unser Weg zum Platz der Republik, wo wir am Gebäude der Techniker Krankenkasse rechts in die Lobuschstraße einbiegen. An der nächsten Straßengabelung geht es links in die Arnoldstraße, die wir bis zur Hausnummer 26 vorlaufen.

FRISE 1

Arnoldstraße 26-30
22765 Hamburg
➡ www.frise.de

Bereits 1977 wurde der Vorgänger der FRISE unter dem Namen „Künstlerhaus Hamburg“ in der Weidenallee eröffnet und war damals eines der ersten Häuser dieser Art in der Bundesrepublik. Hier fanden sich erstmals in Hamburg Wohn-, Atelier- und Ausstellungsräume unter einem Dach und damit vielfältige Austauschmöglichkeiten für die in Selbstverwaltung dort lebenden und arbeitenden Künstler*innen. Die einundzwanzig Erstbewohner*innen stammten aus dem Umfeld der HFBK, suchten größere gesellschaftliche und politische Anerkennung für ihre künstlerische Arbeit und traten mit dem Anspruch an, das Emanzipationsversprechen der Zeit mit einem „erweiterten Kunstbegriff“, wie ihn Joseph Beuys formuliert hatte, einzulösen. Das Künstlerhaus war eng mit den kulturpolitischen und politischen Aktivitäten der Hamburger Künstler*innenszene der späten 1970er und 1980er Jahre verbunden, die maßgeblich von der Weidenallee aus beeinflusst und mitgestaltet wurde, und außerdem Ausgangspunkt zahlreicher weiterer Arbeitsgemeinschaften, Interessenvertretungen und Vereinigungen, die sich in den Folgejahren in der Hansestadt gründeten. Nach dem Verlust des Standorts am Rande des Schanzenviertels 2003 schlossen sich der Trägerverein und der Verein für Filmemacher*innen und Medienkünstler*innen mit Namen „Abbildungszentrum e.V.“ zusammen und wurden bei der Suche nach geeigneten neuen Räumlichkeiten im ehemaligen Frisör-Institut (FRISE) in Ottensen fündig.

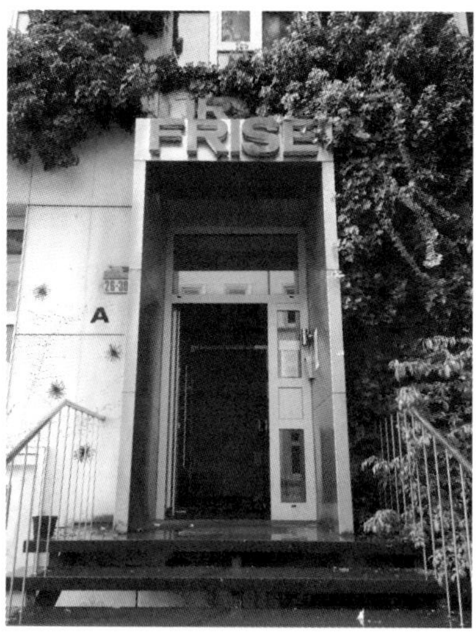

Seit seiner Eröffnung im Jahr 1977 zeigte das Künstlerhaus in über 250 Ausstellungen u.a. Arbeiten von Hanne Darboven, Martin Kippenberger, Daniel Richter, der Brüder Markus und Albert Oehlen sowie vieler weiterer Künstler*innen von Rang. Derzeit leben und arbeiten etwa vierzig Künstler*innen auf mehr als 2000 Quadratmetern im Gebäude der FRISE. Der Verein stellt seinen Mitgliedern nicht nur Arbeits- und Wohnmöglichkeiten zur Verfügung, sondern fördert auch die Präsentation ihrer Werke im In- und Ausland und den internationalen Austausch über bildende Kunst. Seit 2013 wird zu diesem Zweck ein Platz für einen Artist-in-Residence und seit einigen Jahre zusätzlich ein zweijähriges Stipendium vergeben. Regelmäßig öffnet das Künstlerhaus auch seine Türen für Kunstinteressierte: Etwa einmal im Monat wird eine neue Ausstellung präsentiert, die Laufzeiten sind allerdings recht kurz. Vorab einen Blick auf die immer aktuelle Website zu werfen ist also dringend anzuraten. Einen unumstößlichen festen Termin in der FRISE, mit dem sicher zu rechnen ist, stellen dagegen die jährlichen Tage der offenen Tür zum Tanz in den Mai dar.

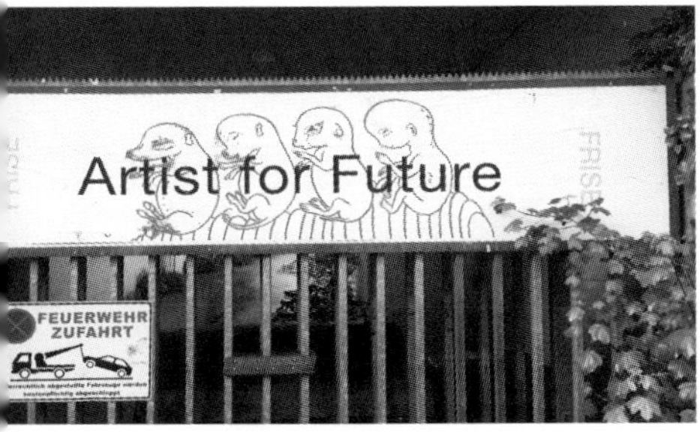

Wir gehen nun zurück zum Bahnhof Altona, um von dort mit der S1 oder der S3 auf den Kiez zu fahren. Nach zwei Stationen steigen wir an der Haltestelle Reeperbahn aus und gelangen über den Ausgang Operettenhaus/Hans-Albers-Platz/St. Pauli Theater/Schmidts Tivoli in unmittelbarer Nähe der Einmündung der Silbersackstraße auf die Reeperbahn. Die Silbersackstraße laufen wir hoch und an der Abzweigung in die Silbersacktwiete vorbei, von wo die Straße unter dem Namen Balduinstraße weiter Richtung Hafen führt. Unsere nächste Station befindet sich bei der Hausnummer 24.

HINTERCONTI E.V. 2

Balduinstraße 24
20359 Hamburg
➡ www.hinterconti.de

Der kollektiv organisierte Projektraum des hinterconti e.V. in der Marktstraße 40 direkt am Ölmühlenplatz ist seit 2019 Geschichte – ein weiteres Opfer des Verdrängungsprozesses, der typisch für innerstädtische und kulturell besonders lebendige Gebiete ist und längst noch nicht abgeschlossen. Gegründet 1999, um sich dem Prozesshaften, dem Nicht-Eindeutigen und dem Widersprüchlichen der Kunst zu widmen und damit auch einen Gegenpol zur gängigen Verwaltungspraxis des Galeriebetriebs zu etablieren, nutzte der hinterconti-Kreis zwanzig Jahre lang die Räumlichkeiten neben der mittlerweile ebenfalls geschlossenen Bar Yoko Mono im Karoviertel, die als Herz des Viertels galt. Deren absurder Rechtsstreit mit John Lennons Witwe Yoko Ono um die Namensnutzung (den die Witwe angezettelt hatte und gewann) schlug vor ein paar Jahren hohe Wellen – die mittlerweile hochbetagte Künstlerin befürchtete, der Name suggeriere, es bestehe eine Verbindung zwischen ihr und der Bar. Auch die Künstler*innen des hinterconti-Kreises wehrten sich gegen die Kündigung ihres Off-Spaces, indem sie das Kündigungsschreiben und den folgenden Schriftwechsel zum Gegenstand einer Installation machten, was aber nur ein weiteres Schlaglicht auf die prekäre Lage für nicht-kommerzielle Einrichtungen inmitten der Hotspots von Verdrängung und Gentrifizierung sein konnte. Dass sowohl die Betreiber*innen der Bar (jetzt Yoko, Valentinskamp 47) als auch die hinterconti-Macher*innen auf der Suche nach neuen Räumlichkeiten mittlerweile fündig geworden sind, ändert nichts an diesem Problem.

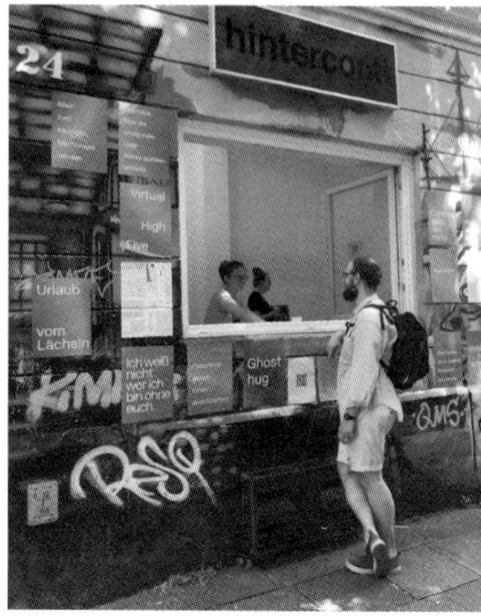

Am neuen Standort in der Balduinstraße zwischen Kiez und Hafen bespielen die Künstler*innen nun zwei Etagen: den klassischen Ausstellungsraum im ersten Stock und das Erdgeschoss, das für diskursive Formate wie Filmvorführungen und -besprechungen, Performance-Veranstaltungen und Lectures genutzt wird. Einer der Schwerpunkte der Mitwirkenden ist dabei, die angewandte künstlerische Praxis mit einem anderen Verständnis von Arbeit in Verbindung zu bringen. Der widerständige Charakter richtet sich dabei nicht nur gegen Vermieter*innen. Der Versuch der Macher*innen, mit den Mitteln der Kunst diskursive Wirksamkeit zu entfalten, erstreckt sich auf ganz unterschiedliche gesellschaftliche Bereiche.

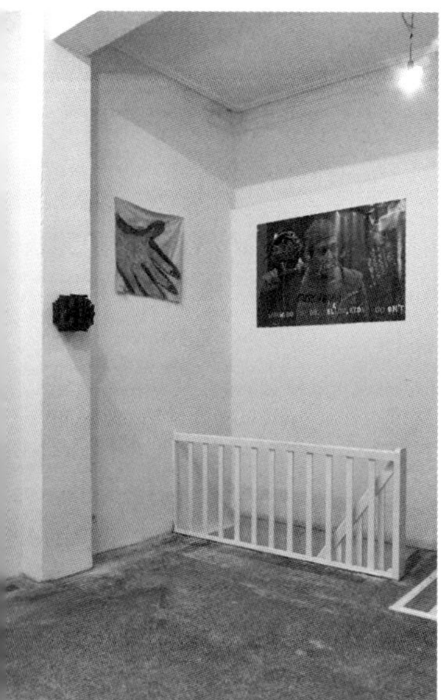

Zur nächsten Station müssen wir keine zwei Minuten laufen, allerdings ist auch sie in der für diese Tour bedeutsamen Form Geschichte. Die einst von dem 2007 verstorbenen Maler Jörg Immendorff eröffnete und betriebene Kneipe La Paloma befindet sich in der Hausnummer 11 am Ende der Friedrichstraße, die zwei Häuser hinter den hinterconti-Räumen von der Balduinstraße abzweigt, den Hans-Albers-Platz kreuzt und zur Davidstraße führt. Das La Paloma heißt zwar heute wieder so wie zu seinen Zeiten als Künstlertreffpunkt, mit der Kneipe für Bohemiens hat das Lokal allerdings nicht mehr viel zu tun.

HOT SPOT
LA PALOMA †

„Malerfürst“ wurde er von der Presse wegen seines feudalen Auftretens genannt, sein Selbstverständnis als Künstler war das eines „malenden Bildhauers“: **JÖRG IMMENDORFF** produzierte Skandale, galt als Exzentriker und ab Anfang der 1980er Jahre als einer der bedeutendsten deutschen Künstler der Gegenwart. Obwohl er zu dieser Zeit bereits an verschiedenen Ausgaben der Kasseler documenta und der Biennale in Venedig teilgenommen hatte, unterrichtete der Düsseldorfer noch bis 1981 an einer Hauptschule, bevor er sich ausschließlich auf seine Kunst zu konzentrieren begann. Stilistisch lässt

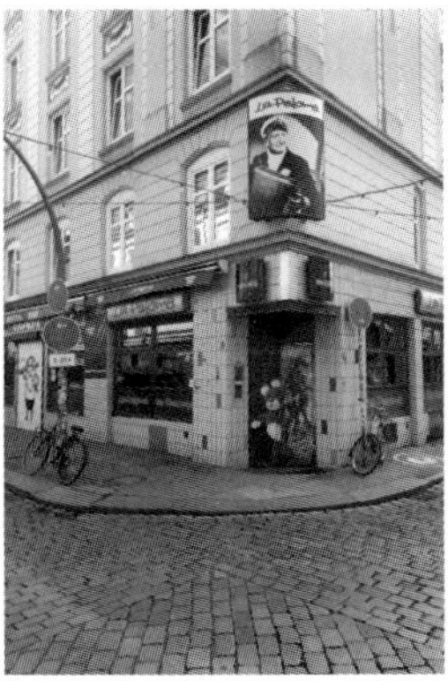

sich Immendorff den Neuen Wilden zuordnen, einer Gruppe von Neoexpressionisten, die sich durch eine farbkräftige gegenständliche Kunst mit exzessivem Strich auszeichnete und in den 1980er Jahren in der Kunstwelt für Aufsehen sorgte. Zu den Neuen Wilden, die auch „Neue Heftige“ genannt werden, gehörten etwa **GEORG BASELITZ**, **MARKUS LÜPERTZ** und **A.R. PENCK** – Künstler, deren Werke Immendorff auch im 1983 eröffneten **LA PALOMA** am Hans-Albers-Platz an die Wände hängte. Vierundzwanzig Stunden am Tag hatte die Kneipe damals geöffnet, wie die „MOPO“ in ihrem Nachruf auf die Kiez-Institution schrieb, denn so sei die Versicherung billiger gewesen. Und gehalten hatte sie sich immerhin vierzehn Jahre lang, als Immendorff 1997 hinschmiss, nachdem er sich wohl mit dem Vermieter überworfen hatte. Bis dahin war die an einem der schmuddeligsten Plätze St. Paulis ansässige Kneipe It-Lokal für Hamburgs Kunstschickeria und hatte St. Pauli ein besonderes Kunstwerk beschert. Denn mit der Kneipe kam auch eine von Immendorff gestaltete **STATUE HANS ALBERS'** an den Platz, dessen Namensgeber der Dargestellte ist. Aber auch hier gab es Unstimmigkeiten. Immendorff überwarf sich mit dem Senat, ließ die Statue noch vor dem Aus der Kneipe abbauen und nach Düsseldorf bringen, wo sie seitdem im dortigen Medienhafen zu besichtigen ist. Auf dem Hans-Albers-Platz steht heute eine Kopie, so dass Immendorff, der 2007 nach schwerer Nervenkrankheit starb, auf dem Platz letztlich doch seine Spuren hinterlassen hat. Das La Paloma von heute hat dagegen nur noch den Namen und den Standort mit der Kneipe von damals gemein.

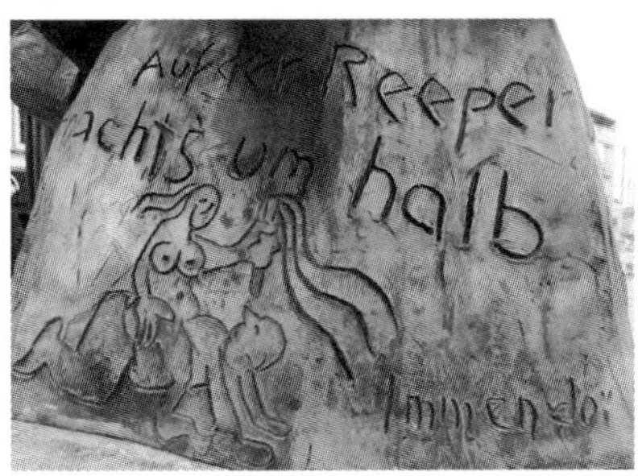

Die S-Bahn-Linien S1 und S3 bringen uns von der S-Bahn-Station Reeperbahn mit zwei Stopps in das Galerienviertel der Stadt auf der Fleetinsel. An der Station Stadthausbrücke steigen wir aus, verlassen den Bahnhof über den Ausgang Neuer Wall und nehmen den kleinen Weg, der sich zwischen dem Steigenberger Hotel und dem Fleethof auftut und nach rund 150 Metern auf die Admiralitätstraße führt. Das Westwerk, unser nächster Stopp, befindet sich neben dem Ladenlokal der ehemaligen Fachbuchhandlung Sautter + Lackmann und fällt durch den historischen Toreingang sofort ins Auge.

WESTWERK 3

Admiralitätstraße 74
20459 Hamburg
➡ www.westwerk.org

Ebenfalls aus den kulturpolitischen Aktivitäten der Kunstszene, die sich Ende der 1970er Jahre bildete, ist das Westwerk im Galerienviertel in der Hamburger Neustadt hervorgegangen. Zwischen Herrengraben- und Alsterfleet entwickelt der Trägerverein im Erdgeschoss eines alten Kontorhauses seit mittlerweile mehr als 35 Jahren ein Programm, das über die klassische Galerienutzung weit hinausgeht und sich dabei auch nicht auf die herkömmlichen Disziplinen der bildenden Kunst beschränkt. Das Westwerk ist zugleich Ort für Tanz, Performance, Literatur, Partys, Theater- und Filmvorstellungen sowie Livemusik – das Album „Live im Westwerk" (2003) der Band Die Sterne etwa wurde hier aufgenommen und zeigt auf dem Cover ein Foto der Eingangstüren der Location. Außerdem ist „Westwerk" der Name einer mit dem Haus verbundenen Gruppe von Künstler*innen, die dem Kunststandort Hamburg und dem Galerienstandort auf der Fleetinsel durch ihre Arbeit nationale und internationale Strahlkraft verliehen hat. Zu den Städten, in die die Westwerk-Gruppe eingeladen wurde und mit denen Kooperationen entstanden, gehören u.a. Helsinki, Edinburgh, Malmö und Chicago. Das Westwerk ist zumeist ab mittags um 14 Uhr geöffnet. Zu den regelmäßigen Terminen gehört die Teilnahme an der jährlichen Gemeinschaftsausstellung der freien Kunstorte in Hamburg, der im Januar stattfindenden ART OFF, und für das experimentelle Papiripar Festival für Radio, Pop und Kunst wird es zur experimentellen Funkzentrale, von der aus die Hörer in verschiedenen interaktiven Formaten dazu animiert werden, von Empfängern zu Sendern zu werden. Außerdem kooperiert das Westwerk seit einigen Jahren mit dem Reeperbahnfestival.

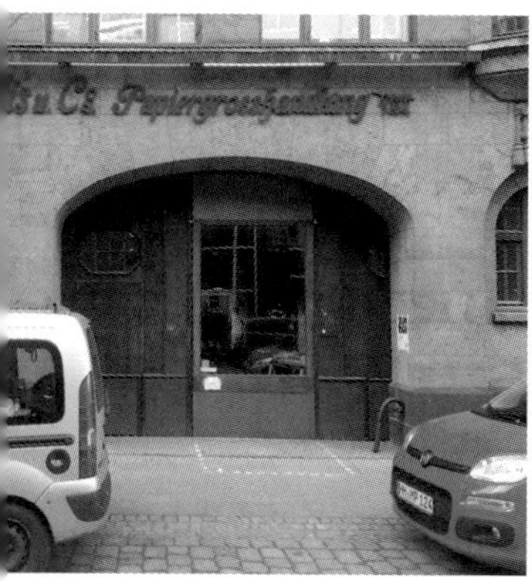

Den Abstecher dieser Tour erreichen wir mit der U-Bahn-Linie U3 von der Station Rödingsmarkt aus und steigen an der Haltestelle Feldstraße aus, wo wir die Feldstraße an der Ampel überqueren, dann halbrechts bis zur Marktstraße gehen und bei Hausnummer 12 unseren nächsten Stopp machen.

HOT SPOT

BUCH HANDLUNG WELT †

Eine Handvoll Stufen geht es hoch zu dem Ladenlokal, das heute von einer Boutique genutzt wird. Zwischen 1976 und 1983 befand sich hier die **BUCH HANDLUNG WELT**, die zwar auch, wie der Name versprach, eine Buchverkaufsstelle war, aber zugleich sehr viel mehr. Ins Leben gerufen hatte das Projekt **HILKA NORDHAUSEN** (Abb. unten links mit Thomas Fellmann), gelernte Drogistin und studierte Malerin, die die Ausgestaltung dieses vieldeutigen Orts vor allem als Konzeptkunst verstand. „Buch Handlung Welt war mein Anschlag auf die Wirklichkeit", schrieb sie später und erklärte, dass sie damit mehr Action in den üblichen Kunstmief habe bringen und die Macht der Galerien habe brechen wollen. Dieser Anschlag bestand aus weit über hundert Lesungen, Filmvorführungen und Performance-Veranstaltungen, die in den Jahren des Bestehens stattfanden. In den Experimentierraum kamen Künstler*innen und Lebenskünstler*innen, manche starteten bald ihre großen Karrieren, andere hingegen verschwanden mit unbekannten Zielen. **ALBERT OEHLEN**, **WERNER BÜTTNER**, **MARTIN KIPPENBERGER**, spätere Malerstars, trafen hier während oder kurz nach dem Studium aufeinander und arbeiteten manchmal auch in den Räumlichkeiten, an den Murals zum Beispiel, Bildern wie von Adam Jankowski und Michael Deistler (Vernissage 1983, Abb. unten rechts), die einmal im Monat an den kopfseitigen Wänden des Ladens entstanden und es bis zum Ende des Projekts auf eine Zahl von achtzig dieser temporären Werke brachten. Der kroatische Experimentalfilmer und Autor Vlado Kristl las hier, die Tochter eines der wichtigsten Vertreter der Beat Generation, Jan Kerouac, ebenfalls. Und besonders legendär: **ALLEN GINSBERG**, ein anderer großer Beat-Autor, der 1979 nach einer großen Lesung in der Markthalle hierher kam.

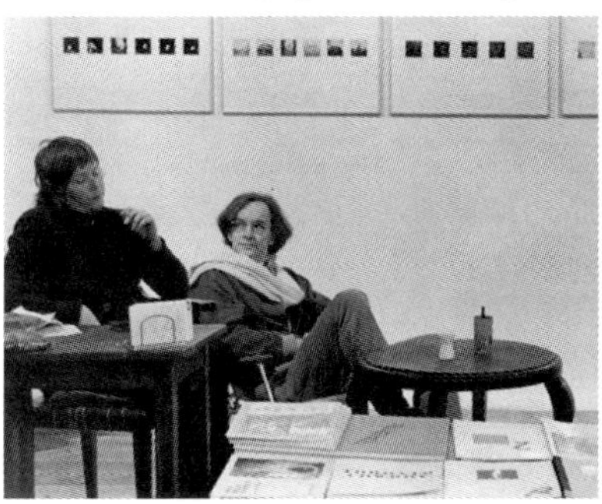

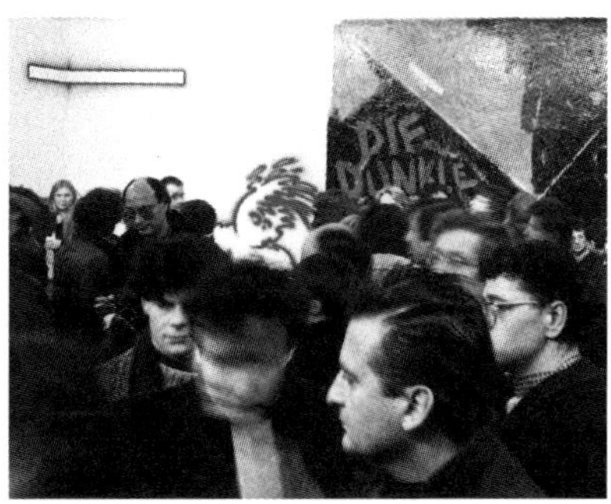

Und die Bücher? Die gab es natürlich auch: Sie stammten unter anderem aus den Bereichen avangardistischer Kunst wie Dadaismus, Surrealismus, Bauhaus und Pop-Art oder der avancierten zeitgenössichen Theorie wie des Strukturalismus und Poststrukturalismus, waren mitunter schwer konsumierbare Kost, und im Angebot hatten Nordhausen und ihre Leute auch noch das kleinste Heft aus dem entlegensten Verlag. 1979 gesellte sich der legendäre Plattenladen Rip Off, der als erster Punk-Plattenladen Deutschlands gilt, zu den Off-Orten im Karoviertel, und auch die für die Punk- und Avantgardebewegung nicht nur Hamburgs wichtige Kneipe Marktstube befand sich nur wenige Meter entfernt. Für ein paar Jahre war das Gebiet zwischen Messe, Schlachthof und Fernsehturm der Nährboden für subkulturelle Aktivitäten, die diesen Namen wirklich verdienen, ob es sich dabei um Film, Musik, Fotografie, Malerei oder Performance handelte. 1983 musste Nordhausen den Laden, der sich ökonomisch natürlich nicht trug, schließen. Auch das Rip Off machte im gleichen Jahr zu. 1986 zog Hilka Nordhausen dann nach Berlin, wo sie 1993 starb.

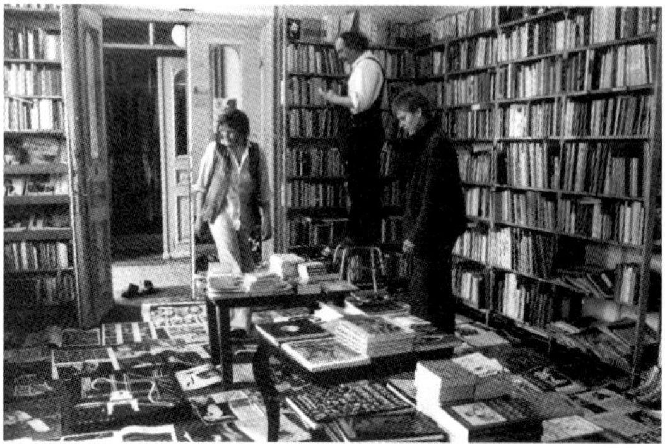

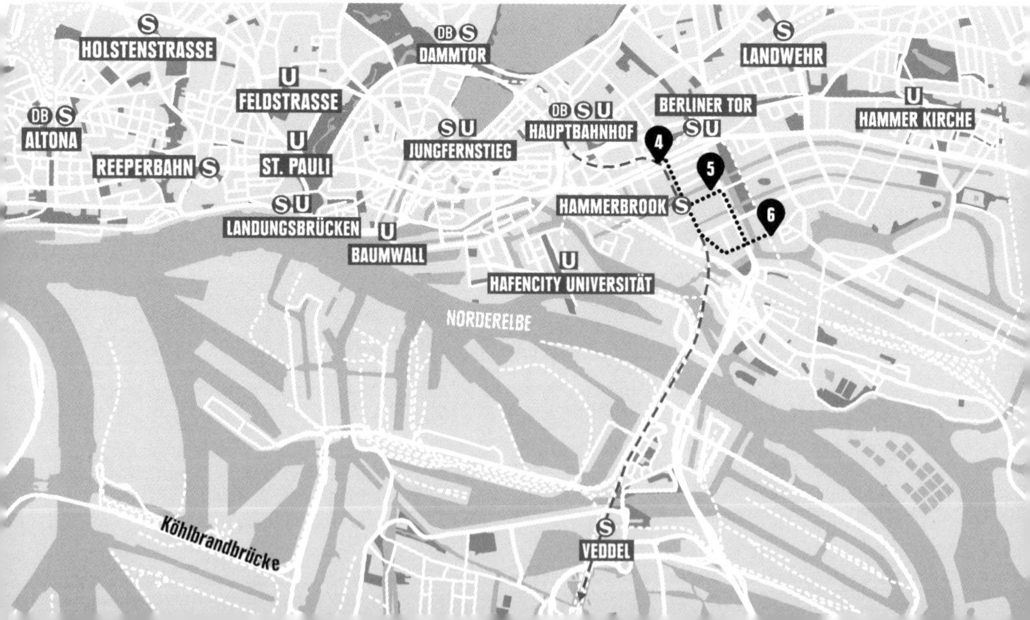

Die nächsten drei Orte, zu denen wir uns jetzt begeben, könnten unterschiedlicher kaum sein. Gemeinsam haben sie nur, dass sie sich alle in Hammerbrook befinden. Den Stadtteil, in dem neben vielen Gewerbeflächen auch der Bürodistrikt City Süd liegt, erreichen wir vom Karoviertel über die Station Feldstraße mit der U3 und einem Umstieg von der U-Bahn in die S-Bahn-Linie S3 an den Landungsbrücken sowie von der vorigen Station auf der Fleetinsel mit der gleichen S-Bahnlinie von der Station Stadthausbrücke aus. Die auffällige, einer fahrenden S-Bahn nachempfundene Station Hammerbrook, die wir über den Ausgang Frankenstraße verlassen, liegt auf einem Viadukt direkt über dem Mittelkanal. Parallel zur Hochtrasse der S-Bahn laufen wir die Hammerbrookstraße etwa 400 Meter in die Richtung zurück, aus der wir gekommen sind, überqueren zunächst die Nordkanalstraße und folgen dieser wenige Meter nach links, wo sich die OZM Galerie direkt unterhalb der in einer Linkskurve auf Betonstelzen geführten S-Bahn-Gleise befindet.

OZM / HAMMERBROOKLYN PROJECT 4

Spaldingstraße 140
20097 Hamburg
➡ www.onezeromore.com

Auch die OZM-Galerie für Urban Art mit ihren Schwerpunkten Streetart und Graffiti befand sich in der Sternschanze bis vor kurzem in einem für unkommerzielle, alternative und subkulturelle Projekte inzwischen ziemlich prekären Gebiet, ist nach ihrem Auszug aus der Bartelsstraße nun allerdings dort angekommen, wo ihr die Gentrifizierung erst einmal nichts anhaben kann: in Hamburgs rauem Osten zwischen Bahntrasse, mehrspurigen Ausfallstraßen, Domina-Studios, Hostels und Büros. Vor allem aber: im digitalen Raum.

Mit den Aspekten digitaler Kunst und des virtuellen Raums hatte Gründer Alex Heimkind sich schon früh auseinandergesetzt, schon vor dem Internetzeitalter und lange, bevor das viele seiner Kolleg*innen aus der Galerieszene taten. Den erzwungenen Auszug aus dem alten Backsteingebäude am Bahndamm in der Schanze nutzte er für eine digitale Neuaufstellung der Galerie und zugleich für die Schaffung einer Präsentations- und Aktionsfläche, die in Hamburg einzigartig ist. In den neuen Räumlichkeiten in der Spaldingstraße ist nun das Hammerbrooklyn-Projekt zu Hause, ein Crossover aus Urban Art, Graffiti, Siebdruck, Breakdance und Kampfkunst, erschaffen und mit urbanem Leben gefüllt vom OZM-Künstler*innenkollektiv und für ein jüngeres Galeriepublikum ohne die für Galerien typischen Schwellen der Hochkultur besuch- und erlebbar. Was bei Hammerbrooklyn drinnen passiert, trägt das Projekt „Up the Wall“ nach außen: Denn bei diesem Projekt werden die Fassaden

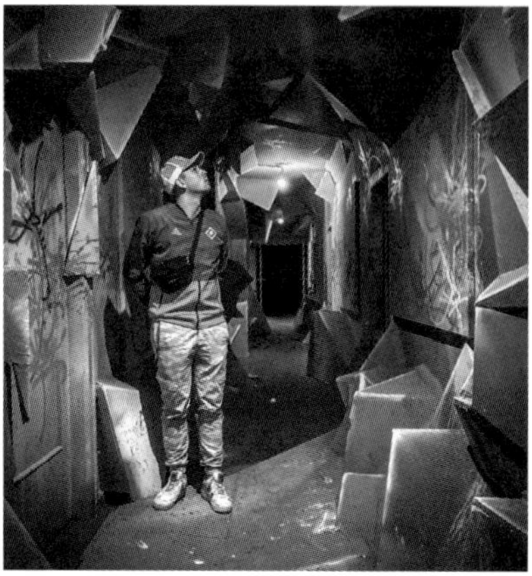

der umliegenden Gebäude zu riesigen Leinwänden für die Künstler*innen. So werden Urban Art und Graffiti nicht nur sichtbar, sondern der industriell und gewerblich geprägte Stadtteil erfährt zugleich eine optische Belebung und Aufwertung.

Die innovativste Neuerung des Projekts dürfte allerdings darin bestehen, das künstlerische Schaffen der OZM-Macher*innen in neue digitale Formate zu bringen: So konnte etwa die ehemalige Galerie in der Bartelsstraße als komplexes 3D-Modell archiviert werden und ist über die Website sowie physisch in einem umgebauten Hochseecontainer auf dem neuen Galeriegelände begehbar – inklusive vergangener Ausstellungen. Das digitale Angebot von OZM umfasst neben dem obligatorischen Online-Shop und einer „OZM.TV" genannten Videorubrik mit Making-of-Clips, Interviews und Hintergrundberichten auch einen kostenpflichtigen Bereich, der Zugang zu exklusivem Material bietet. Vom Zugriff für einen Monat bis zu einem ganzen Jahr reichen die verschiedenen Zugangs- und Bezahlmodelle. Den physischen Besuch, der sich für Graffiti-Fans immer lohnt, schließt das natürlich nicht aus: Das Galeriegebäude ist selbst eine riesige Leinwand, die sich im stetigen Wandel befindet. Auch in der Umgebung lässt sich viel Graffiti-Kunst entdecken, zum Beispiel Relikte des Sprayers OZ (1950–2014) am Parkdeck der benachbarten Helm AG.

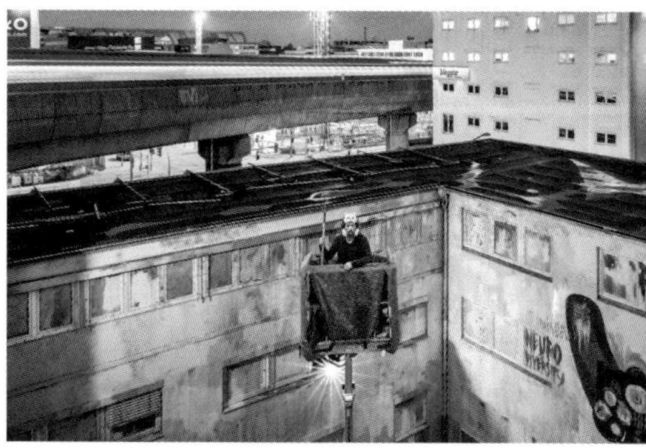

Um die nächste Station zu erreichen, geht es nun erst einmal den Weg, auf dem wir gekommen sind, zurück. An der S-Bahn-Station Hammerbrook laufen wir die Hammerbrookstraße unterhalb der Station bis etwa zur Mitte des Stationskörpers und biegen links in die Wendenstraße ein, der wir etwa 200 Meter bis zum Künstlerhaus Wendenstraße folgen.

KÜNSTLERHAUS WENDENSTRASSE 5

Wendenstraße 45
20097 Hamburg
➡ www.wendenstrasse.org

Der hier im Künstlerhaus ansässige Musiker, Komponist und Hörspielmacher Felix Kubin hat das Künstlerhaus Wendenstraße in einem Fernsehbeitrag einmal als gallisches Dorf in Hammerbrook bezeichnet: Gleich neben dem von dem bekannten Hamburger Architekten Hadi Teherani entworfenen zwölfstöckigen Bürogebäude „Doppel-X" und umgeben von weiteren Bürohäusern der City Süd, behauptet sich das aus einer Besetzung durch HFBK-Student*innen hervorgegangene und zwischenzeitlich vom Abriss bedrohte Künstlerhaus bereits seit mehr als dreißig Jahren an seinem ungewöhnlichen Standort.

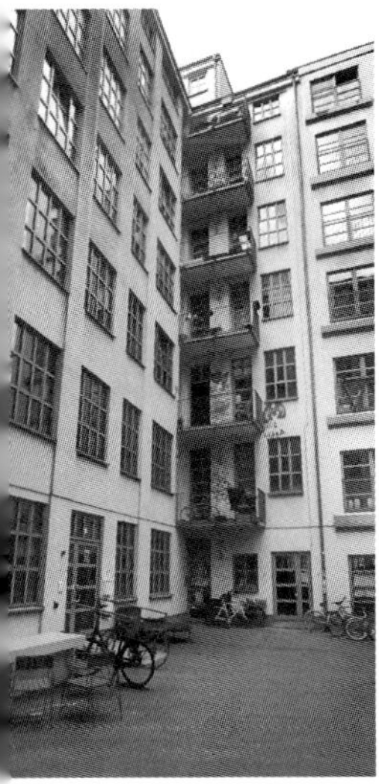

Die Disziplinen, in denen sich die auf fünf Etagen arbeitenden rund siebzig Künstler*innen zu Hause fühlen, sind vielfältig: Videokunst, Bildhauerei, Performance, Kostümdesign, Bühnenbild, Fotografie, Malerei und Installation sind nur einige der Gattungen, denen man sich in der Wendenstraße widmet. Ausstellungen, Konzerte, Filmabende und andere interdisziplinäre Projekte unkommerzieller Art haben in dem 2016 eröffneten Studio 45 (im Haus C des Komplexes) einen besonderen Ort. Ein wiederkehrender Termin ist das jährliche, mehrtägige Sommerfest im August.

Zu den in der Wendenstraße ansässigen Künstler*innen gehören neben dem erwähnten Felix Kubin unter anderen Josephin Böttger (Videokunst), Robin Hinsch (Fotografie), Barbara Niklas (experimentelles Design), FH Breker (bildende Kunst, Betreiber der Galerie Oel-Früh), Fee Kürten (bildende Kunst, Musikprojekte), Helge Meyer (Medienkunst, experimentelle Musik) und Lena Schmidt (Zeichnungen, Malerei, Design).

Wir setzen unseren Weg fort, indem wir der Wendenstraße rund hundert Meter bis zum stark befahrenen Heidenkampsweg (B75) folgen. Dort biegen wir rechts ab und laufen etwa einen halben Kilometer an den Bürogebäuden der City Süd– unter anderem DB Schenker und eine Mercedes-Benz-Niederlassung – vorbei. Einen Stichkanal lassen wir rechts, die Brücke Süderstraße, wo sich der Underground-Club Südpol befindet und an deren gegenüberliegendem Ufer Hausboote ihre Liegeplätze haben, links liegen. Erst bei der nächsten Kreuzung überqueren wir die B75 und biegen in die Straße Bullerdeich ein, die uns zwischen zwei Gebrauchtwagenhändlern über den Kanal und kurz darauf unter einer Eisenbahnbrücke in wenigen Minuten zum Kraftwerk Bille und der Schaltzentrale führt.

SCHALTZENTRALE 6

Bullerdeich 14 B
20537 Hamburg
➡ www.hallohallohallo.org

Das „experimentelle Stadtteilbureau“ Schaltzentrale – so verstehen die Macher*innen ihr Projekt – befindet sich seit 2016 im ehemaligen Elektrizitätskraftwerk an der Bille und ist Teil eines der jüngeren und spannendsten Projekte für Kunst und Stadtentwicklung in Hamburg überhaupt. Der imposante Komplex, der acht teils miteinander verbundene Backsteingebäude sowie Hallen, Hinterhöfe und Brachflächen umfasst, bietet nicht nur außergewöhnliche Bedingungen für Performance, Tanz, Ausstellungen sowie Wohnraum für die beteiligten Künstler*innen, sondern die Gebäude sind auch Teil des geplanten „Alster-Bille-Elbe-Grünzugs", der derzeit von der Umweltbehörde entwickelt wird und später einmal Alster und Elbe durch ein grünes Band ganz ohne asphaltierte Straßen verbinden soll.

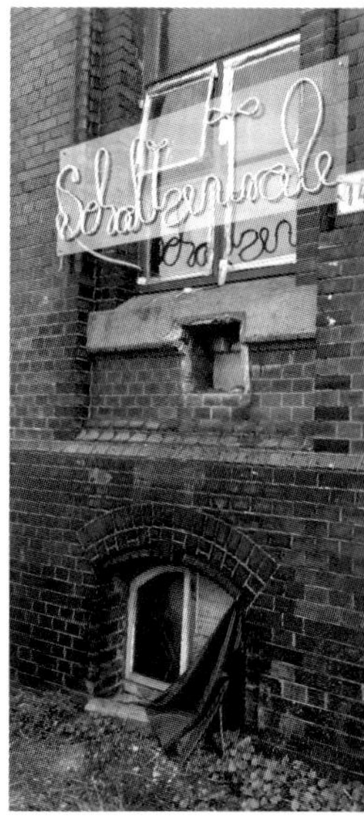

Mit dem Ziel, die zu diesem Zeitpunkt ungenutzten Räume des Kraftwerks für die gemeinschaftliche Nutzung wiederzubeleben, gründete sich 2015 zunächst der HALLO: Verein, der bei der Entwicklung und Umsetzung von alternativen Nutzungskonzepten auf eine offene und künstlerische „Raumproduktion“ setzt. Zu den initiierten Projekten gehören neben der Schaltzentrale auch die HALLO: Festspiele. Bei der jährlich an mehreren Tagen stattfindenden Veranstaltung trifft Tanz auf queer-feministischen Porno, gibt es Fotografie, Installation und Aktionskunst zu sehen, spielen Residents des Golden Pudel Clubs und werden Kinderfilme gezeigt. Die internationalen und lokalen Künstler*innen setzen sich in ih-

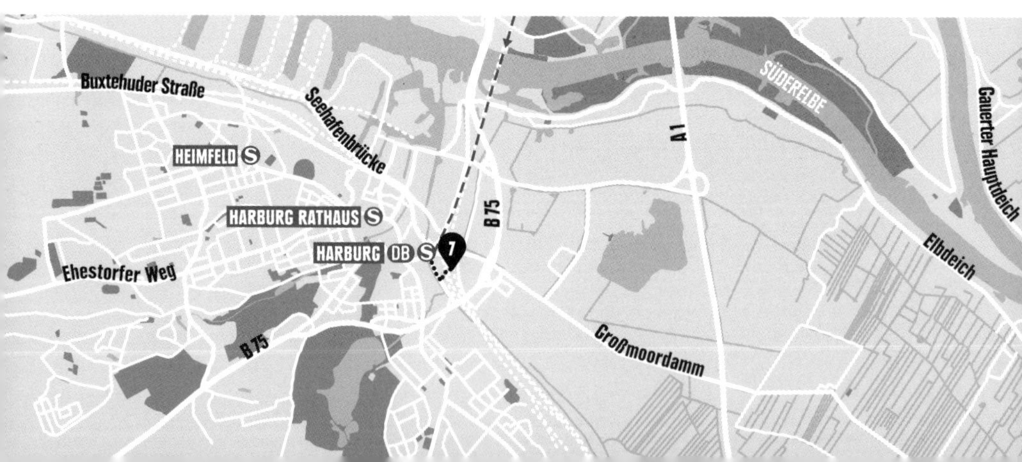

ren Werken, deren Entstehung und Aufführung sich häufig raumspezifischen Fragestellungen verdankt, ihrerseits mit Raum(nutzungs)fragen, -strukturen, -prozessen und entsprechenden Konzepten der Beteiligung auseinander. Ebenfalls vom HALLO:Verein wurden die Projekte WERK (2015) und PARKS (2019)

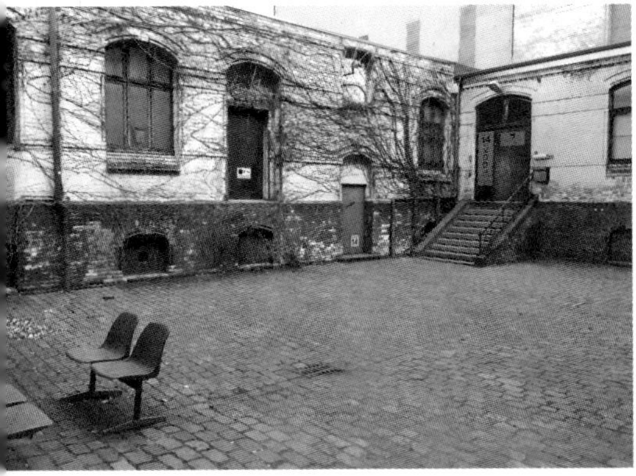

aus der Taufe gehoben. Hier werden Arbeits- und Grünräume neu gedacht, geplant, gestaltet und genutzt. Ganz konkret setzen sich die Aktivist*innen mit der Nutzung der ehemaligen Kraftwerksgebäude (WERK) und des Gebiets um das Kraftwerk als Teil des beschriebenen „Alster-Bille-Elbe-Grüzugs" (PARKS) auseinander. Noch besser als mit öffentlichen Verkehrsmitteln erreicht man das Kraftwerk übrigens mit dem Fahrrad.

Die Schaltzentrale bietet auf unserer Tour auch eine gute Gelegenheit zur Pause. Denn unabhängig von den Veranstaltungen gibt es im Café immer einen Kaffee oder eine Kleinigkeit zu Mittag – ganz explizit nämlich richtet sich das Projekt mit diesem Angebot auch an Menschen, die in der Umgebung arbeiten. Im Sommer sitzt man im Hof, wo eigentlich immer irgendwer anzutreffen ist. Jedenfals lohnt die Erkundung des weitläufigen Gelände, auf dem sich das Industriedenkmal mit Bille-Zugang befindet, auch ohne speziellen Programmpunkt oder bei einer der ebenfalls angebotenen Führungen.

Auf dem Weg zur letzten Station unserer Tour geht es zunächst zurück zur Kreuzung Bullerdeich/B75, wo wir die Straßenseite wechseln und der gegenüberliegenden Straße Grüner Deich am Knick mit der Kneipe Deichklause entlang bis zur Süderstraße folgen. Diese queren wir – der weitere Verlauf heißt nun Hammerbrookstraße – und laufen auf die S-Bahn-Station zu, von wo wir nach einer rund fünfzehnminütigen Fahrt mit den S-Bahn-Linien S3 oder S31 den Bahnhof Harburg erreichen. Der Kunstverein Harburger Bahnhof befindet sich gegenüber dem Club Stellwerk (der Endstation der Hip-Hop-Tour in diesem Buch) im Bahnhofsgebäude über den Gleisen des Fernverkehrs.

KUNSTVEREIN HARBURGER BAHNHOF 7

Hannoversche Straße 85
21079 Hamburg
➡ www.kvhbf.de

Wie der gegenüberliegende Club Stellwerk befindet sich auch der Kunstverein in einem ehemaligen Wartesaal des Bahnhofsgebäudes über den Gleisen des Fernverkehrs. Bei den aufwendig sanierten Räumlichkeiten aus dem Jahr 1897 handelt es sich um ein nur noch selten erhaltenes Stück Bahnhofsarchitektur und die letzten verkehrsbaulichen Aufenthaltsräume ihrer Art aus dem 19. Jahrhundert in Hamburg. Sind der im Stile des Historismus errichtete Saal und seine Nebenräume mit ihren sieben Metern Höhe, der Deckenverkleidung mit hölzernen Kassettenelementen, Stuck und teilweise holzvertäfelten Wänden an sich schon ein beeindruckendes Architekturzeugnis, so gewinnt der großzügige Raum durch seine Nutzung noch zusätzlich an Wirkung.

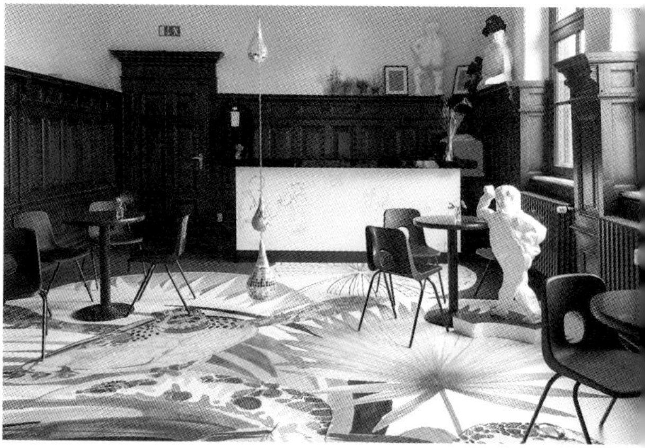

Auf den rund 350 Quadratmetern Fläche widmet sich der Kunstverein Harburger Bahnhof seit 1999 der Förderung der Gegenwartskunst und ist in dieser Funktion die wichtigste Kunstinstitution im Süden Hamburgs und im Raum Süderelbe. Zu den Künstler*innen, die dort ausgestellt haben, gehören die Mitgründerin der Gruppe F.S.K. (Freiwillige Selbstkontrolle) und heutige HFBK-Professorin Michaela Melián, Thomas Baldischwyler, Annika Kahrs, Melissa E. Logan, Kasia Fudakowski, Phuong-Dan und viele mehr. Seit einigen Jahren zeichnen sich die im Kunstverein Harburger Bahnhof stattfindenden Ausstellungen durch vermehrte Integration von performativen und auditiven Elementen aus. So wurden etwa in Zusammenarbeit mit dem Kölner Label Apparent Extent anstatt eines Katalogs schon ausstellungsbegleitende Schallplatten veröffentlicht, die eine ganz neue Form der Ausstellungspublikation darstellen. Neben der Ausstellungstätigkeit gibt der Kunstverein verschiedene Editionen und Schriften heraus. Und seit 2019 wird die Kunst auch außerhalb der Schauflächen des Vereins sichtbar gemacht, indem die alten Bahnhofsvitrinen auf den Bahnsteigen der Gleise 3 und 4 zusätzlich für Ausstellungen genutzt werden. Die Räume im Bahnhof sind zu festen Öffnungszeiten besuchbar: Von Mittwoch bis Sonntag zwischen 14 und 18 Uhr sind die Ausstellungen jeweils geöffnet.

NOCH MEHR ADRESSEN

GALERIEN & KÜNSTLERHÄUSER

GALERIE GENSCHER
Marktstraße 138
20357 Hamburg
➡ www.galerie-genscher.com
Seit 2007 Gegenwartskunst junger Künstler*innen, Filme, Lesungen, Vorträge, Symposien im Kontext der Ausstellungen.

KÜNSTLERHAUS FAKTOR E.V.
Max-Brauer-Allee 229
22769 Hamburg
➡ www.faktor.hamburg
Künstlerhaus an der Sternbrücke, Ateliers, Galerie, Fotomietstudio, Veranstaltungsraum für Lesungen, Filmvorführungen, Workshops u.a. Schwerpunkt künstlerische Fotografie.

KÜNSTLERHAUS HAMBURG-BERGEDORF
Möörkenweg 18 B-G
21029 Hamburg
➡ www.kuenstlerhaus-bergedorf.de
Seit 1992 Künstler*innenhaus im ehemaligen Gasthaus Billthal. Rund ein Dutzend verschiedene Künstler*innen unterschiedlicher Disziplinen, etwa zehn Ausstellungen im Jahr.

KÜNSTLERHAUS SOOTBÖRN
Sootbörn 22
22453 Hamburg
➡ www.kuenstlerhaus-sootboern.de
Seit 1992, in einem architektonisch an Le Corbusier angelehnten Schulgebäude. Internationale und nationale Künstler*innen, vielbeachtete Ausstellungen, Stipendien und Forum für Künstler*innennachlässe.

OEL-FRÜH
Marckmannstraße 32
20539 Hamburg
➡ www.oelfrueh.org
Ausstellungs- und neuerdings auch Atelierräume. Unabhängige Gegenwartskunst überregionaler Künstler*innen, alle Mieter*innen sind Absolventen der HFBK, die Reihe Paul's Boutique zeigt Werke von Studierenden.

XPON-ART GALLERY
Repsoldstraße 45
20097 Hamburg
➡ xpon-art.de
Projektraum im Münzviertel. Thematische Ausstellungen mit Schwerpunkt Nachwuchskünstler*innen. Mittlerin zwischen kommerziellen Galerien und Ausstellungen in Eigenregie, Kooperationen mit künstlerkollektiven, Universitäten und freien Kurator*innen.

AUSSTELLUNGEN & FESTIVALS

AFFORDABLE ART FAIR
Messeplatz 1
20357 Hamburg
➡ www.affordableartfair.com
Hamburger Ausgabe der weltweiten Kunstmesse für alle. Kunst zwischen 100 und 7500 Euro, etwa achtzig Aussteller*innen aus mehr als einem Dutzend Ländern.

ART OFF HAMBURG
Initiative freier Kunstorte an wechselnden Orten
➡ www.art-off-hamburg.de
Gemeinschaftsausstellung freier Kunstorte.

ERÖFFNUNG DER FLEETINSEL-GALERIEN
➡ www.flleetinsel.com
Zweimal jährlich (im Januar und September) stattfindende öffentliche Saisoneröffnung der Galerien und Kunsthäuser auf der Fleetinsel, Hamburgs wichtigstem Standort für Gegenwartskunst.

HOCHSCHULE FÜR BILDENDE KUNST
Jahresausstellung
Lerchenfeld 2
22081 Hamburg
➡ www.hfbk-hamburg.de
Mehrtägige, jährliche Ausstellung der Studierenden, die erste Jahresausstellung fand bereits 1790 (!) statt. Arbeiten aus den Bereichen Film und Fotografie, Skulptur, Malerei, Performance, Video, Installation, Design und mehr. Führungen ohne Anmeldung, Eintritt frei.

KNOTENPUNKT FESTIVAL
Paul-Roosen-Straße 43
22767 Hamburg
➡ www.knotenpunkt.net
Jährlich im Oktober in den Räumen der Affenfaust Galerie und im urbanen Raum Hamburgs. Größtes Festival für Urban Art der Gegenwart in Nordeuropa mit rund 10 000 Besucher*innen.

MILLERNTOR GALLERY
Harald-Stender-Platz 1
20359 Hamburg
➡ www.millerntorgallery.org
Mehrtägiges Festival für Kunst, Kultur und Musik im Millerntor-Stadion des FC St. Pauli. Schwerpunkt Urban Art, auch Malerei, Skulpturen, Videokunst, Performance, Fotografie u.a., nationale und internationale Künstler*innen.

MS ARTVILLE FESTIVAL
Reiherstieg-Hauptdeich
21107 Hamburg
➡ www.msartville.de
Jährliches zweiwöchiges Open-Air-Kunstfestival auf dem Dockville-Gelände. Contemporary Art nationaler und internationaler Künstler*innen zu einem Oberthema, begleitet von diversen Veranstaltungen (Richtfest, Burgfest etc.), Eintritt frei.

GRAFFITI- & STREETART-TOUR

4

STARTPUNKT

U-Bahn-Station Feldstraße [U 3]

ENDPUNKT

Beliebige S-Bahn-Station

DAUER

etwa 3 Stunden

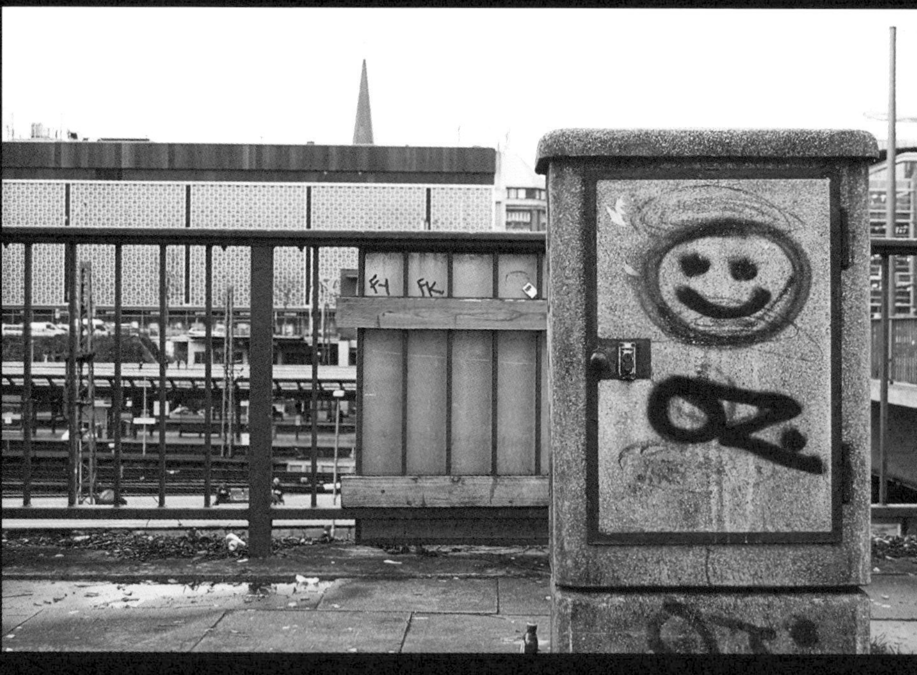

DIE FARBEN sind verblichen, hier und da bröckelt der Putz, im unteren Bereich des Murals haben sich Sprayer mit ihren Pieces und Tags verewigt. Und doch: Die Arbeit von **WERNER NÖFER**, die am Livemusik-Club Gruenspan zur Simon-von-Utrecht-Straße hin eine ganze Wand einnimmt, sieht im Großen und Ganzen noch so aus wie damals: Wie 1968, als der Maler, Grafiker und spätere Professor für Design an der FH Dortmund das Werk, dem die Presse bald den Titel des ersten Pop-Art-Murals in Europa geben sollte, schuf. Nöfer, der die Arbeit zusammen mit seinem damaligen Weggefährten **DIETER GLASMACHER** entwarf – dieser zeichnete für die rechte Seite des Wandbilds verantwortlich –, ließ grafische Elemente in seine Kunst einfließen und sich dabei vor allem von Ampeln, Schildern und anderen Elementen des Straßenverkehrs inspirieren.

Ampeln spielten zu dieser Zeit in der frühen Straßenkunst Hamburgs noch eine andere Rolle: „Alle Ampeln auf Gelb“ hieß einer der Sprüche, die ebenfalls 1968 überall in Hamburg auftauchten. Ausgerüstet mit einem Edding, hinterließ nämlich **PETER-ERNST EIFFE** im Sommer des Jahres seine mehr oder weniger flüchtigen Spuren in der Stadt, schrieb mit manischer Energie Parolen ironischer Selbsterhöhung – „Eiffe sieht gut aus. Eiffe schafft ein befriedigtes Deutschland. Eiffe will Bundeskanzler werden!” – auf Wände, Stromkästen, Verkehrsschilder oder Briefkästen und wurde so schnell zum Gesprächsthema der Stadt. Ob er mit seinem Wirken als erster Graffiti-Artist Deutschlands oder wenigstens als einer ihrer Vorreiter gelten kann, ist eine Frage der Betrachtung. Sein Leben und sein Tod nach der Flucht aus der Psychiatrie 1983 waren jedenfalls ganz ohne Frage von einiger Tragik. Auf unserer Tour werden wir uns mit dem Vorläufer des deutschen **SPONTI-GRAFFITO** noch etwas genauer beschäftigen.

Den Begriff **STREETART**, zu dem heute neben vielen anderen Formen auch Murals, also großflächige Wandbilder im öffentlichen Raum, gezählt werden, gab es zur Zeit von Nöfer, Glasmacher und Eiffe noch nicht. Zu bestimmen, was nun genau unter den seit etwa 2005 gebräuchlichen Begriff fällt, ist allerdings einigermaßen müßig, denn es gibt eine Vielzahl an Definitionen, die alle ihr gutes Recht haben. Weit gefasst, werden unter dem aus den USA stammenden Begriff hauptsächlich Aktivitäten der bildenden, von Institutionen unabhängigen Kunst im öffentlichen, also für alle zugänglichen Raum subsumiert. Und so gehören beispielsweise auch schon länger gebräuchliche Formen wie etwa Pflaster- bzw. Bodenmalereien dazu, die die meisten wahrscheinlich nicht als Erstes assoziieren, wenn der Begriff fällt.

Was haben verfremdete Werbeanzeigen, das sogenannte Adbusting, das Dispatch-Projekt des Künstlers **JAN VORMANN**, der Wandlücken im öffentlichen Raum mit bunten Lego-Steinen füllt (Abb. auf der folgenden Seite in der Veringstraße 28 in Wilhelmsburg), das klassische Graffiti-Piece oder beim **GUERILLA KNITTING** mit

Wolle bunt ummantelte Bäume aber noch gemeinsam? Nun, sie befinden sich nicht nur im öffentlichen Raum und damit nach klassischem Kunstverständnis an untypischen, niedrigschwellig zu erreichenden Orten, sondern sie werden auch kostenlos dargeboten, sind rund um die Uhr für jede*n zugänglich, und wer dahintersteckt, ist nicht immer gleich oder oft auch gar nicht zu erkennen.

Schon die wenigen Beispiele mögen außerdem zeigen, dass das Genre stets in Bewegung ist – die **GRAFFITI-KUNST** der 1970er Jahre, die **STENCIL-ART** seit Anfang der 1980er Jahre oder das seit Ende der 1980er Jahre gebräuchliche **STICKERN** und dessen auch heute noch verbreitete Unterform, bei der Künstler*innen ihre Tags auf Adressaufkleber der Post schreiben, um diese dann auf Laternenpfählen, Ampelmasten und Stromkästen anzubringen, gehören im Vergleich mit anderen künstlerischen Ausdrucksformen, die unter dem Label Streetart zusammengefasst werden, schon lange zu den etablierten Techniken und können heute allesamt als traditionell gelten.

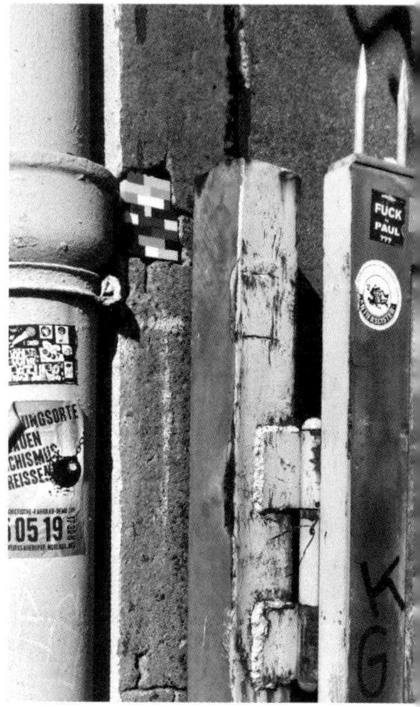

Wenn von Streetart die Rede ist, fällt auch öfter der Begriff Urban Art, und nicht selten werden beide Begriffe als Synonym gebraucht. Will man sie unterscheiden, ist Urban Art wohl die gegenwärtigere, hippere und etwas weitere Bezeichnung für das, was früher einmal Streetart genannt wurde. Ein Definitionsversuch stammt von dem schwedischen Kunstgeschichtler und Bildwissenschaftler Peter Bengtsen, der schon seit langem zum Thema Streetart forscht und publiziert. Bengtsen zufolge wird der Begriff Urban Art vor allem für Werke von Künstler*innen gebraucht, die in irgendeiner Weise mit der Streetart-Kultur verbunden sind, sich aber in einem stärker kommerziellen, auf den Kunstmarkt bezogenen Kontext bewegen. Dabei geht es nicht zuletzt um den Unterschied zwischen illegalen und legalen Arbeiten, denn die marktförmige Verwertung gelingt – von prominenten Ausnahmen abgesehen – nun einmal besser, wenn sich ein Kunstwerk einer Künstler*in zuordnen lässt. Ganz ähnlich wie Bengsten beschreibt **JÖRG HEIKHAUS**, Betreiber der Galerie **HELIUMCOWBOY ARTSPACE** die Verschiebung der Begriffe: „Urban Art ist inzwischen zum Marketing-Oberbegriff geworden für nahezu alles, was sich im erweiterten künstlerisch-kreativen Kontext im öffentlichen und nicht-öffentlichen Raum abspielt. Ursprünglich ging es mal nur darum, die zahlreichen Ausrichtungen und Formen von Graffiti und Streetart unter einem Dach zusammenzufassen." Dass er selbst und andere neugierige Entdecker*innen Teil einer fast zwangsläufigen Vereinnahmung durch den kommerziellen Kunstbetrieb sind und ein entsprechend verkäufliches Label für die Kunst von der Straße dabei nicht schadet, verschweigt Heikhaus nicht.

Wie wichtig für Teile der Szene genaue Definitionen und Begrifflichkeiten zur Einordnung und Markierung von Zugehörigkeit auch sein mögen: Für interessierte Betrachter, die sich im Alltag an der urbanen Gestaltung des öffentlichen Raums erfreuen oder gezielt auf die Suche nach immer neuen kreativen Arbeiten gehen, dürften Definitionsfragen nachrangig sein. Und der noch immer wachsenden Beliebtheit von Graffiti, Streetart und Urban Art tun umstrittene oder fehlende Definitionen ohnehin keinen Abbruch.

Legal oder illegal und welcher Aktionsform auch immer zuzuordnen, für Aufsehen sorgen künstlerische Arbeiten im öffentlichen Raum nicht erst seit der Etablierung einer Starkultur der Streetart-Szene, zu deren bekannten Vertretern etwa Shepard Fairey (Obey), Banksy, Invader oder Thierry Guetta alias Mr. Brainwash gehören (bis heute halten sich hartnäckig Gerüchte, Banksy sei ein weiteres Alias von Guetta, andere Gerüchte besagen, dass sich der Mastermind der britischen Trip-Hop-Legende Massive Attack – Robert Del Naja – hinter dem Pseudonym Banksy verberge). Auch deutschsprachige Künstler, vor allem aus der Graffiti-Szene, wie Loomit, Forty (Boris Hoppek), DAIM (Mirko Reisser), **WON ABC** (der bei Fahrgästen zuletzt durch die von der Bahn in Auftrag gegebene Neugestaltung der S-Bahn-Station Sternschanze Ende 2019 für Staunen sorgte) oder **RKT ONE/DADDY COOL (HEIKO ZAHLMANN)** haben sich mit ihren Arbeiten und Stilen ein internationales Renommee aufgebaut, sind längst in den Kunstinstitutionen angekommen und Gegenstand akademischer Beschäftigung.

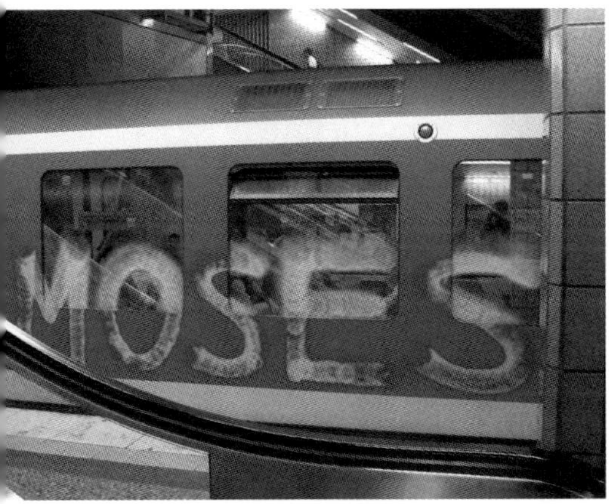

Mit der Geschichte des Graffiti in Hamburg am stärksten assoziiert wird wohl der im Jahr 2014 beim Sprühen ums Leben gekommene Sprayer **OZ** alias **WALTER JOSEF FISCHER**, dessen Signaturen schon allein wegen ihrer schieren – sechsstelligen – Zahl im wahrsten Sinne des Wortes untrennbar mit der Stadt und dem Stadtbild verbunden sind. Während OZ nicht in erster Linie mit den Qualitäten seiner Aktivitäten Aufsehen erregte, sondern mit der Unnachgiebigkeit, mit der er dem Sprühen nachging – insgesamt saß er deswegen rund acht Jahre seines Lebens in Haft –, sorgte in den 2000er und 2010er Jahren die Crew **MOSES & TAPS™**, die zuerst nur aus zwei Einzelpersonen bestand, mit der Originalität einiger ihrer Aktionen für bundesweites Medienecho. Im Jahr 2007 etwa übermalte das Duo eine Tür der S-Bahn in Hannover und platzierte direkt neben der Übermalung eine täuschend echte Nachbildung der Tür inklusive Dichtungsbändern und Tür-Druckknöpfen, so dass der Zugführer die Fahrgäste mit den bei echten Störungen zum Einsatz kommenden „Tür unbenutzbar"-Zetteln von der Benutzung der Fake-Tür abhalten musste.

Ein paar Jahre später kritisierte die Crew den Ausverkauf von Urban Art dann mit dem aus Dollarnoten an einem Waggon der Hamburger S-Bahn nachgebil-

MUSIK ZUR TOUR

KRS-ONE
OUT FOR FAME
aus dem Album »KRS-ONE«
(Jive Records 1995)

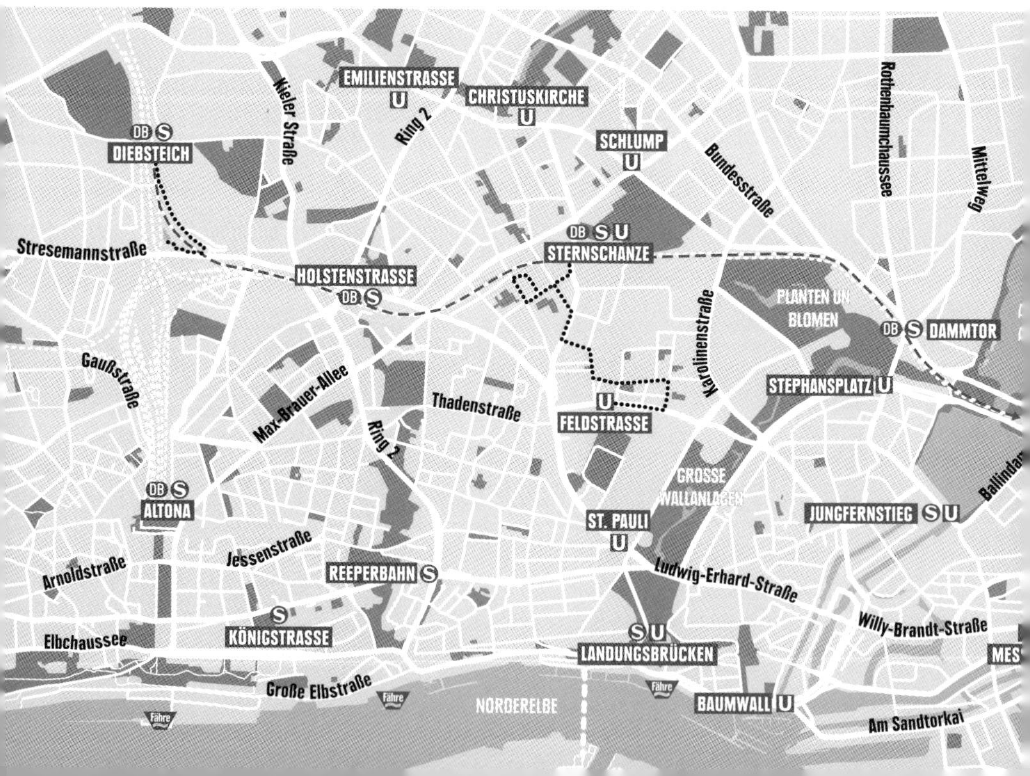

deten Wort „Sellout“ sowie der Installation eines Souvenirshops mit eigenem Merchandise im Rahmen einer Ausstellung im Eindhovener Museum MU Hybrid Art House. Der größte Coup allerdings gelang ihr 2016, als sie in Hamburg eine S-Bahn-Tür zumauerte. Das Video der Aktion ging weltweit viral und zeigt, wie die Crewmitglieder als Bahnmitarbeiter getarnt von innen Ytong-Steine im Türraum einer S-Bahn aufschichten, während diese auf einem Abstellgleis auf ihren nächsten Einsatz wartet. MOSES & TAPS™ sind vielleicht die „lautesten“ Graffiti-Sprayer Hamburgs, wie sie ihre hohen Aufmerksamkeitswerte im Interview mit dem „Hamburger Abendblatt“ einmal beschrieben, nicht jedoch die einzigen weltweit bekannten – und längst findet ihre Arbeit auch nicht mehr nur auf Mauern, Bahn- und Stadtmobiliar statt, sondern auch auf Leinwand.

Auf der folgenden Tour, die im Karoviertel beginnt, begegnen wir unterschiedlichen Werken der Street- respektive Urban Art, insbesondere Graffitis, Cut-ups, dreidimensionalen Streetart-Objekten und Murals. Manche von ihnen sind älteren Datums, manche jüngeren, einige sind bekannt, andere unbekannt. Während ein Teil von ihnen eindeutig als Werke bestimmter Künstler*innen zu identifizieren sind, lassen sich andere nicht zuordnen, gehören entweder zum Mainstream oder zum Underground und sind in Szenevierteln genauso zu finden wie abseits der Graffiti- und Streetart-Hotspots.

KAROVIERTEL 1

Marktstraße und Umgebung
20357 Hamburg

Kaum dass wir in die Glashüttenstraße eingebogen sind, fällt uns der erste Streetart-Spot sofort ins Auge: Der untere Teil des Gebäudes mit der Hausnummer 112, das die DIY-Fahrrad-Selbsthilfewerkstatt für Frauen „Die Schraubstelle“ beherbergt, ist gespickt mit Tags, dreidimensionalen Objekten und Paste-ups, also auf Plakate gemalten Kunstwerken, die mit Kleister oder Leim an die Wand geklebt wurden. Auch der Durchgang zwischen den Hausnummern 112 und 114 ist mit großflächigen Graffitis gestaltet: Auf beiden Seiten des kleinen tunnelartigen Zugangs sind Meeresbewohner und abstrakte Formen zu sehen.

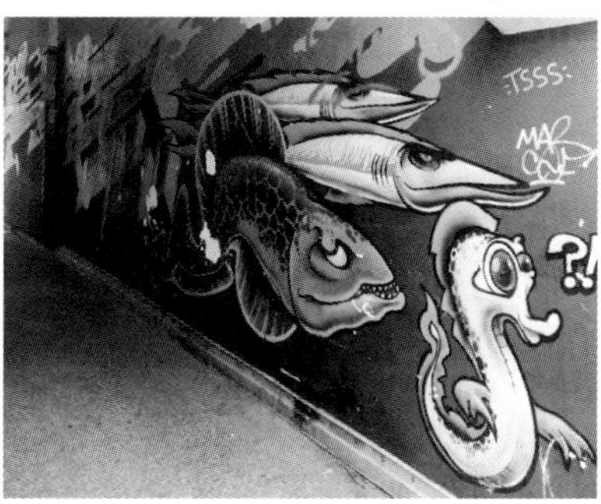

Schräg gegenüber von unserem Standort trifft eine kleine Anwohnerstraße auf die Glashüttenstraße, die Mathildenstraße. Auch hier findet sich

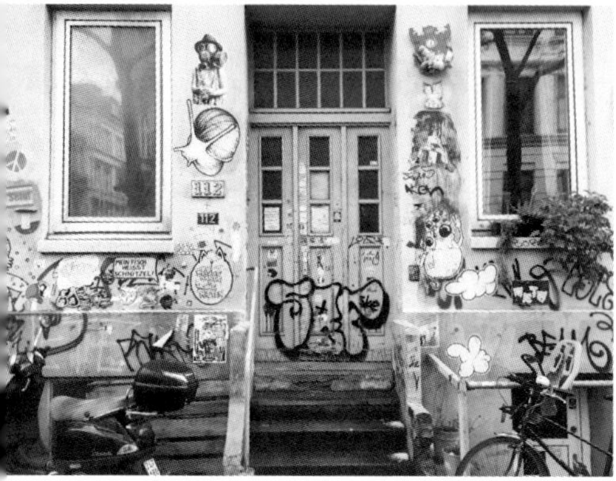

kurz hinter der Einmündung eine bunte, mit Paste-ups und Tags übersäte Wand, deren verschiedene Schichten aus Plakatresten Zeuginnen von Zeit, Witterung und der Betätigung unzähliger Künstler*innen sind. Wir biegen jedoch nicht in die Mathildenstraße ein, sondern folgen der Glashüttenstraße, die nach weiteren etwa fünfzig Metern in die Marktstraße übergeht. Wie im gesamten Karoviertel lohnt sich hier ein genauer Blick auf die Hausfassaden und vor allem in die Hauseingänge, die über und über mit den unterschiedlichsten Formen von Streetart bedeckt sind. Zwischen vielen künstlerisch nicht besonders auffälligen Tags und Pieces, die eher wie Schmierereien aussehen, und unzähligen Kleinstwerken der Allerwelts-Streetart in Form von Aufklebern, Stickern und Flyern, die vor allem Laternenpfähle, Stromkästen und weitere Stadtmöbel schmücken, finden sich auch immer wieder Arbeiten, die unsere besondere Aufmerksamkeit verdienen.

Die Marktstraße links entlang etwa stoßen wir auf der linken Straßenseite nach etwa dreißig Metern auf die Fassade der Schauspielschule „Bühnenstudio" (Marktstraße 24), die durch ein Graffito-Piece auffällt, das die ganze Breite der Gebäudefront einnimmt und bis auf Fensterhöhe reicht. „Kill a Hipster, Save Your Hood" heißt es dort in silbernen Lettern auf einem Untergrund aus Olive-, Orange- und Rottönen. Als „Platz der Genossenschaft" weist ein – nicht ganz offizielles – Straßenschild den Platz gegenüber aus. Der Fischkopp-Plattenstore sticht dort unter den Nachbargebäuden auch wegen der Fassade hervor, an der unter anderem eins der sogenannten Pizza-Werke des Sprayers OZ prangt – der Begriff „Pizza" bezeichnet dessen mehrfarbige, großformatige Bilder, deren Struktur wie ein reichlich belegter Teigboden anmutet. Wenden wir den Kopf nach rechts, so grüßen uns die „Blue Men" des brasilianischen Künstlers Cranio Artes: Die Charaktere mit blauer Haut sind ein interessantes Spiel mit Imaginationen des Indigenen und das Markenzeichen des Künstlers, der sie 2016 im Rahmen des Millerntor-Gallery-Festivals und auf Einladung von Viva con Agua an dieser Hauswand (Marktstraße 127) anbrachte.

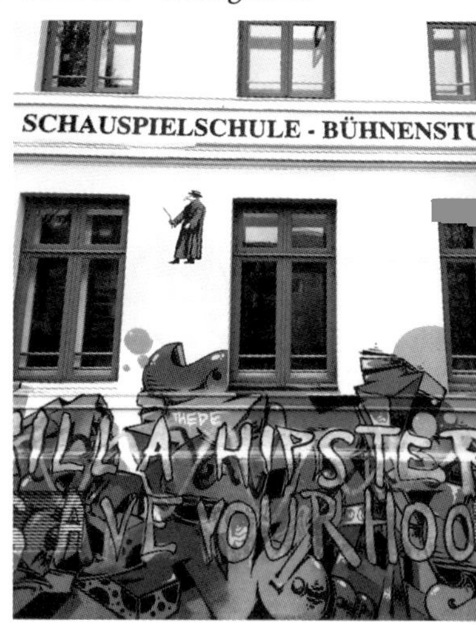

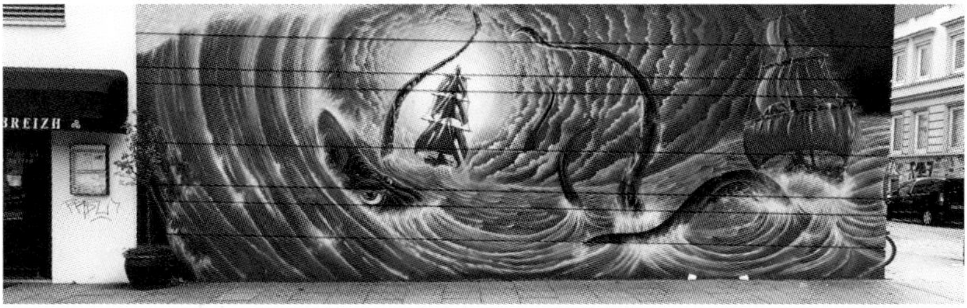

Wir folgen dem Verlauf der Marktstraße Richtung Lattenplatz und schauen auch hier immer wieder an den Fassaden der Gebäude hoch und runter und in die Nebenstraßen hinein. Besondere Aufmerksamkeit verdienen auf unserem Weg die Durchgänge auf Höhe der Boutique M113 (Marktstraße 113) zu dem „Julius-Terrassen" genannten Hinterhof und die weiteren Hofzugänge bis zur Karo Ecke (Hausnummer 92), wo es neben Graffitis auch immer wieder Paste-ups und Objektkunst zu entdecken gibt. Einige davon sind Auftragsarbeiten wie die Wandgestaltung an der Crêperie P'Ti Breizh (Marktweg), die unmittelbar am kleinen Spielplatz auf dem Ölmühlenplatz etwas abseits vom Weg, aber gut sichtbar zu finden ist und einen Oktopus sowie zwei Handelsschiffe in stürmischer Nacht zeigt.

Am Ölmühlenplatz verlassen wir die Marktstraße Richtung Lattenplatz und gehen über die Gleise der hier oberirdisch geführten U-Bahn-Trasse, um unseren Weg ins Schanzenviertel einzuschlagen. Via Schlachthofpassage führt der Weg etwa 150 Meter zwischen den Plattenläden Hanseplatte und Smallville Records hindurch, an der immer kunstvoll gestalteten Treppe am Lattenplatz vorbei und dann durch die eigentliche Passage. Dort passieren wir unter anderem das Knust, um hinter dem Centro Sociale und der Buchhandlung cohen+dobernigg rechts in die Sternstraße einzubiegen. Nach etwa zwanzig Metern erreichen wir zu unserer Linken bei der Einmündung in die Beckstraße einen kleinen Spielplatz.

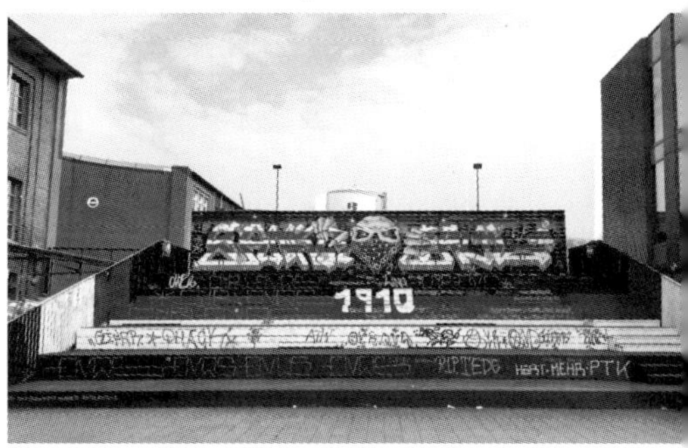

SCHANZENVIERTEL 2

Schulterblatt und Umgebung
20357 Hamburg

Unübersehbar prangt am Gebäude zur Kopfseite des Spielplatzes ein Mural, das bereits im Jahr 2000 von den international bekannten deutschen Graffiti- und Contemporary-Design-Pionieren DAIM, Tasek, Daddy Cool (Heiko Zahlmann) und Stohead angefertigt wurde. Es zeigt am unteren Bildrand eine druidenähnliche Figur, die Bildteile in den verschiedenen Stilen der beteiligten Künstler in Richtung der obere Fassadenhälfte zu schießen scheint und so ein Meer aus Farben, Formen, Flächen (DAIM, Daddy Cool) und Figuren produziert, die auf den ersten Blick nicht gleich zu erkennen sind. Rund vierzig Murals hat allein Heiko Zahlmann zwischen 2004 und 2012 in der Sternschanze geschaffen, ein weiteres davon ist nur ein paar Schritte weiter, ebenfalls auf der linken Seite hinter der Augustenpassage zu sehen: Das 2004 entstandene Werk „Rocket" schmückt die Hauswand eines Gebäudes, das direkt an einen leicht zugänglichen privaten Parkplatz grenzt. Nicht zuletzt dieser leichte Zugang dürfte dafür gesorgt haben, dass sich in den folgenden Jahren viele weitere Graffiti-Sprayer mit ihren eigenen Werken auf dem Mural verewigt haben, so dass Zahlmanns Arbeit bis zum ersten Stockwerk des Hauses davon überdeckt ist. Das Werk zeigt die für Zahlmanns Arbeiten charakteristischen, scheinbar zusammenhanglos angeordneten farblichen Umrisse von Flächen – hier in Rot, Blau und verschiedenen Grau- und Beige-Abstufungen –, mit denen der Künstler die Graffiti-Kunst dekonstruiert, indem er seine Bilder auf die absolut notwendigen Linien reduziert. Mittlerweile hat Zahlmann seine Arbeitsweise derart radikalisiert, dass er weniger auf Betonwänden arbeitet, sondern seine Werke gleich aus dem Rohmaterial selbst anfertigt.

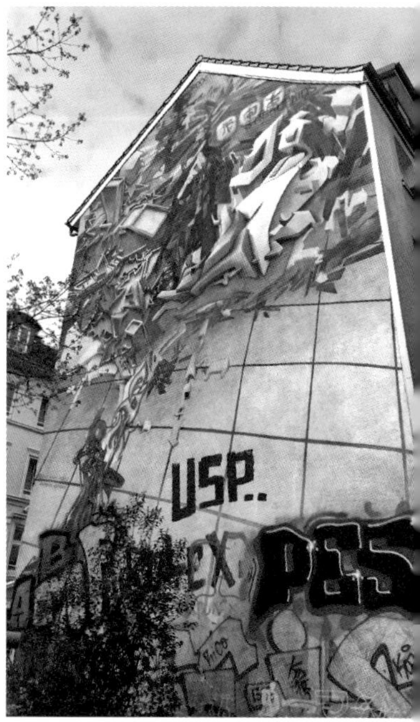

Wenn wir nun weiter etwa hundert Meter dem Straßenverlauf folgen, stoßen wir auf das nächste Mural bekannter Streetart-Künstler, und zwar im Hof der früheren Mädchenschule kurz hinter der Linkskurve (Ludwigstraße 6). Dem Werk können wir uns zwar von dieser Seite nicht nähern, jedoch lässt es sich ohne Probleme durch den Zaun fotografieren und von aufmerksamen Streetart-Spottern auch leicht zuordnen: Denn die aus geometrischen Formen zusammengesetzten Tierfiguren, die Caps, Sonnenbrillen und College-Jacken tragen und skaten, sind das unverkennbare Erkennungszeichen des Brüderpaars Christoph und Florin Schmidt alias Low Bros, die sich mit Arbeiten in dem von ihnen geprägten retrofuturistischen Stil mit Referenzen an die Popkultur der 1980er und 1990er Jahre weltweit einen Namen gemacht haben. Die Brüder, die von Hamburg nach Berlin übersiedelten, zeichnen unter anderem auch für das gebäudehohe Mural am Kupferdiebhaus im Gängeviertel verantwortlich, dem Ort, wo ihre Karriere begann.

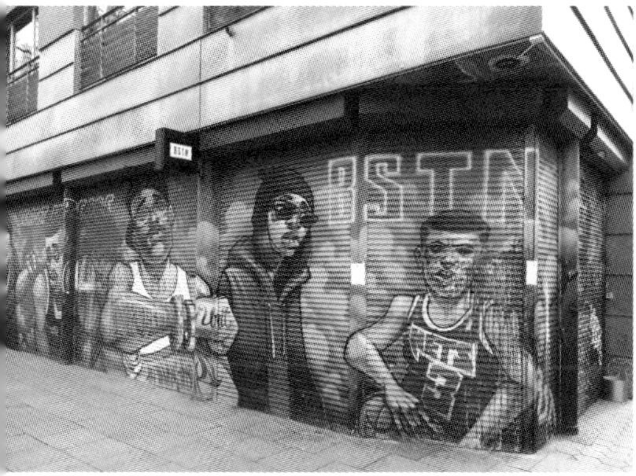

Nach weiteren hundert Metern stößt die Ludwigstraße auf die Schanzenstraße, in die wir nach rechts Richtung S-Bahnhof Sternschanze einbiegen. Auffallend viele Auftragsarbeiten zieren hier die Fassaden der ansässigen Geschäfte, unter anderem des Gebäudes, in dem sich die Stores von Carhartt und Ace & Tate (Schanzenstraße 27) sowie des Kögel Pflanzenmarkts (Hausnummer 47–49) befinden, oder die Einfahrt zum Alnatura Bio-Supermarkt (Hausnummer 34–36). Die Gestaltung anderer Läden zeigt sich erst, wenn diese geschlossen sind und die heruntergelassenen Rollläden die Schaufenster verdecken: Den Fensterschutz des Streetwear-Geschäfts BSTN (Hausnummer 52) etwa schmücken einige Rap- und Basketball-Charaktere.

Auf der Höhe des BSTN-Stores, allerdings auf der anderen Straßenseite, biegen wir links ab in die Bartelsstraße, wo hinter dem Eiscafé und dem asiatischen Bistro unbedingt ein Blick in die Hofeinfahrt lohnt: Viele Paste-ups zieren den kleinen Durchgang, an dessen Ende ein Tor die Blicke versperrt. Doch auf den wenigen Metern vor dem Tor sind hier unter anderem Arbeiten des populären deutschen Streetart-Künstlers El Bocho sowie des Hamburgers Hallo Karlo zu sehen.

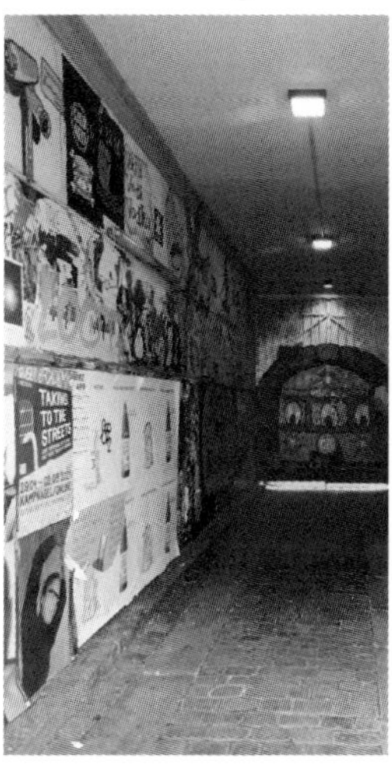

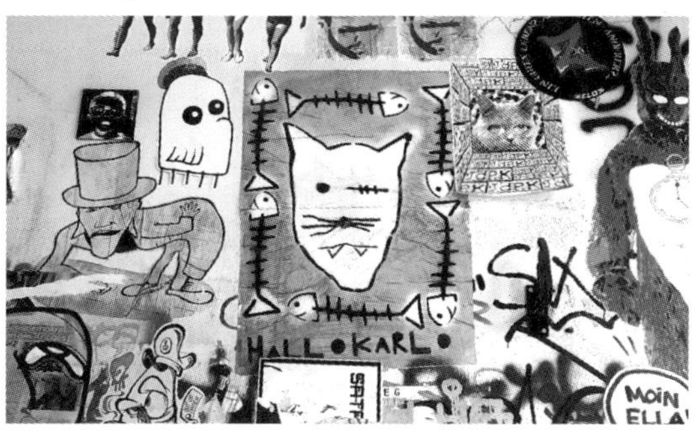

EIFFE FOR PRESIDENT
SUBVERSIVE EDDING-KUNST?

Auf den Spuren seines Adoptivvaters, eines Hamburger Kaufmanns, der in beiden Weltkriegen Karriere beim Militär gemacht hatte, wandelte **PETER-ERNST EIFFE** nicht gerade: Er verließ die Bundeswehr als Leutnant der Reserve, brach ein Studium ab und wurde wegen seines exzentrischen Verhaltens aus seinem Job beim Statistischen Landesamt fristlos entlassen. Mit einem Filzstift bewaffnet, hinterließ der Kritzelkünstler, nach dessen Großvater die Eiffestraße im Hamburger Osten benannt ist, fortan seine Sprüche zuerst an der Uni und dann in der ganzen Stadt – und vergaß dabei nicht, nebst der kompletten Adresse auch seine Telefonnummer an den Orten seines Wirkens zu hinterlassen.

Zumeist bezogen seine Wortkreationen sich auf die eigene Person bzw. eine Kunstfigur desselben Namens, überhöhten diese und waren für die einen nichts anderes als größenwahnsinnig, während andere sie genial fanden. Der spätere Filmemacher **CHRISTIAN BAU** gehörte zur zweiten Gruppe. Ihn faszinierten die Sprüche so sehr, dass er 1995 den Dokumentarfilm **EIFFE FOR PRESIDENT: ALLE AMPELN AUF GELB** drehte, für den er eine Reihe von Weggefährten und Bekannten Eiffes befragte. Wenn man den Kritiker*innen glauben darf, zeichnet der Film das getreue Bild von dessen Charakter, eines unter Depressionen und heftigen manischen Schüben leidenden Mannes, von dem selbst seine Weggefährten nicht genau wussten, welche seiner Aktionen nun Spaß und reine Provokation sein sollten und in welchen sich so etwas wie politische Überzeugungen ausdrückten. Wenig überraschend, bewegte sich Eiffe im APO-Umfeld, ließ sich aber trotzdem nicht von den Achtundsechzigern einspannen. Er hielt sie für Spießer, pflegte sehr eigensinnige statt kollektive und in den letzten Jahren zunehmend auch großgermanische Fantasien.

Fast 15 Jahre seines Lebens verbrachte Eiffe in psychiatrischen Anstalten und starb nach der Flucht aus einer solchen Einrichtung in einem nahegelegenen Moor. Was von ihm blieb, ist ein in verschiedene Facetten zersplittertes Bild, das sich nicht vollständig zusammensetzen lässt, aber eine starke Faszinationskraft behalten hat. Vielleicht ist es gerade die besondere Ambivalenz der von der bürgerlichen Person Peter-Ernst Eiffe erschaffenen Figur Eiffe, die in den letzten Jahren zu seiner Wiederentdeckung geführt hat: Die Hamburger Northern Soul/Garage-Formation Die Liga der gewöhnlichen Gentlemen zum Beispiel lieh sich den Titel ihres zweiten Albums bei ihm („Alle Ampeln auf Gelb!", Tapete Records 2014), und Christian Baus Film erschien, ergänzt durch ein Buch, 2019 in einer überarbeiteten Version. Im Sommer 2021 würdigte der Hamburger Kunstverein Peter-Ernst Eiffe erstmals mit einer Ausstellung.

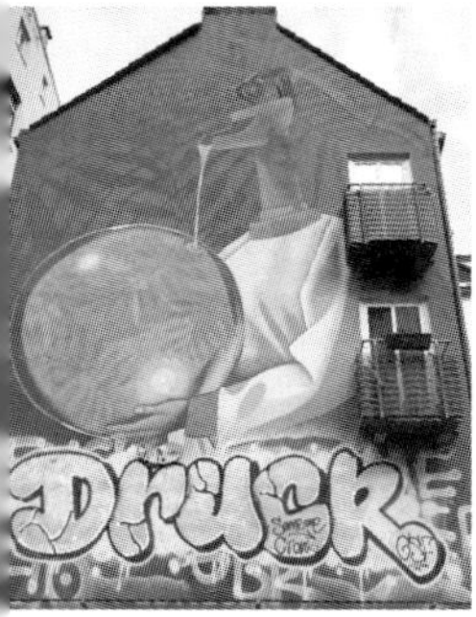

Auch auf dem folgenden, etwa 500 Meter langen Weg zu unserer nächsten Station Rote Flora durch die Bartelsstraße und die Susannenstraße lohnt es sich wie überall im Viertel, die Augen in Hauseingänge, auf die Fassaden oder gen Dach zu richten. Murals, die jeweils die komplette Fassade einnehmen, findet man etwa an der Bartelsstraße 22 und oberhalb des Salon Ephesus (Susannenstraße 35), wo sich 2017 im Auftrag von Viva con Agua der Künstler Artez verewigt hat – der großflächige Schriftzug im unteren Teil des Bildes gehört allerdings nicht zum Werk, sondern wurde nachträglich angebracht.

ROTE FLORA & FLORA-PARK 3

Schulterblatt 71
20357 Hamburg

Die Flora ist über und über mit Graffitis übersät, insbesondere die Gebäudeflügel und die Skater-Bowl auf der Rückseite. Hier sticht vor allem der Name FROST heraus, das Alias des 187 Strassenbande-Mitglieds ist am Gebäude gleich mehrfach (und außerdem an vielen anderen Stellen auf dem Schulterblatt) zu finden. An der Flora vorbei führt uns ein kurzer Abstecher in den Flora-Park hinter dem Gebäude und zum dortigen Hochbunker. In Anspielung auf Afrikas höchsten Berg und seinen hiesigen Standort wird der Hochbunker unter dem Namen „Kilimanschanzo“ als Kletterspot genutzt, während seine Außenwände zugleich eine legale Hall of Fame darstellen, also eine Wall, auf der sich Sprayer austoben können, ohne die Ordnungshüter fürchten zu müssen. Rund 25 Meter in die Vertikale reicht diese Freiluft-Galerie, die unzählige bunte Pieces von verschiedenen Crews sowie zahlreicher Einzelartists umfasst und immer wieder erneuert wird.

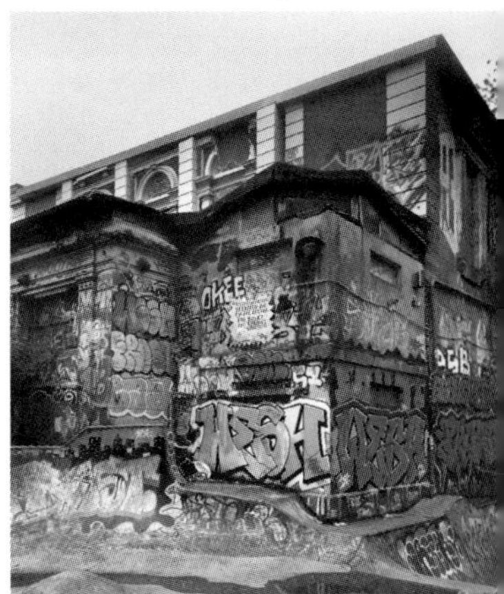

Nach dem Abstecher in den Park zurück auf dem Schulterblatt, laufen wir ein paar Meter bis auf Höhe des Saal II herunter und wechseln dort kurz vor der Eisenbahnbrücke (wo der Schriftzug „MOSES“ prangt) die Straßenseite, um in die Rosenhofstraße zu gehen. Schon die erste Fassade am Eingang der Straße bildet eine große Bandbreite verschiedenster Streetart-Styles und -Künstler*innen ab. Hier haben sich unter anderem Zipper die Rakete, El

Bocho, die auf dreidimensionale Gebilde spezialisierte PUSH-Crew und andere bekannte wie unbekannte Artists mit ihren Arbeiten ausgetobt. In einem Bogen führt uns die Straße zurück zur Susannenstraße, die wir nach links bis zur Schanzenstraße entlanggehen, wo wir nach ein paar Metern wiederum nach links das alte Empfangsgebäude des S-Bahnhofs Sternschanze erreicht haben. Von hier geht es nun weiter mit der S21 oder der S3 Richtung Elbgaustraße zur Station Diebsteich.

DIEBSTEICH / PLÖNER STRASSE 4

S-Bahn-Station Diebsteich
22769 Hamburg

Wir verlassen die S-Bahn-Station und machen uns auf den Weg in die Plöner Straße, die von der Haltestelle bis zur Stresemannstraße am Gelände des Briefverteilzentrums Hamburg-Zentrum der Post vorbeiführt, das zu den größten des Landes gehört. Auf dem Weg durch die Plöner Straße wird schnell klar, dass im weiteren Umfeld der Station Diebsteich besonders gern Sprayer am Werk sind: Die Mauer linker Hand etwa, die uns vom Gelände der Post trennt, ist über und über mit größtenteils älteren, verblichenen Style-Writing-Pieces bedeckt, während rechts am Straßenrand der ein oder andere abgestellte Lkw bzw. die Plane eines Anhängers von der Umtriebigkeit der Graffiti-Aktivist*innen zeugen.

Nach kurzem Fußweg trifft die Plöner Straße an der Metro-Filiale auf die Stresemannstraße, die S-Bahngleise werden hier auf mehreren Viadukten über die viel befahrene Ost-West-Schneise geführt. Ob an den Brückenpfeilern, den Hausfassaden auf der gegenüberliegenden Straßenseite, ob auf Mauern oder Stromkästen: Überall haben sich Sprayer mit ihren Pieces (dem klassischen ausgemalten Namenszug) und Tags (der einfachen Signatur) verewigt, darunter Reik, die GFK-Crew und ZZTop.

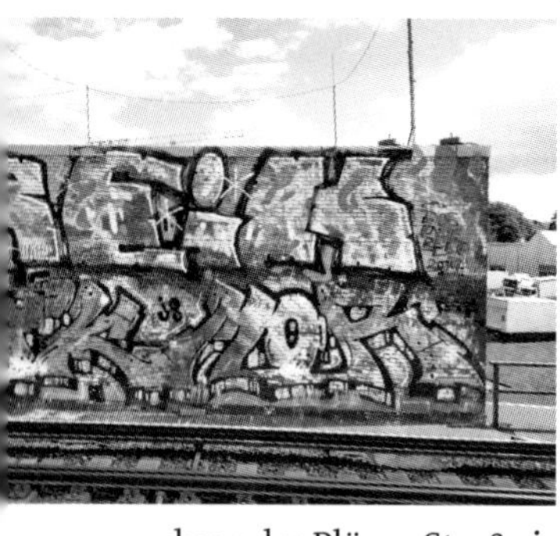

Wir begeben uns nun vor der Einmündung der Plöner Straße in die Stresemannstraße scharf rechts auf einen kleinen Parkplatz am Fuß der Brücke, an dessen Ende zwischen den hier abgestellten Autos und dem regelmäßig abgeladenen Müll das Alias FROST eine Werbetafel ziert. Von hier führt ein kleiner Weg zum Gelände des Regenrückhaltebeckens Diebsteich, einem riesigen, künstlichen Betonoval, das große Mengen Niederschlag aufnehmen kann.

REGENRÜCKHALTEBECKEN 5

Plöner Straße/Stresemannstraße
22769 Hamburg

Der Zutritt zum Gelände des Rückhaltebeckens wird Unbefugten an dieser Stelle zwar durch ein Tor und ein Vorhängeschloss verwehrt, vom Parkplatz der benachbarten Autovermietung (Stresemannstraße 269) können wir aber nicht nur das gesamte Areal einsehen oder zumindest mit dem Telefon durch den – hier mit Stacheldraht gekrönten – Zaun Fotos machen, sondern auch eine gut erhaltene, großflächige Arbeit des wohl berühmtesten Hamburger Sprayers OZ entdecken, die dieser mit dem ebenfalls von ihm genutzten Tag MBS („Miese Bullenschweine") signiert hat. Die im typischen OZ-Stil aus mehreren bunten Flächen zusammengesetzte Arbeit des Sprayers wirkt, als sei sie mit zahllosen Augen übersät. Sie befindet sich an den Pfeilern des zweiten S-Bahn-Viadukts zur Parkplatzseite hin, das hier die Landschaft durchschneidet und dessen Stelzen sich auch jenseits des Zauns befinden, wo sie, wie das zumeist leere Becken, zumindest in ihren unteren Bereichen über und über mit Graffiti bedeckt sind. Gut zu erkennen sind etwa die Schriftzüge von 3ST und YASO – letzterem ist unlängst der Autor Oskar Piegsa in einem lesenswerten (und reich bebilderten) Beitrag für einen Blog quer durch Ottensen gefolgt. Und auch an dieser Stelle ist OZ zu entdecken: Sein Kürzel prangt hier hoch oben an einem Pfeiler. Wer das Bassin übrigens nicht nur durch den Zaun sehen will, dem bietet der Clip zu Ace Tees Überraschungshit „Bist du down?" dazu ausgiebige Gelegenheit: Das Video der Jenfelder und ihres Feature-Partners Kwam.E wurde in dem Rückhaltebecken gedreht, und die Graffiti-Kunst ist hier weit mehr als nur optischer Hintergrundschmuck – Vogelperspektive des gesamten Geländes inklusive.

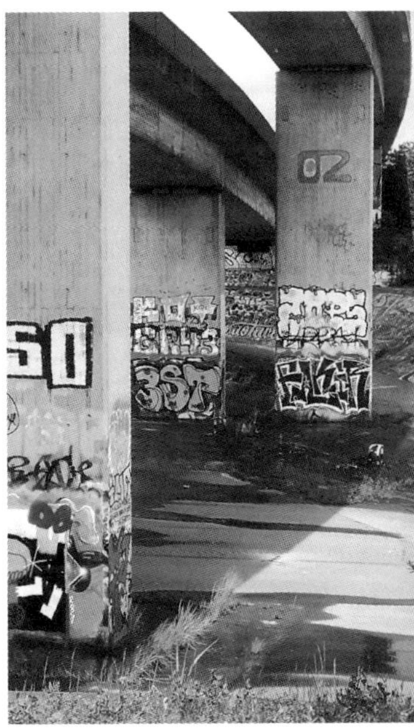

Auch wo das Viadukt die Stresemannstraße stadtauswärts (Richtung Bahrenfeld) kreuzt, finden sich zahlreiche Graffiti-Werke, unter anderem von den Crews TBA, GBR, UPS und Reik direkt unter der Brücke. Daneben sind Tags der DSF-Crew zu sehen, zu der Tese und RAGE/RACHE gehören, außerdem die Schriftmarken von Dre One und ZZTop sowie eine Objektarbeit der Hamburger PUSH-Crew am Pfeiler auf unserer Seite.

OZ

ES LEBE DER SPRÜHLING

Als Walter Fischer am 25. September 2014 beim Sprühen von einer S-Bahn erfasst wurde und seinen schweren Kopf- und Rückenverletzungen erlag, starb mit dem hageren 64-jährigen Mann der zweifelsohne bekannteste Graffitikünstler Hamburgs: **OZ**.

Ende der 1970er Jahre erstmals mit Graffiti in Berührung gekommen, hatte der gebürtige Heidelberger bald darauf begonnen, sich mit ersten Schriftzeichen in Süddeutschland zu verewigen, bevor er dann seit 1992 mit Smileys, Kringeln sowie bunten, abstrakten Bildern und später seinem ikonischen Tag – den beiden Buchstaben seines Namens und dem Punkt – in Hamburg wirkte. Hier finden sich seine Werke auf Stromkästen, Gullideckeln, an Gleisanlagen, in Tunneln, unter Brücken und an Wänden bis heute zehntausendfach im Stadtbild – bereits 2002 schätzte die Hamburger Polizei den Umfang der von ihm hinterlassenen Schriftmarken und Tags auf mindestens 120 000.

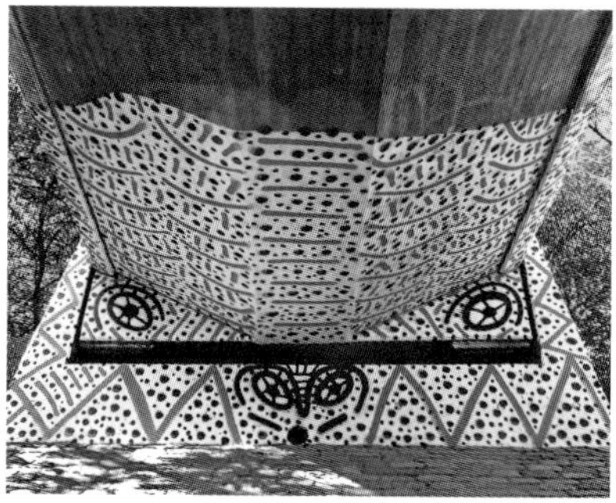

Allerdings war es nicht allein die Quantität seiner Werke, die OZ landesweit bekannt machte, sondern vor allem seine unbedingte Kompromisslosigkeit. Bis heute bewundert ihn die Szene dafür, dass er sich durch nichts vom Sprayen abbringen ließ, während seine Kritiker*innen in ihm nicht mehr als einen unverbesserlichen Schmierfinken erkennen können. Insgesamt acht Jahre seines Lebens musste OZ wegen seiner rastlosen Sprayer-Aktivitäten im Gefängnis verbringen, was ihn aber bis zu seinem Tod nicht davon abhielt, sie fortzusetzen: OZ starb beim Sprühen im Gleisbett, eine Dose und ein Rucksack blieben die flüchtigen Hinterlassenschaften eines Lebens, das der Stadt seine bleibenden Spuren wie kaum ein anderes aufgeprägt hat.

In den letzten Jahren seines Lebens fand OZ' Kunst auch im Galeriekontext statt, nun betätigte er sich auch auf Papier und Leinwand. Die Galeristen **CHRISTOPH TORNOW** (damals **VICIOUS GALLERY**, heute **GOLDEN HANDS GALLERY**) und **ALEX HEIMKIND**, der allein fünf Ausstellungen des Künstlers in der **OZM GALLERY** zeigte, wurden zu seinen Förderern. „Er war ein Rebell, er hat sich selber als kreativen Anarchisten verstanden",

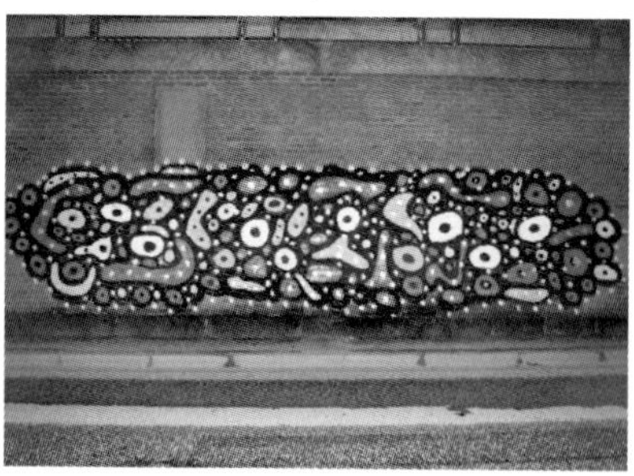

benannte Heimkind in seinem Nachruf auf OZ die Eigenschaften, die ihn zur Unterstützung bewegt hatten. Zur Beisetzung auf dem Ohlsdorfer Friedhof fanden sich 500 Trauergäste ein, und auch das Werk fand nun viel breitere Anerkennung als zu Lebzeiten des Sprühers. Was allerdings nicht weiter erstaunlich ist – sind politisch unerwünschte Überraschungen durch den in die Kunstwelt eingemeindeten Toten schließlich nicht mehr zu erwarten. Ausgewählte Werke, so schlägt eine Initiative vor, sollen nun auch ganz offiziell als Kunst eingestuft und geschützt werden, von der Kulturbehörde wird der Vorschlag wohlwollend unterstützt.

Wer sich selbst ein genaues Bild machen will, kann unter www.city-of-oz.hamburg inzwischen auf ein umfangreiches Online-Archiv samt interaktiver, laufend aktualisierter Karte mit den Standorten der Werke des Sprühers zurückgreifen. Weiteren Zugang bietet außerdem eine pdf-Version des längst vergriffenen Free-Oz-Sammelbands mit Beiträgen von u.a. Klaus Lemke, Jan Delay, Schorsch Kamerun, Alex Heimkind, Christoph Tornow und anderen Weggefährten wie Bewunderern von OZ, die im Internet zum kostenlosen (und legalen) Download bereitsteht.

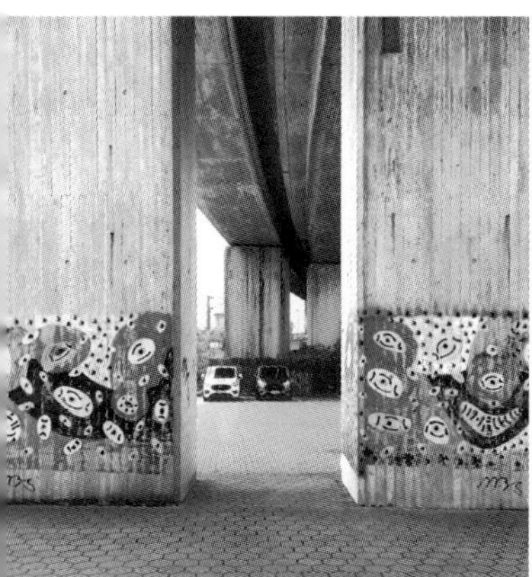

Wir verlassen nun den Parkplatz der Autovermietung nach links und machen uns über die Stresemannstraße auf den nicht ganz einen Kilometer langen Fußweg zur S-Bahn-Station Holstenstraße, von wo aus wir uns zum Abschluss dieser Tour auf eine größere Graffiti-Runde mit der S-Bahn begeben. Auf dem Weg dorthin begegnen uns u.a. ZORN, OZ (auch unter dem Alias USP, mit dem er im Namen von „Ultrà Sankt Pauli" sprühte), die HSR (HauptSacheRadikal)-Crew und viele weitere Artists in verschiedenen Styles auf Mauern oder hoch oben an Gebäuden. Es lohnt sich also, auf der Strecke ab und zu einen Blick gen Himmel zu richten.

ALL CITY TOUR S-BAHN HAMBURG 6

Ob von der Holstenstraße mit den Linien S31 oder S21 oder von einer x-beliebigen anderen Station im Stadtgebiet aus: Für eine Graffiti-Entdeckungsreise, bei der wir nach Neuem Ausschau halten und mit der wir diese Tour beschließen, führt an der Nutzung der S-Bahn kein Weg vorbei. Denn ganz gleich, ob man sich im Stadtzentrum oder in den Außenbezirken bewegt, lassen sich entlang der Gleise besonders viele interessante Graffiti-Arbeiten entdecken. Und das hat nicht nur einen Grund: Graffiti-Kunst lebt nämlich gleich in mehrfacher Hinsicht davon, gesehen zu werden. Ungesehen kann ein Werk keine Aufmerksamkeit erringen, eine Botschaft ohne Publikum niemanden erreichen. Auch muss ein Gebietsanspruch sichtbar gemacht werden, um respektiert oder ignoriert werden zu können. Und Anerkennung bekommen die Sprayer nicht allein für die Qualität ihrer Arbeit, sondern auch und vor allem für die Wahl des Ortes, an dem diese ausgeführt wird: Ein Platz, der schwierig zu erreichen, aber besonders gut sichtbar ist, oder einer, bei dem ein hohes Risiko des Erwischtwerdens besteht, bringt dem Writer eben mehr Respekt ein als die Garagenhofwand in der Wohnsiedlung.

Nicht zuletzt der Jargon der Sprüher zeigt, welche Bedeutung Züge und Bahnanlagen für die Szene haben: „Train-Yard"/„Yard" und „Lay-up" etwa bezeichnen Abstellanlagen für Züge zur Wartung und Reinigung, „Wholecar" heißt ein mindestens einseitig auf seiner gesamten Breite und Höhe bemalter Wagen, und ein „Wholetrain" gehört zu den Königsdisziplinen: ein komplett bemalter Zug, also mehrere Wholecars am Stück. Ist der Zug in seiner Gesamtlänge, nicht aber in seiner ganzen Höhe bemalt, spricht man von einem „End2End", wohingegen ein „Panel" nur ein einfaches Piece, also ein Bild auf einem Waggon darstellt – eine Spezialität des deutschen Graffiti-Pioniers RACHE/RAGE, der immer wieder aufsehenerregende Train-Pieces ins Rennen schickt.

Aber nicht nur der Ausblick auf die während der S-Bahnfahrt vorbeiziehenden Dächer, Aufbauten und Gebäudevorsprünge gibt Auskunft über die Akti-

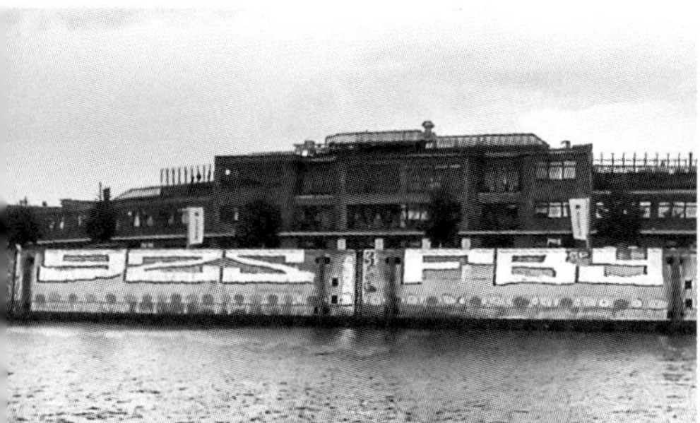

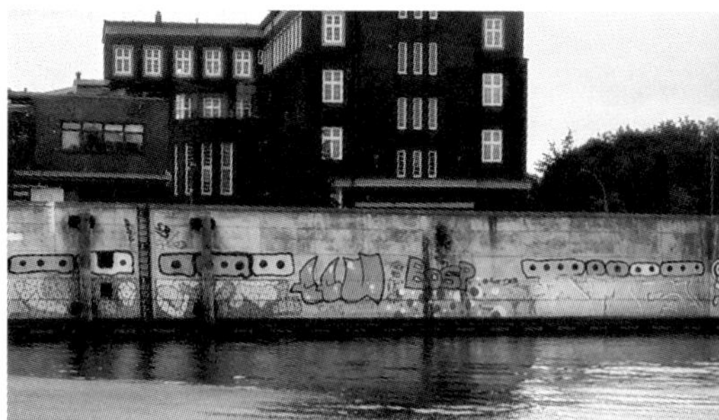

vitäten und Protagonist*innen der Sprüherszene, sondern ebenso ein Blick auf den Boden: Auf der sogenannten Verbindungsbahn-Strecke zwischen Altona und Hauptbahnhof, die über die Holstenstraße und die Sternschanze führt, reiht sich auf den Abdeckungen der stromführenden Schienen streckenweise ein Tag an das andere. DSF, OZ/USP, MOSES sind auf den weißen Kunststoffdeckeln häufig grüßende Kürzel wie auch OZs berühmter, simpel gehaltener Smiley.

Beliebte Spots bilden neben den Bahnanlagen Gewerbe-, Hafen- und Brachflächen wie zum Beispiel die Flächen am Billhafen, die auf der Strecke der Linien S31 und S3 zwischen Hammerbrook und der Station Elbbrücken liegen, darunter die markante Landzunge mit dem noch erhaltenen alten Hafenkran. An den Mauern des ehemaligen Hafenbeckens finden sich etwa verblasste Graffitis von OZ, HSR, den Crews GFK, GBR (Ghettoblasters), FBY (u.a. Buster und 925) und MDMA (MachDasMalAnders), Tags von Tese, DSF sowie ein gut einsehbares Piece des Sprayers Taboo und noch eine Menge anderer Arbeiten, die ohne Sichteinschränkungen aus beiden Fahrtrichtungen zu erkennen sind. Hinter der Elbquerung fällt – solange das Überseezentrum nicht abgerissen ist – vor allem der mahnende Schriftzug „Leave No One Behind“ auf, der von unbekannten Unterstützer*innen der Flüchtlingsrettung in übergroßen Buchstaben an einer der mittlerweile ungenutzten Lagerhallen auf dem Kleinen Grasbrook angebracht wurde – das Hafengebiet wird an dieser Stelle in einigen Jahren dem neu geschaffenen Stadtteil Grasbrook mit rund 3000 Wohnungen und geplanten 16 000 Arbeitsplätzen gewichen sein. Wenn wir hier stadtauswärts links aus dem Fenster schauen, fallen uns sofort die zahlreichen Arbeiten am ehemaligen Zollamt Veddel (Drehort des „Polizeiruf 110“) und ein Werk von OZ am oberen Gebäudeteil der kleinen, kultigen Veddeler Fischgaststätte (Tunnelstraße 70) ins Auge. Zwischen Veddel und Harburg sind es dann vor allem die kilometerlangen Lärmschutzwände, die stellenweise mit fast nahtlosen Graffiti-Werken aller möglichen Crews versehen sind, unter anderem solchen der Berliner 1UP-Crew, die international durch spektakuläre Aktionen wie die erste Graffiti-Olympiade oder die Gestaltung eines Silvester-Wholecars zum Jahresbeginn 2018 bekannt wurde.

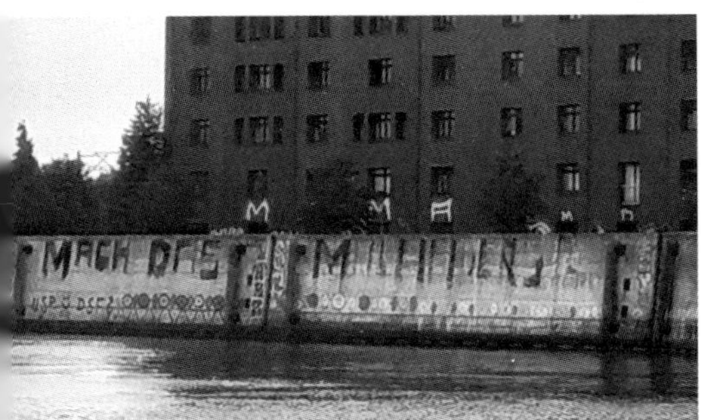

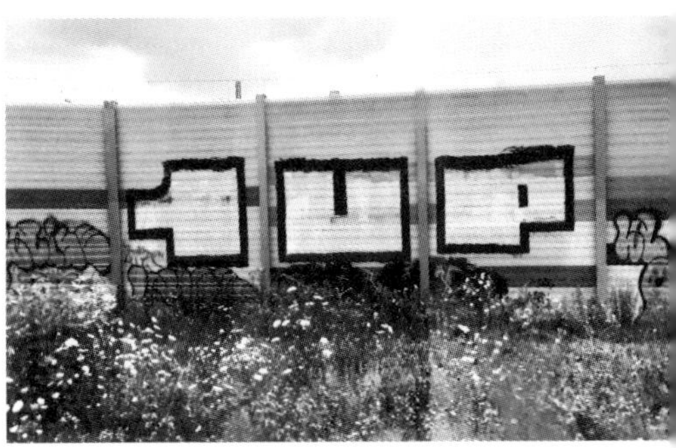

RAZOR
FARBEN AUF STAHL

Bei ihrem letzten Coup verpasste die Hamburger Graffiti-Legende **RAZOR** der Schnauze eines ICE eine Atemschutzmaske und erinnerte so an die Notwendigkeit des Tragens eines Mund-Nasen-Schutzmittels zur Vermeidung einer Infektion mit Covid19. Dafür gab es ausnahmsweise auch mal Anerkennung von der Deutschen Bahn, die sich nämlich via Twitter mit einem Foto des Werks an die Maskenmuffel unter ihren Fahrgästen wendete und sogar den Künstler selbst verlinkte.

Es war allerdings nicht das erste Mal, dass ein von RAZOR bemalter ICE für Aufsehen sorgte. Ein Markenzeichen der früheren Arbeiten des Sprayers an Fernzügen besteht darin, dass er dabei oft den horizontal verlaufenden roten Balken integriert, der als Designelement alle ICE- und IC-Züge ziert. Mal fungiert dieser als Nabelschnur eines Embryos oder als Naht mit Nadel und Faden, ein anderes Mal stellt der Balken die Blutspur eines Tampons dar oder wird zu einer Latte umgedeutet, die ein stilisierter Handwerker beiseiteschafft.

Bereits seit 1990 ist das Mitglied der **COLORS-ON-STEEL-CREW** im norddeutschen Raum unterwegs und schickt regelmäßig Züge mit seinen Panels auf die Reise quer durch die Republik. „Wichtig ist für mich, dass der Zug möglichst lange meinen Namen durch die Stadt trägt und Leute meine Bilder live sehen", beantwortete RAZOR vor einiger Zeit die Frage, ob er ein bestimmtes Bahnmodell bevorzuge – schließlich finden sich seine Arbeiten auf den unterschiedlichsten Wagentypen der letzten drei Jahrzehnte. Angefangen mit S-Bahnen, an denen er sich zu Beginn seiner Karriere ausprobierte und die er auch heute noch oft nutzt, über die alten Zügen, die bis Ende der 1990er Jahre den Standard im Fuhrpark darstellten und heute nur noch vereinzelt zum Einsatz kommen (im Graffiti-Jargon als **STEELER** bezeichnet), bis zu den doppelstöckigen Waggons der Regionalbahnen und Fernzüge – seine im Laufe der Zeit leicht abgewandelten Aliase wie RAZOR RAZ, RAZOR oder RAZOR First sind bleibende Konstanten in einer (Eisenbahn-) Welt, die sich permanent verändert. Seine größte Motivation sei es, immer neue Ausdrucksformen zu finden und nach Möglichkeit neue Wortbilder ohne Vorbild zu kreieren, beschreibt der Sprüher die Prinzipien seiner Arbeit. Dabei orientiere er sich vor allem am historischen **BOOGIE-DOWN-BRONX-STIL** der 1980er Jahre und versuche dort anzuknüpfen, wo die Graffiti-Artists damals aufgehört haben.

NOCH MEHR ADRESSEN

GALERIEN

AFFENFAUST GALERIE
Paul-Roosen-Straße 43
22767 Hamburg
➡ www.affenfaustgalerie.de
Galerie für Streetart und zeitgenössische Kunst junger Künstler*innen am ehemaligen Standort von Buback Records, u.a. Veranstaltungsort des Knotenpunkt-Festivals. Artists: Tizian Baldinger, Doppeldenk, Björn Holzweg, Pascal Kerouche, Elmar Lause, Jakobus Durstewitz (JaKönigJa), PUSH-Crew.

GÄNGEVIERTEL
Valentinskamp 28 A
20355 Hamburg
➡ www.das-gaengeviertel.info
Standort mehrerer Galerie- und Ausstellungsräume sowie Ateliers. Großflächige Murals u.a. von Darko Caramello, Low Bros, NYCHOS und weitere Streetart in unterschiedlichen Formen.

GOLDEN HANDS GALLERY
Kaiser-Wilhelm-Straße 85-87
20355 Hamburg
➡ www.goldenhandsgallery.com
Galerie für Urban Art in der Neustadt, betrieben von Christoph Tornow (ehemals Vicious Gallery). Artists: Astro, Pablo Gonzalez, MOSES & TAPS™, Luke Pelletier, RACHE/RAGE, Sobekcis.

HELIUMCOWBOY ARTSPACE
Bäckerbreitergang 75
20355 Hamburg
➡ www.heliumcowboy.com
Seit 2002. Galerie, Artist Talk (Podcast), Print Edition Publishing (seit 2021), Tätowiermöglichkeit (!). Artists: 56K, Nina Braun, Alex Diamond, Friends With You, Boris Hoppek, Casey McKee u.a.

OZM HAMMERBROOKLYN EXPONAT
Spaldingstraße 140
20097 Hamburg
➡ www.onezeromore.com
Nachfolgerin der ehemaligen Galerie in der Schanze. 3500 Quadratmeter Fläche für Urban Art, Breakdance, digitale Formate, Graffiti, Kampfkunst, Siebdruck, Musik. Artists: ArtOne, Darko Caramello, DAIM, GODLING, HEIMKIND, Loomit, mittenimwald, OZ u.a.

URBANSHIT GALLERY
Breite Straße 56
22767 Hamburg
➡ www.urbanshit-gallery.com
Altona-Altstadt, stationäre Galerieräume der gleichnamigen Onlineplattform, seit 2014. Originale, Siebdruck, Giclee- & Risografie-Print, Stencil, Bücher, Fashion. Artists: 1010, Alias, Bona_Berlin, Dave the Chimp, Marcus & Liam Tanzen, RAWS u.a.

TOUREN

ALTERNATIVE HAMBURG
➡ www.alternativehamburg.com
Streetart-Touren & - Workshops.

HAMBURG STREETART
➡ www.hamburgstreetart.de
Privat- und Gruppentouren des neuseeländischen Künstlers LAPIZ.

STATTREISEN HAMBURG
➡ www.stattreisen-hamburg.de
Führung durch die Schanze unter dem Motto „Aufgesprüht und hingeklebt" mit Marco Alexander Hosemann.

MEDIEN

BLOGBUZZTER
➡ www.blogbuzzter.de
Seit 2009. Tägliche Updates aus den Bereichen Netzkultur, Hip-Hop, Streetart, Fashion, Sneaker, Technik und mehr von DJ Buzz-T (u.a. Kleiner Donner).

Urban Shit
➡ www.urbanshit.de
Seit 2007. Eine der führenden deutschen Plattformen für Urban Art und Street Culture. Gründer und Chefredakteur Rudolf D. Klöckner ist Stadtplaner und Vorsitzender des Vereins Urban Art Institute e.V. (u.a. Walls Can Dance).

VEREINE

URBAN ART INSTITUTE HAMBURG E.V.
St. Pauli Fischmarkt 4
20359 Hamburg
➡ www.urban-art-institute.org
Verein zur Förderung zeitgenössischer Formen von Kunst im öffentlichen Raum, u.a. Initiator*innen des Walls Can Dance-Projekts in Harburg.

HEIMFELD HALL (GROSSSTADTRAUM E.V.)
➡ www.facebook.com/heimfeldhall
Initiator*innen der mehr als 500 Meter langen legalen Graffiti Hall of Fame am Bostelbeker Hauptdeich (Heimfeld). Infos, u.a. zu Spraygenehmigungen, auf der Seite.

HAMBURGER SCHULE- & INDIE-ROCK-TOUR

5

STARTPUNKT

S/U-Bahn-Station Landungsbrücken [S1, S2, S3, U3]

ENDPUNKT

Bus-Station Sternbrücke [Bus 3, 15]

DAUER

etwa 1,5 Stunden

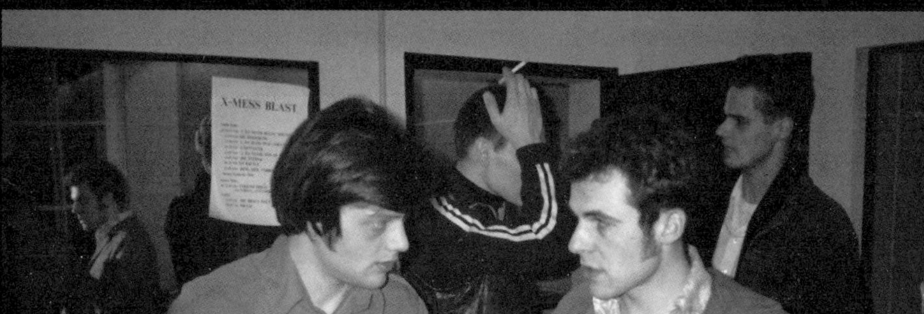

DER ENTSTEHUNGSORT dessen, was Teile der Presse und einige Fans später ganz im Ernst, die Künstler*innen dagegen immer mit ironischer und manchmal ablehnender Distanz als **HAMBURGER SCHULE** bezeichnen sollten, seien vor allem die Kneipen des Kiezes gewesen – und der Rest eine Kopfgeburt der Protagonist*innen. So liest man es immer wieder. Rocko Schamoni machte einst gar einen ganz bestimmten Laden, den **SORGENBRECHER** auf dem Hamburger Berg, als Gründungsort dieser Szene aus. Und damit sind wir nicht nur bei der Frage nach den Beteiligten respektive Zugehörigen, sondern auch nach den verschiedenen Referenzen und dem Ursprung des Begriffs. Seine Herkunft ist nämlich keineswegs geklärt, und nicht einmal dass er sich an die Frankfurter Schule, eine gewichtige philosophische Strömung des 20. Jahrhunderts um Theodor W. Adorno und Max Horkheimer, anlehnt, ist gesichert.

Die bekannteste Variante der Ursprungsgeschichte schreibt die erste Verwendung des Begriffs dem damaligen taz-Autor Thomas Groß zu. Dieser hatte die beiden kurz nacheinander erschienenen Alben „Ich-Maschine“ von **BLUMFELD** und „Reformhölle“ der Band **CPT. KIRK &.** (beide 1992) für die „tageszeitung“ besprochen und soll in dem Artikel den Begriff eingeführt haben. Jahre später bestritt Groß auf konkrete Nachfrage von **L'AGE-D'OR**-Mitgründer **CAROL VON RAUTENKRANZ** seine Urheberschaft jedoch, und auch die Suche in den Archiven des Internets gibt heute für die Klärung nichts mehr her. **PASCAL FUHLBRÜGGE** von **KOLOSSALE JUGEND** meinte sich hingegen daran zu erinnern, in einem Bielefelder Fanzine zum ersten Mal auf die Bezeichnung „Hamburger Schule“ gestoßen zu sein. Wie dem auch sei – in seiner kategorisierenden Absicht nicht weniger als wegen des mitschwingenden Lokalpatriotismus fanden viele Protagonist*innen ihn mindestens problematisch, lehnten ihn ab oder persiflierten ihn. Im Allgemeinen wird, das jedenfalls ist sicher, eine Ende der 1980er Jahre in Hamburg entstandene Musikszene mit dem Begriff identifiziert, deren gemeinsamer Nenner wahrscheinlich weniger die Musik war als vielmehr ein intellektueller Habitus, der sich aus gesellschaftskritischen Einflüssen sowie postmodernen und poststrukturalistischen Versatzstücken speiste.

Etwas mehr Gewissheit als bei der Herkunft des Begriffs hingegen besteht bei der Herkunft der Leute, die die Szene prägten. Keineswegs kamen diese nämlich ausschließlich aus Hamburg, sondern viele waren Zugezogene: **JAKOBUS DURSTEWITZ** (Das Neue Brot, JaKönigJa, Die Vögel), **JIMI SIEBELS** und **MENSE REENTS** (u.a. Huah!, Die Regierung, Egoexpress, Die Goldenen Zitronen) stammen ursprünglich aus Ostfriesland, **TILMAN ROSSMY** und seine Band Die Regierung aus Essen, **DIRK VON LOWTZOW** aus Offenburg in Baden-Württemberg. **SCHORSCH KAMERUN** und **ROCKO SCHAMONI**, wenn auch gefühlt schon immer in der Stadt, zogen einst aus Schleswig-Holstein nach Hamburg. Zweifelsohne der bekannteste Herkunftsort der nicht aus Hamburg stammenden Akteur*innen der Szene dürfte jedoch die ostwestfälische Stadt **BAD SALZUFLEN** sein. In dem Kurort hatte sich um das Label **FAST WELTWEIT** Mitte der 1980er Jahre eine kleine Szene deutschsprachiger Popmusiker*innen gebildet, von denen viele später nach Hamburg zogen und dort sehr bekannt werden sollten: **BERND BEGEMANN**, **FRANK SPILKER** (Die Sterne), **BERNADETTE LA HENGST** (Die Braut haut ins Auge) und **JOCHEN DISTELMEYER** (damals noch mit Thomas Wenzel bei der Band Die Bienenjäger, später Blumfeld) gehörten dazu.

MUSIK ZUR TOUR

KOLOSSALE JUGEND
BESSERE ZEITEN
aus dem Album »Heile Heile Boches«
(L'Age D'Or 1989)

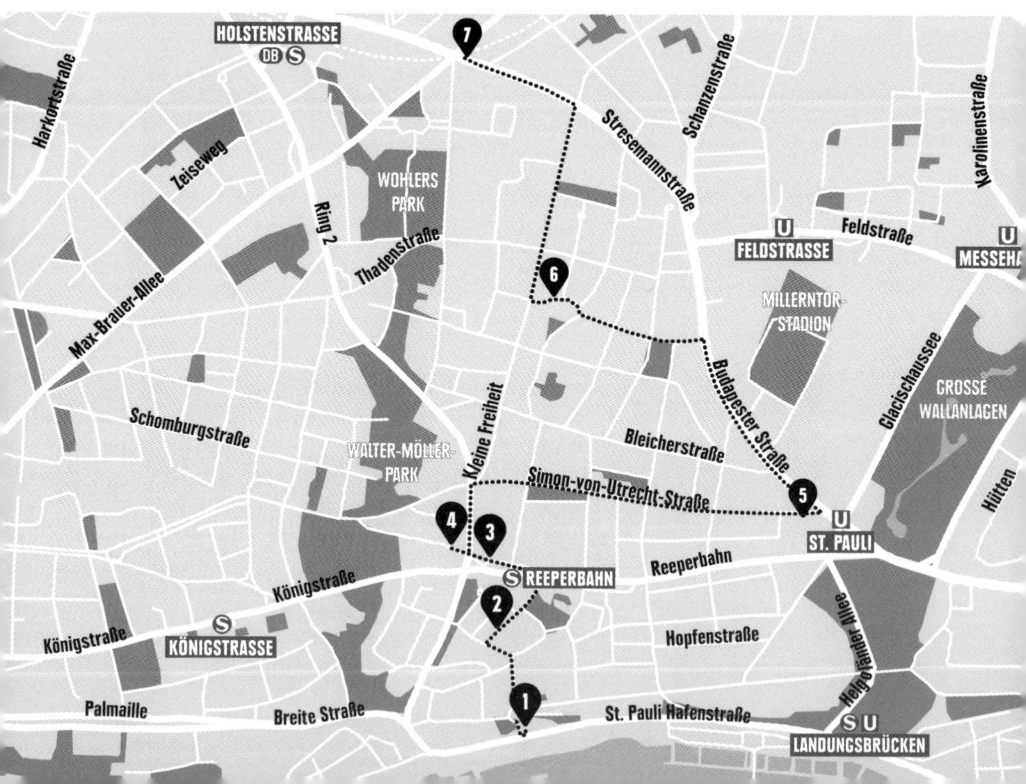

Eine weitere Bezeichnung für die Hamburger Schule und ihren Stil, der weniger einen Schulzusammenhang suggerierte, aber die Vorliebe der Protagonisten für verschiedene Spielarten zeitgenössischer Theorie zum Ausdruck brachte, prägte die Zeitschrift „Spex" mit dem Begriff **DISKURSPOP**, der wegen des Verzichts auf geografische Hinweise von den Beteiligten auch viel bereitwilliger angenommen wurde. Ein weiteres und für die Post-NDW-Zeit ungewöhnliches, weil zunächst verpöntes Merkmal der Hamburger Schule waren die Texte in deutscher Sprache, mit denen Bands wie **OSTZONENSUPPENWÜRFELMACHENKREBS**, **DIE BRAUT HAUT INS AUGE**, **DAS NEUE BROT**, **HUAH!**, **CPT. KIRK &.** und **KOLOSSALE JUGEND**, vor allem aber sehr erfolgreiche Vertreter*innen der musikalischen Bewegung wie **DIE STERNE**, **TOCOTRONIC** (Abb. links) und **BLUMFELD** für einen neuen Umgang mit ihr in Songtexten sorgten – und für den Gegenstand immer neuer Diskussionen. Denn zeitweise kam kein Interview ohne die Frage nach diesen deutschen Texten aus bzw. danach, ob man denn überhaupt auf Deutsch singen dürfe. Oder am besten gleich: Was man denn überhaupt dürfe als deutschsprachige/r Künstler*in in Deutschland und wie man sich dabei zu fühlen habe.

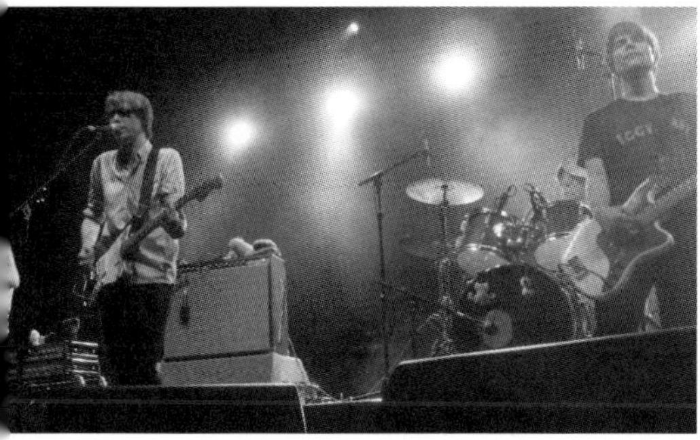

Die Protagonist*innen der Hamburger Schule zeichnete vor allem eine intellektuelle Haltung aus, die das Verfallsdatum, das Etiketten nun einmal haben, überdauert hat. Aber die Hamburger Schule im engeren Sinn, von der hier die Rede ist, hatte ihren Höhepunkt zweifellos Mitte der 1990er Jahre. Was unter diesem Begriff zusammengefasst wurde, löste sich dann in den Folgejahren mehr und mehr von diesem Label, und heute bezeichnet der Begriff etwas ganz und gar Vergangenes – woran auch nichts ändert, dass der Begriff im Zusammenhang mit dem jeweils neuesten Tocotronic-Album immer noch einmal wieder bemüht werden muss. Als Wiederbelebung oder Weiterführung der Hamburger Schule wurden von Teilen der Musikpresse und manchen Fans die Ende der 1990er Jahre entstandenen deutschsprachigen Indie-Bands Kettcar, Tomte, Anajo, Klee, Virginia Jetzt!, Samba, Tele oder Erdmöbel und Label wie Grand Hotel van Cleef (gegründet 2001) oder Tapete Records (2002) angesehen. Die seit den 2010er Jahren aktiven, aus Hamburg stammenden Bands und Musiker*innen Trümmer, Ilgen-Nur, Swutscher werden dagegen zwar ebenfalls stark mit der Stadt assoziiert, eine Verbindung zur Hamburger Schule wird dabei aber nicht mehr hergestellt.

Die folgende Tour stellt eine Auswahl der für die Entwicklung des Diskurspop und der nachfolgenden Hamburger Indie-Rock- und Popszene der 1990er Jahre wichtigen Orte vor, von denen es viele wie **HEINZ KARMERS TANZCAFÉ**, den **KELLER IN DER LINCOLNSTRASSE** oder die **WELTBÜHNE** nicht mehr gibt und von denen andere, die für die Hamburger Schule und die nachfolgenden Indie-Bands wichtig waren, sich im Laufe der Jahre sehr verändert haben. Manche, wie das **MOLOTOW** oder der **GOLDEN PUDEL CLUB**, sind sich in der Veränderung aber treu geblieben und erfüllen das große Versprechen einer unorthodoxen Avantgarde, das von Anfang an in ihnen steckte, noch immer.

Unsere erste Station erreichen wir auf einem gut fünfminütigen Fußweg von den Landungsbrücken entlang der St. Pauli Hafenstraße. Eine etwas ruhigere Route führt uns auf der Höhe des Beachclubs Dock 3 den ansteigenden Beginn der Davidstraße hoch, an deren anderem Ende die bekannte Polizeiwache liegt. Die Davidstraße kreuzt am Empire Riverside Hotel die Bernhard-Nocht-Straße, die es parallel zur Hafenstraße entlang Richtung Golden Pudel Club geht.

GOLDEN PUDEL CLUB 1

St. Pauli Fischmarkt 27
20359 Hamburg
→ www.pudel.com

Der für die Hamburger Schule so wichtige Club am Hafen hätte eigentlich in jeder Musiktour in diesem Buch eine eigene Station verdient – gilt der Pudel doch als ein von allen Genres losgelöstes Experimentierfeld und als Spielwiese, Treff- und Referenzpunkt für ganz unterschiedliche Hamburger Subkulturen der letzten dreißig Jahre. Lässt man sich als Besucher*in auf die „gelebte Alternative zur Wertschöpfungskette einer fresssüchtigen Eventmaschine in einer immer stärker kommerzialisierten Stadt" (so die Selbstbeschreibung) ein und ist offen für echte Überraschungen, dann kann man dort wirklich ganz und gar neue künstlerische Erfahrungen machen, die mit den gängigen Schablonen subkulturellen Fantums kaum zu beschreiben sind. Künstler*innen, Gäste und die Leute hinter den Kulissen sind davon aber derart fasziniert, dass ein Besuch nicht selten eine jahrelange Bindung schafft, die sich als Kollektiverfahrung zu einem Mythos verdichtet, der den Club zur Szene-Institution, zum uneinnehmbaren Investorentraum, zum Widerstandsposten gegen die verhasste Gentrifizierung wie zu deren Bestandteil und schließlich zum einzigen Hamburger Club von Weltrang gemacht hat.

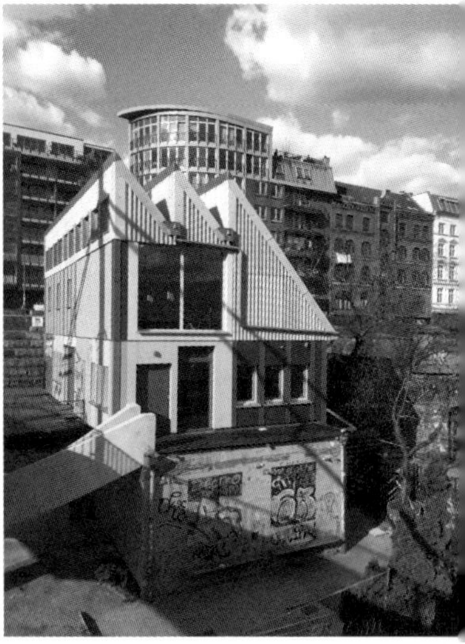

Bereits 1988 gegründet und über lange Jahre auch betrieben wurde der Pudel – zunächst noch ohne das Attribut „Golden“ – von Rocko Schamoni und Schorsch Kamerun, die als Musiker, Schauspieler, Autoren, Theaterregisseure, Entertainer und eben als Clubbetreiber die hiesige Sub- und Popkultur seit Jahrzehnten prägen und wie so viele andere der Akteur*innen – darunter Viktor Marek, Alex Solman, Thomas Baldischwyler, Katja Ruge oder DJ Patex – natürlich selbst zum Gesamtkunstwerk Pudel gehören. Der Club, der sich anfangs noch in der Kampstraße, im Erdgeschoss des ehemaligen Wohnhauses von Rocko Schamoni, befand, eröffnete 1995 neu an seinem jetzigen Standort, einem alten Schmugglergefängnis unterhalb der heutigen Grünanlage Park Fiction, das bis zum Brand des Gebäudes 2016 an eine überdimensionierte hölzerne Hundehütte erinnerte.

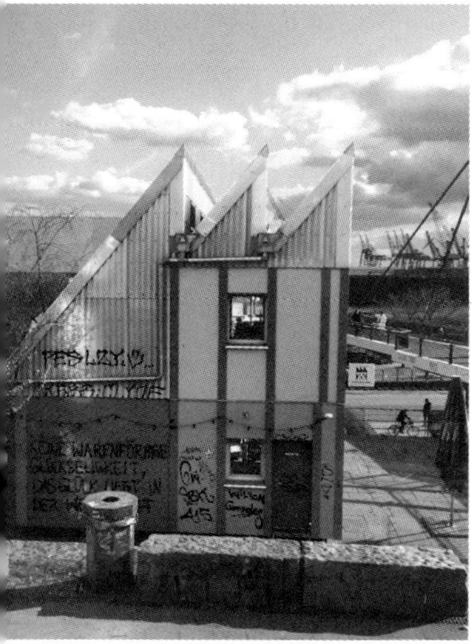

In den folgenden Jahren, ab Mitte der 1990er Jahre, entwickelte sich der Pudel, zu dessen Betreibern nun auch der ehemalige Tempelhof- und Sorgenbrecher-Macher Norbert Karl gehörte, zu einer festen Größe in Hamburg und darüber hinaus. Einen genauen Plan für die Weiterentwicklung dieses einmaligen Experimentierorts gab es nie, nur gegen alles, was Mainstream war oder danach aussah, war und ist man bis heute. Oder anders: für ein entschiedenes Nicht-Dazugehören, das von einer nicht nachlassenden Leidenschaft angetrieben wird.

Im Programm passt Italo Disco zwischen Lesung und Gabber Techno, Indie-Rock gehört genauso selbstverständlich in den Club wie Ambient. Der Golden Pudel hat viele Leute groß gemacht, noch mehr Leute beeinflusst und Generationen Hamburger Künstler*innen in seinen Betrieb eingebunden: Paul Pötsch von Trümmer arbeitete hier genauso hinter der Bar wie einst Frank Spilker. Der gebürtige Hamburger Pianist und Komponist Nils Frahm verweist regelmäßig auf den Einfluss, den der Club auf seine Entwicklung hatte, wie auch der DJ Phillip Sollmann (Efdemin), der mehr als zehn Jahre in Hamburg lebte, diese prägende Erfahrung hervorhebt. Die Produzentin und Minimal-Ikone Helena Hauff startete von hier ihre Karriere, Jimi Tenor, Mount Kimbie oder DJ Stingray haben hier gespielt. Boys Noize und Skrillex fuhren einst mit ihren SUVs vor, um dem angesagtesten Underground-Club der Stadt einen Besuch abzustatten, und das Berliner Duo Modeselektor veröffentlichte das Buch „Die Welt ist eine Pudel“ des Hausgrafikers Alex Solman bei seinem Label.

Seit 2019 findet sich, wie in den Anfangstagen, auch wieder ein Café im Obergeschoss des Clubs: Das Barboncino Zwölphi (der Name besteht aus dem italienischen Wort für Hündchen und einer Anspielung auf den lokalpatriotischen Kosenamen Elphi für das nicht weit entfernte Konzerthaus) lädt zum Mittagstisch des Chickpeace Kollektivs, zu DJ-Abenden, Diskussionen und Lesungen auch außerhalb der Öffnungszeiten des Clubs ein, der mittlerweile in den frühen Abendstunden auch als Kneipe dient.

Durch den Straßenkreisel oberhalb des Pudel Clubs führt uns der Weg nun die schmale, kopfsteingepflasterte Antonistraße an der St. Pauli Kirche vorbei geradewegs zum im Sommer besonders reizvollen Hein-Köllisch-Platz mit seinen Kirschbäumen. An der GWA St. Pauli biegen wir links in die Trommelstraße ein und dann gleich wieder rechts in die Lincolnstraße.

KELLER LINCOLNSTRASSE † 2

Lincolnstraße 20
20359 Hamburg
➡

Ein Keller in der Lincolnstraße, in dem Mitte der 1980er Jahre Jens Jordan, Mitinitiator des Pudel-Universums, wohnte, diente über Jahre als Vorläuferlocation des Pudel. Acht Räume habe man sich „ergaunert“, wie Jordan die nicht ganz legale Raumnahme bezeichnet, denn der Vermieter habe von der Zweckentfremdung des Kellergeschosses natürlich nichts gewusst. Und Frank Spilker erinnert sich: „Man hat halt immer solche Orte genutzt, die oft ganz punkmäßig ohne Wasser und Toiletten ausgestattet waren, und hat da Party gemacht – wie diesen Keller. Dort trafen dann die Leute aufeinander, die später den Pudel unten am Hafen gemacht haben.” Oft liefen hier – die vielen Räume machten es möglich – verschiedene Sachen gleichzeitig, von der Geburtstagsparty über Fußballgucken bis zum Konzert. Und irgendwo legte noch jemand auf, wie beispielsweise Jordan und Kay Borowietz Reggae- und Hip-Hop-Platten zu einer Zeit, als diese Stile in Hamburg noch kaum jemanden interessierten. Oder es wurden Bands für die Konzerte organisiert, wofür u.a. Zitronen-Mitglied Ted Gaier zuständig war.

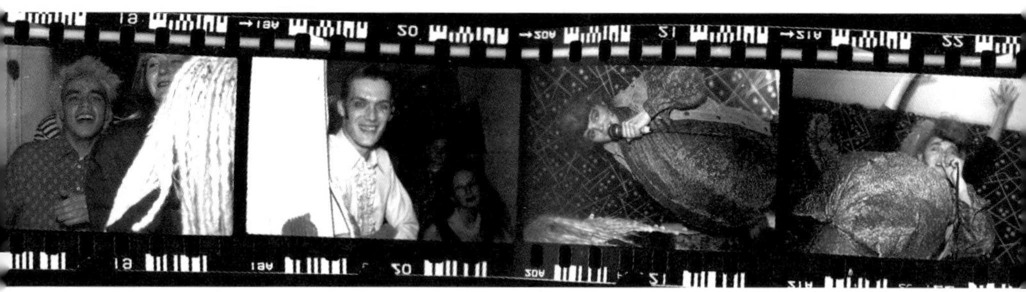

„Der Pudel wurde in dem Keller erfunden, als Kay, Rocko und ich einen Namen für unsere Boutique suchten, die dann Boutique Pudel genannt wurde. Wir hatten in einer Garage in Altona einen riesigen Haufen Siebziger-Jahre-Klamotten aufgetrieben. Die hatten sich wohl so lange gehalten, weil sie zu 99,9 Prozent aus Plastik bestanden. Wir überlegten, was wir damit machen, kamen auf den Namen und nutzten einen Raum im Keller als Boutique (aber nur wenn da Partys waren, Abb. linke Seite u.a. mit Frank Spilker). Das Prinzip war: Es müssen immer mehr Verkäufer in der Boutique sein als Kunden, und nichts kostet mehr als eine Mark. Das war wirtschaftlich kein großer Erfolg, sonst ja", beschreibt Jordan die allerersten Anfänge.

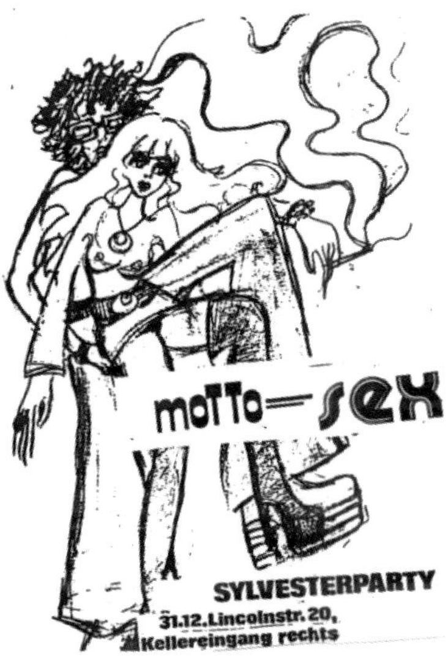

Das Wasser für die Toilettenschüsseln ohne Anschluss kam über einen Gartenschlauch aus der Wohnung im vierten Stock, der Strom ebenfalls – über zwei selbstgebaute Stromkreise und zwei Sicherungen, eine für die Konzertanlage und eine für den Rest. Das Prinzip war denkbar simpel: Von der Wohnung hängte man Kabel mit beidseitigen Steckern in den Keller, so dass diese jeweils an die Steckdosen in der Wohnung und eine Steckerleiste im Keller angeschlossen werden konnten und auf diese Weise alle Geräte mit Strom versorgten. Legendär geworden ist die Silvester-Party 1989/90, zu der etwa dreihundert Gäste in den Keller kamen – wenn auch nicht alle gleichzeitig. Alte Fotos von der Location gibt es zwar kaum („Es war zum Fotografieren viel zu dunkel", meint Jordan), aber dafür ist er in dem Video zum Stück „Die Chinesische Schubkarre" aus dem Goldene-Zitronen-Album „Fuck You" (Vielklang 1990) zu sehen, das dort entstanden ist.

Vorbei an der Kneipe Nobiskrug und dem Restaurant der Pizza Bande (dort gibt es exzellente Pizzen) laufen wir jetzt die Lincolnstraße etwa 200 Meter bis zur Einmündung in die Reeperbahn hinunter, die wir anschließend überqueren. Die auffällige Fassadendekoration – ein Schiffsmast mit angedeuteten Segeln – des „Stimmungsrestaurants" Hamborger Veermaster, die mehrere Stockwerke einnimmt und vor der wir nun stehen, dient uns als Orientierungspunkt. Den Paradise Point of Sex, den Beatles-Platz, Susis Showbar und das Thomas Read Irish Pub lassen wir rechter Hand liegen, um zum aktuellen Standort des Musikclubs Molotow zu gelangen.

MOLOTOW CLUB

Nobistor 14
22767 Hamburg
➡ www.molotowclub.com

Eine glorreiche Vergangenheit und unbedingte Relevanz in der Gegenwart können nicht viele Clubs für sich beanspruchen: Neben dem Golden Pudel gehört in Hamburg der Molotow Club definitiv dazu. Als früher Auftrittsort später sehr bekannter Bands und Wegbereiter von Weltkarrieren hat sich die bereits seit 1990 existierende Indie-Institution nicht nur deutschlandweit einen Namen gemacht. „Der erste Laden in Hamburg, in dem ich gespielt habe, war das Molotow", erzählt Rick McPhail, der Ende der 1990er Jahre noch nicht bei Tocotronic spielte und auch noch nicht in Hamburg wohnte, sondern aus San Francisco nach Wuppertal gezogen war und als Mitglied der Bands Venus Vegas und Dish H2o in den Club kam. Das Gleiche können viele Bands von sich sagen, etwa My Bloody Valentine, Bright Eyes, Interpol, The White Stripes, The Hives, Mando Diao, Die Toten Hosen. Wo in Kneipen Fotos von mehr oder weniger berühmten Persönlichkeiten Arm in Arm mit Wirt oder Wirtin oft die Bedeutung der Kaschemme unterstreichen sollen, schmeichelte ein wirklich ansehnliches Who-is-Who der internationalen Rockszene in Lettern über dem Eingang am alten Standort Spielbudenplatz dem Club und den Gästen. Im Clubraum der neuen Location präsentiert sich die eindrucksvolle Liste etwas versteckter als unscheinbare Namenstafel.

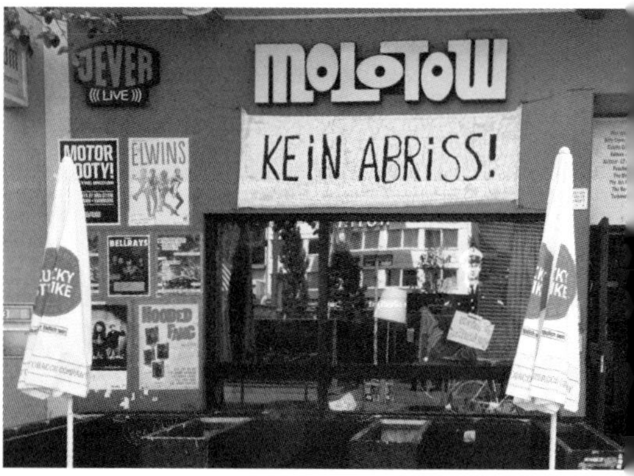

Seit 2013 befindet sich das Molotow im Exil am Ende der Reeperbahn, soll nach dem Neubau des Paloma-Viertels allerdings an den alten Standort zurückkehren. Mit Club, Karatekeller, Sky Bar und Backyard umfasst die Location vier einzelne Flächen, die am Wochenende parallel bespielt werden: Etwa 250 Konzerte finden im Molotow jedes Jahr statt, dazu Lesungen, Poetry Slams, Pub-Quiz-Formate, Feiern, Karaoke und andere Events. Nach dem Konzert gibt es freitags und samstags mehrere gleichzeitig stattfindende Partys, für die nur ein Eintritt zu entrichten ist, und im Keller läuft dazu oft noch ein Late-Night-Konzert, während es im Backyard Speisen und Getränke wie Burger, Tacos und im Winter Glühwein gibt. Egal ob Besuche bei Partyreihen wie Depri Disco, Motorbooty! (der ältesten Indie-Rock-Veranstaltung Hamburgs, die es seit 2001 gibt), dem Revolver Club, Konzerten oder einfach nur zum Ausgehen – der Molotow Club garantiert immer einen guten Abend und ist vor allem dann eine sichere Wahl, wenn auswärtiger Besuch mit anspruchsvollem Musikgeschmack in der Stadt ist.

Wir verlassen das Molotow, passieren die Astra Brauerei St. Pauli sowie den Holsten Kiosk und überqueren die Holstenstraße/Ring 2. Gegenüber der Penny-Filiale Nobistor befand sich früher unter anderem der Club Weltbühne. Heute stehen dort Gebäude, die zu einem privaten Krankenhausträger gehören.

WELTBÜHNE † 4

Nobistor 24
22767 Hamburg
➡

Bis heute ist in Hamburg kein neuer Club-Spot mehr entstanden, der den Vergleich mit dem ehemaligen C&A-Kaufhaus am Nobistor auf der Grenze zwischen Altona und St. Pauli aufnehmen könnte: Gleich vier Clubs, nämlich das Click des heutigen PAL-Resident-DJs Harre Kühnast, das Phonodrome (nach dessen Ende KdW), die Echochamber und die Weltbühne, zogen Mitte der 2000er Jahre auf ebenso vielen Etagen allwöchentlich Feiernde in das Gebäude. Kaum drei Jahre hatte der Komplex, der die Locations durch stillgelegte Rolltreppen miteinander verband, in dieser speziellen Form Bestand, die Weltbühne noch nicht einmal zwei: Denn schon nach kurzer Zeit kamen die Bagger, um Platz zu machen für die Erweiterung der privaten Endo-Klinik nebenan.

Die Weltbühne selbst war nur ein kleiner Raum mit Wohnzimmercharme innerhalb des Phonodrome: puffrotes Ambiente mit Sofas, Kronleuchtern und Stehtischen. Hier verkehrte in der kurzen Zeit ihres Bestehens die gesamte Hamburger Indie-Szene: Kante und Kettcar, Niels Frevert, Knarf Rellöm, Olli Schulz und Die Sterne, die hier kurz vor der Schließung des Clubs ihr Album „Räuber & Gedärm“ live dem Publikum präsentierten. Aber auch Gary Jules, zu dieser Zeit durch sein Cover des Tears-for-Fears-Klassikers „Mad World“ in aller Munde, Lou Barlow (Dinosaur Jr., Sebodah) und die heutigen Superstars The National standen auf der winzigen Bühne. Die legendäre letzte Nacht der Weltbühne verewigte Gründer Tino Hanekamp in seinem Debütroman „So was von da“. Wenige Jahre später eröffnete er zusammen mit Wolf von Waldenfels (Fun Club, Powerhouse, Phonodrome, Golem) einen neuen Club: das Uebel & Gefährlich.

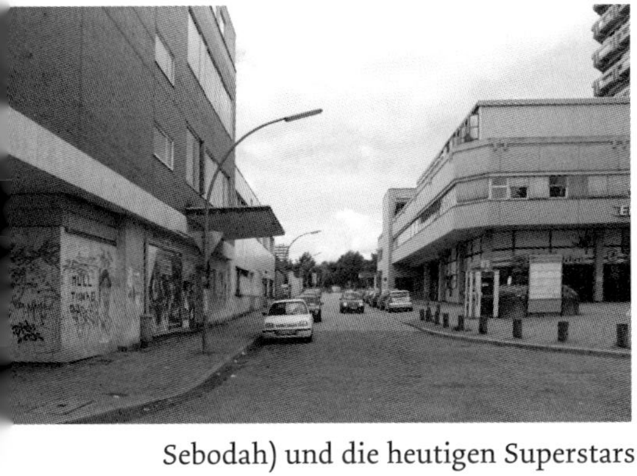

Wir bleiben zunächst noch auf der Seite der Endo-Klinik und laufen die Holstenstraße einige Meter hoch, um am Ende des Klinikgeländes auf Höhe der Louise-Schroeder-Straße wieder auf die andere Straßenseite zu wechseln, wo wir in die gegenüberliegende Simon-von-Utrecht-Straße einbiegen. Entgegen der Fahrtrichtung laufen wir die Straße Richtung U-Bahn-Station St. Pauli/Budapester Straße bis zum Ende durch. Der etwa zehnminütige Fußweg führt uns an einer ganzen Reihe legendärer St.-Pauli-Orte vorbei: dem Gruenspan (Ecke Große Freiheit), der Schmuckstraße mit ihren für transsexuelle Prostitution bekannten Bordellwohnungen, dem alten Israelitischen Krankenhaus, an Querstraßen wie der Tal-, der Hein-Hoyer- und der Detlev-Bremer-Straße und nicht zuletzt einer ganzen Reihe Hotels kurz vor unserem Ziel.

HEINZ KARMERS TANZCAFÉ † 5

Budapester Straße 5
20359 Hamburg
➡

In Heinz Karmers Tanzcafé seien sie mit Tocotronic die Hausband gewesen, erzählte Dirk von Lowtzow in einem Interview zum 25-jährigen Jubiläum seiner Band. An diesem neben dem Golden Pudel Club wohl wichtigsten Ort der Hamburger Schule wurde die anfangs noch als Trio auftretende Band durch L'Age D'Or in Person von Carol von Rautenkranz, Myriam Brüger und Charlotte Goltermann auch entdeckt. „Das kleine grüne Haus", wie der Song der Band Fink um den verstorbenen Nils Koppruch heißt, der ursprünglich dem legendären, aber kurzlebigen Laden in der Budapester Straße gewidmet gewesen sein soll, existierte gerade einmal von 1994 bis 1997, dann war Schluss. Szenegastronom Oliver Hörr (heute Central Congress, Saal II) und Schorsch Kamerun (Abb. links) hatten aus der abrissreifen Domschänke in der Budapester Straße für kurze Zeit den angesagtesten Laden von allen gemacht. Ein Ort, wo alles ging, weil jede/r machen konnte, was er oder sie wollte. Oder zumindest fast jede/r. Denn seine frühere Band habe Hörr immer abgelehnt, sagt Rick McPhail.

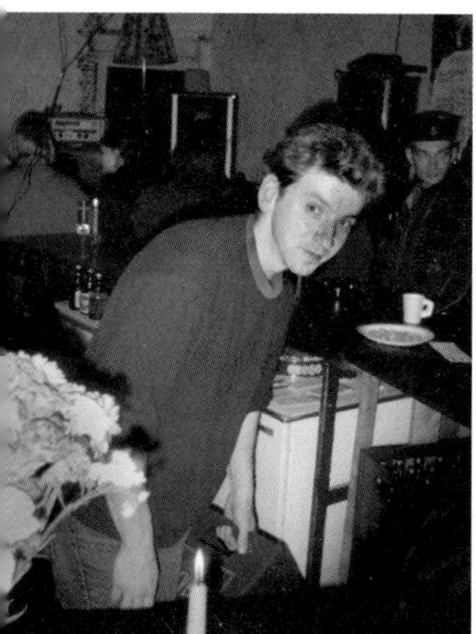

Das Heinz Karmers hatte ähnlich wie der Pudel im besten Sinne kein Konzept, bzw. genau dieses Fehlen von Plänen, Erwartungen, Vorgaben, Ordnung oder Grenzen und all der anderen Dinge, die dafür sorgen, ein bestimmtes Etikett verpasst zu bekommen, war das Konzept. Die Musik reichte von Indie-

HOT SPOTS
KNEIPEN

Eine wesentliche Rolle in der Ausgehkultur der auf dieser Tour beschriebenen Hamburger Szenen spielten die Kneipen St. Paulis in den Seitenstraßen der Reeperbahn. Zum zentralen Ausgehgebiet für Leute, bei denen der Kiezgang vorher verpönt war, entwickelten sie sich aber erst in den 1990er Jahren. Das Gesicht des Kiezes war damals trotz einsetzender Eventisierung noch ein anderes.

Nach dem Ende des sogenannten Bermuda-Dreiecks in der Schanze – bestehend aus **LUXOR**, der Discothek **KIR** und dem bereits seit Ende der 1970er Jahre existierenden **SUBITO** – entstanden neue Läden nicht zuletzt auf dem Kiez, so dass die Szene, die sich bisher woanders getroffen hatte, jetzt keine andere Wahl mehr hatte, als dort auszugehen. Wichtige Treffpunkte dieser Zeit waren das **MITTERNACHT** am Hans-Albers-Platz, der **SORGENBRECHER** am Hamburger Berg oder das **(EX)-SPARR** in der Friedrichstraße, das es heute noch gibt.

Dass unter den Anlaufpunkten der Szene viele Kneipen waren, liegt aber nicht etwa daran, dass Clubs oder Diskotheken nicht mehr angesagt gewesen wären. Das Kir zum Beispiel war ein Ort zum Tanzen, auch der **FUN CLUB** von Wolf von Waldenfels im Hinterzimmer der Kneipe **EIMER** in der Klopstockstraße in Altona verdient zumindest die Bezeichnung Tanzlokal. Dort lief überwiegend Soul, wie zum Beispiel auch im **SOULKITCHEN**, im **BATON ROUGE** und im **CASABLANCA**, in dem Christoph Leich (Kolossale Jugend, Die Sterne) kellnerte. Man suchte sich also die Lokalitäten auch nicht nach einheitlichen Musikstilen aus, und vor allem lief nicht unbedingt das, was schon nach Hamburger Schule klang oder was man später so nennen sollte. Ähnlich waren sich die Treffpunkte eher darin, dass es nicht ganz klar definierte Orte waren, die über – wenn auch oft winzige – Bühnen verfügten und statt nur Musik vom Plattenteller auch Livemusik boten.

Der Sterne-Sänger Frank Spilker, der 1989 aus dem ostwestfälischen Bad Salzuflen nach Hamburg zog, erinnert sich an den eher losen Zusammenhang dieser Orte so: „Ich würde diese Entwicklung gar nicht von der Art der Orte abhängig machen, sondern von den Leuten, die diese Orte gemacht haben oder dem Geist, der zu der Zeit wehte – egal ob Kneipe, Club, Disco oder so was wie der Keller in der Lincolnstraße. Es gab eine neue, jüngere Generation, die mit den Stereotypen, welche sich im Laufe der 1980er Jahre gebildet hatten, wie etwa Gruftie-Discos, brechen und etwas Neues anfangen wollten. Und überall, wo das möglich war, da ist man dann hingegangen. Unabhängig davon, ob das jetzt ein Club war oder eine Kneipe und was dort für Musik gespielt wurde."

bis zu Surf-Rock, Schlagern oder Shanties und kam gern auch mal vom Tape-DJ. Hingegangen ist damals jede/r, es gibt sogar Fotos, die (Ex)-Placebo-Mitglieder Steve Hewitt und Stefan Olsdal nach ihrem ersten Hamburg-Auftritt im Karmers zeigen. Und bei alldem war der Laden nicht zuletzt ein richtiger Saufschuppen.

Bis zur St.-Pauli-Fankneipe Jolly Roger laufen wir die Budapester Straße Richtung Schanze am Heiligengeistfeld, dem Millerntor-Stadion im Hintergrund, dem Telekom-Hochhaus und dem Bäderland St. Pauli – alle auf der gegenüberliegenden Straßenseite – vorbei. Kurz vor dem Jolly Roger, am Hotel Budapester Hof, biegen wir links in die Paulinenstraße ein, die wir schon von anderen Touren kennen und deren Fortsetzung nach Kreuzung der Wohlwillstraße Otzenstraße heißt. Am Otzentreff vorbei geht es in Richtung Friedenskirche, die wir über die im Halbkreis geführte Straße umrunden, um zum Otzenbunker zu kommen.

OTZENBUNKER 6

Otzenstraße 26
22767 Hamburg
➡

Rund 120 Bands und Musiker*innen können erst einmal aufatmen: Nachdem der ehemalige Hochbunker 2018 wegen des großen Sanierungsbedarfs – unzureichender Lärmschutz war nur einer von vielen Punkten, die beanstandet wurden – vorläufig schließen musste, haben sich der Eigentümer und die Stadt nun auf die Sanierung wie auf die Verteilung der Kosten geeinigt und konnten damit das Bestehen für mindestens weitere fünfzehn Jahre sichern.

Geprobt haben im Otzenbunker, der als Musikbunker einer der letzten seiner Art ist, u.a. Tocotronic, Die Sterne und Blumfeld. An eine besonders intensive Aufnahme erinnert sich die Band Die Cigaretten, die hier unlängst einige Songs einspielte (Abb. diese und rechte Seite), welche als B-Seiten in der „Antikörper Session" veröffentlicht wurden: „Wir befanden uns in einem mehrtägigen Ausnahmezustand und wundern uns bis heute, wie wir solche Punkbanger reinknüppeln konnten, während wir zwischen den Aufnahmen nicht mal stehen konnten oder Stunden zu spät erschienen, weil Bettzeug mit Erbrochenem in

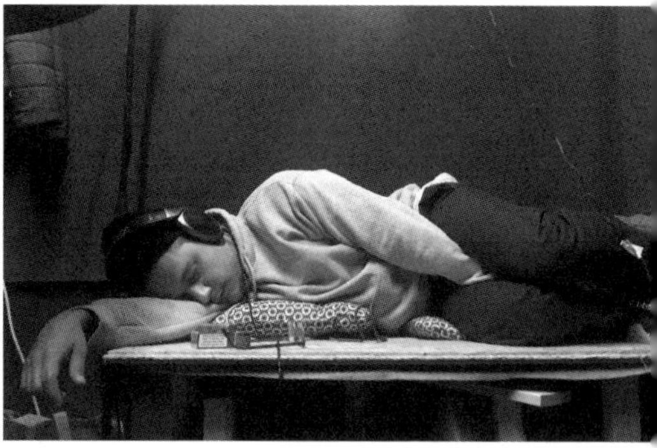

die Waschmaschine musste. So schaffte es Michi an einem Abend sogar, Micha versehentlich eine Nacht im Bunker einzuschließen und erst am nächsten Tag wieder zu befreien", erinnert sich die Band, die sich noch vor der Renovierung in den Räumen des Bunkers gründete. „Die Toiletten funktionierten nicht, und der leicht versteckt gelegene Vorplatz des Otzenbunkers schien manchmal wie der Coworking-Space für allerlei Hamburger Gangs und ihre Geschäfte. Ständig war Feueralarm, da im Gebäude nicht geraucht werden durfte, woran sich weder im Vorraum herumhängende Kiffer noch manche der Bands hielten." Viele Songs der Band spielen auf die im Bunker herrschenden Verhältnisse an, „Stabiler Hate Song" etwa.

Rund sechzig Hochbunker in ähnlicher Gestalt wie der Otzenbunker gibt es heute noch im Hamburger Stadtgebiet, insgesamt sogar mehrere Hundert Bunkeranlagen, deren größte der noch intakte unterirdische Bunker in der S-Bahn-Station Harburg ist. Dem generellen Mangel an Probemöglichkeiten für Bands und Solo-Musiker*innen in Hamburg kann der Erhalt des Bunkers allerdings nicht allzu viel entgegensetzen, auch wenn sich die Lage an dieser für die Musikszene zentralen Stelle wenigstens erst einmal nicht weiter verschlimmert.

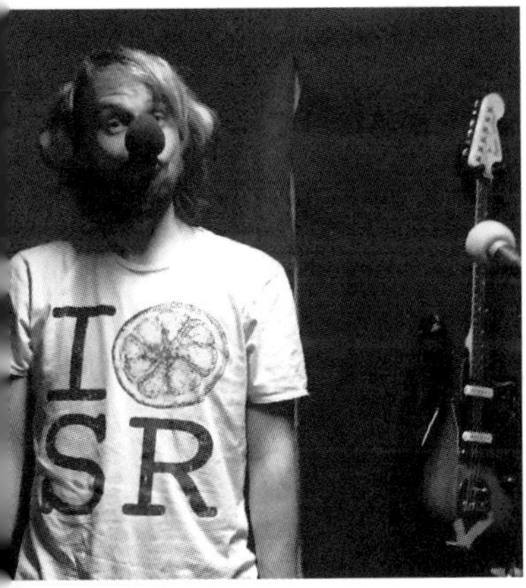

Ein kleiner, schmaler Verbindungsweg von etwa hundert Metern Länge führt uns vom Winklers Platz am Ende der Otzenstraße rechts hinüber zur Thadenstraße, in die wir links einbiegen und einige Meter bis zur Wohlers Allee entlanglaufen. Auf dieser geht es dann für etwa einen halben Kilometer an Wohlers Park, einer aus dem ehemaligen Friedhof Norderreihe entstandenen Parkanlage, entlang. Auf Höhe der Sternbrücke mündet diese ruhige, einspurige und von Altbauvillen gesäumte Anwohnerstraße in die Max-Brauer-Allee. Die Astra Stube befindet sich direkt unter der Brücke.

HOT SPOT
L'AGE D'OR †

1988 von **PASCAL FUHLBRÜGGE** (damals **KOLOSSALE JUGEND**) und **CAROL VON RAUTENKRANZ** gegründet (Abb. rechte Seite oben mit **TILMAN ROSSMY** von **DIE REGIERUNG**), entwickelte sich das Label **L'AGE D'OR** Anfang der 1990er Jahre schnell zu einem Dreh- und Angelpunkt der Hamburger Schule. Benannt nach einem surrealistischen Film des mexikanisch-spanischen Regisseurs Luis Buñuel, liegen die Ursprünge der Plattenfirma in der gleichnamigen Veranstaltungsagentur, die von Rautenkranz und Fuhlbrügge wenige Jahre zuvor gegründet hatten, um ihrer Konzertreihe **HAMBURG 86** ein organisatorisches Dach zu geben. Die Konzerte dieser Reihe fanden in den Räumlichkeiten des W3 – Werkstatt für internationale Kultur und Politik e.V. in der Nähe des Lessingtunnels statt und boten vor allem Indie-Rock-Bands, die in deutscher Sprache sangen – zur damaligen Zeit eine Seltenheit –, ein Forum. Die erste Veröffentlichung des Labels war die Single „Kein Schulterklopfen" der Band Kolossale Jugend, bestehend aus **KRISTOF SCHREUF**, Pascal Fuhlbrügge, **KLAUS MEINHARDT** und **CHRISTOPH LEICH**, dem späteren Schlagzeuger der Band **DIE STERNE** (1991–2018).

Es folgten weitere Veröffentlichungen wie der auf den US-Hardcore-Punk anspielende Sampler „Dies ist Hamburg (Nicht Boston)" („This is Boston, not L.A.") oder das Debüt der Band **DER SCHWARZE KANAL** um die späteren **BLUMFELD**-Musiker **EIKE BOHLKEN** und **ANDRÉ RATTAY**. Die Leser*innen der „Spex" wählten L'Age D'Or bereits 1990 zum Label des Jahres, und auch die lokale Hamburger Presse feierte es und seine Künstler*innen ausgiebig. Zu dem anfänglichen Roster des Labels gehörten auch **HUAH!** oder **OSTZONENSUPPENWÜRFELMACHENKREBS** (Abb. rechte Seite unten: Bassist Thorsten „Taucher" Weßel mit Frank Spilker von Die Sterne), doch erst durch einen Deal mit Polydor und die damit verbundene finanzielle Sicherheit sowie die Verpflichtung von Bands wie Die Regierung, Die Sterne und **TOCOTRONIC** konnte das trotz seiner Szeneerfolge ins Straucheln geratene Label seinen Status nicht nur festigen, sondern ausbauen. Dem ersten Deal folgte eine Vereinbarung mit Motor

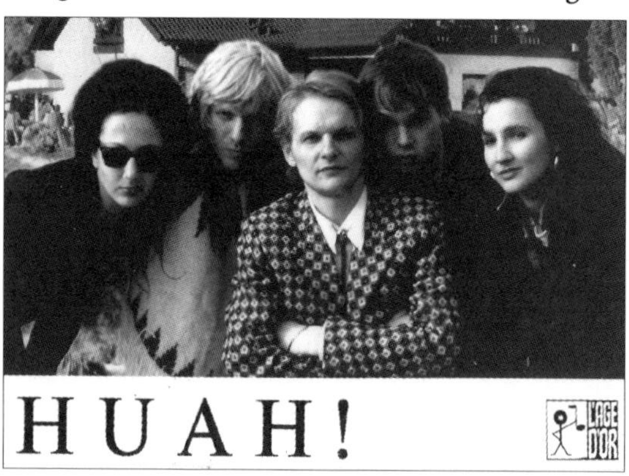

Music unter dem schon zu Polydor-Zeiten für das Label verantwortlichen Musikmanager Tim Renner. Künstler*innen wie **SUPERPUNK**, **TRASHMONKEYS**, **VON SPAR**, die **BOXHAMSTERS**, **THE ROBOCOP KRAUS** oder **MEDIENGRUPPE TELEKOMMANDER** stehen für die mehr oder weniger letzte Generation an Label-Bands nach

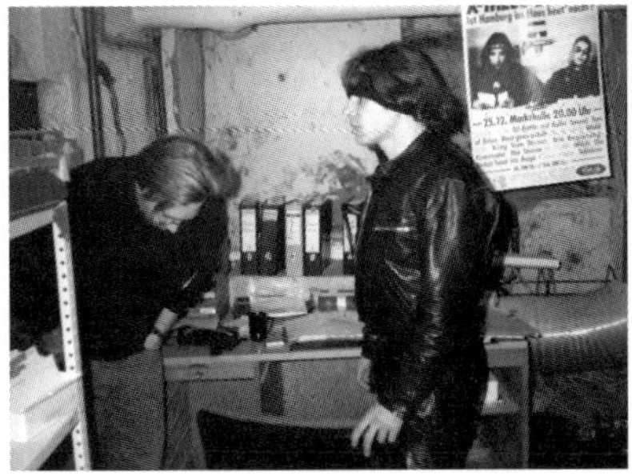

der Jahrtausendwende. 2007 wurde das Label trotz abgewendeter Insolvenz geschlossen.

Bereits 1994 gründete sich das Sublabel **LADOMAT 2000** für elektronische Musik unter Führung von Charlotte Goltermann, das seinen Sitz allerdings in Berlin hatte. Goltermann war dort zwischenzeitlich auch als Artists & Repertoire-Managerin für das britische Label Mute Records tätig, was dann schließlich zu der Kooperation Ladomat 2000 führte. Zu den Künstler*innen, die auf Ladomat 2000 veröffentlichten, gehörten **COMMERCIAL BREAKUP**, **EGOEXPRESS**, **HANS NIESWANDT**, **PHANTOM/GHOST**, **LAWRENCE**, **TURNER** und **MENSE REENTS**. Das Stück „From Disco to Disco" des House-Trios **WHIRLPOOL PRODUCTIONS** wurde als Nummer 1 der italienischen Charts einer der größten Hits des Labels. Mit dem Lied „Charlotte" erwiesen Tocotronic der Ladomat-2000-Chefin ihre Reverenz.

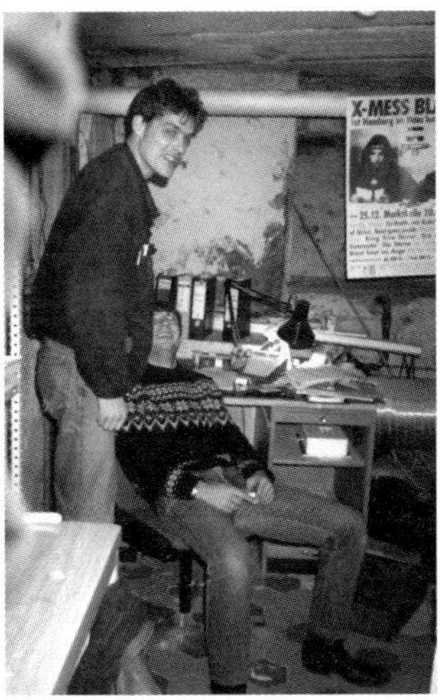

In den letzten Jahren des Bestehens öffnete sich das Label auch englischsprachigen Künstler*innen und lizenzierte etwa Alben der Kanadier **METRIC** oder der Band **THE GOSSIP** um Sängerin Beth Ditto für den deutschen Markt. Pascal Fuhlbrügge, der bereits früher ausgestiegen war, ist heute weiterhin als Musiker aktiv, unter anderem bei der Pop-Band Erneuerbare Energien. Er hat Solo-Alben veröffentlicht und Musik für das Theater geschrieben, war als Journalist tätig und ist Betreiber eines Blogs. Goltermann arbeitete nach dem Ende des Labels unter anderem als Musikberaterin für Film- und Fernsehproduktionen von Leander Haußmann, Detlev Buck, Doris Dörrie, darunter „Herr Lehmann", „Stromberg – Der Film" und die Serie „Dr. Psycho". Sie ist Managerin der Band Element of Crime und mit deren Sänger Sven Regener liiert. Carol von Rautenkranz leitet heute die von ihm gegründete Agentur Golden Gate Management, mit der er sich unter anderem um Songrechte und Lizenzen verschiedener Künstler*innen kümmert.

ASTRA STUBE 7

Max-Brauer-Allee 200
22769 Hamburg
➡ www.astra-stube.com

Seit zwanzig Jahre hält sich dieser kleine, gefühlt kaum fünfzig Zuschauer*innen (in Wirklichkeit sind es hundert) fassende Club für Livemusik unter der Sternbrücke in Altona – bunt beklebt, verdreckt und von außen ordentlich heruntergekommen, so kennen und lieben die Hamburger*innen den Club. Doch Abriss und Neubau der bereits 1925 errichteten Brücke und damit das Verschwinden der Astra Stube wie der ebenfalls unter der bzw. rund um die Brücke ansässigen Clubs Fundbureau und Waagenbau von ihrem angestammten Platz (neuerdings ist ein Umzug in einen benachbarten Neubau im Gespräch) sind eine seit längerem von der Eigentümerin, der Deutschen Bahn, beschlossene Sache. Noch können Musikliebhaber*innen hier fast täglich Indie-Rock und -Pop, Garage-, Hip-Hop oder Punk-Konzerte in intimer Atmosphäre erleben – und den Künstler*innen dabei so nah sein wie wohl nirgendwo anders in Hamburg. Viele Newcomer*innen und internationale Acts spielen auf der winzigen Bühne der Location, die seit 2015 als Non-Profit-Laden läuft und von einem neu gegründeten Trägerverein betrieben wird, der Unterstützung von zahlreichen Fördermitglieder*innen erhält. Herrenmagazin, Matula, Abramowicz, ClickClickDecker, Schreng Schreng & La La, The Düsseldorf Düsterboys, Schwervon!, Swearing at Motorists, Blackout Problems – die Liste der Acts, die das Publikum in der Astra Stube schon zum Schwitzen brachten, ist lang. Und auch als Bildmotiv erfreut sich der Club einiger Beliebtheit: Fatih Akin nutzte ihn als Drehort für seinen Film „Soul Kitchen" und Jan Delay als Covermotiv seines Soloalbums „Wir Kinder vom Bahnhof Soul" (2009).

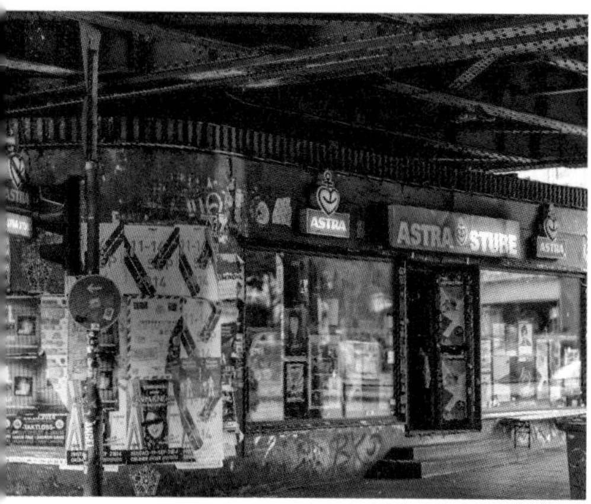

Von der Bushaltestelle Sternbrücke fahren die Buslinien zur S-Bahn-Station Holstenstraße (eine Station) oder Richtung St. Pauli. Die U-Bahn-Station Feldstraße ist in wenigen Fußminuten erreicht.

NOCH MEHR ADRESSEN

RECORD LABEL

EUPHORIE
Stresemannstraße 375 / Unit 11
22761 Hamburg
➡ www.woistdieeuphorie.com
Label: Erregung öffentlicher Erregung, Monako. Management: Leoniden, The Screenshots, Odd Couple, Trümmer, Ilgen-Nur u.a. Labelabende im Pudel und anderswo in Hamburg.

FIDEL BASTRO
Amandastraße 30 A
20357 Hamburg
➡ www.fidel-bastro.de
Gegründet 1992, hauptsächlich Noise-Rock. Boy Division, Potato Fritz, Hrubesch Youth, Tschilp, Superpunk u.a.

GRAND HOTEL VAN CLEEF
Feldstraße 36
20357 Hamburg
➡ www.ghvc.de
Adam Angst, Fjørt, Escapado, Death Cab for Cutie, Fortuna Ehrenfeld, Olli Schulz & Der Hund Marie, Tomte, Kettcar u.a.

[PIAS] GERMANY
Zippelhaus 5 A
20457 Hamburg
➡ www.pias.com
Legendäres belgisches Indie-Label und Vertrieb seit 1983. Agnes Obel, Soulwax, Dinosaur Jr., Editors, Soap & Skin u.v.a. Aus Deutschland u.a. Turbostaat, Trümmer, Gisbert zu Knyphausen.

POPUP-RECORDS
Stahltwiete 10
22761 Hamburg
➡ www.popup-records.de
Bernd Begemann, Rhonda u.a.

TAPETE / BUREAU B
Stahltwiete 10
22761 Hamburg
➡ www.tapeterecords.de
Gegründet von Gunther Buskies, Dirk Darmstaedter (Tapete 2002, Bureau B 2005). Tapete: Die Höchste Eisenbahn, Rocko Schamoni, Fehlfarben, Stereo Total, Schrottgrenze, Die Liga der gewöhnlichen Gentlemen, Die Zimmermänner, The Monochrome Set, HGich.T u.a. Bureau B: Andreas Dorau, Karl Bartos, Palais Schaumburg, Die Krupps, Der Plan, RVDS, Toulouse Low Trax, Moebius, Schlammpeitziger u.a. Hanse Song Festival, früher auch Müssen Alle Mit Festival und BootBooHook-Festival.

TONSTUDIOS

CLOUDS HILL RECORDINGS
Billwerder Neuer Deich 72
20539 Hamburg
➡ www.cloudhillsrecordings.com
2005 gegründet von Johann Scheerer, auch Vinyl-only-Label, Verlag und Booking. The Mars Volta, Omar Rodriguez-Lopez, Pete Doherty, Rocko Schamoni u.a. Mietstudio für The Beach Boys, The Killers, Ebow, Sportfreunde Stiller, Lena Meyer-Landrut u.a. The Series: Live At Clouds Hill Vinyl-Serie, jährlich Clouds Hill Festival im Studio.

HAFENKLANG STUDIO
Carsten-Rehder-Straße 51
22767 Hamburg
➡ www.hafenklang.com
Besteht seit Anfang der 1980er Jahre, erstes 24-Spur-Studio Hamburgs. A Place to Bury Strangers, Abwärts, Einstürzende Neubauten, Palais Schaumburg, Xmal Deutschland, Boytronic u.a.

Off Ya Tree
Moorfleeter Straße 15
22113 Hamburg
➡ www.off-ya-tree.com
Betätigt sich auch als Label (u.a. Abwärts, Der Fall Böse). Gründer Bente Faust arbeitete u.a. mit Samy Deluxe, Monsters of Liedermaching, Sam Ragga Band, Wolfgang Müller (Die Tödliche Doris), Bill Drummond (The KLF).

ORIGINAL MASTERING
Shanghaiallee 18
20457 Hamburg
www.original-mastering.de
Mastering Studio: Callejon, Mando Diao, Mutiny on the Bounty, Jungstötter, Hundreds, The Deadnotes, Sofia Portanet, Mint Mind u.a.

SONSTIGES

ROCK CITY HAMBURG E.V.
Sternstraße 4
20357 Hamburg
www.rockcity.de
Förder*innenverein, Mitveranstalter von Konferenzen, Festivals, Netzwerktreffen, Workshops, Masterclasses, Bandaustausch-Programmen, Hamburger Musiker*innenpreis Krach+Getöse, Gagenfonds u.v.m.

HIP-HOP-TOUR

6

STARTPUNKT

S-Bahn-Station Sternschanze [S 21, S 31]

ENDPUNKT

Bahnhof Hamburg-Harburg [DB, S 3, S 31]

DAUER

etwa 2,5 Stunden

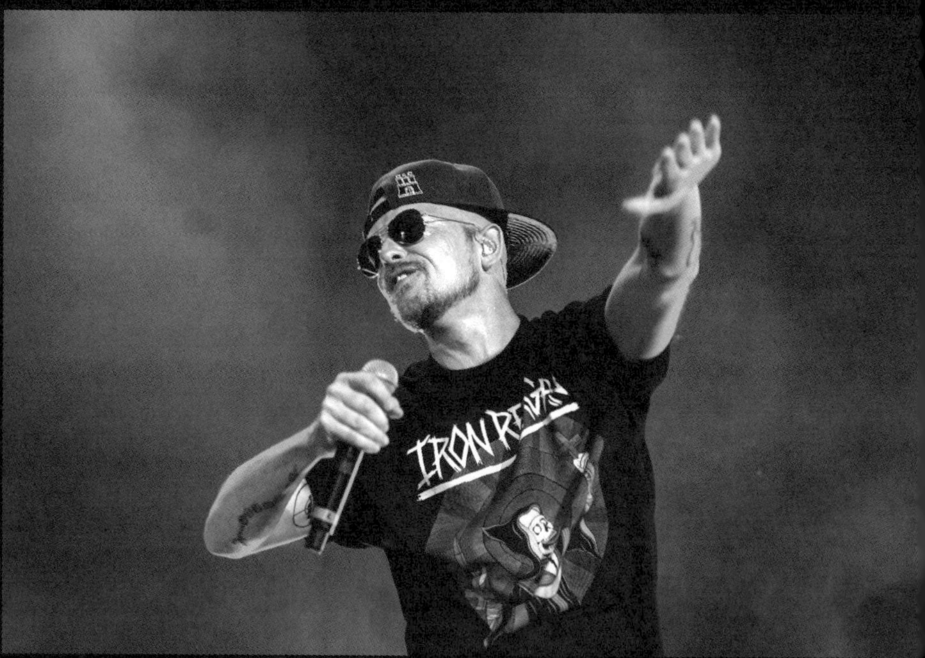

EIN PAAR CLUBS, in denen Hip-Hop-Abende stattfanden, gab es in Hamburg schon seit den späten 1980er Jahren: das **DEFCON 5**, in dessen Räumlichkeiten am Spielbudenplatz sich später das Molotow befand, der **POWERHOUSE-CLUB** des heutigen Uebel & Gefährlich-Betreibers **WOLF VON WALDENFELS** oder das **TEMPELHOF**. Aber am Anfang traf sich die Szene weniger in Clubs, sondern vor allem in Jugendzentren, wo Jams und Konzerte veranstaltet wurden. Und die waren auch nicht alle in der Hansestadt zu finden, sondern ebenso in Elmshorn, Itzehoe, Pinneberg und anderen Städten rund um Hamburg und im gesamten norddeutschen Raum. Dokter Renz, Gründungsmitglied von **FETTES BROT**, erinnert sich an diese Zeit so: „Damals hat jeder bei sich geguckt, wo eine Jam veranstaltet werden könnte, und hat dann alle Bands zu sich eingeladen, zu denen man irgendwie Kontakt hatte – und das alles natürlich in einer Pre-Handy-Zeit." So kamen die Künstler – Hip-Hop war damals noch ein reines Jungsding – zu Auftritten nicht nur in abgelegenen Stadtteilen oder gleich auf dem Land zusammen, sondern dabei vor allem auch mit anderen Protagonisten der Szene in Kontakt. „Das war damals auch eine illustre Mischung aus den paar Bands, die es halt so gab – Hardcore-, Britcore-, Rap-Bands, die Poets Of Peeze von Dokter Renz und Tobi, die von Acid-Jazz beeinflusst waren, auf Englisch rappten und auch live Instrumente verwendeten", erzählt **SCHIFFMEISTER**, der damals als noch entfernter Freund der Clique zum Auftritt der **POETS OF PEEZE** ins Jugendzentrum Nettelnburg eingeladen wurde und dort die Formation, aus der später Fettes Brot hervorgehen sollte, zum ersten Mal live erlebte.

Die Poets veröffentlichten zwar 1993 eine 12-Inch-Single bei dem Ende der 1990er Jahre einflussreichen Hamburger Label **YO MAMA** (u.a. **FÜNF STERNE DELUXE**, **FERRIS MC**, **EINS ZWO**), lösten sich aber noch im gleichen Jahr auf. Ein Mitglied der Gruppe, Tobi Schmidt alias **TOBI TOBSEN**, bildete bald darauf zusammen mit **MIRKO BOGOJEVIC** nicht nur das Duo **DER TOBI & DAS BO** (das später in Fünf Sterne aufging), sondern ist seit mittlerweile mehr als zwanzig Jahren auch als Teil des Electroprojekts **MOONBOOTICA** erfolgreich. Mit dem Jugendzentrum in Schenefeld, dem **JUKS**, wo sich Fettes Brot letztlich gründeten, ist die Band bis heute verbunden und spielte dort etwa zur Wiedereröffnung 2003 wie auch bei späteren Gelegenheiten, lange nach den ersten Charterfolgen. Und auch andere Größen wie die **BEGINNER** oder **HAUSMARKE** von den Fantastischen Vier standen im JUKS auf der Bühne.

Nicht viel anders als bei Fettes Brot fing es bei den Beginnern an: Auch das heutige Trio, das damals noch unter anderem Namen wirkte und in anderer Besetzung auftrat, spielte seinen ersten Gig in einem Jugendzentrum, dem **KULTURLADEN EPPENDORF**, wie sich **TIM DOLLMANN**, später Geschäftsführer von **EIMSBUSH ENTERTAINMENT**, erinnert. Ob das **HAUS FLACHSLAND** in Barmbek-Süd, das **JUGENDZENTRUM IN BERGEDORF** oder das **TROCKENDOCK** in Barmbek – Jugendzentren boten optimale Bedingungen für selbst veranstaltete Konzerte und Jams. Dort konnten Veranstaltungen nicht nur frei von kommerziellem Druck und Geschmackszwängen stattfinden, sondern sie waren für viele der noch nicht volljährigen Akteure dieser Zeit auch schlicht einfacher zugänglich als reguläre Clubs und Diskotheken. Die Szene, die sich in diesem Kontext entwickelte, sei dabei in Hamburg im Unterschied zum Underground in Berlin oder Frankfurt auch immer sehr peacig gewesen, sagt jedenfalls **ALE DUMBSKY,** Gründer des damals immens wichtigen Labels **BUBACK**.

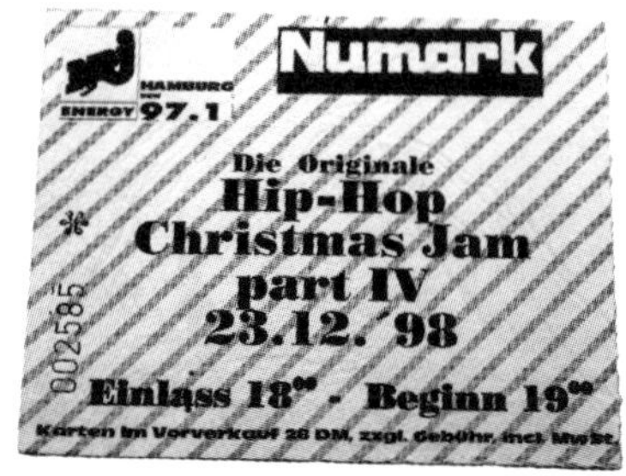

Nicht nur die als Punk-Label gegründete Hamburger Institution Buback, sondern auch Orte wie die **ROTE FLORA** spielten in den Anfangsjahren für die Szene eine Rolle – und das nicht zuletzt ideologisch, verorteten sich viele Protagonist*innen dieser ersten Hamburger Hip-Hop-Generation im Unterschied zu Vertreter*innen anderer lokaler Szenen politisch doch eher links. Bei den Konzerten zum 25-jährigen Bestehen der Flora 2014 spielten Fettes Brot und die Beginner vor rund zweitausend Menschen, die in der Flora und auf dem abgesperrten Schulterblatt das Konzert über Leinwände verfolgten. Das Buback-Label war es auch, das 1993 das legendäre **KILL-THE-NATION-WITH-A GROOVE-FESTIVAL** (X-Mas Jam) in der Markthalle veranstaltete, auf dem die Absoluten Beginner, **NO REMORZE** (mit **DJ STYLEWARZ**) und **CORA E.** gegen ein nationalistisches Deutschlandbild auftraten. Auf dem begleitenden Sampler findet sich das erste veröffentlichte Beginner-Stück überhaupt. Und schon im gleichen Jahr waren die Beginner mit Vertretern der westdeutschen Poplinken wie Blumfeld und den Goldenen Zitronen auf die **ETWAS-BESSERES-ALS-DIE-NATION-TOUR** gegen die „große Koalition aus Parlament, Neonaziterror, Normalbürgern, Polizei und Medien“ gegangen – die die Künstler*innen

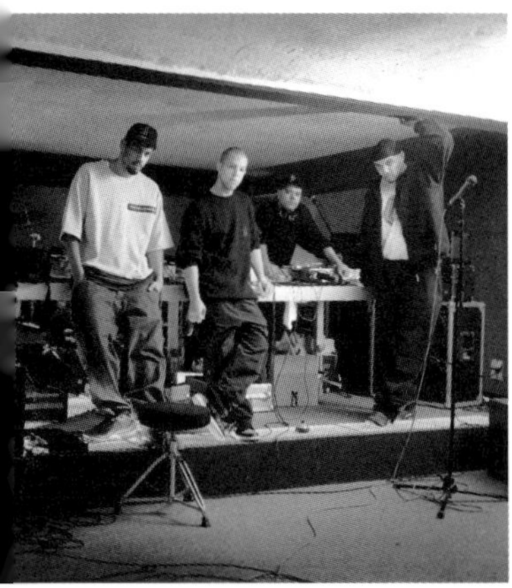

unter anderem nach Ostdeutschland führte und dort kontroverse Diskussionen innerhalb der ostdeutschen Linken auslöste. Die von Buback veranstaltete **KLASSE-VON-1994-TOUR** führte dann schließlich unter anderem die Beginner, MC Rene (Braunschweig) und Main Concept (München) durch ganz Deutschland.

Die lokale Hamburger Herkunft blieb dabei aber stets wichtig, trotz unterschiedlicher Inhalte, musikalischer Stile und Images. Damals war noch die Gruppe der Star und nicht der Master of Ceremony – was sich dann später vor allem durch **SAMY DELUXE** (Abb. links mit Tropf, Ben Kenobi, D-Flame, 2002) änderte. Wie kein Zweiter verstand dieser es, ausgestattet mit enormem Charisma und exzellentem technischen Können, die für den Battle-Rap typische Überhöhung der eigenen Person zu perfektionieren. Dabei verzichtete

Deluxe konsequent auf den Gebrauch vulgärer Wörter und glänzte beim Debüt seiner Gruppe **DYNAMITE DELUXE** mit einer Produktion, die ihrer Zeit weit voraus war: Damit holten sie sowohl authentizitätsbewusste Szene-Heads wie auch poppig orientierte Rap-Fans ab und sorgten dafür, dass Samy seine eigene Nische kreieren konnte – Kool Savas etwa war um die Jahrtausendwende noch ein klassischer Battle-Rapper und wäre damit für einen solchen Erfolg viel zu sperrig gewesen.

Samy Deluxe ist inzwischen mehr als zwanzig Jahre dabei, Fettes Brot, die schon Mitte der 1990er Jahre kommerziell erfolgreiche Alben und Singles veröffentlichten, fast dreißig. Andere, etwa die Beginner und Fünf Sterne deluxe, sind nach längeren Pausen wieder als Gruppe aktiv, manche Protagonist*innen von damals hingegen mittlerweile in anderen Kontexten bekannter, zum Beispiel **DJ KOZE** (Fischmob, Abb. unten), oder ganz von der Bildfläche verschwunden (**MARIUS NO. 1**). Viele sind nachgerückt. **ACE-TEE** etwa, die 2016 mit „Bist du down?" (zusammen mit Kwam.E) einen viralen Hit landete, der selbst in den USA für Aufregung sorgte, oder die Rapperin **HAIYTI**, die schon vor ihrem Debüt „Montenegro Zero" (2017) zum Feuilleton-Liebling auserkoren wurde und wie viele Artists der heutigen Generation stilistisch so universell ist, dass sie nicht mehr als Hamburger Künstlerin wahrgenommen wird. Auch der Rapper **KALIM** trägt seine Hamburger Herkunft nicht vor sich her, bei **REEPERBAHN KAREEM** hingegen ist sie Bestandteil des Namens. Und die **187 STRASSENBANDE** ist wohl auch weit über Hamburgs Grenzen einer ganzen Elterngeneration, die selbst keine Rapmusik hört, zumindest ein Begriff.

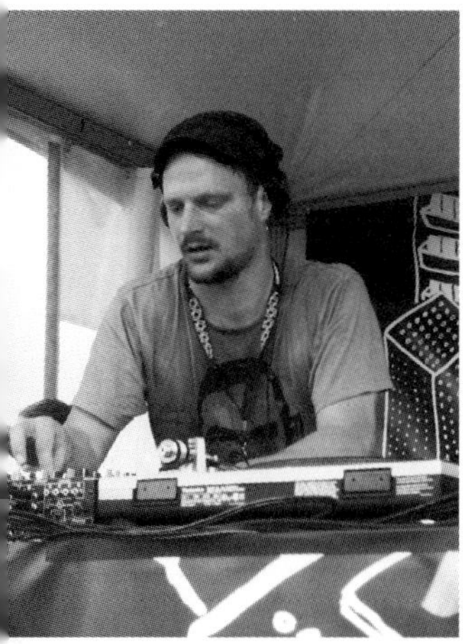

Wie sah diese Szene nun in den Zeiten ihres Beginns zu Anfang der 1990er Jahre aus, wo fand sie statt, wer gehörte zu ihren Protagonist*innen? Das Gendern der Hauptbeteiligten im vorigen Satz kann hier schon leicht auf die falsche Spur führen. Denn die Hamburger Szene war, wie die entsprechenden Szenen in den Anfängen überall in Deutschland, auf allen Ebenen fast ausschließlich männlich, woran auch die mehr oder weniger linke politische Einstellung vieler Rapper aus der Hansestadt nichts ändern konnte – ein Merkmal, das sich nicht nur an Songtexten und der Beteiligung an einschlägigen Veranstaltungen zeigte, sondern auch durch private Vorlieben für bestimmte Kneipen oder durch die musikalische Sozialisation wie im Falle von König Boris im Milieu der Punk- bzw. Rockmusik.

Mit dem bis heute gern gepflegten Mythos, dass die Wiege der Hamburger Hip-Hop-Kultur in **EIMSBÜTTEL** gelegen habe, sollte jedoch auf alle Fälle aufgeräumt werden – Fettes Brot etwa kommen aus Pinneberg, Halstenbek und Schenefeld, **DJ MAD** aus Winterhude, Marius No. 1 – wichtiger Resident-DJ, Radio-Host und

Produzent – aus Heimfeld im Bezirk Harburg. DJ Koze ist ein aus Flensburg stammender Zugezogener, und **DENDEMANN** stammt gar aus dem nordrhein-westfälischen Sauerland. Die Akteur*innen der Hamburger Szene sind also nicht nur mehrheitlich keine Eimsbüttler, sondern viele nicht mal Hamburger, und das Etikett **EIMSBUSH** ist zwar Teil des besagten Mythos, aber eher Ausdruck des Lokalstolzes der Hamburger Hip-Hopper*innen insgesamt. Dieser wird seit jeher unter anderem durch Songtexte verbreitet, ganz unabhängig etwa von einer

MUSIK ZUR TOUR

SLEEPWALKER FEAT. HAMBURG CITY ALLSTARS
VORSPRECHTERMIN
aus dem Album »Sleepwalker bittet zum … Vorsprechtermin«
(Universal Music Group 2001)

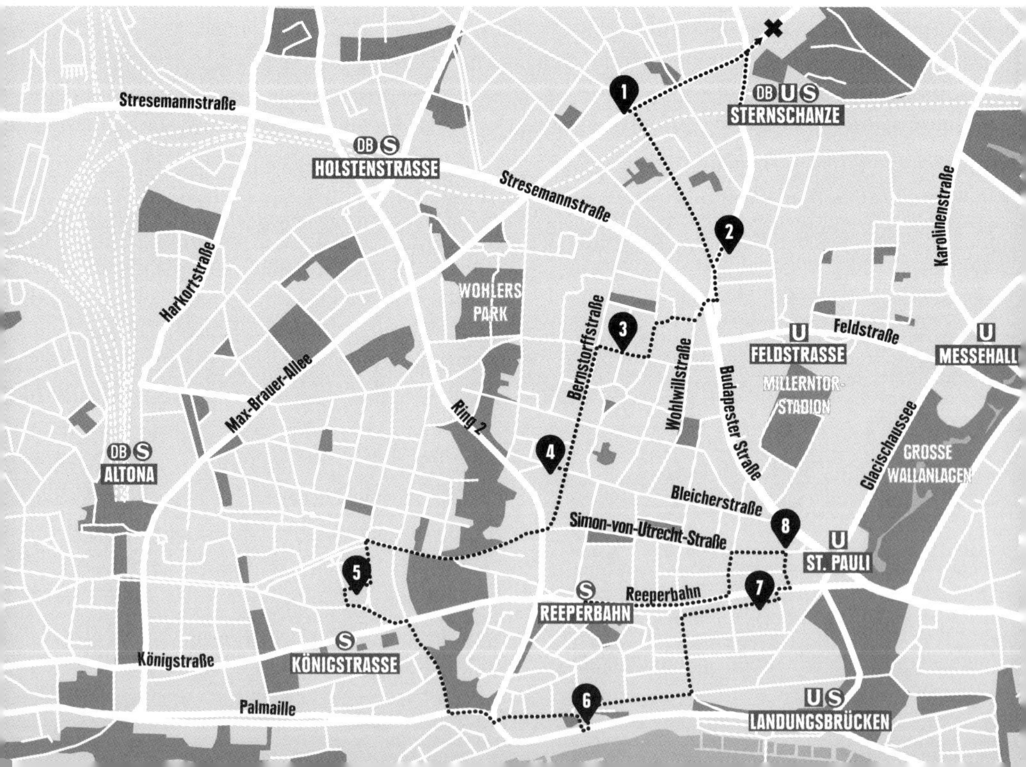

Eimsbush-Herkunft, von Generationen oder Stilen, wofür etwa der „City Blues“ der Beginner, Samy Deluxe feat. **MR. SCHNABEL** mit „Eimsbush Stylee“, **DISARSTARS** „Tor zur Welt”, die Rapperin **EUNIQUE** mit ihrem Track „040” und natürlich der Klassiker und Norddeutschlands Hip-Hop-Hymne schlechthin „Nordisch by Nature“ von Fettes Brot als Beispiele dienen können.

Ob Streetwear-Store, Bar, Jugendzentrum, der Punk-Einfluss der Anfangszeit oder das immer noch gut haftende Eimsbush-Etikett – die folgende Tour und der nachfolgende Adressblock bieten einen Querschnitt aus Vergangenheit und Gegenwart der immer noch sehr lebendigen Hip-Hop-Kultur der Stadt, führt uns auf ihre Spuren und zeigt, wo sie sich erleben und aktiv gestalten lässt.

Wir verlassen den S-Bahnhof Richtung Schanzenstraße, bevor uns unser Weg rechts an zahlreichen Falafel-Imbissen vorbei bis zur Kreuzung Schanzenstraße/Altonaer Straße führt. Die Altonaer Straße geht es nun nach links einige Fußminuten runter, bis sie in die Max-Brauer-Allee übergeht. Unsere erste Station befindet sich am Anfang der Max-Brauer-Allee, an der Kreuzung mit dem Schulterblatt.

DONNER BAR 1

Max-Brauer-Allee 279
22769 Hamburg
➡ www.kleiner-donner.de

Die Donner Bar, Nachfolgerin des Clubs Kleiner Donner, der bis Ende 2017 zwischen der Roten Flora und dem Haus 73 lag, befindet sich in den ehemaligen Räumlichkeiten der Bar Rossi am Ende des Schulterblatts. Von außen hat die Bar nichts mit dem etwas abgeranzten, authentischen Kellerclub von früher zu tun, nur das Logo weist auf den neuen Mieter hin. Drinnen gibt es aber weiterhin Hip-Hop, Soul und R’n’B nicht nur als Hintergrundmusik des Barbetriebs, sondern als Hauptsache schweißtreibender Clubnächte. Hinter den 1210er-Plattentellern und auf der Bühne standen und stehen unter anderem Josi Miller, Ace Tee & Kwam.E, Denzel Curry, Estikay, DJ Mad, DJ Mugzee, DJ Mirko Machine,

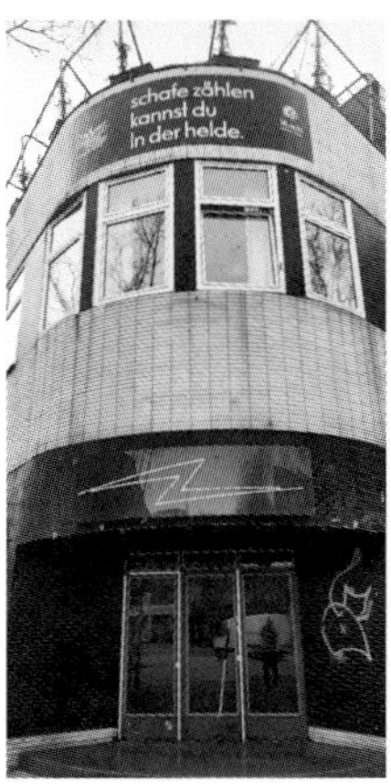

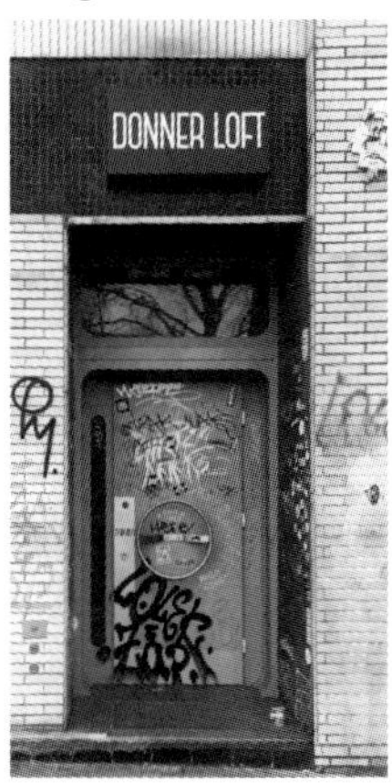

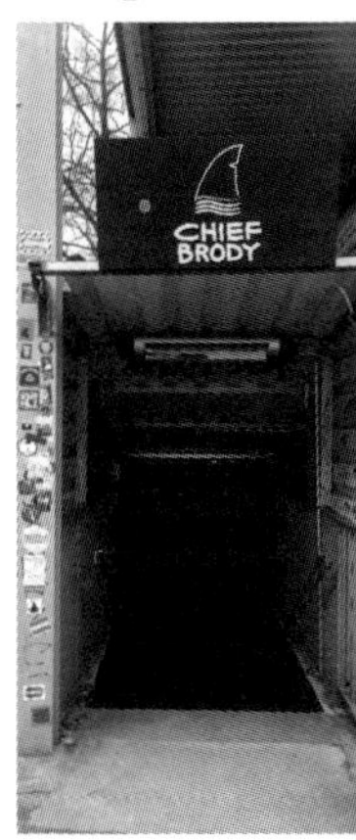

Buzz-T und Miami Lenz. In den Kellerräumen des alten Donners am Schulterblatt 73 befindet sich mittlerweile die nach einem Charakter aus dem Film „Der Weiße Hai“ benannte Bar Chief Brody des alten Donner-Betreibers. Auch dort liegt der Fokus nach wie vor auf Hip-Hop.

Um zur nächsten Station zu kommen, laufen wir jetzt einmal komplett das Schulterblatt runter bis zur Kreuzung Neuer Pferdemarkt/Schanzenstraße und kommen dabei unter anderem am Haus 73, der Roten Flora und den durch die Ausschreitungen während des G20-Gipfels zu einiger Bekanntheit gelangten Filialen von Haspa und Budnikowsky vorbei. Wo Schulterblatt und Schanzenstraße aufeinandertreffen, überqueren wir die Schanzenstraße und haben gleich bei Hausnummer 10 unser nächstes Ziel erreicht.

UNDERPRESSURE 2

Schanzenstraße 10
20357 Hamburg
➡ www.underpressure.de

Auf Streetwear, Sneaker und Graffiti (Cans & Marker) spezialisiert hat sich der Laden Underpressure, der sich als Hamburgs erste Adresse für Hip-Hop-Accessoires auch als „Home of Urban Culture“ bezeichnet. Neben diversen Sprühutensilien gibt es hier Schallplatten, eine größere Auswahl an Urban-Culture-Toys für Liebhaber*innen, Magazine und Bücher zu Streetart, Graffiti und Hip-Hop und außerdem die ein oder andere Konzertkarte im Vorverkauf. Neben einer eigenen Hausmarke für Klamotten und den üblichen Szene-Brands wie Cleptomanicx, Carhartt, Wemoto, Obey, Stüssy und Iriedaily sind bei Underpressure auch Stücke von kleinen, lokalen Herstellern zu bekommen. Hin und wieder finden in dem 1997 gegründeten Laden, der sich seit 2004 am jetzigen Standort befindet, Specials wie etwa der Mitternachtsverkauf bei Erscheinen des Albums „Metropolis“ (2016) der Gruppe Neonschwarz statt.

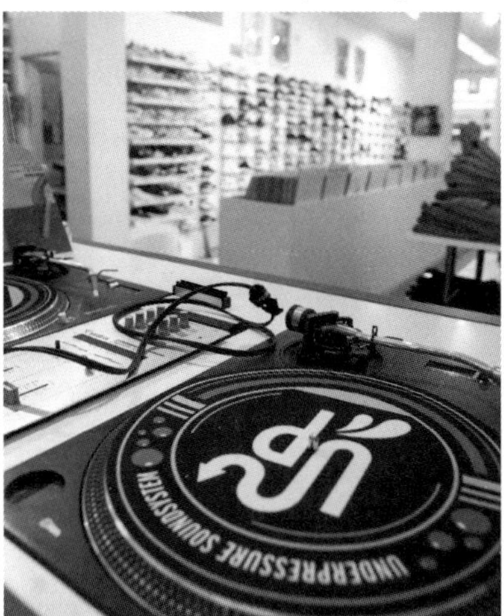

Der Weg zu unserer nächsten Station, der Bernstorffstraße im Stadtteil Altona-Altstadt, führt uns an der unter Denkmalschutz stehenden, aber zusehends verfallenden Schilleroper vorbei, die Ende des 19. Jahrhunderts als Zirkus-Theater errichtet wurde. An der Kreuzung Neuer Pferdemarkt/Schanzenstraße, die wir auf dem Weg zu Underpressure passiert haben, laufen wir zunächst am Wildcat Tattoo-Store und der Kafferösterei Deathpresso vorbei in Richtung der Ampel an der Stresemannstraße. Anstatt wie bei einigen anderen Touren in diesem Buch nach deren Überquerung die Straße Am Grünen Jäger jetzt aber Richtung Wohlwill-Kiez zu laufen, biegen wir hinter dem „Imbiss bei Schorsch" und 187INK, dem mit der 187 Strassenbande verbundenen Tattoo-Studio, in einen namenlosen Verbindungsweg ab, der uns zur Straße Bei der Schilleroper führt. Am Denkmal links herum vorbei, geht es weiter links in die Lerchenstraße, bis wir schließlich rechts in die Thadenstraße abbiegen und diese bis zum Ende gehen, wo sie auf die Bernstorffstraße trifft.

BERNSTORFFSTRASSE 3

Bernstorffstraße
22767 Hamburg

In Hamburg gibt es eine ganze Reihe von Straßenfesten, die in ihrem Stadtteil sehr beliebt sind. Von ihnen unterscheidet sich das Bernstorffstraßenfest vor allem durch seine nichtkommerzielle Ausrichtung. Die jährliche Veranstaltung wird seit dem Bestehen 2001 von den Anwohner*innen organisiert, auch der Flohmarkt und die Gastronomie während des Fests sind nicht kommerziell, und trotz des Besucher*innenansturms bleibt die Veranstaltung familiär. Auf der Bühne, die jedes Jahr von der Bernstein-Bar aufgebaut wird, sind regelmäßig Künstler*innen wie D-Flame oder Toni L. live zu sehen. In der BernsteinBar selbst (Nr. 103) trifft man sich, auch wenn gerade kein Straßenfest ist, zum regelmäßigen Clubbing unter anderem mit DJ Ben Kenobi und Frankadelic, die Hip-Hop, R'n'B, Funk und Soul auflegen.

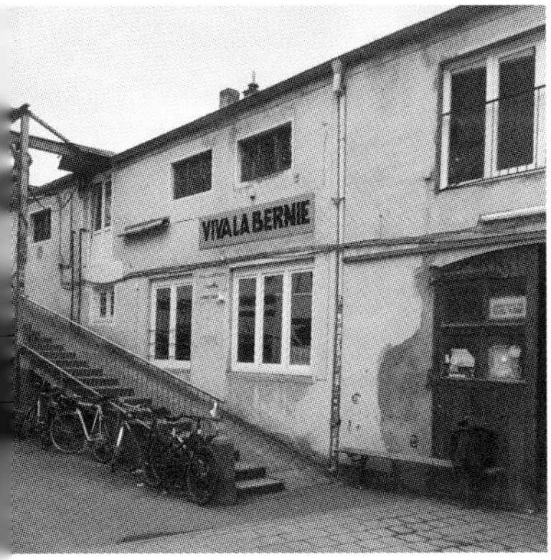

Der Hinterhof der Bernstorffstraße Nr. 117 ist ein besonderes Soziotop, ein Ort, der seit mehr als dreißig Jahren als Dorf in der Stadt existiert und wo mehr als hundert Menschen als Handwerker*innen, Gärtner*innen, Homöopath*innen leben und arbeiten. Dazu gesellen sich Menschen, die sich mit Film, Grafik und Journalismus beschäftigen oder eben mit Musik wie Rocko Schamoni und Fettes Brot. Der Retterkampagne #vivalabernie ist es gelungen, einige Millionen Euro einzusammeln, um das kürzlich von einem amerikanischen Immobilieninvestor erworbene Gelände in den Besitz der Gemeinschaft zu bringen und die von ihr genutzten Bauten zu erhalten. Auch die Beginner, Heinz Strunk, Fatih Akin und Viva con Agua unterstützen die Initiative – ein Ende des Kampfs um den Erhalt ist bislang noch nicht abzusehen.

Ein Fußweg von 500 Metern die Bernstorffstraße runter führt uns nun direkt zur nächsten Station, dem ehemaligen Aldi-Markt an der Ecke Paul-Roosen-Straße, früher Sitz des Buback-Labels und heute Standort der Affenfaust Galerie.

BUBACK TONTRÄGER 4

ehemals Paul-Roosen-Straße 43
22767 Hamburg
➡ www.buback.de

Der Einfluss des Punk auf einige Hamburger Hip-Hop-Akteure der Anfangszeit zeigt sich wohl am deutlichsten in der Bedeutung, die das 1987 von Ted Gaier und Ale Dumbsky (damals beide bei den Goldenen Zitronen) gegründete Independent-Label Buback für die Szene hatte. Nach Veröffentlichungen von Angeschissen, Blumen am Arsch der Hölle oder Huah! erschien 1992 der legendäre Kill-the-Nation-With-a-Groove-Sampler, auf dem neben Advanced Chemistry, Cora E., No Remorze, Easy Business und Readykill erstmals auch die Absoluten Beginner zu hören waren, und zwar mit dem an „Bullenschweine“ von Slime angelehnten Anti-Polizei-Song „K.E.I.N.E.“ Den kommerziellen Durchbruch feierte Buback 1998 mit dem Beginner-Werk „Bambule“, das in einer Kooperation mit Universal erschien. Neben weiteren Beginner-Alben folgten Veröffentlichungen von Fiva MC, Dynamite Deluxe sowie Solo-Platten von Jan Delay und Denyo. Seit langem ist das Hauslabel der Goldenen Zitronen nun schon weit mehr als nur eine Plattenfirma. Neben Reissues früherer Werke von Tocotronic, deren persönlicher Manager Stephan Rath die Managementsparte von Buback leitet, ist die Bookingsparte, bei der man sich unter anderem um die Rapper Afrob, Chefket, Dendemann, die Beginner und Samy Deluxe kümmert, mittlerweile das Hauptgeschäftsfeld von Buback. Seit 2005 leitet der Maler Daniel Richter die Gesellschaft, die mittlerweile in die Hamburger Neustadt umgezogen ist, während das operative Geschäft von Friederike Meyer und Thorsten Seif verantwortet wird.

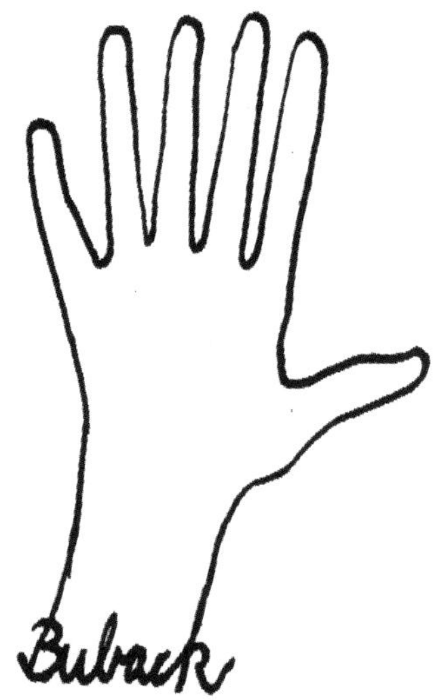

Kleine Freiheit heißt die Straße zwischen unserer Station und dem Plattenladen Freiheit & Roosen, den wir von unserem Standort aus sehen. Die Kleine Freiheit laufen wir Richtung Reeperbahn, kommen dabei an der bekannten Bar The Rabbithole vorbei und wechseln dort auf die andere Straßenseite des

Ring 2 (im weiteren Verlauf Holstenstraße), um in die Louise-Schroeder-Straße einzubiegen. Diese führt uns teilweise an Parkanlagen (dem Walter-Möller-Park) und oberhalb des Jüdischen Friedhofs Altona bis zum Anfang der Einkaufsstraße Große Bergstraße, die wir allerdings nur etwa hundert Meter bis zum Kreisverkehr entlanggehen. Am Kreisverkehr biegen wir links in die Virchowstraße ab und dann die zweite Seitenstraße wieder rechts (Eschelsweg). Unsere nächste Station, das Jugendzentrum Esche, befindet sich bei Hausnummer 4, im weiteren Verlauf der Virchowstraße geht es zum Streetwear- und Sneaker-Store Allike (Hausnummer 2, siehe Adressen am Ende dieser Tour).

DELUXEKIDZ E.V. 5

Eschelsweg 4
22767 Hamburg
➡ www.deluxekidz.de

Wer auf eine annähernd fünfundzwanzigjährige Karriere im Musikbusiness zurückblicken kann wie Samy Sorge alias Samy Deluxe, muss niemandem mehr etwas beweisen und kann eigentlich auch nichts mehr so richtig falsch machen. In Sorges Fall ändert daran auch ein Werbesong, mit dem er 2018 dem Discounter Penny zum Geburtstag gratulierte, nichts. Und für eine Werbekampagne wie im Jahr 2007 für die GEZ würde sich der Rapper, wie er vor einiger Zeit wissen ließ, heute auch nicht mehr einspannen lassen. Dass echte musikalische Innovationen mittlerweile ausbleiben – geschenkt. Von reiner Pflege des eigenen Vermächtnisses kann jedenfalls bei Samy Deluxe keine Rede sein. Im Gegenteil, denn der Künstler ist abseits der Bühne in den letzten Jahren aktiver denn je.

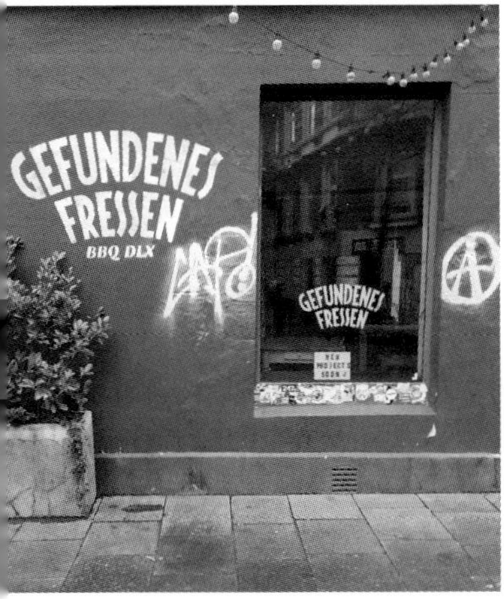

Im Altonaer Esche Jugendkunsthaus (Eschelsweg 4) ist der 2013 von Sorge gegründete DeluxeKidz e.V. beheimatet, der Kindern und Jugendlichen durch kostenlose Tanz- und Theaterworkshops Möglichkeiten alternativer Freizeitgestaltung jenseits von Computer, Handys und Social Media anbieten möchte. Der Gründer ist dort bis heute als Coach aktiv, und mit DJ Vito und Nico Suave sind weitere bekannte Workshopleiter aus der Hip-Hop-Szene dabei. Zwei weitere Engagements des Rappers hingegen warten im Moment auf eine neue Bestimmung. Im Herzen des Karoviertels, in der Marktstraße Nr. 130, befand sich bis 2019 das BBQ Restaurant „Gefundenes Fressen“, aus dem auch die YouTube-Reihe „Yo! SamTV Raps“ ausgestrahlt wurde. Die Räumlichkeiten stehen zurzeit leer, sollen aber in Zukunft für im Moment noch unbekannte soziale und kulturelle Formate genutzt werden. Mittlerweile ebenfalls geschlossen ist die KunstWerkStadt, ein Gebäude vor den Toren Hamburgs, das schon in den 1970er Jahren als Tonstudio diente und von Deluxe als solches wiederbelebt, später auch als Label gleichen Namens betrieben wurde. Musikalisch offen für Genres von Electro über Jazz, Folk, Dubstep bis Hip-Hop, erschien hier 2012 der erste Sampler mit Arbeiten von MoTrip, Flo Mega und Chefket. Im Studio selbst wurden Werke von Megaloh, Afrob, aber auch von Nena und Peter Maffay produziert.

Über den Eschelsweg und die Mörkenstraße laufen wir geradewegs auf die mehrspurige Königstraße zu, die wir überqueren, um dann in die Kirchstraße einzubiegen. Nach etwa 400 Metern Weg, der die meiste Zeit am Kapitän-Schröder-Park zur Linken vorbeiführt, geht es weiter über die Breite Straße und den Ring 2, den wir an der Kreuzung St. Pauli Fischmarkt überqueren, sowie die Straße Pinnasberg, über die wir zu Park Fiction und dem Golden Pudel Club gelangen.

PARK FICTION & GOLDEN PUDEL CLUB 6

St. Pauli Fischmarkt 27
20359 Hamburg
➡ www.pudel.com

Der 1995 aus einer Bürgerinitiative entstandene Park mit dem Namen Park Fiction oberhalb des Golden Pudel Clubs am Hafen ist nicht nur ein beliebter Treff- und Aussichtspunkt, sondern dient wegen seiner Lage, Geschichte und Bedeutung für die Subkulturen der Stadt auch immer wieder als Motiv in Werken von Hip-Hop-Künstler*innen: Die (damals noch) Absoluten Beginner drehten hier als Plüschmaskottchen verkleidet das Video zu ihrer Single „Gustav Gans" (2003), die Rapper Bonez MC & Raf Camora verewigten mit ihren Multi-Platin-Alben „Palmen aus Plastik" (1 & 2) die dort aufgestellten stählernen Palmen-Skulpturen. Vor allem aber trägt der Golden Pudel Club als die genreunabhängige Experimentier- und Spielwiese, die er schon immer war, zur besonderen Anziehungskraft des Orts den wesentlichen Anteil bei. Der Park war – mit Uwe Seeler als Starbesetzung – noch ein weiteres Mal in einem Beginner-Video zu sehen: in dem Clip zur Comeback-Single „Ahnma" (2016), dem ersten musikalischen Lebenszeichen der Band seit „Morgen Freeman" (2004).

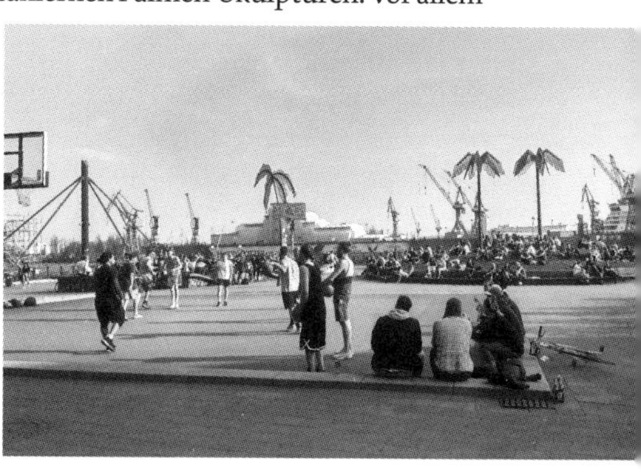

HOT SPOT
EIMSBUSH (BASEMENT)

Es dürfte wohl einer der ersten Begriffe sein, die Hip-Hop-Fans der 1990er Jahre in den Kopf schießen, wenn sie an Hamburg denken: **EIMSBUSH**, ein Kofferwort aus dem Namen des Hamburger Bezirks **EIMSBÜTTEL** und **FLATBUSH**, einem Viertel in Brooklyn, das vor allem für seine Hip-Hop-Künstler*innen bekannt ist. Talib Kweli, Busta Rhymes, Da Bush Babees oder Foxy Brown stammen aus Flatbush, sind in der Community aufgewachsen oder haben dort gelebt. Als **EIMSBUSH BASEMENT** bekannt geworden ist die einstige WG von **SAMY DELUXE**, dem Produzenten **KASPAR „TROPF" WIENS** und **TIM DOLLMANN**, dem späteren Geschäftsführer des Labels **EIMSBUSH ENTERTAINMENT**. Der ruhige Hinterhof Am Schlump 26, wo man zusammen wohnte, erinnert ein wenig an den in einer Sackgasse endenden Seitenarm der Sternstraße in der Schanze (Ecke Café „In guter Gesellschaft"), nur dass sich hier keine Touristen verlaufen. Die Kellerwohnungen gibt es immer noch, die WG und die anderen Adressen der später in die Seitenstraße gezogenen Künstler wie **DENDEMANN** oder **DAS BO**, aber auch das Label und das als Studio zu Bekanntheit gelangte Schlafzimmer Tropfs sind längst Geschichte.

Eimsbush Entertainment, 1997 ursprünglich von **JAN EISSFELDT** gegründet, um **DYNAMITE DELUXE**, die bis dato von jedem Label abgelehnte Gruppe um Samy, Tropf und **DJ DYNAMITE** zu veröffentlichen, musste bereits 2003 Insolvenz anmelden. Geblieben sind aus der Zeit um die Jahrtausendwende neben Dynamite-Deluxe-Veröffentlichungen unter anderem Releases von **ASD**, **D-FLAME**, Locals wie **ILLO 77** und **DIGGER DANCE**, vor allem aber die bekannte Sampler-Reihe **EIMSBUSH TAPES**, die es auf insgesamt sechzehn Ausgaben brachte – und natürlich der Einzug des Begriffs und des dazugehörigen Hamburger Stadtteils in die deutschen Hip-Hop-Geschichtsbücher. Tim Dollmann ist heute Geschäftsführer der HipHop Academy Hamburg in Billstedt, einer deutschlandweit einzigartigen Non-Profit-Organisation, in deren Kursen Jugendliche sich in fast allen Disziplinen der Subkultur austoben können. Neben den klassischen vier Säulen Breakdance, Graffiti, DJing und Rap gibt es auch Angebote zu Beatboxing, Producing und Tanz.

Tropf, der auch den Hit „Türlich, türlich (sicher, Dicker)" von Das Bo produziert hat und als Remixer von **FETTES BROT** und **FÜNF STERNE DELUXE** tätig war, arbeitet heute fast ausschließlich als Studio- und Live-Mischer der **BEGINNER** und von **JAN DELAY**, war in der Vergangenheit aber auch mit Marteria und Sido auf Tour. Er betreibt außerdem die nach dem gemeinsamen Dub-Projekt mit Jan Eißfeldt benannten **LA BOOM STUDIOS** in einem Ottensener Hinterhof. Das Eimsbush Basement erreichen wir über die Station Schlump (U2/ U3) oder die Bushaltestelle Bundesstraße.

Am Kreisel oberhalb des Parks geht es nun die Bernhard-Nocht-Straße bis zur Davidstraße entlang, also einmal an Störte, Onkel Otto, der Rückseite der Hafenstraßen-Häuser, dem Nochtspeicher vorbei bis zur Kneipe Zur Scharfen Ecke. Dort gehen wir links die Davidstraße runter und am Polizeikommissariat rechts auf den Spielbudenplatz. Der Club Defcon 5 befand sich bis 1990 dort, wo heute nur noch eine Bretterwand die Blicke vom brachliegenden Grundstück fernhält, auf dem einmal die Esso-Häuser standen und demnächst ein Neubau das Kernstück des sogenannten Paloma-Viertels bilden soll.

DEFCON 5 † 7

Spielbudenplatz 5
20359 Hamburg

Ab Mitte der 1980er Jahre konnte sich Rapmusik in den Vereinigten Staaten im Mainstream etablieren – Heavy Rotation auf MTV, Charterfolge, goldene und Platin-Auszeichnungen, mit Run-D.M.C. 1986 die erste Coverstory über einen Hip-Hop-Künstler im wichtigsten US-Musikmagazin „Rolling Stone", der erste Grammy-Award 1989 für DJ Jazzy Jeff & the Fresh Prince und ihren Song mit dem Titel „Parents Just Don't Understand" fielen in diese Zeit.

In Deutschland ließen sich zu dieser Zeit zwar mit Glück spätere Meilensteine des sogenannten „Golden Age of Hip-Hop" wie etwa Alben von LL Cool J, Big Daddy Kane oder Kool G Rap in ausgewählten Plattenläden bekommen, von einer Szeneinfrastruktur konnte jedoch längst noch keine Rede sein. André Luth (Yo Mama) und Ale Dumbsky, die anders als die späteren Mitglieder der Beginner, von Fettes Brot oder Der Tobi & das Bo Ende der 1980er Jahre schon volljährig

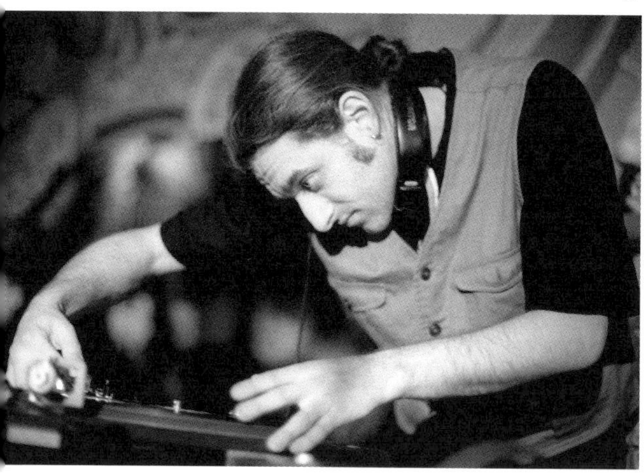

waren und deshalb in den Club reinkamen, beschreiben das Defcon 5 als ersten Hip-Hop-Club Hamburgs überhaupt und damit als Keimzelle der hiesigen Szene, wo, heute kaum mehr vorstellbar, damals sogar gebreakt wurde. Resident in dem kurzlebigen Laden, der sich in den Räumen des späteren Molotow (von 1990 bis 2013 in den mittlerweile abgerissenen Esso-Häusern am Spielbudenplatz) befand, war Marius Walczak alias Marius No. 1 (Abb. linke Seite), der selbst noch minderjährig war und – weil er noch keinen Führerschein besaß – von seiner Mutter zu den Auftritten gefahren oder von den Veranstaltern zu Hause in Harburg abgeholt werden musste. Zur gleichen Zeit moderierte er auch die erste Hip-Hop-Radioshow im norddeutschen Raum überhaupt, legte später ebenso im Powerhouse auf und erreichte als Produzent seit Mitte der 1990er Jahre einige Bekanntheit.

Keine fünf Minuten vom früheren Standort des Defcon 5 entfernt ist die Stelle, wo sich ein weiterer bahnbrechender Hip-Hop-Club befand. Um dorthin zu gelangen, überqueren wir die Reeperbahn auf Höhe des Mojo Clubs und gehen zwischen Imperial Theater und Casino Reeperbahn durch einen Verbindungsweg zur Seilerstraße. Der „Kleine Seilerstraße" genannte Teil der Straße führt uns nach wenigen Schritten zur Simon-von-Utrecht-Straße.

POWERHOUSE † 8

Simon-von-Utrecht-Straße 42
20359 Hamburg

„Der Club, in dem wir damals am meisten waren und der am einflussreichsten für uns als Band gewesen ist, war das Powerhouse. Da kannten wir den DJ, nämlich André Luth, der später Yo Mama gemacht und unsere Platten herausgebracht hat, und standen jeden Samstag ‚Fettes Brot plus 10' auf der Gästeliste", erinnert sich König Boris an einen legendären Ort der Szene. Anfang der 2000er Jahre residierte das Powerhouse am Kopf der Simon-von-Utrecht-Straße – an der Stelle, wo sich heute ein brachliegendes, als kommerzieller Parkplatz genutztes Grundstück befindet. Im Powerhouse, betrieben von dem umtriebigen Szenegastronomen Wolf von Waldenfels, traf sich Mitte der 1990er Jahre nicht nur die Hamburger Szene, sondern die Gäste kamen aus ganz Norddeutschland. An den Decks standen Marius No. 1 und DJ Coolmann (Fünf Sterne deluxe), auch Matthias Arfmann, DJ Mirko Machine (Abb. links) und DJ Stylewarz, zu den Gästen gehörten die Brote, Jan Eißfeldt, DJ Mad und Boris Ekambi (Easy Business). Der Tobi & das Bo, so erinnert sich Wolf von Waldenfels, hatten ihren ersten Auftritt auf der Bühne des

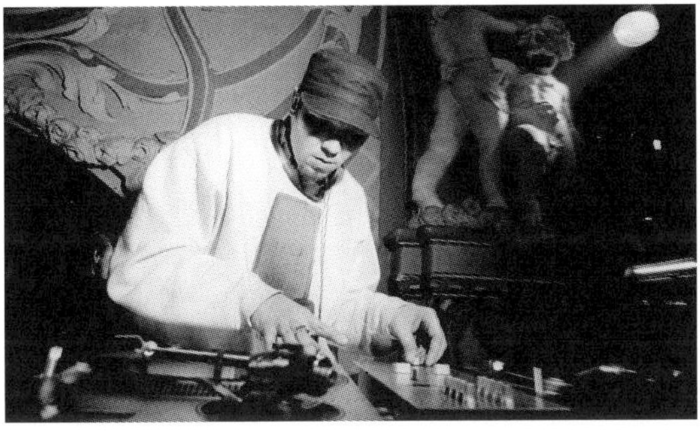

Powerhouse. Nachdem sich das Publikum gewandelt hatte und es immer mehr zu gewalttätigen Auseinandersetzungen kam, war allerdings mit den Hip-Hop-Abenden Schluss. Zunächst wurden sie durch Jungle- und Drum 'n' Bass-Veranstaltungen ersetzt, aber einige Zeit später schloss der Laden dann ganz.

Zur S-Bahn-Station Reeperbahn, von der aus wir mit der Linie S3 zu unserem letzten Tourstopp gelangen, gehen wir die (Kleine) Seilerstraße zurück, laufen die Simon-von-Utrecht-Straße bis zur Großen Freiheit runter und diese dann bis zum Beatles-Platz durch, um dort den Abgang zur S-Bahn-Station zu nehmen. Hier steigen wir in die S3 Richtung Stade/Buxtehude/Neugraben ein und erreichen nach einer etwa fünfundzwanzigminütigen Fahrt den Bahnhof Harburg, in dem sich der Club Stellwerk, der letzte Stopp unserer Tour, befindet. Die unterirdische S-Bahn-Station verlassen wir Richtung Bahnhofsgebäude. Der Club befindet sich oberhalb der Fernverkehrsgleise 3 und 4.

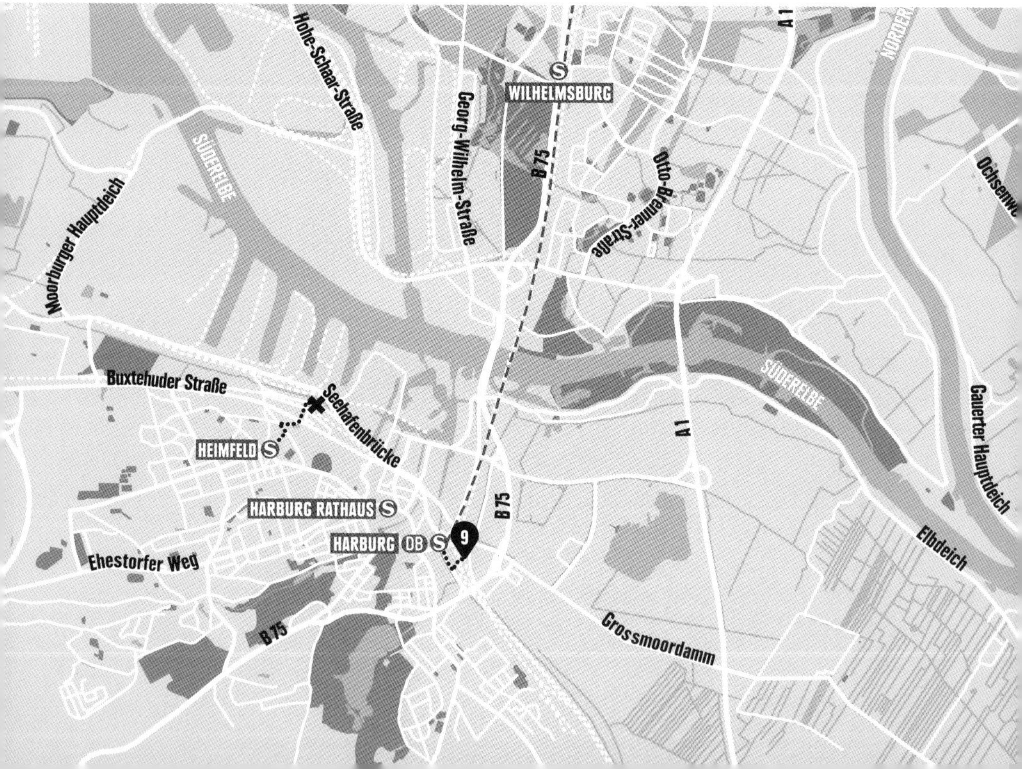

STELLWERK 9

Hannoversche Straße 85
21079 Hamburg
➡ www.stellwerk-hamburg.de

Im Bahnhof Harburg befindet sich in einem ehemaligen Wartesaal über den Gleisen für den Fernverkehr ein Club, der vor allem für Oldschool-orientierte Underground-Hip-Hop-Heads der Stadt eine Rolle spielt: der Club Stellwerk. Dieser ist zwar keine reine Hip-Hop-Location, doch machen die entsprechenden Partys und Live-Konzerte einen regelmäßigen und vielfältigen Teil des Programms aus: etwa die Reihen „The Bench“ (Freestyle am Donnerstag), „NoTV Raps“ (ebenfalls als Sendung bei Radio FSK zu hören) und „Scratchen ohne Grenzen“, die für kleines Geld auch unter der Woche die Hip-Hop-Kultur zelebrieren und dabei den in Hamburg einmaligen Anspruch haben, die sogenannten vier Säulen des Hip-Hop – Rap, Breakdance, DJing, Graffiti – abzudecken. Immer wieder treten auch Legenden des US-Underground-Rap live im Stellwerk auf. So haben hier im Hamburger Süden etwa schon Wu-Tang-Affiliate **KILLAH PRIEST**, **JERU THE DAMAJA**, **APOLLO BROWN & GUILTY SIMPSON**, **AFU-RA**, **DAS EFX** oder Rapperin **SA-ROC** aus Atlanta das Mic in die Hand genommen, wie auch **DJ MAD**, **DJ DIRECTION** und **MC RENE** bereits auf der Stellwerk-Bühne standen. Seit zwei Jahren findet in dem Harburger Club einmal im Jahr das Beat-Event **DIGGINSACK BEAT BATTLE CHAMPIONSHIP** statt, und auch das bekannte Battle-Rap-Format **DLTLLY** macht hier regelmäßig Station.

Wie wohl die wenigsten erwarten würden, weisen der südliche Bezirk der Hansestadt und seine Stadtteile insgesamt eine reichhaltige Hip-Hop-Historie auf. Der Hamburger Hip-Hop-Protagonist der ersten Stunde Marius No. 1 stammt zum Beispiel aus dem Harburger Stadtteil Heimfeld. Als Resident-DJ im Defcon 5 und später im Powerhouse, dort zusammen mit DJ Coolmann und als langjähriger Host der ersten Hip-Hop-Radiosendung in Norddeutschland („Black Traxx“, später „Raputation“ im NDR), prägte er viele Jahre die Szene der Stadt entschei-

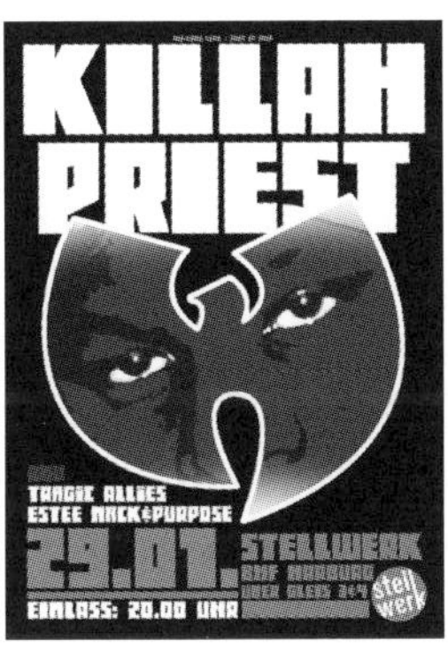

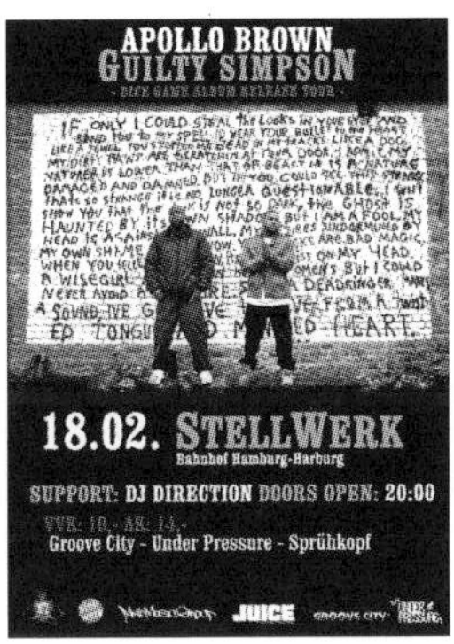

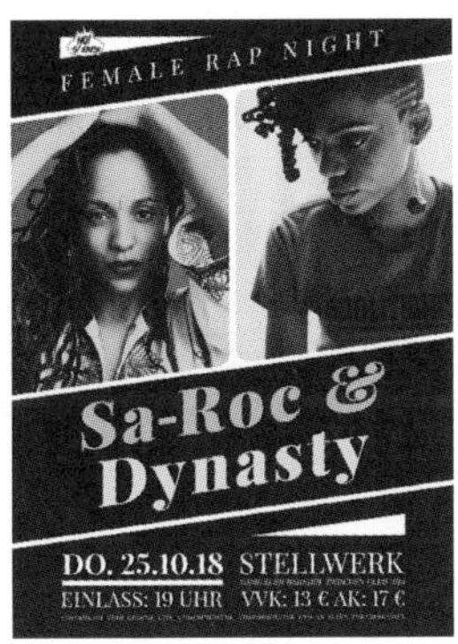

dend mit. Vor allem durch seine Zusammenarbeiten mit Cora E. Mitte der 1990er Jahre erlangte er einige Bekanntheit, später kollaborierte er auch mehrfach mit DJ Stylewarz und DJ Mirko Machine. 2003 veröffentlichte er auf seinem eigenen Label auch eine nach dem Stadtteil benannte EP. Ein Bezug zu Heimfeld, wenn auch etwas anderer Art, befindet sich ebenfalls im Werk von Fettes Brot: Das Video zur Single „Da draußen" (aus dem Album „Fettes Brot lässt grüßen", 1998) wurde nämlich in der Heimfelder S-Bahn-Station gedreht, die in dem Clip auch deutlich zu erkennen ist. Der afghanische Produzent Farhot wiederum (u.a. Die Fantastischen Vier, Talib Kweli), der als Teil des Duos Die Achse auch für Produktionen von Haftbefehl verantwortlich zeichnet, ist in Neuwiedenthal im Bezirk Harburg aufgewachsen. Noch weiter im Südwesten Harburgs, im schon zum Alten Land gehörenden Stadtteil Neuenfelde, hat sich seit vielen Jahren der Produzent Matthias Arfmann, der seine ersten Erfolge mit Arbeiten für Patrice, Fischmob und die Beginner feierte, sein Studio in einem umgebauten Apfelspeicher eingerichtet.

HOT SPOT
GRAFFITI WALL OF FAME

An einem insgesamt 500 Meter langen Stück der Flutschutzmauer am Bostelbeker Hauptdeich 2 am Harburger Seehafen ist dank des Vereins GroßstadtRaum e.V. seit 2013 eine legale Graffiti-Wall zu besichtigen, an der mehr als hundert Künstler*innen mitgewirkt haben. Mit- und umgestalten kann die Wand jede*r, es braucht allerdings eine Genehmigung des Vereins, und es muss eine Spende geleistet werden. Mit etwas Glück kann man hier Artists bei der Arbeit sehen. Der Spot ist am einfachsten über die S-Bahn-Station Heimfeld (S3, S31) und von dort aus zu Fuß zu erreichen.

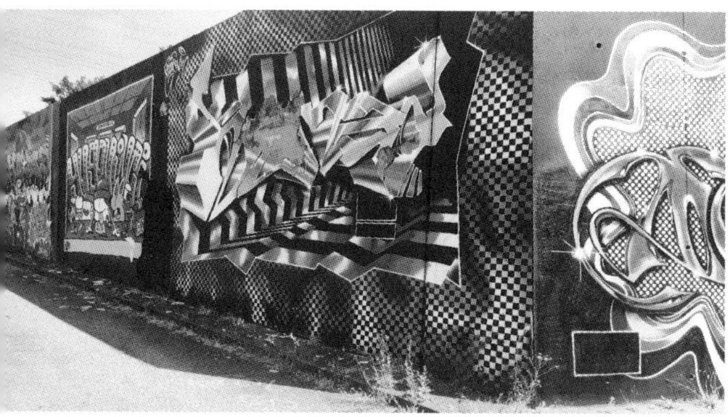

NOCH MEHR ADRESSEN

CLUBS

25
Reeperbahn 25
20359 Hamburg
➡ facebook.com/twentyfive.hh
Electro & Black Music, u.a. Trap Or Die, HipHop meets Dancehall, Afrobeat-Events. Regelmäßig Open Mic Session von und mit BOZ und Reeperbahn Kareem.

MOJO CLUB
Reeperbahn 1
20359 Hamburg
➡ www.mojo.de
Legendärer, 1989 gegründeter Club, jetzt unterhalb der Tanzenden Türme. Extravaganter, Eingang, der sich für Veranstaltungen aus dem Straßenboden herauffahren lässt. Auch Artverwandtes wie House, Jazz, Breakbeat, Drum 'n' Bass etc. Konzerte von u.a. DJ Shadow, Tricky, Sugar Hill Gang, OG Keemo, jährliche Beginner Weihnachtssause. Jazz-Café Stammlocation des Beatmaker-Kollektivs Raw Suppliers.

MOONDOO
Reeperbahn 136
20359 Hamburg
➡ www.moondoo.de
Außen Fachwerk, innen Schickimicki, Electro & Black Music. Partys in der Vergangenheit u.a. Africa Bambaataa, Drunken Masters, DJ Maseo (De La Soul), aber auch Mousse T., Tom Novy, Joyce Muniz. Residents u.a. DJ Vito (Samy Deluxe, Afrob, Chefket etc.), DJ Plazebo (Bo, Fünf Sterne deluxe-Tour-DJ).

WAAGENBAU
Max-Brauer-Allee 204
22769 Hamburg
➡ www.waagenbau.com
Club unter der Sternbrücke, verschiedene Genres, Live und DJ, immer wieder Hip-Hop-Konzerte, zum Beispiel KRS-One, Ugly Duckling, M.O.P., Masta Ace, aber auch Ace Tee & Kwam.E, MC Bomber, Plusmacher. Diverse Partys wie HipHop is, HipHop meets Dancehall u.a.

MEDIEN

BACKSPIN (ONLINE-MAGAZIN)
➡ www.backspin.de
Bis 2016 Printmagazin, jetzt nur noch online. Bildet alle vier Säulen ab (Rap, Breakdance, DJing, Graffiti), auch Streetwear, Games etc. Viele regelmäßige Podcast-, Video-, Radio-Formate, Aktuelles & Wurzeln, Moderator*innen sind unter anderem Falk Schacht und Miriam Davoudvandi.

SAY SAY (WEBRADIO)
➡ www.say-say.de
Auf Sendung seit 2018, Oldschool HipHop, Soul, Funk, regelmäßige Sendungen, Mixe, Vinyl only, Gäste, Hosts unter anderem 12 Finger Dan.

SOUNDFILES HIP-HOP (SENDUNG)
➡ www.n-joy.de/radio/sf_hip-hop
Seit 1999 wöchentlich von DJ Mad (Beginner) zusammen mit Nils Kinkel oder Falk Schacht moderierte Sendung auf N-JOY (NDR). Analysen, Interviews, Gäste, Track-Premieren, Mixe von DJ Mad in der zweiten Stunde.

SONSTIGES

HIPHOP ACADEMY HAMBURG
c/o Stiftung Kultur Palast Hamburg
Öjendorfer Weg 30 A
22119 Hamburg
➡ www.hiphopacademy-hamburg.de
Vielfältiges, mehrstufiges Kursangebot in Breakdance, DJing, Producing, Graffiti, Beatboxing, Rap, Gesang, Tanz, Masterclass für angehende professionelle Künstler*innen, eigene Events und Camps (Revue, Battlefield, Bootcamp etc.). Professionelle Coaches, darunter im Bereich Rap Hamburger Locals wie Mr. Schnabel, Sleepwalker, Stee.

INDIE-FILM-TOUR

7

STARTPUNKT

S-Bahn-Station Wilhelmsburg [S3, S31]

ENDPUNKT

Elbstrand
[Fährlanleger Neumühlen/Övelgönne]

DAUER

etwa 3 Stunden

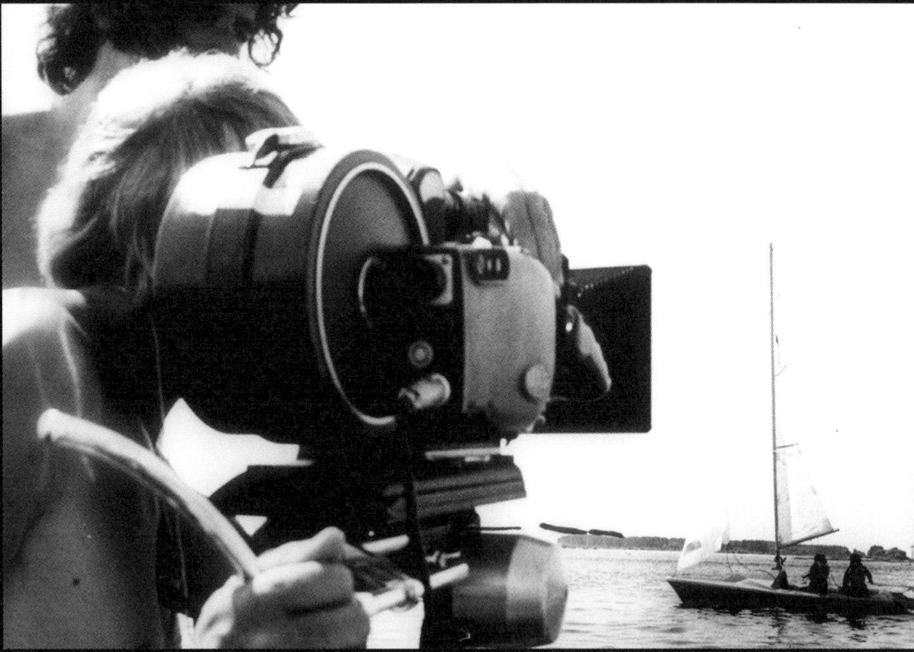

EINMAL IM JAHR schließen sich alle Hamburger Arthouse-, Programm- und Off-Kinos zusammen, um einen Film zu zeigen, in dem die Stadt Hamburg die Hauptrolle oder zumindest eine prägnante Nebenrolle spielt und den man deshalb in Hamburg kennt und liebt. „Eine Stadt sieht einen Film" heißt die Veranstaltung, zu der auch Publikumsgespräche mit dem Filmteam und Drehorttouren gehören. Den Auftakt machte 2016 Sebastian Schippers Regiedebüt **ABSOLUTE GIGANTEN**, dessen Geschichte von den drei Freunden Floyd, Ricco und Walter handelt, die gemeinsam eine letzte abenteuerreiche Nacht verbringen, bevor Floyd die Gruppe und die Stadt verlässt. Ein Film, der vom Ankommen und vom Weggehen erzählt und seinen Protagonisten auf einem Schiff anheuern lässt – was könnte besser passen zum „Tor zur Welt"?

Es gibt viele Filme, deren Macher*innen Hamburg als Drehort gewählt haben, nicht nur Independent-Filme, sondern auch Hollywood-Produktionen. Nicht immer liegt es allerdings am Drehbuch oder dem unbedingten Wunsch der Autor*innen und Regisseur*innen, dass an einem bestimmten Hamburger Ort gedreht wird. Auch sorgen keineswegs immer die markanten Schauplätze einer Stadt oder ihre Atmosphäre für die Wahl des Drehorts. Häufig entscheiden die Produktionsfirmen darüber auch schlicht anhand der Budgets. Dann ist die Stadt des Drehs mitunter gar nicht zu erkennen – wie zum Beispiel in Jim Jarmuschs Spätwerk **ONLY LOVERS LEFT ALIVE** (2014) über ein Vampir-Ehepaar, das es in die Gegenwart verschlagen hat. Dort ist das legendäre Hamburger Kir einer der Schauplätze, gibt aber im Film die Szenerie eines Clubs in Detroit ab. Genau umgekehrt verhält es sich mit **AUF DER REEPERBAHN NACHTS UM HALB EINS**, einem der Hamburg-Filme schlechthin. Der Film mit dem bekannten Volksschauspieler Hans Albers aus den 1950er Jahren spielt durchweg in Hamburg, entstand aber vollständig in den UFA-Filmstudios Berlin.

Einige der markantesten Szenen, in denen Hamburger Locations zu sehen sind, zeigt der Bond-Film **DER MORGEN STIRBT NIE**, der zweite Film mit Pierce Brosnan als 007-Darsteller. In einer Szene klettert der Geheimagent des MI6 auf das Dach des Hotel Atlantic, des bekanntesten Hotels der Stadt. In einer anderen Szene rast sein Wagen in ein Schaufenster in der Mönckebergstraße – im Film eine AVIS-Geschäftsstelle, in der Realität bis vor kurzem die Hamburger Filiale von Galeria Kaufhof. Doch die Filme, in denen eine Stadt wirklich der Star ist, sind natürlich solche, die ihr Lebensgefühl transportieren und für die Nachwelt konservieren, nicht die, in denen Gebäude, Plätze und Straßen vor allem Kulisse sind – auch wenn sie dabei besonders herausstechen.

Wohl niemand hat ein so atmosphärisch dichtes Hamburg-Bild in die Welt hinausgetragen wie der mittlerweile international bekannte Regisseur **FATIH AKIN**. Fast jeder Film des in Altona geborenen und bis heute dort lebenden Filmemachers wurde zumindest teilweise in Hamburg gedreht, angefangen mit seinem

Erstling **KURZ UND SCHMERZLOS** (1998) über eine Altonaer Gang bis zu seinem jüngsten Werk **RHEINGOLD**, einem Biopic über den deutschen Rapper und Label-Chef Xatar. Akins Erstling ist in Altona entstanden, weit entfernt von den touristischen Hotspots der Stadt, wie auch seine Komödie **SOUL KITCHEN** (2009), die zu großen Teilen in Wilhelmsburg gedreht wurde. Bereits dreißig Jahre zuvor hatte mit **WIM WENDERS** ein anderer Regisseur von Weltrang in Hamburg ein prägnantes Bild der Stadt und ein charakteristisches Zeitgefühl eingefangen und der Hansestadt so auf die internationale Kinoleinwand verholfen: In dem Kriminalfilm **DER AMERI-**

MUSIK ZUR TOUR

HERBERT GRÖNEMEYER
DRIVE TO ABDULLAH'S
aus dem Album »A Most Wanted Man«
(Grönland Records 2014)

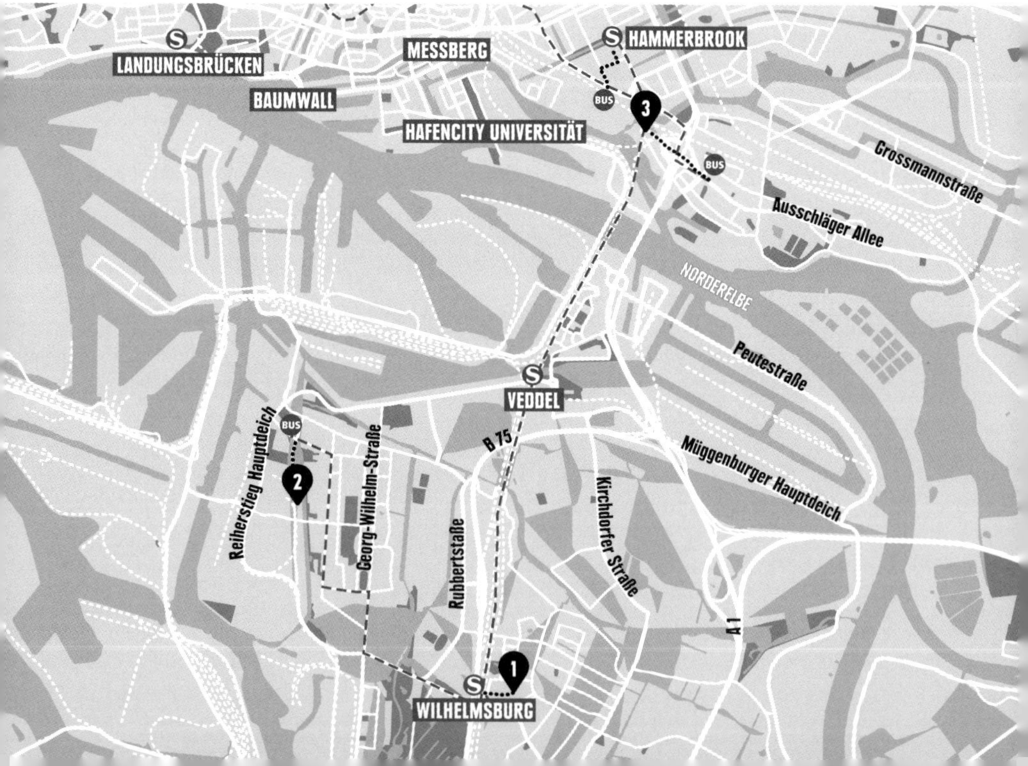

KANISCHE FREUND (1977), dessen Protagonist durch krankheitsbedingte Not in zwei Auftragsmorde verwickelt wird, schickt Wenders seine Held*innen unter anderem nach St. Pauli, durch den alten Elbtunnel, nach Övelgönne an den Elbstrand, zum Fischmarkt und an die Elbchaussee.

Hamburg ist jedoch nicht nur ein beliebter Drehort, die Stadt verfügt auch über eine vielfältige Infrastruktur für Film und Fernsehen. Sie ist Sitz des NDR, Standort zahlreicher Produktionsfirmen, Filmhochschulen und Studios, darunter das bekannte Studio Hamburg, das vor allem Produktionen von Fernsehserien verantwortet (z.B. Tatort, Großstadtrevier, St. Pauli Landungsbrücken, Die Pfefferkörner). Außerdem ist die Stadt regelmäßig Gastgeber einer Reihe von Filmfestivals, von denen das **FILMFEST HAMBURG** mit etwa 45 000 Besuchern das größte ist. Auch wenn es sich nach den Besucher*innenzahlen und dem Bekanntheitsgrad um eine eher beschauliche Veranstaltung handelt, die es an internationaler Strahlkraft nicht mit den Festivals in Berlin, Venedig, Locarno, Toronto oder Montreal aufnehmen kann, hat sich das Festival in den vergangenen Jahren in der Stadt und der Filmbranche doch gut etablieren können und wächst stetig. Neben dem Filmfest gehören das **FANTASY FILMFEST**, die **LESBISCH SCHWULEN FILMTAGE**, das **KURZFILM FESTIVAL** und das Festival für Kinder- und Jugendfilme namens **MICHEL** zu den jährlich in Hamburg stattfindenden Filmveranstaltungen.

Nicht zuletzt ist die Filmgeschichte Hamburgs die Geschichte legendärer Kinos und Programmkinos: längst vergangener wie des Urania, des Millerntor-Kinos oder des 1912 eröffneten und bei seiner Schließung in den 1990er Jahren ältesten Kinos der Stadt, des Thalia Lichtspieltheaters an der Grindelallee 116/118; und bis heute sehr lebendiger Arthouse-Kinos wie der **ZEISE KINOS** in Ottensen, des zusammen mit einem Bremer Kino ältesten Programmkinos Deutschlands **ABATON** am Allende-Platz im Grindelviertel, des auf Stummfilme und Filmklassiker spezialisierten **METROPOLIS** oder des erst 2019 eröffneten „kleinsten Kinos Hamburgs" mit nur zwanzig Plätzen, der **FUX LICHTSPIELE** in der Viktoria-Kaserne.

Die folgende Tour führt uns zu bekannten Drehorten in Hamburg, die Adressen im Kapitelanhang bieten eine Auswahl an Kinos und Filmfesten. Vom S-Bahnhof Wilhelmsburg im Hamburger Süden, den wir mit den Linien S3 und S31 erreichen, geht es los.

BAHNHOFSVIERTEL WILHELMSBURG 1

Berta-Kröger-Platz
21109 Hamburg
➡

In der in den 1970er Jahren entstandenen Wohnsiedlung am Bahnhof lebt die Hauptfigur des Films **NORDSEE IST MORDSEE** (1976) von Hark Bohm, der die sozialen Verhältnisse in einer Wilhelmsburger Hochhaussiedlung am Beispiel des 14-jährigen Bandenanführers Uwe (Abb. unten) zum Thema macht und zu dem Udo Lindenberg die Musik geschrieben hat. Einige Szenen wurden auf dem Berta-Kröger-Platz gedreht, der sich an den Vorplatz des Luna-Einkaufszentrums anschließt und den letzten Teil der Verbindungsachse S-Bahn-Station/Busbahnhof, Bahnhofspassage und Siedlung bildet. Die Ladenzeile, in der heute unter anderem eine Filiale der auf üppigen Fleischkonsum spezialisierten Restaurantkette Schweinske zu finden ist, gab es bereits in den 1970er Jahren. Damals beherbergte sie unter anderem eine Kneipe und den Supermarkt, in dem Uwes Mutter arbeitet. Im Film wohnt die Familie im Haus Neuenfelder Straße 86, das sich hinter der Haspa-Filiale und dem Penny-Discounter befindet und vom Kröger-Platz über den Durchgang am Adese-Markt und nach Überquerung der Krieterstraße in einer guten Fußminute zu erreichen ist.

Nachdem er von seinem alkoholkranken Vater wieder einmal eine Tracht Prügel bekommen hat, haut Uwe von zu Hause ab, um sich mit einem früheren Opfer seiner Aktivitäten in einer Jugendgang auf einer selbstgebauten Floßkonstruktion Richtung Elbe aufzumachen. Auch viele andere Drehorte des Films befinden sich in Wilhelmsburg, etwa der Wasserturm am Krankenhaus Groß-Sand und der Kirchenbau der katholischen St. Maximilian Kolbe-Gemeinde sowie mehrere Schauplätze des Films am Veringkanal.

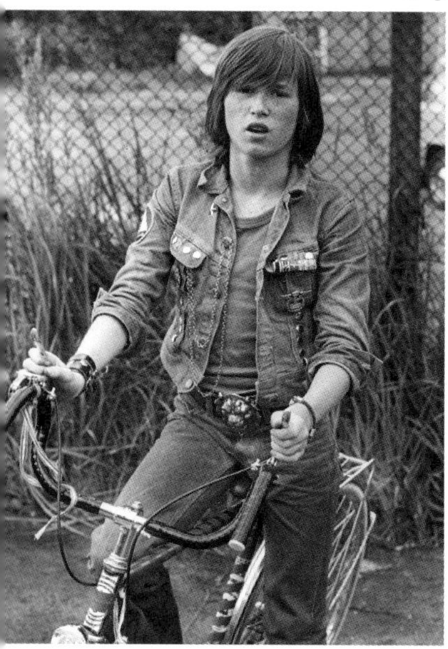

Vom Busbahnhof geht es auf direktem Weg mit der Buslinie 156 zur Industriestraße, dem Standort der nächsten Film-Location.

SOUL KITCHEN HALLE 2

Industriestraße 101
21107 Hamburg
➡ www.facebook.com/soulkitchenhalle

In der Wilhelmsburger Industriestraße befindet sich auch heute noch die sogenannte **SOUL KITCHEN**-Halle, Hauptdrehort des gleichnamigen Films von Fatih Akin über das Personal und die Irrungen eines Restaurants, das in die Mühlen der Gentrifizierung gerät. Doch von der im Film gezeigten Halle, in der das **SOUL KITCHEN**-Restaurant für die Dreharbeiten nachgebaut wurde und die einige Zeit nach dem Release des Films in eine Kulturhalle umgewandelt wurde, ist schon lange nichts mehr zu sehen. Seit die Behörden die Halle wegen akuter Einsturzgefahr im Jahr 2012 geschlossen haben, scheint das Gebäude am Veringkanal unweit der Honigfabrik dem Verfall preisgegeben. Während die Stadt als Eigentümerin aber wohl mittlerweile den Wert der ehemaligen Kulturstätte erkannt hat und mit verschiedenen Unternehmen in Verhandlung steht, um das Gelände kulturell und wirtschaftlich wieder nutzbar zu machen, fordern Anwohner*innen, generell mehr in die Pläne eingebunden zu werden, und schlagen alternative Nutzungsmöglichkeiten vor, die in den Plänen der Stadt bisher keine Rolle spielen. Unter anderem setzen sie sich für die Schaffung eines urbanen Gartens und eines legalen Wagenplatzes auf dem Grundstück ein und knüpfen mit Ihrer Idee von unkommerziellen Räumen für Kultur- und Wohnprojekte an frühere Forderungen des Vereins Stadtkultur Hafen e.V. nach der Schaffung eines Kreativprojekts namens „Soul Village“ im Stadtteil an. Die Zukunft des Geländes ist allerdings weiter ungewiss. Andere Hamburger Drehorte des Films sind der Mojo Club an seinem alten Standort und die Astra Stube unter der Sternbrücke, daneben spielen einige Szenen des Films in Ottensen.

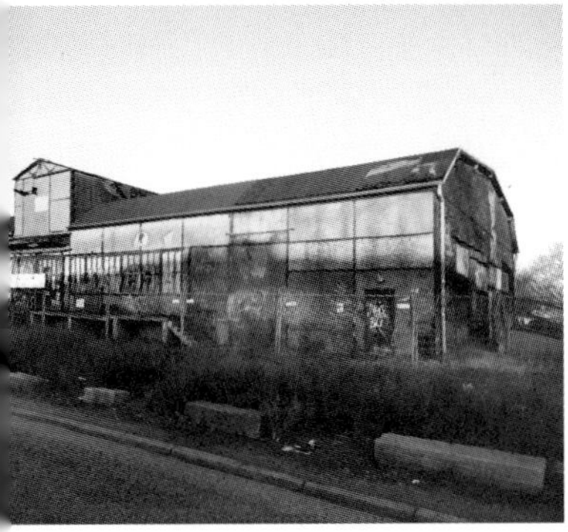

Mit dem Bus geht es nun zurück zum S-Bahnhof und von dort aus stadteinwärts bis zur Haltestelle Hammerbrook (City Süd). Die Fahrt geht über drei Stationen und dauert etwa zehn Minuten. Wir verlassen die S-Bahn-Station über den Heinrich-Grone-Stieg, laufen am Europa-Center vorbei, um dann rechts in die Straße Sachsenfeld abzubiegen. Hier geht es weiter, vorbei an den Büros der HypoVereinsbank/UniCredit in den Nagelsweg, den wir Richtung Amsinckstraße entlanglaufen. Die Bushaltestelle der Metrobuslinie 3 befindet sich direkt gegenüber der Europazentrale des Kameraherstellers Olympus. Mit dem Bus fahren wir in Richtung Kraftwerk Tiefstack etwa vier Minuten bis zur Haltestelle Billhorner

Mühlenweg, die am stark befahrenen Billhorner Röhrendamm liegt. Von hier gehen wir nun rund 600 Meter gegen die Fahrtrichtung bis zu unserem Ziel und unterqueren dabei den Autobahnzubringer der B4/B75.

OLDTIMER TANKSTELLE 3

Billhorner Röhrendamm 4
20539 Hamburg
➡ www.tankstelle-brandshof.de

Wer den weiten und etwas umständlichen Weg zur Oldtimer Tankstelle zurückgelegt hat, wird dort für alle Mühen mit einem – auch im Normalbetrieb – filmreifen Anblick entschädigt. In der unter Denkmalschutz stehenden Tankstelle aus dem Jahr 1953 fließt zwar heute kein Benzin mehr, aber die Wiederinbetriebnahme der originalen Gasolin-Zapfsäulen ist in Planung und immerhin beherbergt sie noch eine Werkstatt mit GTÜ-Prüfstelle für Pkw und Motorräder, die sich auf Oldtimer und die etwas jüngeren unter den älteren Autos – die sogenannten Youngtimer – spezialisiert hat. Im ehemaligen Tankstellenver-

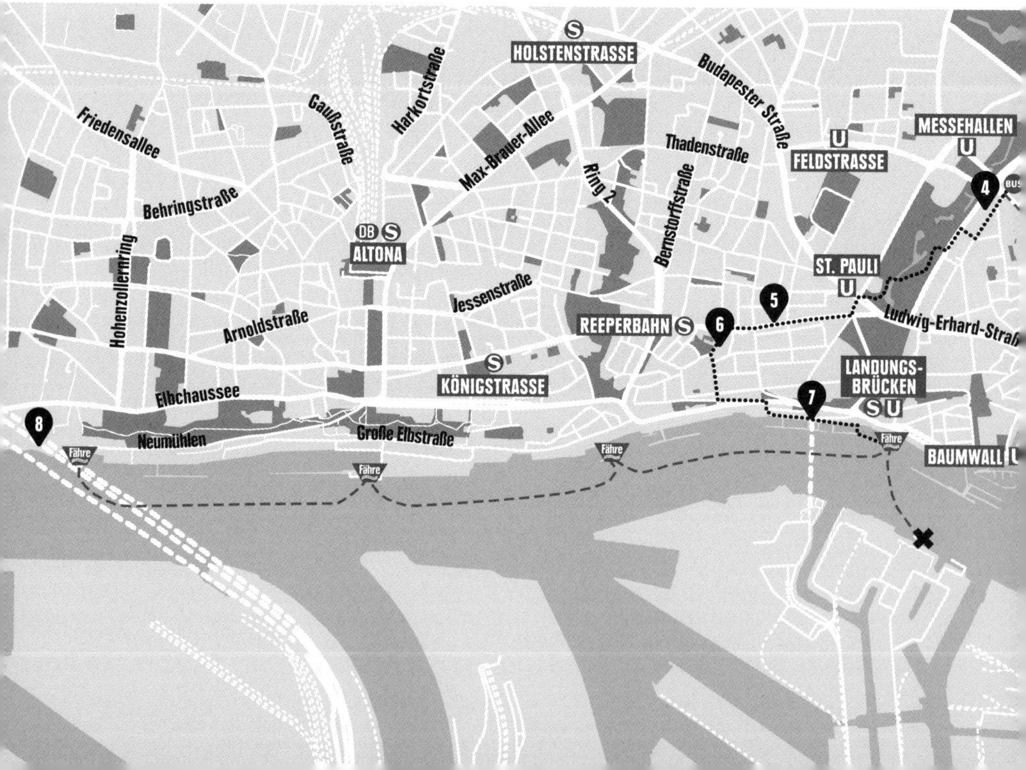

kaufsraum, heute „Erfrischungsraum“ genannt, gibt es von morgens bis abends durchgehend wechselnde kleine und größere, kalte und warme Mahlzeiten jenseits von Currywurst, Bulette und Co. und außerdem Frühstück und Kuchen.

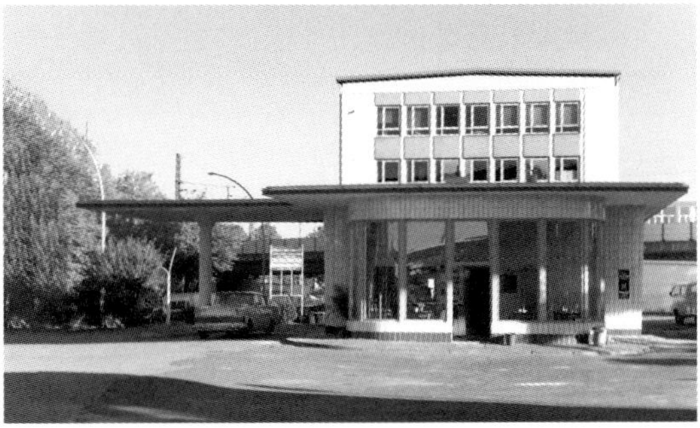

Die Tankstelle, die mit ihrem liebevoll restaurierten Fünfziger-Jahre-Ambiente ein echter Eyecatcher ist, kann für Veranstaltungen aller Art gemietet werden – natürlich auch für Filmdrehs, für die sie sich besonders eignet.

Einer der hier entstandenen Filme ist neben Michael Herbigs **BUDDY** (2013) das Regiedebüt von Moritz Bleibtreu, der Thriller **CORTEX** (2020), ein Film mit düster-geheimnisvoller Atmosphäre und komplexer Handlung, dessen Held in einen tiefen Strudel aus Traum und Realität gerät. Für den Film wurde eine Bar in den Erfrischungsraum gebaut und die ganze Tankstelle in eine an ein Hopper-Gemälde erinnernde Stimmung getaucht. Einen anderen markanten Drehort für den Film, der sich nicht explizit als Hamburg-Film zu erkennen gibt, fanden die Locationscouts in der durch ihr auffälliges Beleuchtungskonzept herausstechenden U-Bahn-Station HafenCity Universität, wo unter anderem auch Szenen des Films **ELECTRIC GIRL** (2019) von Ziska Riemann gedreht wurden.

Zurück zur Bushaltestelle gehen wir, wie wir gekommen sind, fahren von dort mit dem Metrobus 3 in Richtung U-Bahnhof Feldstraße und steigen nach etwa einer Viertelstunde Fahrt am Johannes-Brahms-Platz in der Neustadt aus.

BRAHMS KONTOR 4

Johannes-Brahms-Platz 1
20355 Hamburg
➡ www.brahms-kontor.de

Das Brahms Kontor, ein mächtiges Kontorhaus gegenüber der Laeiszhalle und in Nachbarschaft der Parkanlage Planten un Blomen, war schon mehrfach Drehort von Film- und Fernsehproduktionen, darunter verschiedener Episoden der Serien **TATORT, DER TATORTREINIGER, NEBEN DER SPUR, BELLA BLOCK** sowie von Fernsehfilmen wie **DIE SPIEGEL-AFFÄRE**. Das ist kein Wunder, denn das von 1904 an in mehreren Bauabschnitten errichtete Gebäude hat mehrere Gesichter, die es als Drehort besonders interessant machen.

Baugeschichtlich ist die aufwendig sanierte Immobilie, die heute unter anderem als Büro-, Konferenz- und Veranstaltungslocation dient und aus dem Kontorhaus selbst und einem modernen Anbau besteht, ein herausragendes Beispiel expressionistischer Baukunst. Besonders imposant sind die Eingangshalle des alten Gebäudeteils im Art-déco-Stil – mosaikgeflieste Böden, das Wendeltreppenhaus, die historischen Senatoren-Zimmer mit Parkett, Wandvertäfelung und hochwertigem Mobiliar wurden behutsam und in enger Anlehnung an die Originale der 1920er Jahre restauriert. Wegen dieser repräsentativen Ausstattung dient das Brahms Kontor bevorzugt für Szenen, in denen ein Firmensitz, ein Polizeipräsidium, der Sitz einer Redaktion oder einer Bank mit einer gewissen machtvollen Aura dargestellt werden muss. In dem Fernsehfilm **DIE SPIEGEL-AFFÄRE** hat etwa das traditionsreiche Nachrichtenmagazin hier seinen Sitz. In dem Spionagethriller **A MOST WANTED MAN** des niederländischen Fotografen und Regisseurs Anton Corbijn, der nicht zuletzt mit seinen Arbeiten für U2 und Depeche Mode weltweite Bekanntheit erlangte, fungiert der Bau, der als Einsatzzentrale des damaligen Innensenators Helmut Schmidt während der Sturmflut 1962 auch einen Platz in der Hamburger Realgeschichte hat, als Sitz der Privatbank Brue Frères. Der Bankierssohn Tommy Brue, gespielt von Willem Dafoe, wird hier von dem vermeintlichen Terroristen Issa Karpov aufgesucht, der ins Visier von Anti-Terrorermittlern und des Verfassungsschutzes geraten ist und beim Besuch der Bank an das dort deponierte Erbe seines Vaters zu gelangen versucht. Das Gebäude ist nicht öffentlich zugänglich, kann aber zum Beispiel am Tag des offenen Denkmals und bei anderen Veranstaltungen besichtigt werden.

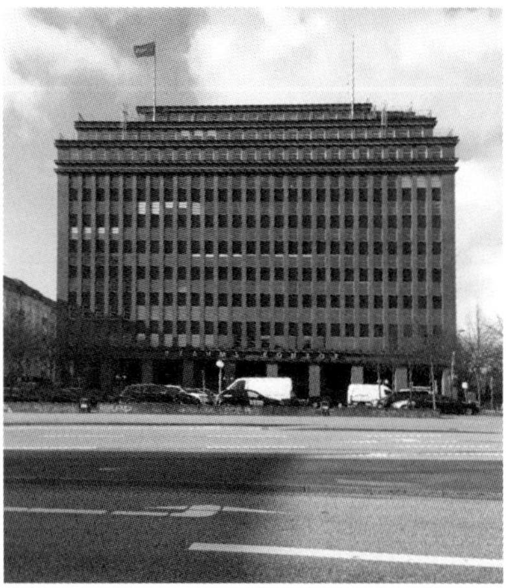

Wir überqueren die an der Westseite des Gebäudes verlaufende Straße Holstenwall und begeben uns in die Parkanlage Planten un Blomen, um nicht an der Straße entlanggehen zu müssen. Dort schlendern wir etwas mehr als einen Kilometer an Gewässern, der Eislaufbahn, dem Kugeldenkmal und dem Museum für Hamburgische Geschichte vorbei Richtung U-Bahn-Station St. Pauli und passieren dabei auch den Wallgraben. An der U-Bahn-Station angelangt, befinden wir uns am Kopf der Reeperbahn und laufen diese herunter.

REEPERBAHN & UMGEBUNG 5

Reeperbahn
20359 Hamburg
➡

Auf einer Tour zu den prominenten Drehorten Hamburgs darf die weltbekannte „geile Meile" natürlich nicht fehlen: Sönke Wortmanns Episodenfilm **ST. PAULI NACHT** (1999), der den tödlich endenden Tag eines Haftentlassenen aus verschiedenen Perspektiven schildert, spielt auf der und rund um die Reeperbahn, Fatih Akins an den Kölner Nagelbombenanschlag des NSU angelehnter Thriller **AUS DEM NICHTS** (2017) wurde teilweise in der Hein-Hoyer-Straße, einer Seitenstraße, die man extra für die dort spielenden Szenen umbaute, gedreht – und aus Freddy's Imbiss (Hausnummer 18) wurde für den Film ein Döner-Schnellrestaurant. Zwei Jahre später verfimte der deutsch-türkische Regisseur dann einen Roman von Heinz Strunk, der den Namen einer Kneipe unweit der Reeperbahn im Titel trägt: Die Kaschemme aus **DER GOLDENE HANDSCHUH** (2019), in der nicht nur die Filmfigur, sondern auch der echte Frauenmörder Fritz Honka in den 1970er Jahren seine Opfer kennenlernte, befindet sich in einer weiteren Nebenstraße, dem Hamburger Berg, Hausnummer 2.

Beliebte Filmmotive geben auch die verschiedenen Clubs in der Seitenstraße Große Freiheit ab: 1984 etwa für den Cyberpunk-Film **DECODER** des Künstlers Muscha (Gitarrist der Punkband Charley's Girls), in dem unter anderem Genesis P-Orridge (Throbbing Gristle), Christiane „F." Felscherinow, FM Einheit (damals Einstürzende Neubauten), der US-amerikanische Beat-Autor William S. Burroughs – und nicht zuletzt ein Meisterwerk des architektonischen Brutalismus, die 2018 abgerissene Post-Pyramide in der City Nord – zu sehen sind.

Oft gedreht wurde auch in dem damals noch existierenden letzten Live-Sex-Club Deutschlands, dem Safari (Hausnummer 24–28). Dort sucht die von Cate Blanchett gespielte CIA-Agentin Marissa Wiegler in **WO IST HANNA?** (2011) nach der Hauptfigur. 2014 musste der Club schließen, heute befindet sich mit dem „Safari-Bierdorf" an seiner Stelle eine weitere Großraum-Location für den Massenausschank. Nur die bekannte Leuchtreklame des Cabarets ist übrig geblieben. Ein paar Hausnummern abwärts (Hausnummer 36) befindet sich im Untergeschoss der Livemusic-Venue Große Freiheit 36 der Kaiserkeller, in dem die Beatles während ihrer Hamburger Zeit Anfang der 1960er Jahre allabendlich auf der Bühne standen und wo Ringo Starr eines Abends Pete Best als Schlagzeuger der legendären Liverpooler Band endgültig abgelöst haben soll. Aufnahmen für den Film **BACKBEAT** (1994), der die frühen Jahre der Pilzköp-

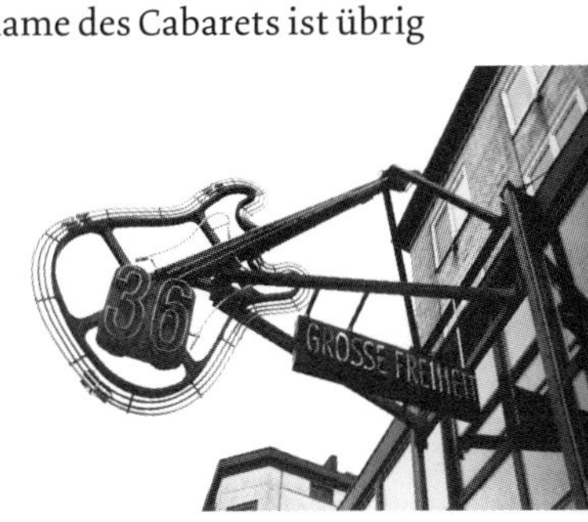

fe in Hamburg und insbesondere die Beziehung zwischen dem „fünften Beatle“ Stuart Sutcliffe (Bass, 1960–1962) und der später als Beatles-Fotografin legendär gewordenen Astrid Kirchherr beleuchtet, wurden hier am Originalschauplatz gemacht.

Tipp: Wer ein Bier an einem Drehort trinken will, ist im Utspann (Talstraße 25), der Kaffeepause (Hein-Hoyer-Straße 3) oder dem Hong-Kong Hotel (Hamburger Berg 14) richtig – alles Schauplätze der gefeierten Dokumentation **MANCHE HATTEN KROKODILE** (2016) über die Relikte des alten St. Pauli.

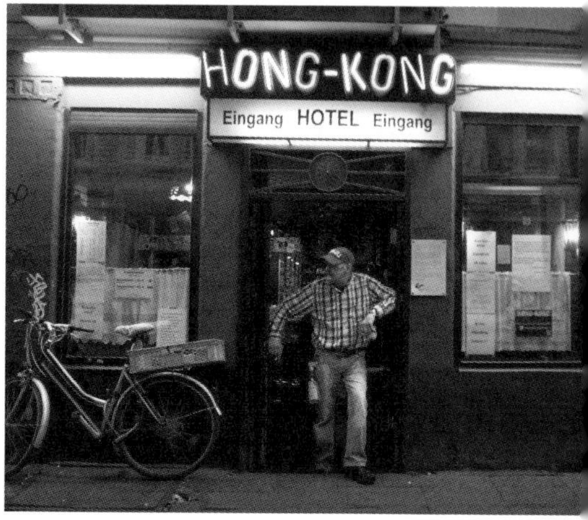

Von der nördlichen Seite der Reeperbahn aus überqueren wir diese an der Ampel auf Höhe der Hausnummer 118 (Ecke Talstraße) und gehen in die gegenüberliegende Silbersackstraße bis zur Nummer 9. Von der südlichen Seite der Reeperbahn aus befindet sich die Einmündung in die Silbersackstraße eine Straße vor beziehungsweise hinter dem Hans-Albers-Platz, am Treppenabgang zur S-Bahn-Station.

ZUM SILBERSACK 6

Silbersackstraße 9
20359 Hamburg
➡ www.facebook.com/zumsilbersack1949

Die 1949 eröffnete Eckkneipe Zum Silbersack mit ihrer auffällig gekachelten Fassade gehört zu den bekanntesten Schankwirtschaften auf St. Pauli. Seit den späten 1950er Jahren wurde sie von Gründerwirtin Erna Thomsen nach dem Tod ihres Mannes mehr als fünfzig Jahre allein weitergeführt und wird nun nach einer kurzfristigen Schließung 2012 und der schnellen Wiedereröffnung von dem ehemaligen Mitarbeiter und neuen Pächter Dominik Großefeld betrieben. Dass es hier mit direktem Anschluss an die Tradition weitergehen konnte, ist maßgeblich den „Freunden des Silbersacks“ zu verdanken, einem Zusammenschluss von Investoren, also Leuten, denen man üblicherweise unterstellt, dass sie Traditionsorten die Seele austreiben, um mit ihnen Geld zu verdienen. Im Fall des Silbersacks kauften die Investoren Gebäude und Grundstück und verpachteten die Kneipe an Großefeld weiter – hier ganz ausdrücklich mit dem Ziel, ein Stück Kulturgut des alten St.

Pauli zu erhalten, zu dem auch Großefeld, der seine Bar im Ruhrgebiet gegen einen Job bei Erna eingetauscht hatte, um „von ihr zu lernen", inzwischen gehört. Was immer man also davon halten mag, wenn sich um wenige Originale herum alles ändert und es am Ende eben diese Originale sind, deretwegen die Leute kommen, erinnert der Silbersack doch wie wenige andere Überbleibsel an das alte St. Pauli.

Während in der langen Vergangenheit der Kneipe viele (Nachkriegs-)Größen von Hans Albers, Hildegard Knef, Heinz Rühmann bis Freddy Quinn den Silbersack als Gäste besuchten, diente er in der jüngeren Vergangenheit Anton Corbijn für **A MOST WANTED MAN** als Drehort. Der Ermittler Günther Bachmann, gespielt von Philip Seymour Hoffman, trifft sich auf St. Pauli mit der CIA-Agentin Martha, die wie er hinter dem vermeintlichen Terroristen Karpov her ist. Doch während Martha sich in der exklusiven Bar 20up im obersten Stock des Riverside-Hotels wohlfühlt, zieht es Bachmann, einen eigenwilligen Ermittler alter Schule, in die Kiezkneipe – in der er auch prompt in eine Schlägerei gerät. Am Nebentisch: David Cornwell, bekannter unter seinem Pseudonym John le Carré, der den Roman schrieb, welcher dem Film als Vorlage diente. Zwei Tage lang drehte die Crew im Silbersack – das Ergebnis sollte eine der letzten Arbeiten des US-amerikanischen Schauspielers Philip Seymour Hoffman sein, der keine zwei Wochen, nachdem der Film auf dem Sundance Film Festival seine Premiere gehabt hatte, Anfang 2014 starb.

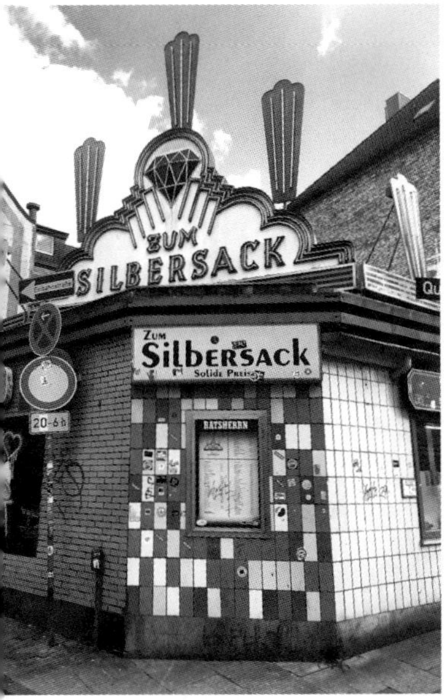

Wir laufen nun die Silbersackstraße hoch, die in die Balduinstraße übergeht, und folgen dieser für etwa 250 Meter. Nachdem wir die Bernhard-Nocht-Straße überquert haben, geht es nach links in die St. Pauli Hafenstraße, bevor wir nach etwa 200 Metern auf Höhe der Davidtreppe die Straßenseite wechseln und über die Straße „Bei den St. Pauli-Landungsbrücken" direkt zum alten Elbtunnel gelangen.

ALTER ELBTUNNEL 7

Bei den St. Pauli-Landungsbrücken
20359 Hamburg
➡

Die bei ihrer Eröffnung 1911 einzige Elbquerung neben den Elbbrücken (der für den heutigen Verkehr relevante und deutlich längere Neue Elbtunnel zwischen Hafen und Bahrenfeld, durch den die Autobahn A7 geführt wird, wurde erst in den 1970er Jahren gebaut) ist nicht nur eine der meistbesuchten und -fotografierten Hamburger Sehenswürdigkeiten, sondern auch bei Filmemacher*innen äußerst beliebt. Für den Verkehr wird er mittlerweile hauptsächlich von nichtmotorisierten Verkehrsteilnehmer*innen genutzt, um in die südlichen Stadtteile, vor allem nach Wilhelmsburg zu gelangen. 300 000 Zweiräder und mehr als eine Million Fußgänger*innen passieren jährlich die zwei etwa 420 Meter langen Röhren, wohingegen der Autoverkehr mit etwas mehr als hundert Pkw pro Tag, die den Tunnel auch nur für wenige Stunden und in jeweils einer Richtung durchqueren dürfen, überschaubar ist. Unter die Erde gelangen die Verkehrsteilnehmer über Treppen und Aufzüge – das gilt auch für die Pkw, die wie alle motorisierten Fahrzeuge mautpflichtig sind. Einmal durch die mit maritimen Motiven gekachelten Tunnelröhren spaziert, bietet sich von der anderen Seite in Steinwerder ein beliebter Postkartenblick auf die Skyline Hamburgs.

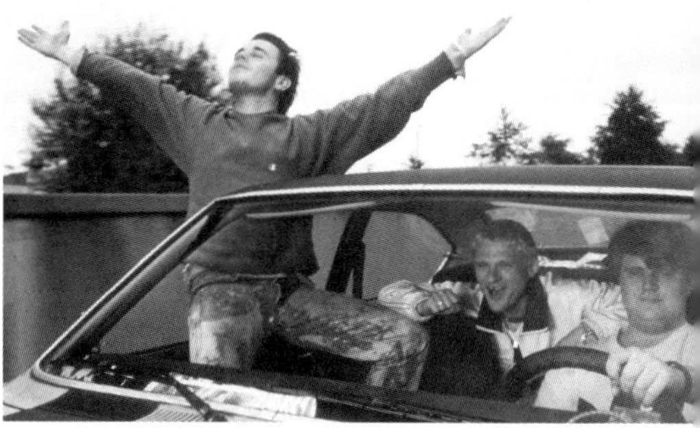

Dass das in Deutschland einzigartige und mehrfach für seine Ingenieurskunst ausgezeichnete Bauwerk ein Standardmotiv von Kino- und Fernsehproduktionen ist, kann kaum verwundern: In **ABSOLUTE GIGANTEN** (X Filme Creative Pool GmbH) entkommen Floyd, Ricco und Walter den Stuntmännern im Elvis-Look, indem sie sich samt Auto in einer der filmogenen Röhren verstecken, während ihre Verfolger die andere wählen und das Trio letztlich doch stellen.

Auch in einem anderen Hamburg-Film, der viel raues Ambiente der 1970er Jahre bietet, hat das Baudenkmal einen Auftritt: In der Schlussszene des Films **SUPERMARKT** aus dem Jahr 1974 geht der Hauptcharakter Willi (Charly Wierczejewski) durch den Tunnel, um mit seiner Freundin in ein neues Leben aufzubrechen, und ahnt dabei nicht, dass auf der anderen Seite die Polizei auf ihn wartet, weil seine Freundin ihn verraten hat. Die Szene wird untermalt von Marius Müller-Westernhagens Song „Celebration". Der damals noch wenig bekannte Sänger war es auch, der dem Hauptdarsteller seine Stimme lieh, weil dieser keine professionelle Sprecherausbildung hatte. In dem Film schlägt sich Willi, ein heranwachsender

Kleinkrimineller, der auf dem Kiez lebt, mehr schlecht als recht durch einen harten Alltag am Rand der Gesellschaft. Nachdem er ein erstes Mal festgenommen wird, taucht er ab und rutscht immer weiter ins kriminelle Milieu ab. Von etlichen Leuten ausgenutzt, lernt Willi, der sich als Stricher prostitutiert, einen reichen Freier kennen, den er später im Affekt tötet. Nur die Bekanntschaft mit der Prostituierten Monika, die ihn schließlich verraten wird, gibt ihm im Verlauf der Handlung einen Funken Hoffnung, bevor sich am Ende das Schicksal des traurigen Helden fügt. Nicht nur im Elbtunnel wurde für den Film gedreht, sondern viele der heute nicht mehr gleich wiederzuerkennenden Drehorte sind über die Stadt verteilt: am und im Hauptbahnhof, in verschiedenen U-Bahn-Stationen, am Rödingsmarkt, in der Nähe der heutigen Zentralbibliothek oder auf dem Ise-Wochenmarkt in Hoheluft.

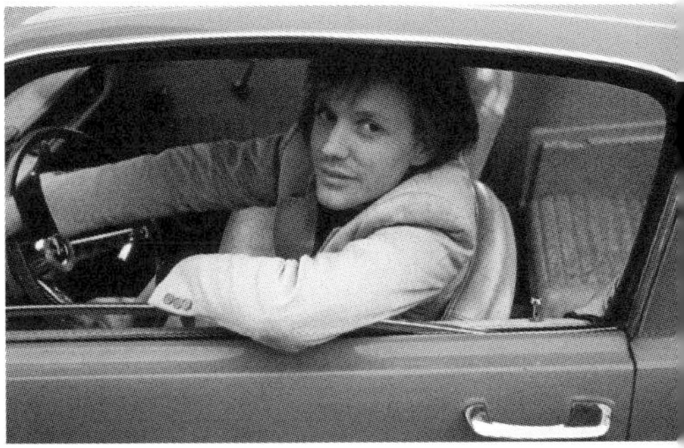

In **DER AMERIKANISCHE FREUND** nutzt der an Leukämie erkrankte, von Bruno Ganz gespielte Jonathan Zimmermann, der in Hamburg zwei Auftragsmorde ausführen soll, den Tunnel mehrfach, um zu seinem Arzt zu gelangen. Allerdings wurden die Rolltreppen, die im Film zu sehen sind, 1993 durch Personenaufzüge ersetzt. Auch Alex, die Taxifahrerin aus der gleichnamigen Verfilmung des in Hamburg spielenden Romans **TAXI** von Karen Duve, hat im Alten Elbtunnel einen Auftritt – wie im Film selbst auch „Game of Thrones"-Star Peter Dinklage, mit dem Alex im Verlauf der Handlung eine Beziehung hat.

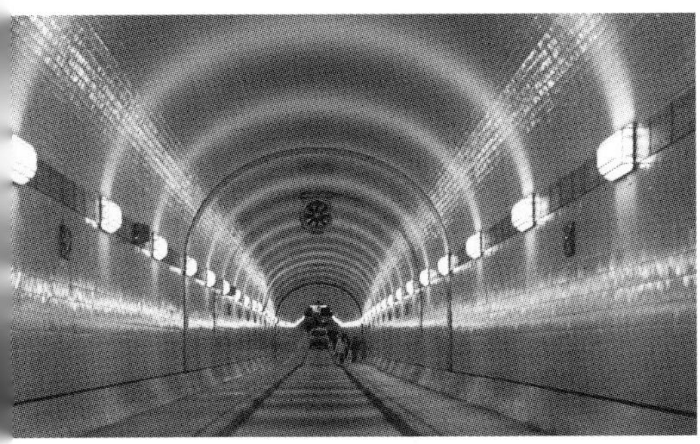

Die Geschichte der Landungsbrücken, an deren westlichem Ende sich der Eingang des Tunnels auf der St.-Pauli-Seite befindet, geht bis in die 1830er Jahre zurück, als an dieser Stelle die ersten hölzernen Anleger für Passagiere, Vieh und Waren erbaut wurden. Auf den schwimmenden Pontons, die die Holzkonstruktion zu Beginn des 20. Jahrhunderts ersetzten, spielte sich 1985 eine aberwitzige Verfolgungsszene zwischen dem blutjungen Matt Dillon und den Filmbösewichten ab, in der Dillon über die Pontons rast. **TARGET** heißt der Film, in dem der von Dillon dargestellte Protagonist und dessen Vater, ein von Gene Hackman gespielter ehemaliger CIA-Agent, halb Europa nach der in Paris entführten Mutter und Ehefrau der beiden durchkämmen.

Von den Landungsbrücken können wir mit der Fährlinie 73 Richtung Ernst-August-Schleuse übersetzen und erreichen so den Spot der Schlussszene des Kultfilms Absolute Giganten. Dafür verlassen wir die Fähre gleich wieder an der nächsten Station.

HOT SPOT
MUSICAL-THEATER IM HAFEN

Nach einer ereignisreichen Nacht an innerstädtischen Schauplätzen beschließen die drei Freunde Floyd, Ricco und Walter in Sebastian Schippers Roadmovie **ABSOLUTE GIGANTEN**, zum Hafen zu fahren, um ein letztes Mal gemeinsam den Sonnenaufgang zu erleben. Zusammen mit Floyds Nachbarin Tesla steuert die Gruppe in ihrem mittlerweile völlig zerstörten Ford Granada das Elbufer an und gelangt zu der Stelle, wo sich schon während des Drehs 1999 ein Zelttheater befand und heute die als Theater im Hafen bekannten Musical-Spielhäuser für den „König der Löwen" stehen. Im Hintergrund der Szene ist die heutige Musicalspielstätte ebenso zu sehen wie die Hallen des Logistikunternehmens Helms. Bevor die Kamera die anderen drei vor dem Auto im Gras schlafenden Charaktere einfängt, zeigt sie Floyd, wie er am Ufer stehend auf die gegenüberliegende Stadt blickt. Deutlich zu erkennen sind in der Szene der frühere Kaispeicher A auf dem Gebiet der Hafencity, der heute den Sockel der Elbphilharmonie bildet, und das ehemalige HEW-Kraftwerk am Strandhafen/Magdeburger Hafen, das ab 2001 zurückgebaut wurde. Während Floyd einen letzten magischen Moment mit der Stadt und seinen schlafenden Freunden auskostet, erklingt der Song „If Only" der Künstlerin Sophia, und die Szene geht in den Abspann über. Anknüpfend an den legendär gewordenen leitmotivischen Satz Floyds – „Weißt Du, was ich manchmal denke? Es müsste immer Musik da sein ..." – springt der Song mehrmals und macht damit den Wunsch wirklich. Daneben gibt es im Film unter anderem Egoexpress, Laurent Garnier, Tocotronic und Jimi Tenor zu hören, während die meisten anderen Songs von der Weilheimer Indie-Ikone The Notwist stammen. Das Video zu dem als Single ausgekoppelten Track „Wer hätte das gedacht" von Falk (Doppelkopf), das Bo und Ferris MC enthält zwar Filmszenen. Der Song selbst, der sogar die deutschen Charts erreichte, ist allerdings im Film nicht zu hören.

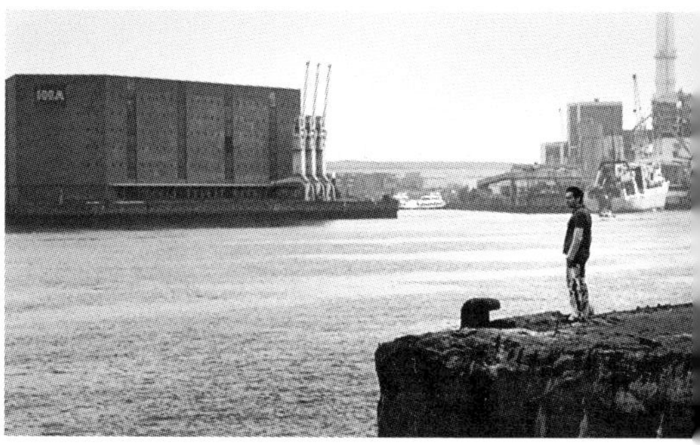

Von den St. Pauli Landungsbrücken, die auch einer Fernsehserie den Namen gegeben haben, nehmen wir die Fährlinie 62 Richtung Finkenwerder und steigen nach etwa zwölf Minuten Fahrt an der Station „Neumühlen/Museumshafen Övelgönne" aus. Auf der Fahrt kommen wir am Dockland-Gebäude vorbei, dessen Gestalt einer schnittigen Yacht nachempfunden ist und in dem eine von Kim Basinger gespielte Geschäftsfrau in dem Thriller **UM JEDEN PREIS** (2014) ihren Arbeitsplatz hat. Zum Cast des Films, den Lars von Triers Firma Zentropa produzierte, gehörte auch Sebastian Schipper. Vom Fähranleger in Övelgönne kommend, passieren wir den Wendehammer, biegen links ab und gehen noch etwa drei Minuten bis zum Elbstrand, dem letzten Stopp der Tour.

ELBSTRAND 8

Neumühlen/Övelgönne
22605 Hamburg
➡ www.hamburgtourist.info/elbstrand-hamburg.html

Über dreizehn Kilometer erstreckt sich der von der „New York Times" 2017 zu einem der zehn schönsten europäischen Plätze am Wasser gekürte Sandstrand von hier entlang der Elbvororte bis nach Wedel. Ob Museumshafen, der Findling Alter Schwede oder der Ausblick auf die vorbeifahrenden Containerschiffe – ein Besuch am Hamburger Elbstrand lohnt sich aus vielen Gründen. Einer davon ist das beliebte Ausflugslokal Strandperle, das Wim Wenders als Kulisse für seinen Film **DER AMERIKANISCHE FREUND** diente. In der Verfilmung des Romans „Ripley's Game" der US-amerikanischen Schriftstellerin Patricia Highsmith – die Neuverfilmung mit Jude Law und Matt Damon dürfte die bekannteste Adaption des Stoffes sein – erhält der von Bruno Ganz gespielte Protagonist an der Strandperle seinen zweiten Mordauftrag. Auch Fatih Akin und Til Schweiger haben in Hamburg am Strand gedreht: Akin ließ 1998 einige Szenen seines Erstlings **KURZ UND SCHMERZLOS** unweit der bekannten Strandbar filmen, Til Schweiger wählte für seinen Kassenschlager **HONIG IM KOPF** (2014) den Strandabschnitt in Wittenbergen als Kulisse aus.

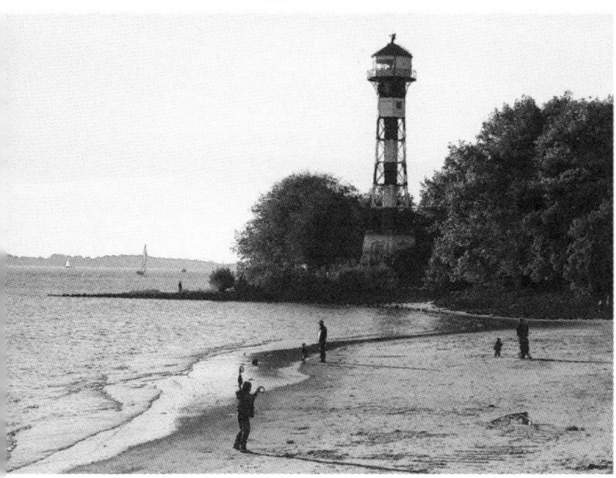

NOCH MEHR ADRESSEN

PROGRAMMKINOS

3001
Schanzenstraße 75
20357 Hamburg
➡ www.3001-kino.de
Kino im Hinterhof der ehemaligen Montblanc-Zentrale in der Schanzenstraße, das ein anspruchsvolles Programm aus Arthouse- und Dokumentarfilmen bietet. Mehrheitlich OmU-Fassungen, Spielort eigener Festivals, z.B. der Lateinamerika Filmtage, Gastspielort u.a. des Mo&Friese KinderKurzFilmFestivals oder des Japan-Filmfests Hamburg.

ABATON
Allende-Platz 3
20146 Hamburg
➡ www.abaton.de
Grindelviertel/Uni, eines der ersten Programmkinos in Deutschland. Filmfestivals, Premieren mit Filmschaffenden, OmU, Dokumentarfilme, Kinderkino, Schulvorstellungen.

ALABAMA
Jarrestraße 20
22303 Hamburg
➡ www.alabama-kino.com
Kino auf dem Kampnagel-Gelände in Winterhude. Anspruchsvolle, mit dem Kampnagel-Programm abgestimmte Filme, Filmfestivals, OmU, Kinder- und Jugendfilme.

BLANKENESER KINO
Blankeneser Bahnhofstraße 4
22587 Hamburg
➡ www.blankeneserkino.de
Kleines Kino mit zwei Sälen im Hamburger Westen, das Gebäude war bereits 1920 Sitz eines Kinos (Tivoli). Erstaufführungen, Arthouse-Filme, Kinder- und Jugendprogramm.

B-MOVIE
Brigittenstraße 5
20359 Hamburg
➡ www.b-movie.de
Kommunales Kino, ehrenamtlich geführt. Thematisch kuratiertes Programm, vor allem mit Genrefilmen, aber auch Exploitation-, Trash-, Underground- und Experimentalfilmen. Vielfältige Beteiligungsmöglichkeiten.

FILMRAUM
Müggenkampstraße 45
20257 Hamburg
➡ www.filmraum.net
Kino mit Wohnzimmeratmosphäre in Eimsbüttel mit 30 bis 45 Sitzplätzen und angeschlossener Mini-Videothek, Filmplattform und Veranstalter von Open Airs im Stadtpark. Anspruchsvolle sozialkritische Autor*innenfilme, Dokumentationen, Kurzfilme, Kinder- und Jugendprogramm.

KORALLE
Kattjahren 1
22359 Hamburg
➡ www.korallekino.de
Einziges Programmkino im Norden der Stadt, untergebracht im Bürgerhaus der Walddörfer in Volksdorf. Kinder- und Jugendfilme, Arthouse, Erstaufführungen.

METROPOLIS
Kleine Theaterstraße 10
20354 Hamburg
➡ www.metropoliskino.de
Kino in der Neustadt. Stummfilme mit Musikbegleitung, Klassiker, OmU-Versionen, Avantgarde-Filme, deutschsprachige Independent-Produktionen. Träger ist der Verein Kinemathek Hamburg e.V., das Metropolis ist Spielort fast aller Filmfestivals, Premierenort, außerdem Filmarchiv mit etwa 5500 Belegtiteln der Filmförderung Hamburg Schleswig-Holstein.

PASSAGE KINO
Mönckebergstraße 17
20095 Hamburg
➡ www.das-passage.de
Innenstadtkino mit anspruchsvollem Programm und mit über hundertjähriger Geschichte ältestes Kino Hamburgs. Art-déco-Einrichtung in Foyer und Sälen, teils original aus den 1920er Jahren. Blockbuster neben Programmfilmen, Sondervorstellungen von Musik-Filmen und Opern.

ZEISE KINOS
Friedensallee 7-9
22765 Hamburg
➡ www.zeise.de
Kino im Medien- und Kulturzentrum Zeisehallen in Ottensen. Erstaufführungen, Arthouse, OmU, Kurzfilme, außerdem Lesungen, Singer-Songwriter-Konzerte und Poetry Slams. Open Air Kino im Sommer am Altonaer Rathaus.

FILMFESTIVALS

DOKUMENTARFILMWOCHE HAMBURG

➡ www.dokfilmwoche.com
Seit 2003 jährlich mehrere Tage im April. Inhaltlich und handwerklich anspruchsvolle Dokumentarfilme lokaler, nationaler und internationaler Filmemacher*innen. Wettbewerb, Sektionen, Preise und jährliche Retrospektive auf bestimmte Werke und Themen.

FANTASY FILMFEST

➡ www.fantayfilmfest.com
Seit 1987 jährlich an vier oder fünf Tagen im August und September in Hamburg, Berlin, Frankfurt, Köln, München, Stuttgart, Nürnberg. Thriller, Horror, Science-Fiction, Anime, Fantasy.

FILMFEST HAMBURG

➡ www.filmfesthamburg.de
Seit 1992 jährlich zehn Tage im September und Oktober. Rund 140 Film-Premieren aus dem In- und Ausland in zehn festen und jährlich wechselnden Sektionen. Innovatives Mainstream-Kino, Arthouse-Produktionen, Fernsehfilme, Preisverleihungen, Rahmenprogramm, zur gleichen Zeit findet das Kinder-Jugendfilmfestival „Michel" statt.

JAPAN-FILMFEST

➡ www.jffh.de
Seit 1998 jährlich mehrere Tage Ende Mai. Verschiedene Reihen, darunter Genrekino, Komödien, Anime. Einblick in die japanische Filmindustrie/-kultur der Gegenwart.

INTERNATIONALES KURZFILM FESTIVAL HAMBURG

➡ www.festival.shortfilm.com
Seit 1985 jährlich eine Woche im Juni. Diverse nationale und internationale Wettbewerbe, Rahmenprogramm mit Branchenseminaren, Workshops, Infoveranstaltungen, Open Air-Vorführungen, der Reihe „A Wall is a Screen", Party.

LATEINAMERIKA-FILMTAGE

➡ www.3001-kino.de
Seit 1989 jährlich mehrere Tage im November, einziger Spielort ist das 3001 Kino in der Sternschanze. Lateinamerikanisches Gegenwartskino, Klassiker, Dokumentationen, alle Filme OmU.

LESBISCH SCHWULE FILMTAGE HAMBURG

➡ www.lsf-hamburg.de
Zweitgrößtes Film-Festival Hamburgs, seit 1990 jährlich zehn Tage im Oktober oder November. Internationale Filme, die Themen und gesellschaftliche Schwierigkeiten von LGBTQs behandeln, diverse Preise.

MO&FRIESE KINDERKURZFILMFESTIVAL

➡ moundfriese.shortfilm.com
Ehemals Sonderprogramm des Internationalen Kurzfilmfestivals, seit 1999 jährlich einige Tage im Januar. Altersgerechte Filme in mehreren Kategorien für Kinder und Jugendliche von 4 bis 14 Jahren. Mehrere Preise, Rahmenprogramm mit (medienpädagogischen) Workshops.

BOOM!

INDIE-LITERATUR- & COMIC-TOUR

STARTPUNKT

U-Bahn-Station Wartenau [U1]

ENDPUNKT

U-Bahn-Station Osterstraße [U3]

DAUER

etwa 2,5 Stunden

8

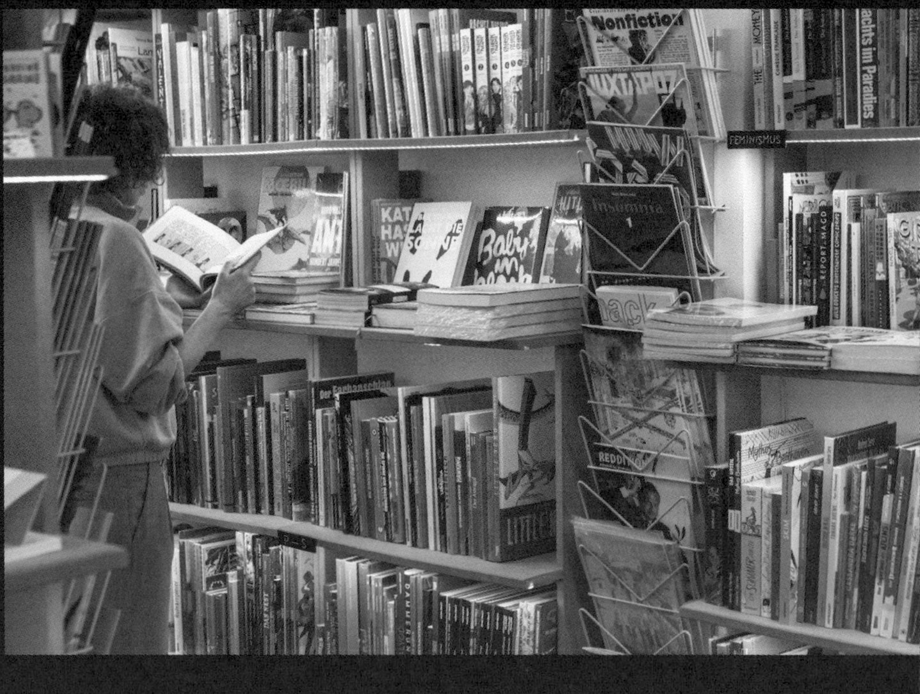

Vor einiger Zeit machten sich Antje Flemming, in der Kulturbehörde für Literatur- und Autorenförderung zuständig, und Kultursenator Carsten Brosda daran, die unabhängigen Verlage der Hansestadt zu vernetzen und zu unterstützen. Damit nicht jeder für sich allein kämpfe, saßen auf einmal 15 Verlage aus den unterschiedlichsten Richtungen an einem Tisch. Egal ob traditioneller Wissenschaftsverlag, junger Magazin-Publisher oder Spezialist für Graphic Novels, sie alle vereinte eins: das ziemlich aufreibende Engagement, welches dazu gehört, einen Independent-Verlag zu betreiben. Das Treffen war der Grundstein für die **LISTE UNABHÄNGIGER VERLAGE**, und schnell war klar, dass die Vernetzung allen Beteiligten guttun würde. Zusammen kann man eben mehr erreichen, im Handumdrehen wurden die ersten gemeinsamen Veranstaltungen geplant. Und bis heute wächst die Liste immer weiter, statt 15 sind es inzwischen 45 konzernunabhängige Verlage, die im stetigen Austausch sind und sich gegenseitig unterstützen.

Einer dieser unabhängigen Verlage ist **MAIRISCH**. Alle zwei Jahre bringt dieser kleine, aber unter den deutschen Independents sehr etablierte Verlag, der auch den alljährlichen „Indiebookday" erfunden hat, den **ZIEGEL** heraus, Hamburgs Jahrbuch für Literatur. Auf über fünfhundert Seiten lassen sich hier Texte von Preisträger*innen der Hamburger Literaturfonds, von etablierten Autor*innen und solchen entdecken, die es mit Sicherheit noch werden. Einmalig in Deutschland, sind hier neuere Arbeiten aus der Literaturszene einer Stadt regelmäßig in einem „dicken Brocken" vereint. Wenn man dieses Buch liest, bekommt man einen ganz besonderen Blick auf die Stadt, denn natürlich handeln auch einige Texte von Hamburg oder die Stadt ist Schauplatz ihrer Handlung. Außerdem erlaubt uns der Ziegel den Blick durch die Augen von Menschen, die sich der Aufgabe verschrieben haben, unsere Gedanken durch Literatur herauszufordern und eigene literarische Welten zu entwerfen.

Aber Hamburg füllt nicht nur mit Lyrik und Prosa hiesiger Autor*innen jedes Jahr die fünfhundert Seiten des Ziegels, sondern verfügt auch über ein breites Spektrum an Zeitschriften abseits des Mainstreams. Dazu gehört zum Beispiel das halbjährlich erscheinende Heft **KULTUR UND GESPENSTER** aus dem **TEXTEM VERLAG**, das quer zu allen Genres liegt, die thematischen Grenzen herkömmlicher Kulturzeitschriften sprengt und immer wieder überraschende kulturelle Zusammenhänge aufspürt. Dabei bietet das Magazin seinen Autor*innen stets den Platz, den ihre Texte benötigen. Das Profil des Kulturmagazins ist mit voller Absicht der Macher*innen nicht leicht zu greifen, jede Ausgabe beschäftigt sich mit etwas Neuem und Unerwartetem, gerade deshalb ist das Magazin so lesenswert.

Eine andere Zeitschrift, die sich im Gegensatz zu „Kultur und Gespenster" ausschließlich einem Genre widmet, ist das unkommerziell betriebene **SPRING-MAGAZIN** für Graphic Novels, Comics und freie Illustration, das wie der Ziegel bei mairisch erscheint und ausschließlich von Frauen gestaltet wird. Das SPRING-Magazin stellt mittlerweile einen wichtigen Knotenpunkt im Netzwerk der deutschen Illustratorinnen-Szene dar, wurde vielfach prämiert und ist auf den wichtigen Buch- und Comic-Messen weltweit vertreten. Jedes Heft folgt einem übergeordneten Thema und ist eine Kollektivarbeit. 12 bis 16 Künstlerinnen pro Heft entscheiden gemeinsam über den Schwerpunkt des Magazins, aber wie das Thema dann interpretiert wird, bleibt jeder Beteiligten selbst überlassen. Und so kann dieses Heft mit teils sehr persönlichen Geschichten, wunderschönen Illustrationen und einem Ansatz trumpfen, auf den die männerdominierte Comicszene vielleicht nicht gewartet, den sie aber dringend gebraucht hat.

Im Bereich Comic und Graphic Novel hat Hamburg ein sehr breites Spektrum an Autor*innen vorzuweisen. **ECKART BREITSCHUH**, geboren in Karlsruhe, aufgewachsen in Darmstadt, Studium an der HFBK und bis heute auf St. Pauli lebend, zum Beispiel veröffentlichte 1991 im **CARLSEN VERLAG** sein Comic-Debüt – eine fünfbändige Adaption der Kultserie Lindenstraße – und wurde später für seine Serien **WANDA CARAMBA** und **GRIMM** mehrfach ausgezeichnet. Oder **ANKE FEUCH-**

MUSIK ZUR TOUR

HILDEGARD KNEF
ICH SCHREIB DIR EIN BUCH
(HANS NIESWANDT REMIX)
aus dem Album »Remixed – 12 Versions by Hans Nieswandt«
(bureau b 2012)

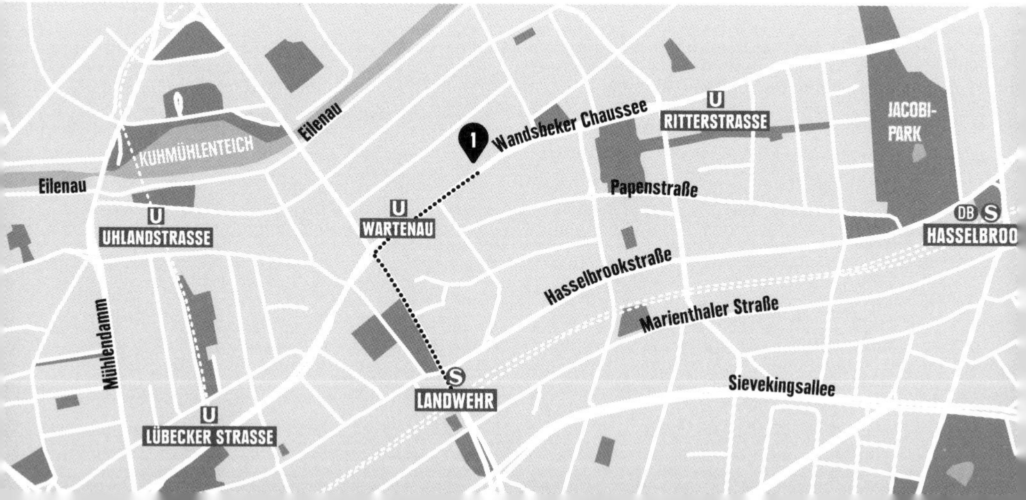

TENBERGER, die vorrangig mit Kohle auf Leinwand bzw. mit Tusche und Bleistift auf Papier zeichnet. Im Jahr 2020 bekam sie den alle zwei Jahre beim Internationalen Erlanger Comic-Salon verliehenen „Max und Moritz Sonderpreis" für ein herausragendes Lebenswerk. Sie kann nicht nur auf eine dreißigjährige Publikationstätigkeit zurückblicken, unter anderem im renommierten Verlag Reprodukt, sondern bereitet auch einer neuen Generation von Zeichner*innen den Weg. Als Professorin für Zeichnen und Medienillustration an der HAW Hamburg bringt sie ihren Studierenden das Handwerk bei.

Die Hamburger Comicszene ist lokal und international gleichermaßen gut vernetzt. Die Liebe zum Genre bringt jedes Jahr Tausende Menschen zum **COMICFESTIVAL** in die Stadt, und jede*r Akteur*in der Szene zieht dann am selben Strang, um das Festival zu einem unvergesslichen Erlebnis zu machen. Ein Geschäft, das einen großen Teil dazu beiträgt, werden wir auf unserer Tour näher kennenlernen.

Literaturszenen mit ganz eigenem Schwerpunkt lassen sich in Hamburg überall finden. Da gibt es zum Beispiel die Szene für Poetry Slams, die in der Hansestadt so groß ist wie sonst nirgends in Deutschland. Das immer noch junge Format hat es von kleinen Clubs und Bars bis in die ausverkaufte Elbphilharmonie geschafft. Und das mit gutem Grund, denn neben den immer auch etwas prätentiösen Ansätzen der Hochkultur, die es in jeder Kunstsparte gibt, sollte in der Literatur die Unterhaltung nicht zu kurz kommen. Und ein Abend, an dem acht verschiedene Künstler*innen mit Lyrik oder Prosa, Comedy oder Essay in einen Dichterwettstreit treten, ist definitiv unterhaltsam. Aus dieser Szene sind inzwischen eine Menge Künstler*innen hervorgegangen, die nicht nur kleine Formen in diversen Textsammlungen, sondern auch Romane veröffentlichen. In Hamburg kann man sie dann manchmal noch auf Slams, aber auch mit eigenen Lesebühne-Formaten sehen, bei denen nicht nur gelesen, sondern auch getrunken wird. Solche Abende zeigen einem Publikum, das bei herkömmlichen Lesungen eher selten anzutreffen ist, was es heißt, Literatur wirklich zu „erleben".

Bevor wir uns auf die Tour begeben, noch ein Buchtipp. Im Sommer 2020 haben sich über fünfzig Hamburger Schriftsteller*innen, Buchhändler*innen und Akteur*innen des Literaturbetriebs zusammengetan und einen kleinen literarischen Stadtführer veröffentlicht. In „Raus! Nur raus!" stellen die Literaturschaffenden ihre Lieblingsorte vor, Orte, an denen sie selbst Literatur erleben oder wo diese entsteht. Das Büchlein bietet viele persönliche Anekdoten und Tipps zum Flanieren, Besinnen und Selbsterkunden. Denn Literatur erleben, dafür ist „Raus! Nur raus!" ein gutes Motto – wie wir auch auf der folgenden Tour sehen werden.

Wir starten ziemlich weit abseits des restlichen Kultur- und Literaturgeschehens an der U-Bahn-Station Wartenau (U1) am Aufgang zur Wandsbeker Chaussee. Diese gehen wir etwa 150 Meter entlang, unser erster Stopp befindet sich vor uns auf der linken Seite.

J-STORE 1

Wandsbeker Chaussee 33
22089 Hamburg
➡ j-store-hamburg.de

Die Kultur, in die wir beim Betreten des J-Store eintauchen, ist auch für viele Leser*innen mit Affinität für popkulturelle Sonderwelten ein Paralleluniversum. Was in der japanischen Kultur schon lange fest verankert und zum echten Exportschlager geworden ist, gehört hierzulande zu einer wenig sichtbaren, aber stetig wachsenden und ziemlich großen Subkultur. Im J-Store an der Wandsbeker Chaussee findet man alles, was das Manga-Herz begehrt, und noch eine ganze Menge mehr. 2014 wurde der Laden eröffnet, damals fanden hier zunächst einige ausgewählte Mangas und ein Purikura, ein japanischer Fotoautomat, Platz. Mittlerweile ist das Geschäft gewachsen und zu einer eigenen kleinen Flaniermeile für fernöstliche Comics, Toys und sonstige Devotionalien geworden. Neben den Mangas, die von deutschen und nicht zuletzt Hamburger Verlagen wie Carlsen und Altraverse vertrieben werden, kann man sich hier mit dem richtigen Equipment ausstatten, um zum Beispiel selbst zeichnen zu lernen. Als Inspiration dafür können Kunstbände von den bekanntesten Mangazeichner*innen erworben werden.

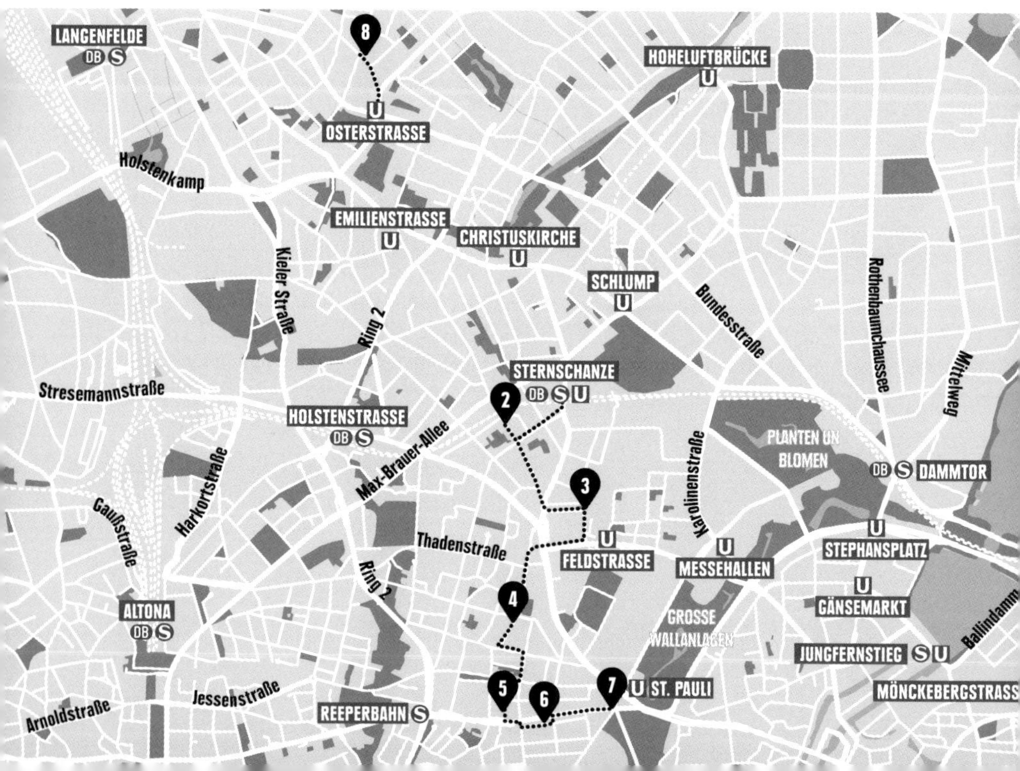

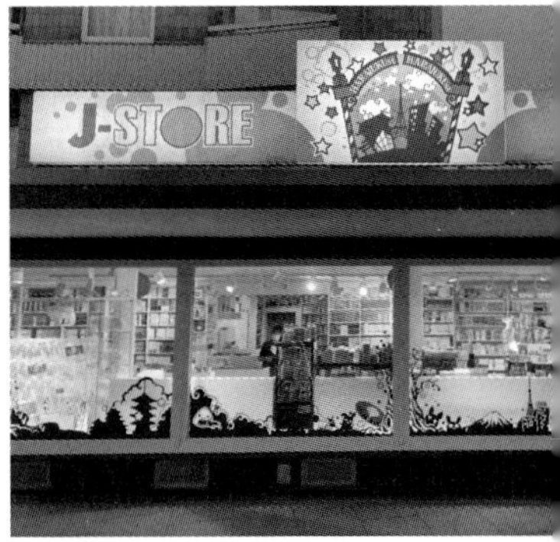

Manga ist riesig und teilt sich in viele weitere Subgenres auf, neben epischen Kämpfen, dystopischen Welten und den verschiedensten Storys über Superhelden ist in Japan inzwischen auch das Genre „Boylove" fest etabliert und in Deutschland ebenfalls groß im Kommen. Die Bücher dieser Manga-Gattung beleuchten jeweils ein Pärchen von zwei Männern, mal romantisch, mal in einer Detektivwelt des Noir angesiedelt und mal übernatürlich, doch das Problem mit der verflixten Liebe bleibt überall das gleiche. Neben der großen Manga-Abteilung hat im Laden auch der Shop Harakuju Closet seinen Platz. Hier werden niedliche japanische Kleider im „Downton Abbey"-Stil verkauft, und es ist immer aktuelle, aus Japan importierte Ware der Saison zu finden. Direkt neben dem J-Store befindet sich die Seoulstation, ein Laden und Tanzstudio für K-Pop. Alles gehört hier zu einem gemeinsamen asiatischen Popuniversum und ist mit viel Liebe gestaltet. Ein Geschäft, das sich wie kaum ein anderes auf eine Szene spezialisiert hat, und solange die Szene wächst, wird wohl auch das Geschäft kräftig wachsen. Aber vielleicht ist es doch nicht nur für die eingefleischten Fans interessant, denn für alle, die offen für Neues sind, ist der Besuch im J-Store allemal eine Erfahrung.

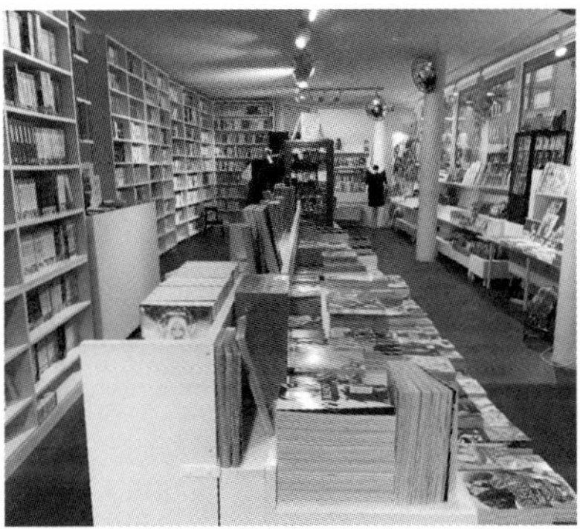

Wir gehen zurück in Richtung des U-Bahnhofs Wartenau und biegen links ab auf die Straße Landwehr. Nach 500 Metern landen wir beim S-Bahnhof Landwehr, wo wir in die S11 steigen und bis zur Station Sternschanze fahren. Dort angekommen, gehen wir links die Schanzenstraße entlang und biegen hinter der S-Bahn-Brücke rechts in die Susannenstraße ab. Nach etwa 200 Metern stehen wir auf dem Schulterblatt und gehen nach rechts an der Roten Flora und dem dazugehörigen Park vorbei. Direkt daneben befindet sich das Haus 73.

SLAM THE PONY 2

im Haus 73, Schulterblatt 73
20357 Hamburg
➡ www.facebook.com/slamthepony

Poetry Slams gehören mittlerweile genauso selbstverständlich zum Hamburger Literaturleben wie Lesungen, bei denen die Autor*innen an einem Tisch vor dem Publikum sitzen und aus ihren Büchern vorlesen. In den größten Häusern, dem Deutschen Schauspielhaus und der Elbphilharmonie, und in den kleinsten Clubs zieht dieses Format Woche für Woche ein begeistertes Publikum an. Aus einem einfachen Grund, der ebenfalls viel mit Hamburg zu tun hat: Die Vielfalt des Vorgetragenen entspricht dem offenen Geist der Stadt. Ob lustig, traurig, politisch, gereimt, frei vorgetragen, abgelesen, ob die Literatin von morgen oder der Stand-up-Comedian in spe, hier hört man die unterschiedlichsten Texte und sieht die verschiedensten Leute Literatur performen. Und mitten im Hamburger Schanzenviertel findet sich der „Slam the Pony Poetry Slam" von Mona Harry (Abb. rechts).

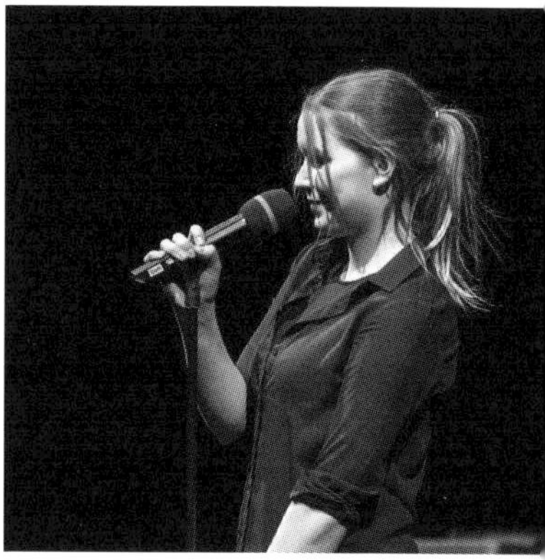

Die Slammerin und Kinderbuchautorin, die auch schon im Finale der deutschsprachigen Meisterschaften im Poetry Slam stand, hatte ihren großen Durchbruch mit ihrer „Liebeserklärung an den Norden", auf die sie inzwischen auch Bücher zum selben Thema hat folgen lassen. Einmal im Monat sorgt Harry dafür, dass die Nachwuchstalente der Szene sich im Haus 73 eine Bühne teilen. Das Haus 73 neben dem Florapark ist aber nicht nur das Zuhause dieses Slams, sondern auch jeder Menge anderer Kleinkunstveranstaltungen. So kann man hier zum Beispiel auch das Format „Kunst gegen Bares" erleben. Bei dieser Show teilen sich Künstler*innen aus den verschiedensten Bereichen von Poetry bis Jonglage und Zauberei eine Bühne und buhlen um die Gunst des Publikums. Am Ende stimmen die Zuschauer*innen mit dem Geldbeutel ab, und zum Sieger erklärt wird jeweils das größte „Kapitalistenschwein".

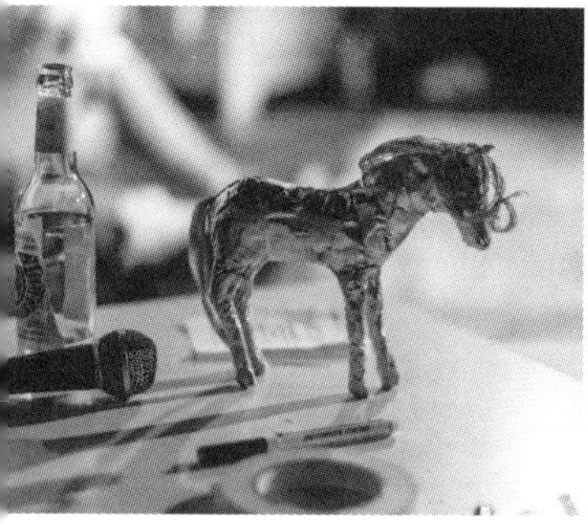

Um ins Haus 73 zu gelangen, betritt man die meist gut besuchte Bar Jolly Jumper, quetscht sich durch die Massen und spaziert zwei verwinkelte Treppen zum Veranstaltungssaal hoch. Stühle, Bühne, Bar, mehr braucht es nicht für einen schönen Abend, ein einfacher Raum, der mit wenig Schnickschnack, dafür aber mit umso mehr Stimmung gefüllt ist. Hier wird leisen

Gedichten aufmerksam gelauscht und über Pointen laut gelacht. Ein guter Ort, um Literatur und Texte, die noch Literatur werden wollen, bei der Entstehung zu erleben. Frei nach dem Motto „Mittendrin statt ..." – naja, den Rest kennen wir.

Wir verlassen das Haus 73, machen einen kleinen Spaziergang durch die Schanze und gehen das Schulterblatt Richtung Neuer Pferdemarkt herunter. Vom Neuen Pferdemarkt biegen wir links in die Beckstraße, eine kleine kopfsteingepflasterte Verbindungsstraße, ab. Wir folgen der Straße bis zu ihrem Ende, biegen rechts in die Sternstraße ab, und schon nach wenigen Metern befinden wir uns vor unserer nächsten Station.

COHEN+DOBERNIGG 3

Sternstraße 4
20357 Hamburg
➡ codobuch.buchkatalog.de

Wie schafft man es, ein Medium, das seit Jahrhunderten existiert, modern und anders als üblich zu präsentieren? Diese Frage stellten sich John Cohen und Daniela Dobernigg, als sie im Jahr 2002 ihre Buchhandlung gründeten, und zogen dabei ganz bewusst nicht die üblichen Ladenbauer für den Buchhandel zurate, sondern branchenfremde Architektinnen. Das Ergebnis kann sich nicht nur sehen lassen, sondern ist auch äußerst praktisch: Mit der einzigartigen 360-Grad-Auslage eines raumfüllenden Rundmöbels lassen sich sehr viele Bücher mit ihrem Cover präsentieren und von der Kundschaft ohne mühsames Recken und Strecken in die Hand nehmen.

Und auch hinter der Theke ist cohen+dobernigg das, was man sich vom Buchladen des Vertrauens wünscht. Die Kund*innen werden so individuell wie kompetent beraten, und überall finden sich kleine Schätze, die die Inhaber*innen aus den Katalogen nicht zuletzt kleiner und spezieller Verlage sehr gezielt heraussuchen. Die „Perlen des Monats" sind eine Art Best-of dieser Trüffelsuche. Im vierwöchigen Wechsel finden fünf besondere Titel von der erzählenden Literatur übers Sach- bis zum Kinderbuch Platz auf einem eigenen Tisch, der für ladeneigene Bestseller auch ohne orangefarbenen Aufkleber auf dem Cover sorgt.

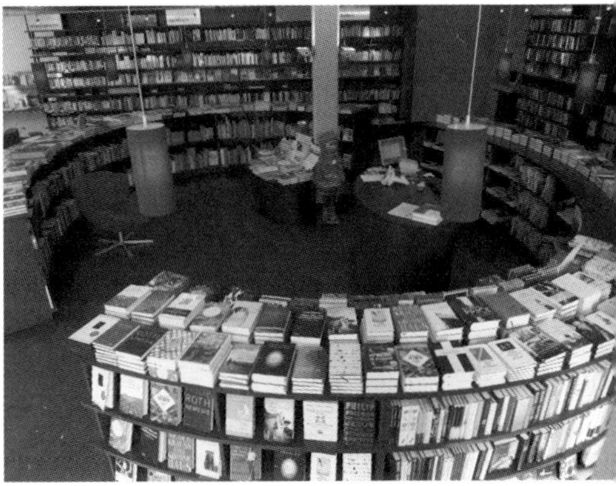

Durch das ausgeklügelte Ladenkonzept lässt sich bei cohen+dobernigg viel Zeit verbringen und in Ruhe stöbern, und durch den sehr regelmäßig verschickten Newsletter ist die Kundschaft über anstehende Lesungen und Buchpräsentationen immer gut informiert. Kurzum, im Herzen der Schanze wird Literatur sehr zeitgemäß und mit viel Liebe an die Frau und den Mann gebracht, und das Konzept von cohen+dobernigg hält genau, was es verspricht: entspannten Bücherkauf mit kompetenter Beratung in einer schönen Umgebung.

Dass sich in ganz Hamburg über achtzig fantastische und sympathische Buchhandlungen befinden, die sich mit den unterschiedlichsten Ladenkonzepten und persönlicher Beratung gegen amazon & co. behaupten, würde eine eigene Tour durch diese Geschäfte lohnenswert machen. Die Buchhandlung cohen+dobernigg, die am Weg unserer Tour liegt, steht hier mit ihrer Individualität stellvertretend für die vielen Buchhandlungen, die mit kundiger Beratung ohne Algorithmen und nicht zuletzt gepflegten Onlineshops dafür sorgen, dass Hamburg sich einer noch immer sehr breiten und lebendigen Buchhandelslandschaft erfreut.

Wir folgen der Sternstraße in Richtung Rindermarkthalle und biegen rechts ab auf den Neuen Kamp. Diesen überqueren wir an der Kreuzung, kürzen durch den Arrivati Park ab und treffen auf die Straße Beim Grünen Jäger. Wir wenden uns nach links und folgen der Straße, die an der nächsten Kreuzung nahtlos in die Wohlwillstraße übergeht. Dieser folgen wir bis zur Hausnummer 28.

STRIPS & STORIES 4

Wohlwillstraße 28
20359 Hamburg
➡ www.strips-stories.de

Die Wohlwillstraße ist eine beliebte Straße, um eine Kieztour zu starten. Im Schatten der Reeperbahn und ihrer geläufigen Nebenstraßen lassen sich hier sehr gepflegte Hamburger Abende verbringen. Diese starten meist in einer der vielen Kneipen wie beispielsweise dem eldorado und enden beim nächtlichen Burger-Essen in der Kleinen Pause. Am hellichten Tag zeigt die Straße aber noch ganz andere Qualitäten. Zu den vielen kleinen Geschäften in der Straße gehört eine echte Institution auf ihrem Gebiet. Strips & Stories von Gesine Claus und Hansjörg Ebert ist der „Buchladen für gute Comics jenseits von Superhelden- und Abenteuergeschichten". Es geht hier um tiefgründige Storys ohne allzu glatten Zeichenstil, denn das Comicgenre besteht schon lange nicht mehr ausschließlich aus Welten von Superhelden, in denen stets das Gute siegt.

Die Kunstform ist riesig, Graphic Novels setzen sich mit der Welt, wie sie ist, mit der politischen Lage, mit menschlichen Problemen auseinander und bringen sie auf eine Art und Weise in Wort und Bild, die nicht weniger erkenntnisfördernd und bewegend sein kann als ein Roman. Da gibt es etwa die Geschichte über „Beate & Serge Klarsfeld – Die Nazijäger“ von Pascal Bresson und Sylvain Dorange (Carlsen), die von der unermüdlichen Suche der Protagonisten nach alten Nazis in der Nachkriegszeit erzählt. Oder „Der Ursprung der Welt” von Liv Strömquist (avant-verlag), ein wegweisender feministischer Comic aus Schweden, der wie alle Titel der Autorin immer vorrätig ist. Für solche Bücher lebt der Laden, aber auch für ausgewählte Sachliteratur zu den Themen Politik, Popkultur, Kunst und St. Pauli sowie Kinderbücher und Zeitschriften. Regelmäßig werden hier die Bücher von aufstrebenden Autor*innen ausgelegt, denn der Laden arbeitet eng mit der lokalen Szene zusammen, und darum geht es den beiden Inhaber*innen besonders: Das Geschäft hat in Hamburg eine Netzwerkfunktion. Man trifft sich mit Autor*innen und überlegt, wie man der ganzen Szene die beste Bühne verschaffen kann. So organisiert der mehrfach ausgezeichnete Laden, der unter anderem schon den Spezialpreis beim Hamburger Buchhandlungspreis und den Deutschen Buchhandlungspreis bekommen hat, nicht nur das jährliche Comicfestival mit, sondern war bereits Veranstaltungsort von mehr als hundert Lesungen. Comics und Graphic Novels in breiter Sortierung aus allen wichtigen Genreverlagen mit großer englischsprachiger Abteilung, wo sich u.a. die Neuerscheinungen von Verlagen wie Fantagraphics Comics und Drawn & Quarterly finden, Lesungen und Events, ausgewählte Sachliteratur, Romane und Zeitschriften unter einem sympathischen Dach – das ist nicht nur in Hamburg ziemlich einmalig. Und als Stadtteilbuchhandlung fürs Viertel mit Bestellservice für alle lieferbaren Bücher dient strips & stories außerdem.

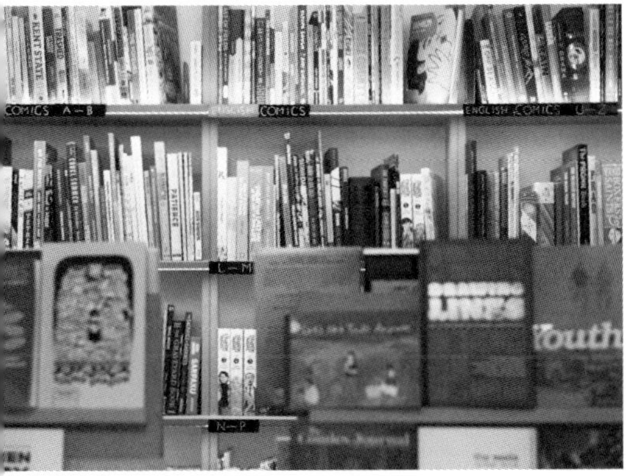

Unser nächstes Ziel erreichen wir mit einem kurzen Spaziergang durch einige Straßen St. Paulis. Wir folgen der Wohlwillstraße weiter in bisheriger Richtung und biegen links in die Clemens-Schultz-Straße ab. Schon an der nächsten Kreuzung wechseln wir rechter Hand in die Hein-Hoyer-Straße und folgen ihr, bis sie auf die Simon-von-Utrecht-Straße trifft. Hier wechseln wir die Straßenseite, folgen dem Straßenverlauf in Richtung Große Freiheit und biegen schon bei nächster Gelegenheit in die Straße Hamburger Berg ab. Wir folgen dem Straßenverlauf, und kurz bevor wir auf die Reeperbahn treffen, befindet sich auf der rechten Seite unsere nächste Station.

GOLDENER HANDSCHUH 5

Hamburger Berg 2
20359 Hamburg
➡ www.goldener-handschuh.de

„Zum Goldenenen Handschuh" ist eine dieser Kneipen, vor denen man steht und nicht so richtig weiß, ob man wirklich reingehen soll. Aber wenn man es dann tut, wird man sie so schnell nicht wieder verlassen. Der „Handschuh" ist ein Ort zum Versacken. Dass er auch eine Quelle der Inspiration ist, wissen Autor*innen seit jeher, denn wenn man erst einmal an der Theke sitzt, ist die Wahrscheinlichkeit sehr hoch, dass einem irgendwer ungefragt seine Lebensgeschichte erzählt.

Und spätestens seit dem Roman von Heinz Strunk hat der „Handschuh" auch für ein breites Publikum Einzug in die Hamburg-Literatur erhalten. Seitdem gibt es sogar einen Türsteher vor der Kneipe, denn seit der Veröffentlichung und der Verfilmung des Romans durch Fatih Akin hat es zeitweise einen regelrechten Ansturm gegeben. Viele Leute wollen einmal bei Bier und Korn in Fritz Honkas Wohnzimmer sitzen, und trotzdem findet man sie natürlich noch: Die alten Kiezbewohner am Tresen lassen sich nicht weggentrifizieren. Sie schwadronieren von einer Zeit, in der das Leben auf den Straßen des Kiezes zwar hart, aber dafür gerecht war. Von einer Zeit, in der sie hier einen Namen hatten und die Reeperbahn nur mit dem Klappmesser betreten konnten. Es sind Geschichten, die das Leben schreibt oder schreiben könnte, denn die meisten von ihnen sind vermutlich erstunken und erlogen oder wenigstens mit viel Fantasie ausgesponnen. Wie echte Literatur eben. Trinken und Zuhören lohnen sich hier in jedem Fall.

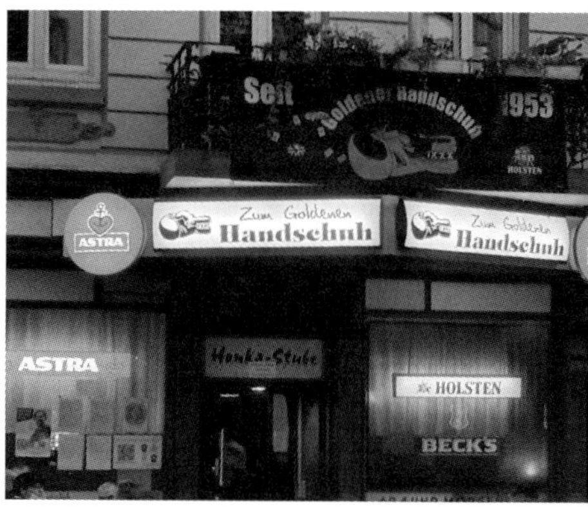

Die nächste Station ist schnell erreicht. Wir verlassen den Hamburger Berg über die Reeperbahn und laufen in Richtung Davidwache. Dort überqueren wir die Reeperbahn und biegen an der Polizeiwache links auf den Spielbudenplatz ab. Hinter dem Docks befinden sich nach wenigen Metern unsere beiden nächsten Stationen, die erste ist im UWE.

LESEBÜHNE RANDALE UND LIEBE 6

im UWE, Spielbudenplatz 21
20359 Hamburg
➡ www.facebook.com/randale.und.liebe.hamburg

Einmal im Monat treffen sich Hinnerk Köhn, David Friedrich, Paulina Behrendt und Fabian Navarro im UWE am Spielbudenplatz. Die vier haben sich auf den Slam-Bühnen der Stadt kennengelernt und gehen inzwischen ganz unterschiedliche Wege. David und Paulina etwa moderieren Slams im großen Stil, Fabian ist erfolgreicher Veranstalter in Wien, und Hinnerk geht regelmäßig mit Moritz Neumeier auf Stand-up-Tour. Doch der Termin im UWE bleibt. Hier sieht sich das Quartett wieder, um sich und dem Publikum Geschichten zu erzählen, die mal sehr persönlich, mal politisch und manchmal auch einfach nur klamaukig sind.

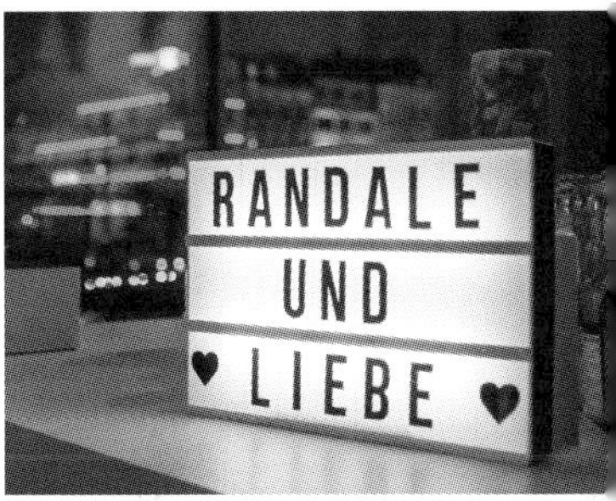

Jeden Monat lassen sich die vier Veteranen Schreibaufgaben aus dem Publikum geben, deren Ergebnisse sie bis zum nächsten Event vorlegen müssen. So entstehen die unterschiedlichsten Texte, und wenn es gewünscht ist, kann das auch mal eine Reihe von Katzenkrimis sein. Der Abend im UWE bietet eine wilde Bühne, wo Weinschorle getrunken wird und niemand niemandem etwas schenkt. Es werden Gedichte vorgetragen und Witze gerissen, und mit etwas Glück hat Fabian seinen Roboter „Eloquentron3000" dabei. Dabei handelt es sich um einen Bot, den er entwickelt hat, um Gedichte zu schreiben und zu hinterfragen, ob Kunst eigentlich immer von Menschen gemacht sein muss, wenn sie sich so nennen dürfen soll. Bei der Veranstaltung geht es stets etwas chaotisch zu, aber genau das macht sie natürlich auch so unterhaltsam. Literatur, so lässt sich hier erleben, muss keine Angelegenheit sein, um bei einem Rotwein am Kaminfeuer genossen zu werden. Sie darf laut sein und vor allem wild, wenn es dabei so lustig und charmant zugeht wie auf der Bühne des UWE.

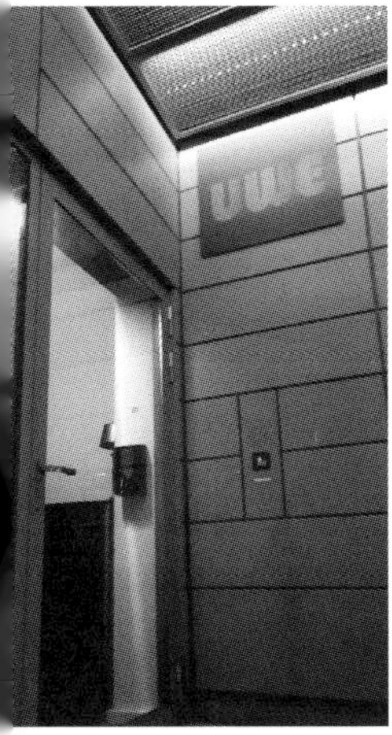

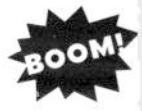

Wir verlassen das UWE, gehen die Treppen herunter und stehen direkt vor unserem nächsten Ziel.

SKURRILUM 7

im Klubhaus, Spielbudenplatz 21
20359 Hamburg
➡ skurrilum.de

Escape Rooms sind in den letzten Jahren zu einem breiten Phänomen der Popkultur und zu einer Attraktion in jeder größeren Stadt geworden. Mit einer Gruppe von Freund*innen lässt man sich in einen Raum einschließen und muss durch gemeinsames Rätseln und Knobeln einen Ausweg finden. Der Hamburger Escape Room „Skurrilum" bietet dafür ein besonders ausgefeiltes Konzept. Corny Littmann, die Kiezgröße in Sachen Unterhaltung und Kultur, hat sich dafür mit Lukas Nimscheck (Sänger bei Deine Freunde) und Heiko Wohlgemuth (u.a. Autor des Musicals „Heiße Ecke") zusammengetan, um ein einmaliges Spielerlebnis zu kreieren.

Im Skurrilum steht neben dem Spielspaß nämlich vor allen Dingen eins im Vordergrund: eine Geschichte zu erzählen. In zwei der insgesamt fünf Räume, in denen das Spiel stattfindet, wird diese Geschichte mit einem Hörspielerlebnis kombiniert. Dabei schlüpfen die Spielenden in die Rolle der Assistent*innen von Ernie Hudson, dem Geisterjäger. Eine Erzählerstimme wird eingespielt und teilt mit, dass Ernie leider verhindert sei und die Assistent*innen deshalb mal wieder

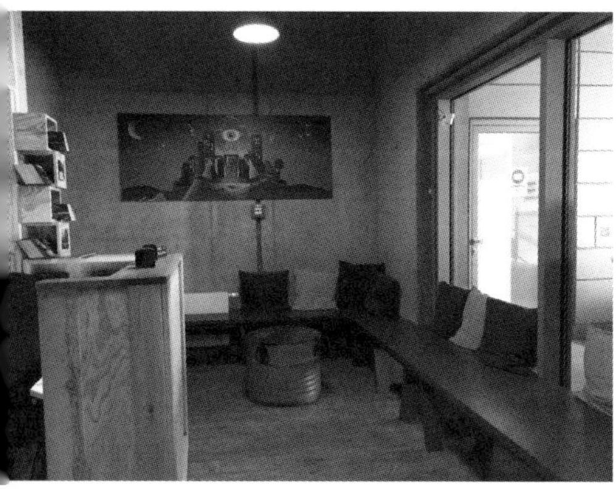

auf sich allein gestellt sind. Von hier an geht es nicht mehr nur darum, aus dem Raum zu entkommen, sondern auch darum, einen Fall zu lösen und ein sinnvolles Ende für die Geschichte zu finden. Um diesem Teil des Spiels Raum zu lassen, gibt es im Skurrilum anders als in anderen Escape Rooms keine zeitliche Begrenzung. Nach sechzig Minuten ohne Erreichung des eigentlichen Ziels ist das Spiel nicht automatisch verloren, denn eine Geschichte braucht eben ihre Zeit, um sich zu entfalten. Und wenn man auch noch eine*r der Protagonist*innen ist, liegt sie einem besonders am Herzen. Die Räume sind außerdem kreativ und liebevoll gestaltet und immer für eine Überraschung gut. Und nicht zuletzt für alle Fans der „Drei Fragezeichen" ist der Escape Room der richtige Ort, denn die Situationen, in die die Spieler*innen geraten, könnten auch genauso gut Justus, Peter und Bob widerfahren.

Zur letzten Station unserer Tour gelangen wir zunächst wieder über die Reeperbahn. Wir folgen ihr bis zur U-Bahn-Station St. Pauli, fahren mit der U3 zum Schlump, steigen dort in die U2 Richtung Niendorf Nord um und an der Osterstraße aus. Dort angekommen nehmen wir den Aufgang Richtung Heußweg, folgen diesem bis zum Kreisel und gehen links in den Stellinger Weg. Nach etwa 200 Metern biegen wir rechts in die Schwenckestraße ab, unsere letzte Station liegt direkt auf der rechten Seite.

MAIRISCH VERLAG 8

Schwenckestraße 68
20255 Hamburg
➡ www.mairisch.de

Auf dem Schild am Eingang des kleinen Ladenlokals steht „Bitte klingeln". Ein freundliches Gesicht erscheint, die Tür wird geöffnet, und man betritt einen kleinen Ladenbereich, in dem eine Institution des Hamburger Literaturbetriebs ihrem Handwerk nachgeht. Der mairisch Verlag ist einer der eingangs erwähnten unabhängigen Hamburger Verlage, die sich ohne die Strukturen eines Konzerns und ohne die Unterstützung eines großzügigen Mäzens auf dem Buchmarkt behaupten müssen. Das erfordert Einfallsreichtum, Kreativität und den dauernden Mut, etwas Neues zu gestalten. Und genau mit diesen Eigenschaften und immer neuen Aktionsformen im Dienst der Literatur überrascht mairisch denn auch regelmäßig.

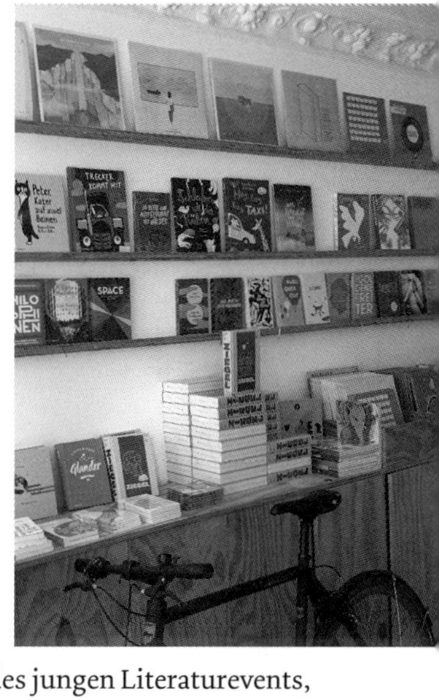

2019 etwa holte der Verlag das „Leseclubfestival" nach Hamburg. Die Idee der Veranstaltung ist es, eine Party stattfinden zu lassen, bei der alle das gleiche Buch gelesen haben. Man kann sich ein Ticket kaufen und bekommt das Buch, um das es beim Zusammentreffen gehen wird, gleich mitgeschickt. Nach zwei Monaten sitzt man dann mit zwanzig Fremden und dem/der Autor*in in einem Raum und redet über das Werk. So entsteht ein wirklich einmaliges Erlebnis. Ein weiteres der vielfältigen Engagements des Verlags im Bereich der Festivals ist die „HAM.LIT" – „die lange Nacht der jungen Literatur und Musik". Seit 2016 ist mairisch-Verleger Daniel Beskos Mitveranstalter des jungen Literaturevents, bei dem zahlreiche bekannte Gegenwartsautor*innen auf verschiedenen Bühnen im Bunker ihre Werke präsentieren, woneben auch ein musikalisches Programm aus Tanzbarem mit anspruchsvollen Texten geboten wird.

In dem kleinen Ladengeschäft selbst gibt es alles zu erstehen, was der mairisch Verlag herausbringt. Das sind Romane genauso wie Sachbücher, auch das SPRING -Magazin und den Ziegel kann man hier natürlich erwerben oder – relativ frisch im Programm des Hauses – Kinderbücher, zu denen u.a. das erste Kinderbuch von Saša Stanišić gehört. Und vor kurzem hat sich dieser Programmteil durch eine ganz typische mairisch-Idee noch erweitert. Als Hausautor Finn-Ole Heinrich („Räuberhände") und seine Partnerin Dita Zipfel den Verlegern den Vorschlag machten, eine Reihe von Bilderbüchern ins Programm zu nehmen, setzten diese quasi noch einen Verlag auf mairisch obendrauf und nannten das Konstrukt auch gleich so: „Huckepack“. In dessen Programm finden sich zum einen Werke der Gründerin und des Gründers, aber auch ein Buch nach einem Song des Rappers Käptn Peng mit Illustrationen von Melanie Garanin. Der Verlag im Verlag ist sicher nicht das letzte Projekt bei mairisch, wo aus einer Idee schnell ein handfester Programmbestandteil oder eine Aktion wird, die die junge Literatur in Hamburg bereichert. Man darf gespannt sein, was als Nächstes kommt.

NOCH MEHR ADRESSEN

BUCHHANDLUNGEN

In dieser Übersicht finden sich keine Buchhandlungen. Es gibt einfach zu viele gute in Hamburg, die Empfehlung von zwei oder dreien von ihnen wäre beliebig. Der Autor dieses Stadtführers kauft seine Bücher aber besonders gerne bei der Buchhandlung am Sand in Harburg.

FESTIVALS UND VERANSTALTUNGEN

COMICFESTIVAL HAMBURG

Seilerstraße 40
20359 Hamburg
➡ www.comicfestivalhamburg.de
Seit 2006, unkommerzielles Festival mit Lesungen, Ausstellungen, Comic-Börse und Messe an verschiedenen Orten in Hamburg, insbesondere St. Pauli. Comics, Drucke, Animationsfilme nationaler und internationaler Künstler*innen und Verlage.

INDIECON PUBLISHING FESTIVAL

c/o Die Brüder Publishing
Stockmeyerstraße 43
➡ www.indiecon-festival.com
Zweitägiges Festival unabhängiger Magazin-Publisher im Spätsommer. Austausch internationaler Kleinverlage, Konferenz mit Panels, Publikumstage.

KAMPF DER KÜNSTE

➡ www.kampf-der-kuenste.de
Größter Poetry-Slam-Veranstalter Europas mit Heimat in Hamburg. Auf der Website alle kommenden Veranstaltungen, von kleinen Club-Slams bis zu den Gala-Shows im Thalia Theater.

KULTURBEREICHERUNGSBETRIEB

➡ www.instagram.com/bereicherungsbetrieb
Lennart Hamann und Hannes Maaß bespielen mit diversen Kleinkunstformaten, ob Poetry Slam, Singer-Songwriter-Wettbewerben oder Stand-up, die schönsten Läden der Stadt.

SPRECHENDE BILDER: HAMBURGER GRAPHIC NOVEL TAGE

diverse Veranstaltungsorte, veranstaltet vom Literaturhaus
Seit 2012, Dialog deutscher und internationaler Zeichner.

BLOGS UND PODCASTS

AUFGEBLÄTTERT

➡ www.aufgeblaettert.de
Aline und Luise schreiben in ihrem Blog jede Woche über zeitgenössische Literatur, gesellschaftskritische Romane und Sachbücher. Außerdem Interviews mit Akteur*innen der Literaturszene, Buchtipps und Vorstellung von Buchhandlungen weltweit.

HÖRSTOFF HAMBURG – PODCAST DER HAMBURGER BUCHHANDLUNGEN

➡ www.hoerstoff-hamburg.podigee.io
Buchhändler*innen aus zehn unabhängigen Hamburger Buchhandlungen informieren monatlich über neue Bücher – mit Gästen, Buchempfehlungen, Veranstaltungstipps.

LITERATUR IN HAMBURG

➡ www.literaturinhamburg.de
Veranstaltungskalender für sämtliche Lesungen und alle Schreibseminare, die in Hamburg stattfinden.

PROSA & PAPIER

➡ www.prosaundpapier.de
Stellt Hamburger Buchhandlungen vor und befasst sich u.a. mit Branchen-News.

SLAM AUF'S OHR

➡ www.podcastaddict.com/podcast/3042047
Der Podcast zum Thema Poetry Slam. Paulina Behrendt und Hannes Maaß interviewen Akteur*innen der Szene.

COMICS UND MANGAS

COMIC CAVE

Gärtnerstraße 35
20253 Hamburg
➡ www.comiccave.de
Seit mehr als 25 Jahren englischsprachige Comics, Actionfiguren, Merchandise und vieles mehr für Sammlerherzen.

COMICLADEN KOLLEKTIV

Fruchtallee 130
20259 Hamburg
➡ www.comicantiquariat.de
Norddeutschlands größtes Comic-Antiquariat, Paradies für Schatzjäger.

COMIC ROOM

Güntherstraße 94
22087 Hamburg
➡ www.comicroom-hamburg.de Im Comic Room treffen wöchentlich die neuesten US- und deutschsprachigen Comics ein. Riesenauswahl an Graphic Novels, Mangas, Merchandise und Sammelkarten.

COMICS ALT + NEU

Neue Straße 39
21073 Hamburg
➡ www.altecomics.de
2002 auf eBay gestartet, befindet sich das Ladengechäft seit 2013 in Harburg. Diverse Sammlungen aus den 1950er bis 1990er Jahren, aktuelle Comics, Alben und Mangas.

KNEIPEN- & BAR-TOUR

9

STARTPUNKT

Hauptbahnhof [DB, U-Bahn, S-Bahn]

ENDPUNKT

S-Bahn-Station Holstenstraße [S 21, S 31]

DAUER

etwa 2 Stunden

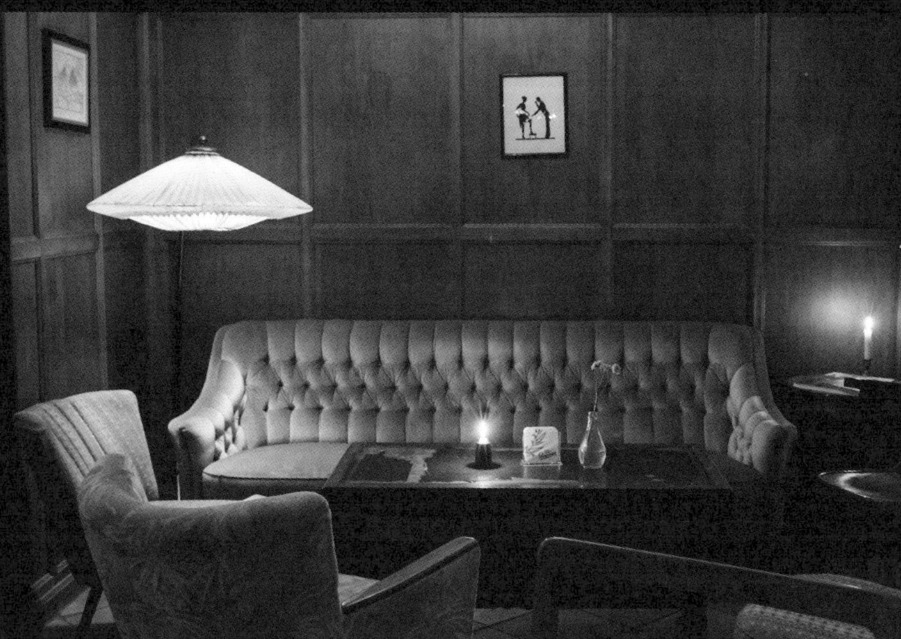

KNEIPEN UND BARS sind nicht nur Orte, wo Menschen bis zum Umfallen trinken können, in dichten Rauchschwaden stehen und sich die Gäste wegen des Geräuschpegels oft anschreien müssen, um sich dann doch nicht zu verstehen. Sie sind vor allem Orte der Zugehörigkeit, oft Keimzelle einer bestimmten Szene und häufig Teil eines speziellen subkulturellen Kontextes. Und nicht nur bieten sie die Möglichkeit, dort auf die Protagonist*innen und Akteur*innen dieser Milieus zu treffen, sondern sie sind auch ein Raum, um diese Szenen selbst mitzugestalten.

Für das Kennenlernen und neue Projekte sei der Austausch in den Kneipen immer zentral gewesen, erzählt etwa die ehemalige L'Age D'Or- und spätere Buback-Produktmanagerin Myriam Brüger in dem Buch „Lass uns von der Hamburger Schule" reden und erinnert sich dabei an Bars und Kneipen wie **CASPER'S BALLROOM** oder den **SORGENBRECHER**. Sogar ihr Einstellungsgespräch für den Job bei L'Age D'Or habe in einer Kneipe stattgefunden, Kneipen seien also viel mehr als nur das sprichwörtliche Wohnzimmer, sondern ein wichtiger Ort für den informellen Teil professioneller Arbeit. Für Subkulturen gilt ganz besonders, dass ihre Ursprünge oft nicht in den etablierten Clubs und Konzert-Locations liegen, denn vor dem Durchbruch sind diese den Protagonist*innen häufig gar nicht zugänglich. Die Vereinnahmung durch die Industrie und die Verwertung subkultureller Impulse außerhalb der ursprünglichen Strukturen kommen dann früh genug.

Als einer der ersten Orte dieser Art in Hamburg und deutschlandweit kann die Jazzkneipe **ONKEL PÖ** gelten, die ihren Standort zuerst in Pöseldorf hatte und später an den Lehmweg in Eppendorf umzog. Beide Stadtteile sind heute nicht gerade für ihr Nachtleben bekannt, und an die eher versprengten Ausgehmöglichkeiten außerhalb des Stadtkerns lange vor ihrer Konzentration in den heutigen Szenevierteln haben meist nur die Älteren eine Erinnerung. Das Nachtleben fand also anfangs nicht auf dem Kiez, in der Schanze oder in den heutigen Studentenvierteln statt, sondern einfach dort, wo sich durch Zufälle und oft nur für kurze Zeit eine Möglichkeit ergab.

Im Onkel Pö jedenfalls bildete sich bald eine als Hamburger Szene bekannt gewordene Gruppe aus Künstler*innen, deren bekannteste Vertreter Udo Lindenberg und Otto Waalkes waren. Sie mischten Jazz mit Rock und Popmusik, ihre Texte waren unterhaltsam und sozialkritisch. Seit Mitte der 1970er Jahre erlangte das Onkel Pö dann Kultstatus: Zum einen gelang es, Jazzgrößen wie Chet Baker, Dexter Gordon, Dizzy Gillespie und den noch unbekannten Al Jarreau für Auftritte in die Kneipe zu holen. Vor allem aber ging man in den Laden, um dort Gleichgesinnte zu treffen und mit anderen Künstler*innen, Leuten von Presse und Rundfunk oder aus der Musikindustrie ins Gespräch zu kommen. Nach einem Betreiberwechsel Ende der 1970er Jahre, der zu einer musikalischen Neuausrichtung führte, traten neben Hamburger Musikern wie der Rainer Baumann Band (Abb. rechts) auch Bands wie U2 (1981, das erste Deutschland-Konzert) oder die Talking Heads im Onkel Pö auf, bevor 1985 Schluss war.

Das Onkel Pö mag der erste Hamburger Ort mit solchen nicht in erster Linie kommerziellen Netzwerkstrukturen gewesen sein, blieb aber nicht der einzige. Auch in den folgenden Jahren spielten die oft mit nur kleinen Bühnen ausgestatteten Kneipen und Bars bei der Etablierung neuer Szenen in Hamburg eine entscheidende Rolle. In den späten 1970er und frühen 1980er Jahren waren es etwa

MUSIK ZUR TOUR

DR. FEELGOOD
MILK AND ALCOHOL
aus dem Album »Private Practice«
(United Artists Records 1979)

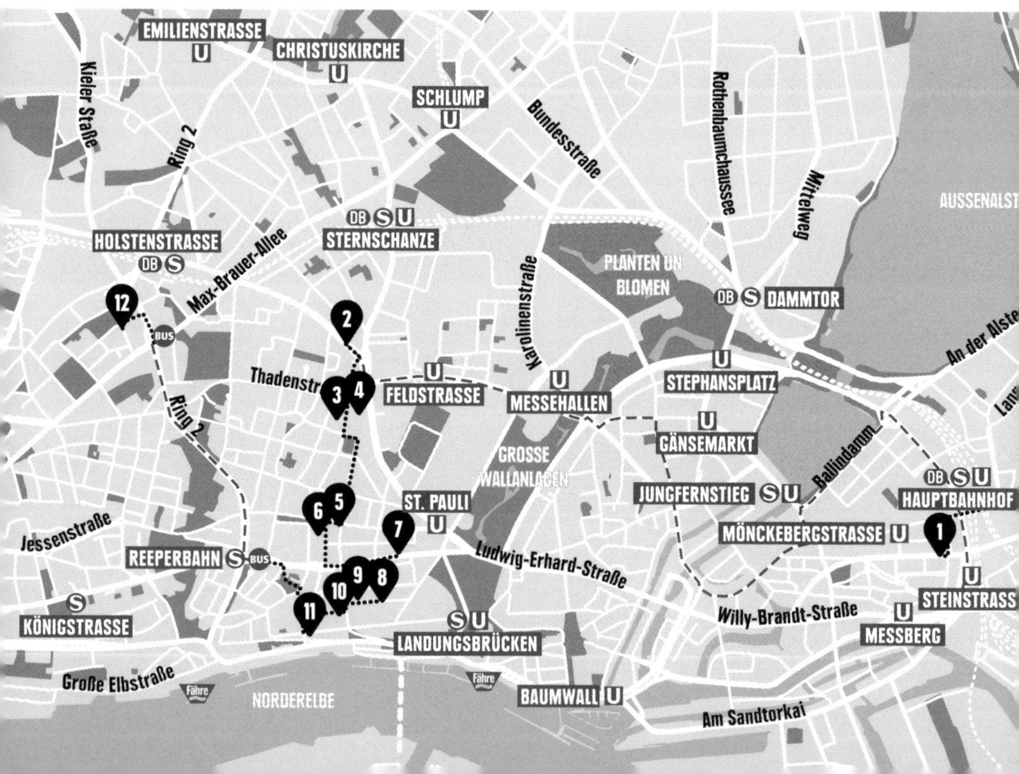

die **MARKTSTUBE** im Karoviertel, das **KRAWALL 2000** oder das von Rainald Goetz durch den gleichnamigen Text und seinen Auftritt beim Ingeborg-Bachmann-Preis 1983 bekannt gewordene **SUBITO**, ohne die eine breitere Hamburger Punk- und Avantgardeszene kaum möglich gewesen wäre. Goetz schnitt sich während des Vortrags

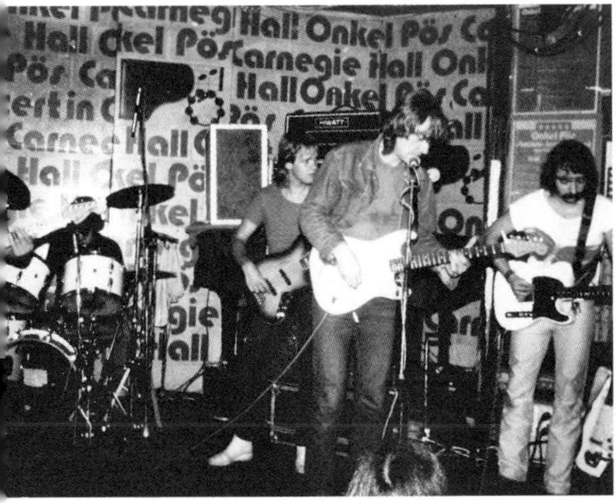

aus seinem Romandebüt vor laufenden Kameras mit einer Rasierklinge in die Stirn und gewann durch die blutige, an einen früheren TV-Auftritt des Ton, Steine, Scherben-Managers Nikel Pallat erinnernde Aktion zwar keinen Preis, aber die gewünschte mediale Aufmerksamkeit und sicherte so dem Subito einen Platz in der Literaturgeschichte.

Für den Die-Sterne-Sänger Frank Spilker, der 1989 Ostwestfalen Richtung Hamburg verließ, waren als Neuankömmling unter anderem der **SORGENBRECHER** und die Kneipe **SPARR** (jetzt **EX-SPARR**) auf dem Hamburger Berg wichtig, bevor die Straße zu der heutigen „Pick-up-Meile" wurde, wie Spilker sagt. Die Szene traf sich in Kneipen, aber auch an Off-Orten wie dem legendären Keller von Rocko Schamoni in der Lincolnstraße, um zu trinken, zu feiern und vor allem zu reden.

Für die Entwicklung der Hip-Hop-Szene schließlich hatten noch andere Orte als Kneipen und Clubs eine größere Bedeutung: Es waren die Jugendzentren, in denen Jams veranstaltet wurden und wo Leute aus dieser Subkultur zusammenkamen, etwa das **TROCKENDOCK** in Eppendorf, das es noch heute gibt, oder das **JUZ IN BERGEDORF**, Austragungsort der Rap-is-an-Art-of-Life-Jam im Jahr 1992. Bei dieser Veranstaltung trafen Björn Beton und König Boris auf die Poets Of Peeze um Mighty, Dr. Renz und Tobias Schmidt (Der Tobi und das Bo; Fünf Sterne deluxe, Moonbootica), mit denen sie nach der Auflösung der Poets im gleichen Jahr die Gruppe Fettes Brot gründen sollten, die anfangs noch aus fünf Mitgliedern bestand.

Auf der folgenden Tour lässt sich eine kleine Auswahl von Kneipen und Bars entdecken, von denen die meisten für die Entwicklung verschiedener Szenen wichtig waren oder es heute noch sind. Startpunkt der Tour ist der Hauptbahnhof, den wir durch den Ausgang zur Innenstadt verlassen. Von dort geht es am Nike-Store vorbei, bevor wir uns an der Peek & Cloppenburg-Filiale in den Langen Mühren links halten. Zwischen Saturn (linker Hand) und dem ehemaligen Galeria-Kaufhof-Gebäude (rechter Hand) laufen wir die Langen Mühren bis zur Steinstraße herunter. Die Bar Central Congress befindet sich unmittelbar hinter der Einmündung in die Steinstraße auf der anderen Straßenseite.

CENTRAL CONGRESS 1

Steinstraße 5-7
20095 Hamburg
➡ www.centralcongress.de

Es ist nicht schwer, an dieser Bar vorbeizulaufen, selbst wenn man sie sucht: Denn zum einen dürfte kaum jemand hier zwischen Hauptbahnhof und Speersort eine so ungewöhnliche Gastronomie vermuten, vor allem aber versteckt sich die äußerlich unscheinbare Lokalität förmlich in der Fassade des Gebäudes, das sie beherbergt – draußen prangt weder ein Name noch eine Leuchtreklame, auch Stühle und Tische auf dem Gehweg sucht man vergeblich.

Ganz anders drinnen: Auch wenn die Ausstattung kaum minimalistischer sein könnte, fällt sie durch ihre Extravaganz auf – und ist bis ins kleinste Detail durchdacht. Eine eigens angefertigte hölzerne Wandverkleidung, die durch ein Metallgitter abgehängte Decke, Neonröhren und nicht zuletzt die zu einem großen O gruppierten Tische samt nüchternen Designerstühlen geben dem Laden das Ambiente eines Konferenzraums der 1960er oder 1970er Jahre. In die Wand ist eine DJ Booth eingelassen, von der aus unter anderem schon die Golden-Pudel-Residents Phuong-Dan und RVDS, Tussn, Erobique oder Christopher Zielske (Mitbetreiber der Plattenrille) die Bar beschallt haben. Es gibt Flaschenbier aus dem Ruhrgebiet (Stauder Pils), viel Hochprozentiges jenseits von Jägermeister & Co., dafür elegante Cocktails und Longdrinks. Central Congress-Gastronom Oliver Hörr prägt Hamburgs Barszene schon seit den 1990er Jahren: Er betrieb unter anderem den legendären Treffpunkt der Hamburger-Schule-Bands Heinz Karmers Tanzcafé, außerdem Casper's Ballroom, und ist seit zwanzig Jahren Wirt des Saal II auf dem Schulterblatt.

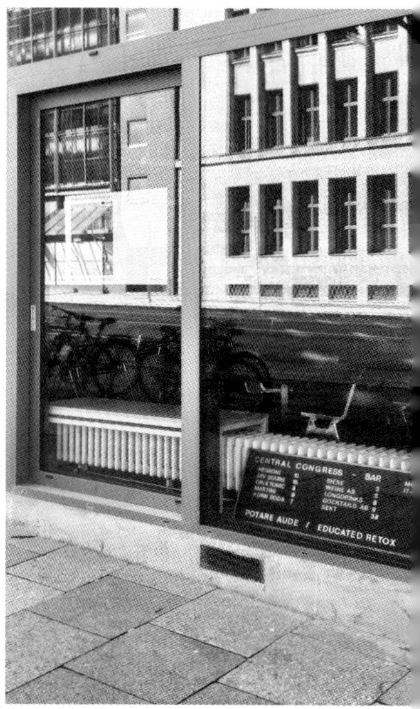

Die Buslinie 3 bringt uns nun von der U-Bahn-Station Steinstraße zur Haltestelle Neuer Pferdemarkt im Schanzenviertel, die wir nach etwa zwanzig Minuten Fahrt erreichen. Unmittelbar an der Haltestelle befindet sich die Bar Mutter. Um zum Bus zu gelangen, laufen wir die Steinstraße zuerst stadtauswärts. Vor den Gleisanlagen des Hauptbahnhofs biegen wir in die Straße Klosterwall ein und gehen an der Markthalle vorbei bis zur Bushaltestelle vor dem Kunsthaus Hamburg.

MUTTER 2

Stresemannstraße 11
22769 Hamburg
➡ www.facebook.com/MutterHH

Die im Souterrain gelegene Bar Mutter unweit des Neuen Pferdemarkts ist nicht nur die Hamburger Lieblingskneipe des Pop-Chronisten Linus Volkmann: DJs, Werber*innen, Bohemians, Student*innen, die Vertreter*innen der Hamburger-Schule – sie alle tranken und trinken ihr Bier seit mehr als zwanzig Jahren in dieser Hamburger Institution, am liebsten aus der Flasche. Warum sie das tun? Vielleicht weil die Mutter eine der letzten verbliebenen Bars ist, wo eine Kultur gepflegt wird, die in Hamburg in den 1980er und 1990er Jahren einmal ganz selbstverständlich war: das Diskutieren beim gepflegten Besäufnis über alles und jeden. Serious drinking nannte man das, ob in Anlehnung an die gleichnamige UK-Punk-Band der 1980er oder nicht. In der in Rottönen gehaltenen, verschachtelten Bar läuft nur die Musik, die den Tresenkräften gefällt – meist ist das Gitarrenmusik. Neben Bier vom Fass, Wein und Kurzen gibt es auch Cocktails und Longdrinks.

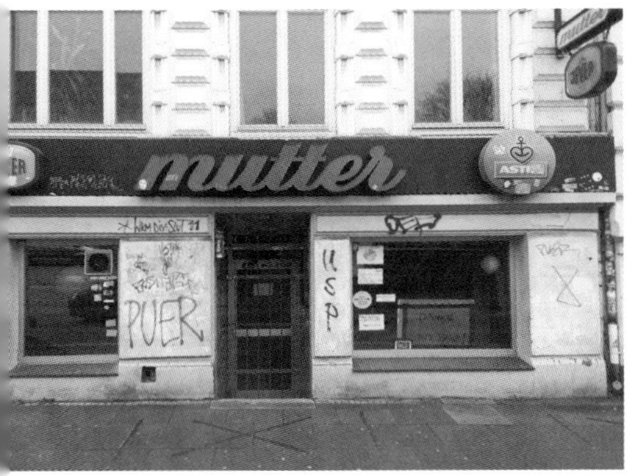

Aus der Mutter kommend, wenden wir uns in Richtung Neuer Pferdemarkt und überqueren die Stresemannstraße an der Ampel auf Höhe des Picknweight Vintage Kilo Stores. Vorbei am Imbiss bei Schorsch, dem Tattoo-Studio 187 Ink (beide rechter Hand) und wenig später dem Arrivati Park (links) führt der Weg über die Straße Zum Grünen Jäger und die Wohlwillstraße bis zur Hausnummer 47, unserer nächsten Station. Zu Fuß brauchen wir keine fünf Minuten von einer Bar zur anderen.

THE WALRUS BAR 3

Wohlwillstraße 47
20359 Hamburg
➡ www.thewalrusbar.de

Wie bei der ersten Station unserer Kneipentour ist auch der Eingang der Walrus Bar leicht zu übersehen, auch wenn diese mitten auf der vor allem an Wochenenden von Feierwilligen belebten Wohlwillstraße liegt. Auch hier scheint die Umgebung die Front der Bar zu verschlucken – vor allem wenn am frühen Abend die Rollläden runtergelassen sind, ist die Bar kaum mehr auszumachen. Besucher*innen erwarten entspannte Eleganz, eine große Auswahl an Pils und Ale-Sorten und vor allem exzellente Cocktails und Longdrinks, deren Zubereitung in der Walrus Bar ein eigenes Schauspiel ist. Die etwas hochpreisigen Getränke sind originell, die Zutaten überraschen und entfalten vielschichtige Geschmackskomponenten. Am DJ-Pult standen schon Mary Ocher, Golden-Pudel-Eminenz Ralf Köster und der Künstler Thomas Baldischwyler, der eine Zeit lang auch die Flyer für de Bar gestaltete.

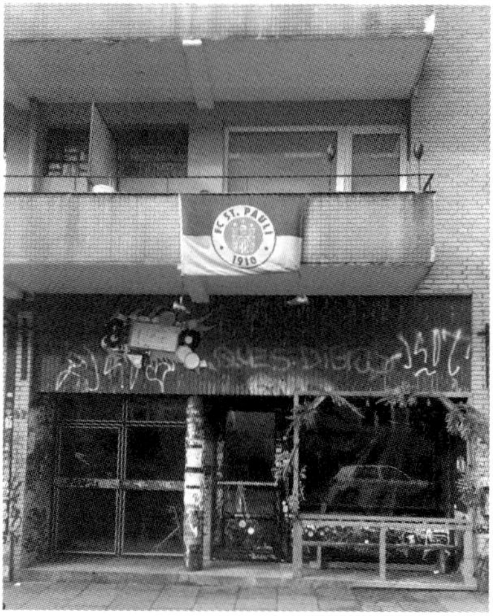

Um zum nächsten Stopp zu gelangen, müssen wir nur einmal die Straßenseite wechseln. Die Kellerbar eldorado befindet sich im Untergeschoss der Hausnummer 50.

ELDORADO 4

Wohlwillstraße 50
20359 Hamburg
➡ www.eldoradostpauli.de

Das auffällige rot-weiße Wandbild an der Außenfassade der Bar zeigt Pin-ups, Motorräder, Lemmy Kilmister und Mao, drinnen gibt es einen Tresen aus Kupfer, und die Wände werden von einer Retro-Tapete im Design der Sixties geschmückt. Rock ist hier die klar bestimmende Musikrichtung, die übliche Beschallung wird mittlerweile auch in Form einer Spotify-Playlist zum Auswärtshören angeboten. Zu trinken gibt es Fass- und Flaschenbier, darunter ein eigens für die Musikbar gebrautes Rotbier, das man am anderen Ende der Straße im St. Pauli Tourist Office auch im Kasten kaufen kann. Bei gutem Wetter stehen draußen Bierbänke,

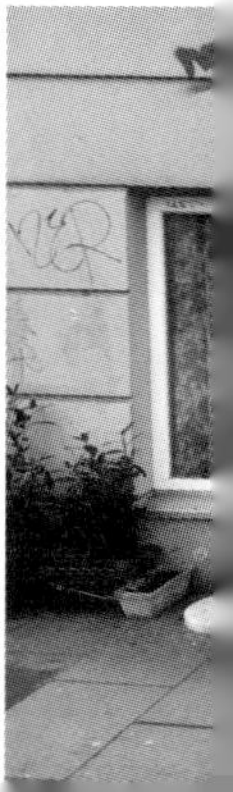

neuerdings gibt es auch einen Mini-Biergarten mit Pavillon und Sichtschutz. Zuletzt feierte das Bar-eigene eldorado-Tagesfestival im Knust (Neuer Kamp 30) ein Comeback. Auf der Bühne standen an dem Abend unter anderem Swearing at Motorists.

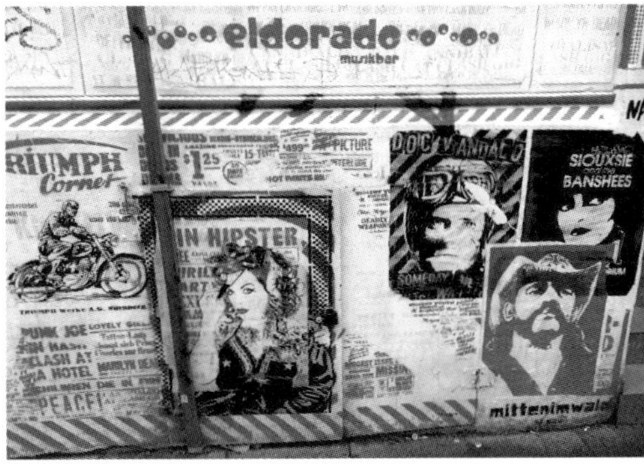

Wir laufen nun bis zum Kultimbiss Kleine Pause (Nr. 37) die Wohlwillstraße entlang und biegen dort links in die Paulinenstraße ein. Über einen Verbindungsweg geht es weiter bis zur Trattoria Remo und damit zur Hein-Hoyer-Straße. Dieser folgen wir etwa einen halben Kilometer, überqueren dabei auch die Clemens-Schultz-Straße und erreichen an der Ecke zur Simon-von-Utrecht-Straße unser nächstes Ziel, die KorallBar.

KORALLBAR 5

Simon-von-Utrecht-Straße 89
20359 Hamburg
➡ www.facebook.com/korallbar

Zwar besteht Namensähnlichkeit mit der Koralle Bar & Bistro in Volksdorf, aber sonst ist in dieser Eckkneipe im Herzen St. Paulis, die früher einmal „Karins Treff" hieß, alles so, wie es sich für eine tief auf dem Kiez verankerte Kneipe gehört: Auch hier gibt es weder ein Namensschild noch die Reklame eines Bierbrauers an der Fassade, die Auswärtigen den Weg weisen würde. Dafür Spitzengardinen im Fenster, Holzvertäfelungen, dunkle Möbel und einen U-förmigen Tresen, natürlich die ganze Palette alkoholischer Getränke und manchmal auch etwas zu essen. Die Kneipe ist zwar oft gut gefüllt und die Stimmung ausgelassen, doch fühlt sich ein Besuch auch dann noch familiär an, wenn viele Leute da sind. Und ein Platz am Tresen gilt vielen gar als einer der begehrenswertesten in Hamburgs Kneipen überhaupt. Engagements wechselnder DJs wie beispielsweise Marco Constanza und (Geburtstags-) Partys etwa im Nachtasyl, im FilmFabrique Coworking-Space, im Kraniche bei den Elbbrücken (R.I.P.) oder auf der MS Hedi zeugen von der Bedeutung, die die Musik in der KorallBar hat – und von der engen Verknüpfung mit der subkulturellen Szene der Stadt.

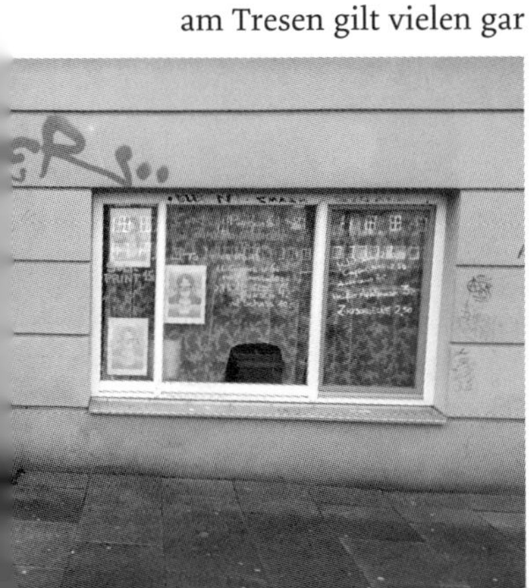

Nicht mal 150 Meter weit führt uns der Weg zur nächsten Station. Dafür laufen wir die

Simon-von-Utrecht-Straße bis zur nächsten Seitenstraße (Hamburger Berg) runter, wo an der Ecke die Kneipe Blauer Peter IV liegt. Von hier geht es die Straße wenige Meter hinein bis zur Hausnummer 14.

HONG-KONG BAR 6

Hamburger Berg 14
20359 Hamburg
➡ www.instagram.com/hongkongbar_hamburg

Die Hong-Kong-Bar ist nicht nur eine echte Kiez-Institution, sondern auch letzte Vertreterin des ehemaligen „Chinesenviertels" auf St. Pauli, des einzigen echten „China Towns", das es jemals in Deutschland gab. Die Geschichte des Viertels ist wie die der chinesischen Community, die sich in den 1920er Jahren in Hamburg bildete, untrennbar mit einer heute kaum mehr bekannten ethnischen Säuberungsaktion der Nationalsozialisten verbunden: Am 13. Mai 1944 ließ die Gestapo bei einer großangelegten Razzia 129 chinesische Staatsbürger*innen verhaften, inhaftierte sie im Gefängnis Fuhlsbüttel oder steckte sie in das Arbeitserziehungslager Langer Morgen in Wilhelmsburg. Manche der Festgenommenen kamen später ins KZ Neuengamme, ihr Besitz wurde konfisziert. Einer der Inhaftierten war Chong Tin Lam, der als Seefahrer an die Elbe gekommen war und Ende der 1920er Jahre auf dem Kiez die Hong-Kong Bar eröffnet hatte - wie andere Chinesen zahlreiche Geschäfte oder Dienstleistungsbetriebe, Bars und Restaurants auch. Nach Inhaftierung, Misshandlung und der Flucht aus der Stadt bekam Chong seine Bar nach Kriegsende zwar zurück, eine finanzielle Entschädigung erhielt er jedoch nie. Seit seinem Tod 1983 bis zu ihrem Tod 2021 führte seine Tochter Marietta die Bar, die ihr Vater zwischenzeitlich zum Hotel erweitert hatte – bis heute kann man hier auch ein Zimmer mieten.

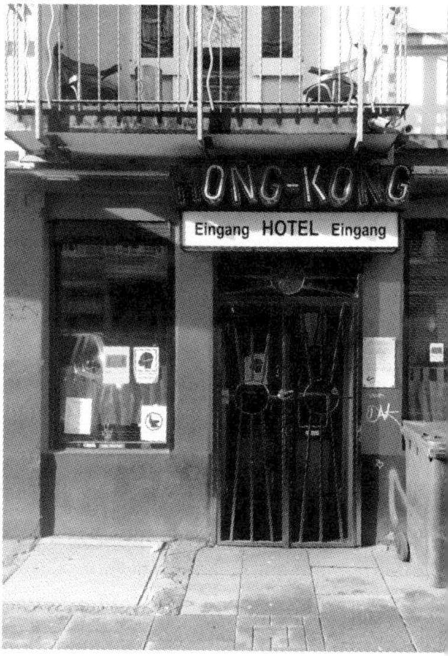

An die Geschichte der chinesischen Gemeinschaft auf St. Pauli erinnern mittlerweile mehrere journalistische und wissenschaftliche Publikationen, auch eine Gedenktafel und Stolpersteine wurden verlegt. Die aktuellste Aufarbeitung stellt die filmische Dokumentation „Bis die Gestapo kam ... Das ‚Chinesenviertel' in St. Pauli" (2020) von Bertram Rotermund und Rudolf Simon dar. Den Filmemachern ist es gelungen, einige der wenigen noch lebenden Zeitzeuge*innen für ihr Oral-History-Projekt zu gewinnen. Die Bar selbst ist heute ein typisches Kiez-Lokal und mutet kein bisschen asiatisch an. Zwar gibt es einige Buddha-Figuren, ansonsten aber dominieren Holzmobiliar und eine kieztypisch mit Stickern und Aufklebern übersäte Theke. Die tragische Geschichte des Viertels und von Chong Tin Lam ist vielen Besuchern zwar präsent, jedoch nicht so erdrückend, dass sie einen gewöhnlichen Kneipenabend überlagern würde. Nicht nur Touristen, sondern auch Anwohner*innen zieht es in die legendäre Kneipe. Bei Kenner*innen beliebt ist der täglich selbst hergestellte „Mexikaner".

Rosi's, Zum Goldenen Handschuh, Old Sailor, Elbschlosskeller – eine Reihe weit über Hamburg hinaus bekannter Kneipen säumt den Weg am Hamburger Berg Richtung Reeperbahn. Und auch die KFC-Filiale an der Einmündung zu Hamburgs bekanntester Straße ist jenseits der Stadtgrenzen ein Begriff. Dort wenden wir uns nach links und passieren auf unserem Weg zum Lehmitz (Reeperbahn 22) unter anderem den FC St. Pauli-Fanshop und die legendäre 24-Stunden-Kiez-Kneipe Clochard (Nr. 27/29).

LEHMITZ 7

Reeperbahn 22
20359 Hamburg
➡www.facebook.com/lehmitz.reeperbahn

„Wäre Keith Richards eine Punkrockkneipe, er wäre das Lehmitz. Hier kann Sex, Suff und Rock 'n' Roll noch im klassischen Kiezkontext geatmet werden", schrieb einst das Stadtmagazin „PRINZ", und der „Stern" bezeichnete das ehemalige Café Lehmitz als „Refugium für die ganz Fertigen". Die heutige Kneipe Lehmitz hat mit der legendären Vorgängerin am Zeughausmarkt allerdings kaum mehr etwas zu tun – zwar fließt auch hier der günstige Alkohol in Strömen, aber Prostituierte, Hafenarbeiter, Glücksuchende und verlorene Seelen wie in der 1997 abgerissenen Spelunke findet man hier eher

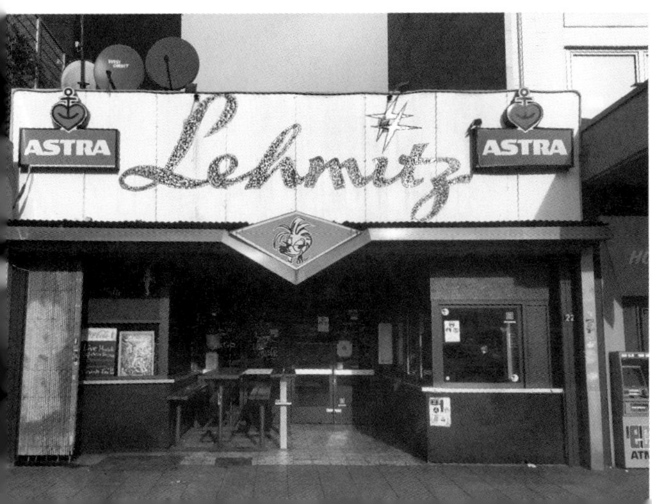

nicht mehr. Dafür gibt es rustikale Atmosphäre, Tische direkt an der Reeperbahn und Live-Musik von Bands, die auf dem Tresen spielen. Wer auf der Suche nach der Magie des alten Lehmitz ist, wird dennoch fündig und besorgt sich am besten den Fotobuchklassiker „Café Lehmitz" des schwedischen Fotografen Anders Petersen, der die Kultkneipe von 1968 als sehr junger Fotograf und dann bis 1991 regelmäßig mit der Kamera festhielt. Das Cover des Buches zeigt ein Motiv, das später auch ein Album von Tom Waits schmückte: Petersens Foto mit dem Titel „Lily and Rose" wählte der Künstler für sein Album „Rain Dogs" (1985) aus, oft halten gar Betrachter den dort abgebildeten Gast des Lehmitz für den Sänger und Schauspieler selbst.

Bis zur Ampel an der Einmündung in die Detlev-Bremer-Straße laufen wir die Reeperbahn zunächst wieder ein Stück abwärts. Über die Ampel geht es geradeaus in die Taubenstraße, den Spielbudenplatz lassen wir dabei hinter uns. Nach etwa 200 Metern erreichen wir die Chug Bar an der Ecke zur Hopfenstraße.

THE CHUG CLUB 8

Taubenstraße 13
20359 Hamburg
➡ www.thechugclub.bar

Das Kirchenfenstern nachempfundene (aufgeklebte) Buntglas-Design und die auf dem Barschild über der Eingangstür abgebildete exotische Maske – die traditionelle Maske eines mexikanischen Wrestlers – lassen viele Passant*innen gleichermaßen ratlos und interessiert vor der Bar innehalten, deren in Gold, Rot und Grün gestaltetes Inneres ebenfalls ein echter Hingucker ist. Betreiberin Betty und ihr Team haben sich auf Mini-Cocktails spezialisiert, die in kleinen Gläsern, den sogenannten Chugs, serviert werden. Dabei handelt es sich zumeist um Tequila-basierte hochwertige Eigenkreationen, deren Geschmacksvielfalt erstaunlich ist. Aber natürlich gibt es nicht nur den Agaven-Schnaps in allen möglichen Variationen, sondern auch andere Hochprozenter wie Gin und Rum sowie selbstverständlich Bier, Wein, Champagner und alle Drinks in der Standardgröße sogar zum Mitnehmen.

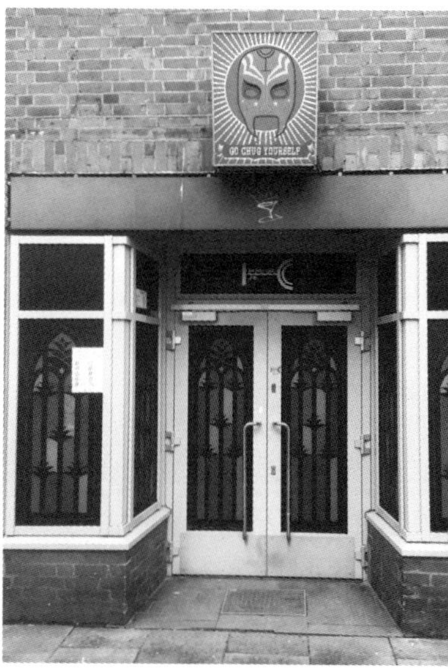

Nachdem wir den Chug Club verlassen haben, geht es erst rechts ums Eck, dann laufen wir die Hopfenstraße etwa 150 Meter bis zum Gun Club. Auf dem Weg kommen wir an der Maria Bar vorbei, deren rot leuchtendes Schild in Herzform keinen Raum für Spekulationen lässt, um welche Art von Lokal es sich bei ihr handelt. Die Maria Bar ist hier der letzte Posten des Rotlichtviertels, zu dem bis Mitte der 2000er Jahre auch die Hopfenstraße gehörte.

GUN CLUB 9

Hopfenstraße 32
20359 Hamburg
➡ www.facebook.com/gunclubstpauli

Benannt nach der legendären gleichnamigen Band aus Los Angeles trifft man Punks, Hardcoreler, Rock 'n' Roller, Anwohner, Einwohner, dafür weniger Touristen in dem Kellerclub, der nur aus einem lang gestreckten Raum besteht und dennoch an der Kopfseite über eine Bühne verfügt. Es gibt Kicker, Konzerte, auch DJs legen ab und zu auf. Wer keinen Platz mehr am Tresen ergattert hat, aber die bevorzugten Musikstile des Ladens mag und die Sorte Leute, die hier verkehrt, nicht missen will, geht einfach in die Kneipe Semtex (Nr. 34) nebenan – das Kelleretablissement lief früher auch schon unter Namen wie „Menschenzoo", „Kraken" und „Skorbut" und beherbergte bis Anfang der 2000er Jahre den legendären Club „Tiefenrausch" für elektronische Musik.

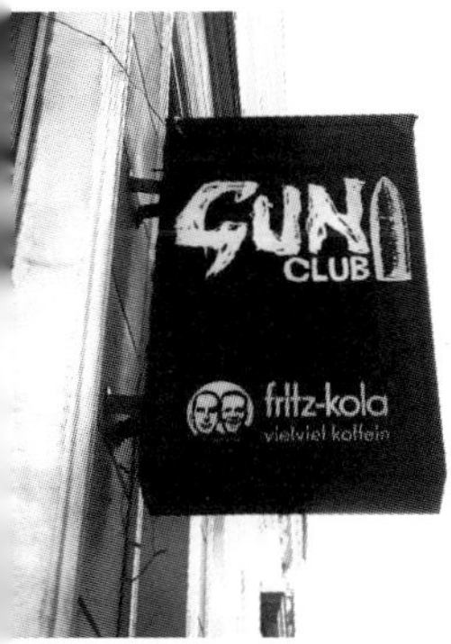

Vom Gun Club geht es nun die zwei Hausnummern weiter bis zum Ende der Hopfenstraße, wo wir links in die berühmte Davidstraße einbiegen. Nach etwa dreißig Metern geht es sofort wieder in die erste nach rechts abzweigende Querstraße, die Erichstraße, die eher ein schmales kopfsteingepflastertes Gässchen ist denn eine Straße. Die Komet Musikbar findet sich unweit am Anfang der Straße.

KOMET 10

Erichstraße 11
20359 Hamburg
➡ www.komet-st-pauli.de

Die kleine, abgerockte Bar in der Nähe des Hans-Albers-Platzes mit winziger Bühne im Keller, mit Kicker, Flipper und Jukebox ist genau der richtige Ort für Leute, die das unprätentiöse Trinken lieben. Ob Fifties oder Sixties, Blues, Rock 'n' Roll, Surf, Garage, Punk, Indie – die Musik, die aus den Boxen kommt, ist im weitesten Sinne rockig und jedenfalls kein Mainstream. Zum Programm der Kneipe gehören außerdem Karaoke und Konzerte, zum Beispiel von Rick McPhails Projekt Mint Mind, mit dem der Tocotronic-Gitarrist 2020 gleich an zwei Abenden hintereinander in der Komet Bar auf der Bühne stand.

Neben Konzerten sind auch ungewöhnlichere Partys fester Bestandteil des Progamms im Komet. So legt hier der Video DJ VJ Wasted nicht mit Schallplatten, sondern mit Musikvideos auf, an anderen Abenden gibt es „Punkrock-Karaoke". Bei der Schallplattenauktion „Top oder Flop" wiederum stellen wechselnde Vi-

nylliebhaber mehr oder weniger obskure LPs und Singles vor, die dann für kleines Geld ersteigert oder vor versammeltem Publikum auf recht martialische Weise zerstört werden.

Wir gehen nun die Erichstraße bis zum Ende durch und biegen links in die Balduinstraße ein. Unter anderem an der Kneipe Rock Café vorbei führt uns diese geradewegs zum Onkel Otto an der Balduin-Treppe, die die Bernhard-Nocht-Straße auf dem Geesthang mit der tiefergelegenen Hafenstraße und dem Elbufer verbindet.

ONKEL OTTO 11

Bernhard-Nocht-Straße 16
20359 Hamburg

Die Eckkneipe, die sich an der Balduintreppe in einem der ehemals besetzten Hafenstraßen-Häuser befindet, kann man nicht verfehlen: Die bunt bemalte und mit Plakaten übersäte Fassade springt nicht nur sofort ins Auge, sondern macht auch gleich klar, welcher Geist hier weht: Überwiegend wird die Kneipe von Menschen aus der Punkszene besucht. Über und über mit Flyern, Plakaten und Stickern tapeziert, setzt sich das Bild der Fassade auch im Inneren fort. Die Einrichtung ist rustikal, das Bier günstig, aus den Boxen läuft Punkrock, Hardcore oder Reggae.

Zu Fuß geht es nun zurück zur S-Bahn-Station Reeperbahn und von da mit der S3 oder der S1 zum Altonaer Bahnhof, den wir über den Paul-Nevermann-Platz linker Hand Richtung Max-Brauer-Allee verlassen, um ungefähr anderthalb Kilometer bis zur Eggerstedtstraße zu laufen. Auf dem Weg kommen wir an dem Gymnasium Alleestraße, dem Amtsgericht Altona und der Spielstätte des SC Teutonia Ottensen vorbei. In die Eggerstedtstraße biegen wir nach links ein und laufen sie bis zu der Biegung vor, an der sich das Aalhaus befindet. Schneller geht es mit dem 115er-Bus von der Reeperbahn bis zur Haltestelle Max-Brauer-Allee (Mitte), dann links einige Meter weiter, die Straßenseite wechseln und in die Eggerstedtstraße.

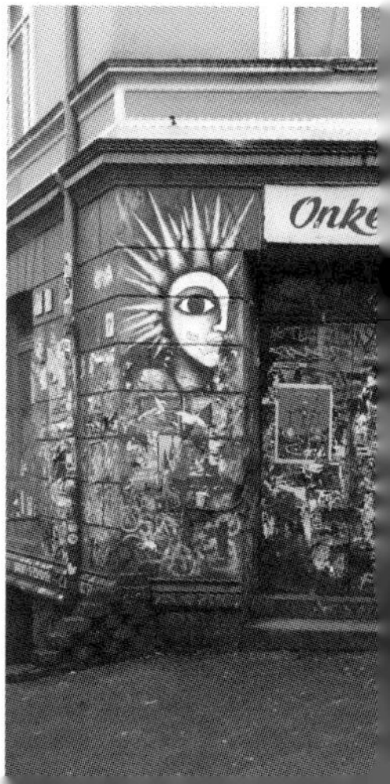

AALHAUS 12

Eggerstedtstraße 39
22765 Hamburg
➡ www.aalhaus.de

Es fällt schwer, sich in der urigen Eckkneipe in unmittelbarer Nähe der Viktoria-Kaserne (fux eG/frappant e.V.) nicht wohlzufühlen: Die Wohnzimmer-Atmosphäre drinnen und ein kleiner Biergarten draußen bieten immer den richtigen Platz für alle Tages- und Jahreszeiten. Es gibt Brett- und Kartenspiele, ein populäres monatliches Pub-Quiz, außerdem Live-Fußball und regelmäßig Konzerte: So standen etwa die Kanadier Braids, die Düsseldorfer Band Stabil Elite oder die New Yorker Indie-Rockband Big Thief schon auf der kleinen Kneipenbühne. Das Aalhaus ist auch bereits regelmäßig als (Mit)veranstalter*in kleiner Festivals aufgetreten: etwa des Sommerfests im Helenenviertel, des Electric Eel-Fests oder bis 2018 als Gastgeber der offiziellen Müssen-Alle-Mit-Festival-Aftershowpartys. Das Festival wurde bis dahin von Tapete Records organisiert und hat sich nun neu ausgerichtet. Zusammen mit der KorallBar und dem Molotow hat das Aalhaus bis 2020 auch die Hamburger Ausgabe des Burger-Invasion-Festivals veranstaltet.

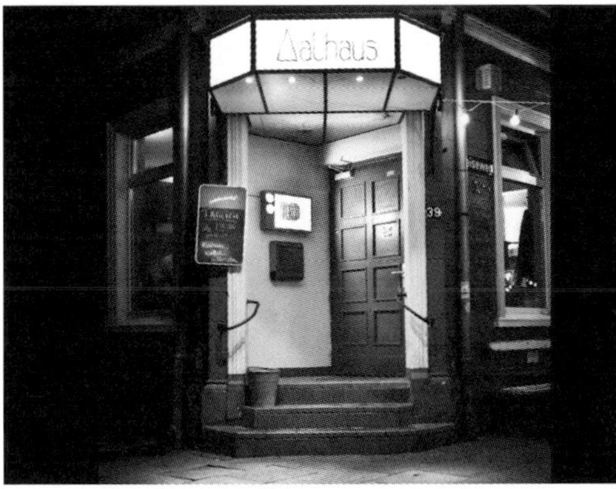

Zurück geht es weiter die Eggerstedtstraße entlang durch das Helenenviertel, über den Ring 2 und den Holstenplatz zur S-Bahn-Station Holstenstraße. Für die Strecke brauchen wir etwa sieben Minuten zu Fuß.

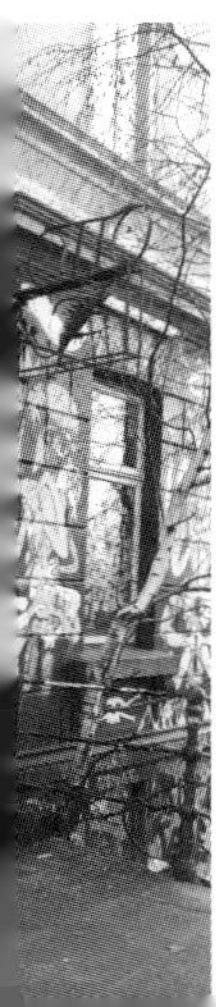

NOCH MEHR ADRESSEN

AMANDA 66
Amandastraße 66
20357 Hamburg
➡ www.amanda66.de
Keine 500 Meter Fußweg vom Schulterblatt und doch eine andere Welt. Unprätentiöse Bar im Stil der Siebziger, die rote Außenbeleuchtung weist den Weg. Viel Stammpublikum, entspannte Atmosphäre. Im Sommer mit schönem Außenbereich.

AUREL
Bahrenfelder Straße 157
22765 Hamburg
➡ www.facebook.com/pages/Aurel/111338268924834
Die wohl bekannteste Bar in Ottensen direkt am Alma-Wartenberg-Platz. Lateinamerikanisch angehaucht, Cocktails, Longdrinks, tagsüber Cafébetrieb und Sitzmöglichkeiten draußen.

FAMILIEN-ECK
Friedensallee 2-4
22765 Hamburg
➡ www.familieneck.de
Kleine Eckbar mit Wandkacheln und DJs in Ottensen, am Wochenende meist sehr gut besucht.

FLICKENSCHILDT
Mundsburger Damm 63
22087 Hamburg
➡ www.flickenschildt.com
Urige Kneipe mit deftiger deutscher Küche gegenüber dem Ernst-Deutsch-Theater in Uhlenhorst/Mundsburg, benannt nach der Theaterschauspielerin Elisabeth Flickenschildt.

FREUNDLICH + KOMPETENT
Hamburger Straße 13
22083 Hamburg
➡ www.freundlichundkompetent.de
Angesagte „Strandbar ohne Strand" in Barmbek-Süd am EKZ Hamburger Meile mit Surfbrettern an der Wand. Cocktails, Livemusik, Clubbing, Pub Quiz, Bingo und mehr. Mehrfache/r Preisträger beim Club Award Hamburg.

JOLLY ROGER
Budapester Straße 44
20359 Hamburg
➡ www.ballkult.de
Die FC St. Pauli-Fankneipe schlechthin am Millerntor-Stadion.
Punk, HC, Ska, Nu Metal, Alternative etc. vom Plattenteller, Soli-Veranstaltungen, Kicker(turniere), Spieleabende. Mit angeschlossenem Hostel „Jolly Day Inn" in den oberen Stockwerken, jährliche Bühne auf dem Hafengeburtstag.

KARO ECKE
Marktstraße 92
20357 Hamburg
Kneipe, Café, Bistro mit Kaffee, Kuchen, Mittagsangebot und sonntäglichem Brunch an der Marktstraße/Ölmühlenplatz im Herzen des Karoviertels.

KATZ & KATER
Schumacherstraße 86
22767 Hamburg
➡ www.facebook.com/pages/Katz-Und-Kater/163892920419375
Urige Kneipe in Altona-Altstadt Nähe Max-Brauer-Allee/Friedenseiche. Mobiliar und Einrichtung sind jahrzehntealt, ohne abgerockt oder lieblos zu wirken. Hinterzimmer mit Billard und Darts, sehr geräumig.

LAIS
Bei der Reitbahn 1
22763 Hamburg
Authentische Kneipe am Ende der Ottenser Hauptstraße. Viel Holz, viele gerahmte Fotos an den Wänden, viel Zeugs. Home of Barsenal, der 2005 gegründeten Thekenfußballmannschaft.

DAS LEMON
Margaretenstraße 27
20357 Hamburg
Bar in den Räumen einer klassischen Nachbarschaftskneipe. Davon zeugt untere anderem noch die beim angenehm gemischten Publikum beliebte Kegelbahn im hinteren Teil der Bar.

LUBA LUFT BAR
Am Brunnenhof 2–4
22767 Hamburg
➡ lubaluft.de
Die richtige Wahl für alle, die Wert auf gute Drinks legen. Hier zählt handwerkliches Können statt der üblichen schnell gemischten Longdrinks.

NACHTHAFEN
Clemens-Schultz-Straße 93
20359 Hamburg
➡ www. facebook.com/nachthafen
Kneipe in einem ehemaligen Bordell nahe dem Hamburger Berg. Teppiche, Sofas, gemütliches Flair. Anwohner, Alteingesessene, älteres Publikum.

OTZENTREFF
Otzenstraße 4
22767 Hamburg
➡ www.otzentreff.net
Günstiges Bier, durcheinandergewürfeltes Publikum, Flair einer typischen Eck- und Absturzkneipe. Gut gelegen auf der Achse Reeperbahn – Schulterblatt. Wagemutige trinken einen Gehängten, geraucht wird für zwei.

REH BAR
Ottenser Hauptstraße 52
22765 Hamburg
➡ www.instagram.com/reh.bar
Geschmackvoll aber gemütlich eingerichtete Bar mitten in Ottensen. Unter der vergoldeten Decke wird eine gut sortierte Auswahl an Longdrinks, Cocktails und Bieren serviert. Beliebt ist der ebenso starke wie preisgünstige Caipirinha. Separater Raucherbereich, tagsüber Cafébetrieb.

TORTUGA BAR
Bleicherstraße 27
22767 Hamburg
➡ www.tortuga-bar.com
Hier läuft alles zwischen Punkrock, Rock ‚n' Roll und Garage. Kombiniert wird das musikalische Programm mit entsprechend günstigen Getränkepreisen, aber auch Lesungen und anderen Specials.

SORGENBRECHER
Hamburger Berg 23
20359 Hamburg
➡ www.facebook.com/Sorgenbrecher
Einer der legendären Anlaufpunkte der Hamburger Szene in den 1990er Jahren. Für Freunde der Gitarrenmusik, günstige Preise und Flipper-Automat.

THIER
Schulterblatt 98
20357 Hamburg
➡ www.facebook.com/thier.hh
Gegenüber von Saal II und Haus 73 am Ende des Schulterblatts. Cocktails, Longdrinks & Co., selbstgemachter Rhabarberschnaps „Rhababsi". Wöchentliche Übertragungen von RuPaul's Drag Race, Ogay-Partys und Thiers-for-Fears-Partys.

TOAST BAR
Wohlwillstraße 54
20359 Hamburg
Gemütliche kleine Bar in bester Lage, an Wochenenden dementsprechend gut besucht. Keine fünf Meter Fußweg zur KANTE, dort kann man von Kaffee und Kuchen stufenlos zum ersten Sekt übergehen.

PLATTENLADEN-TOUR

10

STARTPUNKT

U-Bahn-Station Feldstraße [U3]

ENDPUNKT

S-Bahn-Station Reeperbahn [S1, S2, S3]

DAUER

etwa 1,5 Stunden

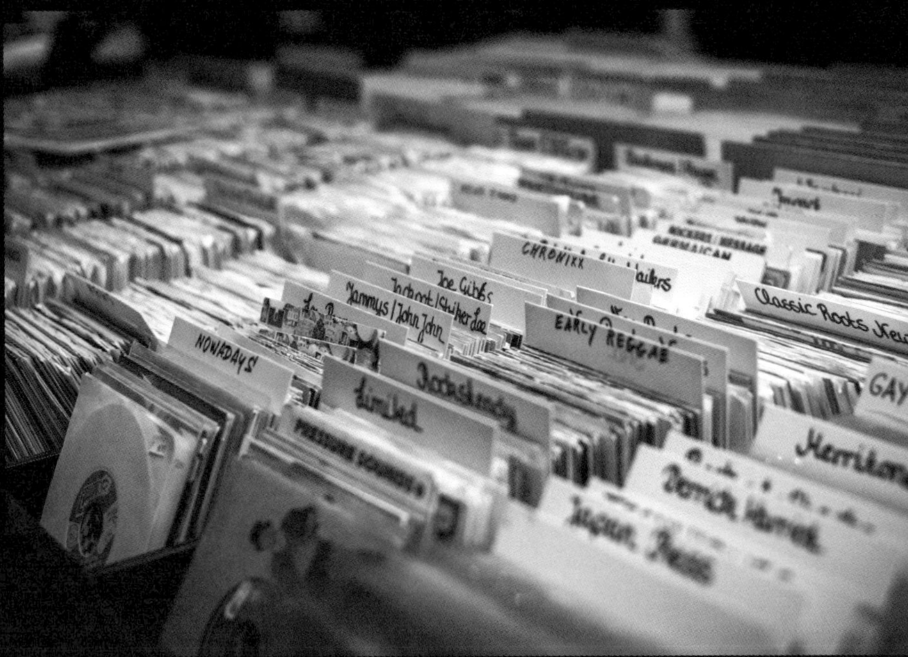

SPILLERS HEISST der wohl älteste Plattenladen der Welt, der bis heute im walisischen Cardiff zu finden ist. Seit 1894 gibt es in dem Geschäft Musik zu kaufen – anfangs noch auf Schellackplatte, denn die Langspielplatte, wie wir sie heute kennen, kam erst 1948 auf den Markt. Seit nunmehr siebzig Jahren ist die klassische LP mit ihren 33 Umdrehungen pro Minute also nicht totzukriegen und hat damit schon genauso viele prognostizierte Niedergänge überlebt, wie Konkurrenzmedien mit kurzer Haltbarkeit der ultimative Siegeszug vorausgesagt wurde. Die Schallplatte wird bleiben. Sie wird sich neben den aktuellen digitalen Formaten behaupten können und auch neben denen, die noch folgen werden. Mit, nein wegen ihr wird es noch lange Presswerke, Label, Vertriebe und natürlich Plattenläden geben. Um die Schallplatte hat sich eine eigene Kultur entwickelt, was sich von der Compact Disc kaum sagen lässt.

Dass von dem physischen Format CD auch im Jahr 2019 noch mit weitem Abstand mehr Einheiten abgesetzt wurden als von der schwarzen Kunststoffscheibe, ist nichts weiter als eine am Ende unbedeutende Randnotiz in der langen Geschichte der Tonträger. Die CD wird sich gegen MP3 nicht behaupten können, denn anders als die Vinylplatte, deren Cover mit den Jahren immer speckiger wird und deren Sound sich mit jedem Kratzer ändert, erzählt sie keine Geschichte. Und die Menschen lieben nun mal Geschichten, die Geschichten anderer und ihre eigenen. Nein, der in den letzten Jahren wieder zunehmende Erfolg der Schallplatte hat dabei auch wenig mit Hipstertum oder der konsequenten Gegenwartsverweigerung romantisch veranlagter Musiknerds zu tun. Und genauso wenig mit dem Umstand, dass für eine Chartnotierung hierzulande der Gesamtumsatz, nicht der stückweise Absatz von Tonträgern entscheidend ist – was der im Durchschnitt teureren LP-Veröffentlichung ja eigentlich theoretische Vorteile bringt. Für kommerziell Zählbares sind die Auflagen dann doch zu klein. Die Vinylplatte wird aus den gleichen Gründen und von den gleichen Menschen am Leben gehalten, die auch dafür sorgen, dass es Plattenläden heute noch immer gibt – seit 1894, seit vierzig, dreißig oder fünfzehn Jahren: von den Liebhabern.

Wie die Platten erzählen auch die Plattenläden Geschichten: die der Musik in ihren Regalen, ihre eigene, die ihres Viertels. Sie sind nicht weniger als Orte, die die Geschichte ganzer Soziokulturen bewahren, Orte erbitterter Diskussionen, nicht selten von Prahlerei, skeptischer Musterung und für den Neuling von erst mal unüberwindbar scheinenden Eintrittsbarrieren, Pforten ins Glück, Treff- und Streitpunkte, Orte zum Versinken, Förderer, Versorger, Versteher, Tröster, Bewahrer. Von welcher CD-Abteilung eines Elektrofachmarkts kann man das schon behaupten?

Dieser Rundgang führt uns vom Karoviertel, in dem sich gleich ein halbes Dutzend Plattenläden befindet, über einen kurzen Schlenker ins Schanzenviertel zu den Plattenläden St. Paulis in den Seitenstraßen der Reeperbahn und endet dort am Beatles-Platz. Ob Punk, Techno, Reggae oder World Music – nicht nur allerhand Genres kommen dabei vor, sondern es wird auch von der teilweise jahrzehntelangen Historie der Läden, ihren Macher*innen und den Besonderheiten der Record Stores erzählt.

An der U-Bahn-Station Feldstraße überqueren wird zuerst die Straße, die der Haltestelle ihren Namen gibt, bevor es rechter Hand entlang bis zur ersten Station geht: dem Plattenladen Ruff Trade an der Ecke zur Glashüttenstraße.

MUSIK ZUR TOUR

TODD SNIDER
VINYL RECORDS
aus dem Album »New Connection«
(Oh Boy Records 2002)

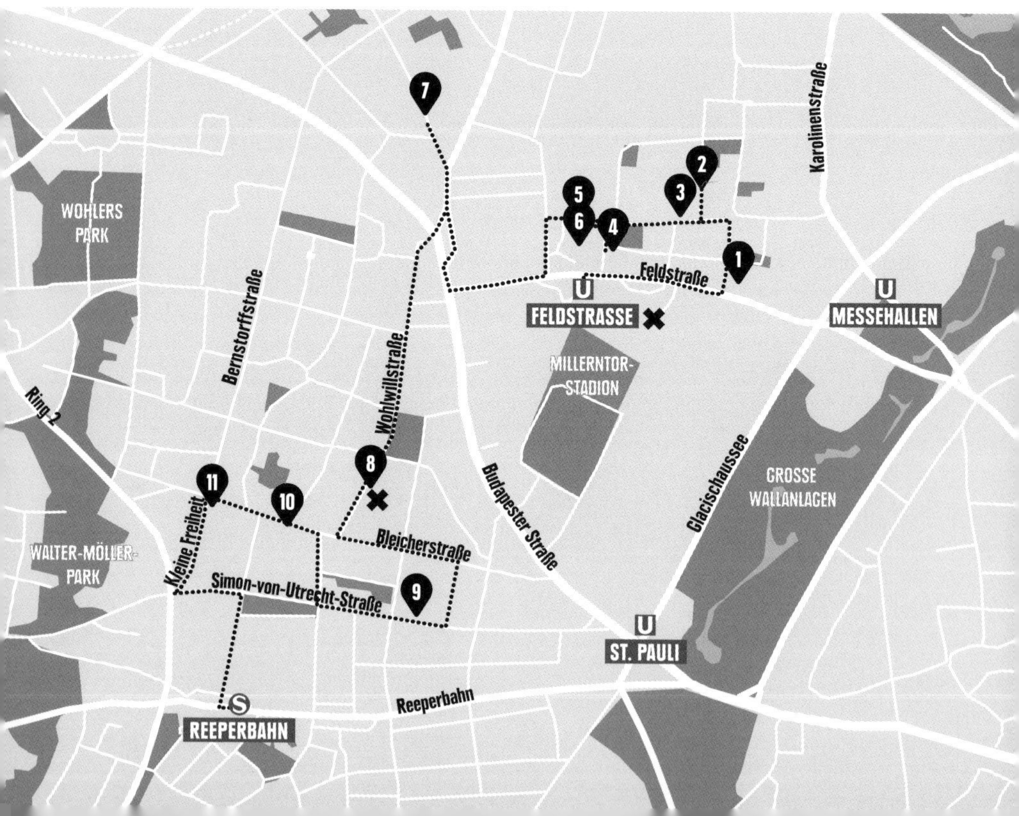

RUFF TRADE

Feldstraße 48
20357 Hamburg
➡ www.rufftrade.de

Die Namensähnlichkeit mit dem legendären, 1976 gegründeten britischen Plattenladen Rough Trade Records ist zwar ein Zufall, aber eine Verbindung zwischen beiden gibt es trotzdem. Denn das Londoner Urgestein ging nicht nur in einem Label und einem Vertrieb auf, sondern auch in einer Ladenkette gleichen Namens. Ruff Trade, 1979 als Rip Off gegründet, gehörte einst zur britischen Mutterfirma Rough Trade und hieß folglich auch so – bis der heutige Betreiber Michael Ruff Mitte der 1980er Jahre zwar den Laden, nicht aber den Namen übernahm bzw. den neuen Namen als Reminiszenz an den alten anlehnte.

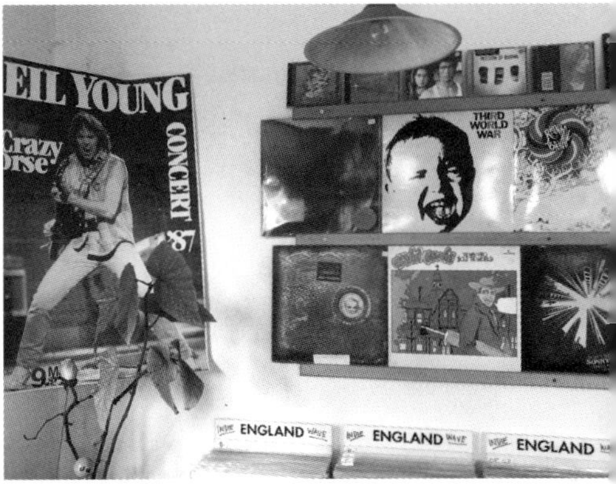

Der Weg dorthin führt direkt an dem auf Basecaps der Marke „New Era“ spezialisierten Cap-Geschäft Just Fitted vorbei. Neben einer Reihe von Lizenzprodukten sind dort auch Caps mit Hamburg-Bezug und Produkte aus Kooperationen mit lokalen Partnern wie etwa dem Suicycle Bikestore und der Rahmenmanufaktur in der Wohlwillstraße erhältlich. Der in der Hip-Hop-Szene beliebte Laden zählt nicht von ungefähr Künstler wie Jan Delay zu seinen Stammkunden und Supportern. Auf der gegenüberliegenden Straßenseite ragt mit dem Feldstraßenbunker der höchste noch erhaltene Hochbunker der Hansestadt in den Himmel (siehe Hot Spot auf Seite 171).

Haben wir schließlich an der zweiten Straßeneinmündung den kleinen Eckladen Ruff Trade erreicht, erwartet uns dort vorwiegend Second-Hand-Ware aus allen Genres. Ob Afrobeat, Punk, Hard Rock oder Jazz spielt keine Rolle – verkauft wird, was dem Betreiber gefällt. Mit der offeneren Ausrichtung des ehemals auf Independent-Musik spezialisierten Ladengeschäfts, das lange auch noch viele Rough-Trade-Künstler im Programm hatte, trug Michael Ruff den Veränderungen in der Musikindustrie und im Independent-Bereich Rechnung, den der kommerzielle Durchbruch des Internets mit sich brachte. Auch für die Arbeit Ruffs, der früher als Sänger zusammen mit dem späteren Palais-Schaumburg-Gründer Holger Hiller in der Hamburger Rock- und Dark-Wave-Band Geisterfahrer aktiv war und deren erste EP auf ZickZack Records von Alfred Hilsberg erschien, änderte sich mit dem Strukturwandel des Plattenhandels einiges. Denn der Plattenladenbetreiber, der bis 2003 noch als Musikjournalist unter anderem für „Spex“,

„Rolling Stone", „Hamburger Morgenpost" und „Szene Hamburg" geschrieben hatte, heuerte bei einer Catering-Firma an und bringt seither Schulkindern ihr warmes Mittagessen. Neben vielen anderen haben im Laufe der Jahre viele Musiker von Sonic Youth und Angelo Kelly bis Blumfeld und Tocotronic im Laden vorbeigeschaut.

Um zu unserer nächsten Station zu gelangen, folgen wir der Glashüttenstraße, die nach einer Linkskurve in die Marktstraße übergeht. Nach ein paar Metern ist rechter Hand der Fischkopp Plattenshop, ein kleines, dunkles, innen und außen szenetypisch gestaltetes Ladenlokal, nicht zu übersehen.

FISCHKOPP 2

Grabenstraße 4
20357 Hamburg
➡ fischkopp_hh@web.de

Mehr Projekt als Geschäft ist dieser Anfang der 2000er Jahre gegründete, ehrenamtlich betriebene Laden für Punk, Hardcore, Metal und Crust. Aber auch New Wave und die ein oder andere Hip-Hop-Scheibe finden sich in der Grabenstraße/Ecke Marktstraße in den Regalen. Mit dem Sublabel Fischkopf des ehemaligen Labels Container Records, das teilweise zur gleichen Zeit betrieben wurde, hat der Laden damit weder institutionell noch musikalisch etwas zu tun.

Eröffnet in der Ära des rechtspopulistischen Innensenators Ronald Schill, der zuvor als „Richter Gnadenlos" Karriere gemacht hatte und in dessen Amtszeit unter anderem die Räumung des Bauwagenplatzes „Bambule" im Karoviertel fiel, verstanden die Macher*innen, die viele gemeinsame Aktionen mit den Leuten vom Wagenplatz verbanden, Fischkopp von Anfang an als mehr als nur einen Plattenladen. Bis heute gibt das Projekt ihrer Vorstellung der D.I.Y.- und Anarcho-Punk-Idee einen Raum und bildet einen wichtigen Dreh- und Angelpunkt der Szene. Dem Zirkel an MitarbeiterInnen schließen sich Konzertgruppen, Tonträgerproduktion und Vertriebe an, die Erlöse der Verkäufe fließen entweder ins Ladengeschäft oder direkt in die Musik. So wird beispielsweise auch unbekannten Bands eine Plattenveröffentlichung oder der Vertrieb eigener Tonträger durch den Laden ermöglicht. Neben Second-Hand, Neuware und Raritäten gibt es natürlich auch Tapes, Zines, Bücher und Shirts zu mehr als fairen Preisen.

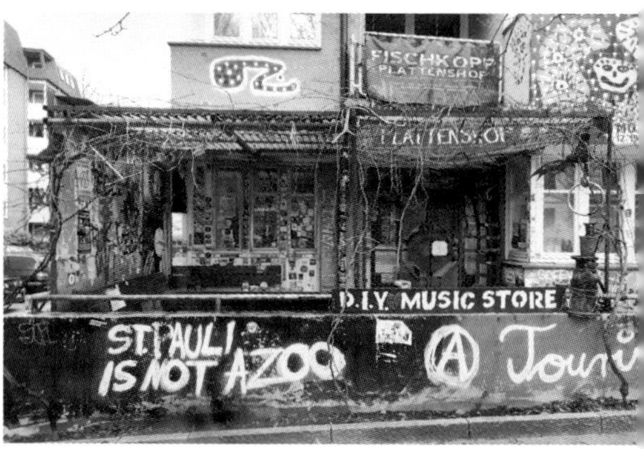

Um die Ecke geht es zurück auf die Marktstraße, der wir weiter folgen. Der Groove City Record Store befindet sich nach ein paar Metern auf der rechten Seite.

GROOVE CITY 3

Marktstraße 114
20357 Hamburg
➡ www.groovecityrecordstore.com

Es gibt Musik, an die denken die meisten Menschen nicht, wenn sie an Musik denken. Nicht beim ersten, auch nicht beim zweiten oder dritten Gedanken. Türkische Rockmusik dürfte dazugehören, afrikanische Discomusik ziemlich sicher, ebenso südamerikanische Folklore. Bei Marga Glanz und ihrem Team von Groove City im Herzen des Karoviertels ist die Chance groß, genau diese und unzählige weitere eher exotische Stile zu finden, daneben vor allem Hip-Hop, Funk & Soul, Jazz, Afro, Ska, Reggae und Electro.

Neunzig Prozent der Platten im Laden kommen von Indie-Labels. Nach ihrer für die Zeit üblichen musikalischen Sozialisierung mit im weitesten Sinne Rockmusik à la Jimi Hendrix und Janis Joplin folgte für die heutige Groove-City-Betreiberin Glanz erst der Punk, dann in den 1980er Jahren die Politisierung und schließlich über das Interesse an der schwarzen Bürgerrechtsbewegung die ebenfalls von politischen Impulsen angetriebene Begeisterung für die Hip-Hop-Kultur einschließlich Rapmusik.

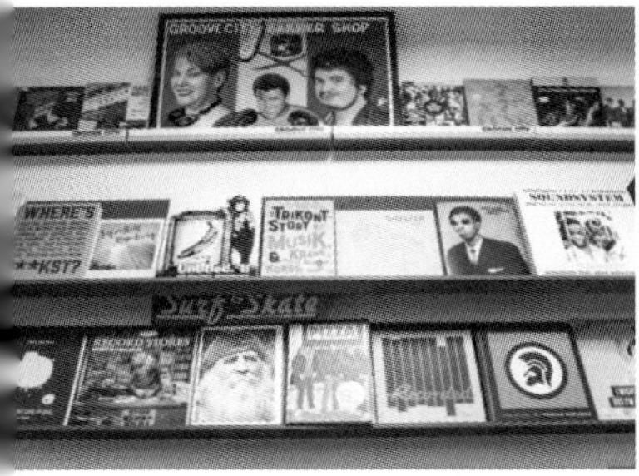

Gelernt hat Glanz ihr Handwerk von Mitte bis Ende der 1980er Jahre bei Zardoz in Altona, einer weiteren Hamburger Institution. Nach einem kurzen Abstecher zum Label Yo Mama, der früheren Heimat von Eins Zwo, Fettes Brot, Ferris MC und Fünf Sterne deluxe, übernahm sie dann vor fünfzehn Jahren den 1992 gegründeten Plattenladen von ihrem Vorgänger. Die Arbeit an der Musik, so hat sie es einmal formuliert, ist dabei der Arbeit mit dem Produkt gewichen. Und eben jene Musik, die ihr gefällt, bringt sie nun nicht nur in Form von Tonträgern Interessierten näher: In-Store-Gigs und die Veranstaltungsreihe „Eine Kiste Platten, eine Kiste Bier mit ..." laden zur Begegnung und Diskussion ins Ladengeschäft ein. Darüber hinaus gibt es mit „Groovy Schüssel" am Freitagabend wöchentlich eine kuratierte Veranstaltung im Golden Pudel Club am Hafen.

Nun geht es die Marktstraße Richtung Feldstraße entlang, auch den Linksknick am Ölmühlenplatz nehmen wir mit. Unsere nächste Station befindet sich unmittelbar dahinter an der Einmündung zur Straße Ölmühle.

ZARDOZ 4

Marktstraße 55
20357 Hamburg
➡ www.zardoz-schallplatten.de

Der Plattenladen, in dem Marga Glanz einst lernte, wie so ein Laden funktioniert, befindet sich mittlerweile unweit ihres eigenen: Das nach dem gleichnamigen Science-Fiction-Film mit Sean Connery und Charlotte Rampling (1974) benannte Fachgeschäft Zardoz existiert nun bereits fast vierzig Jahre. Und man könnte meinen, seit ebenso langer Zeit liefere sich der Laden ein Katz-und-Maus-Spiel mit der fortschreitenden Gentrifizierung der Stadt. 1981 in Eimsbüttel gegründet, ging es über Altona und St. Georg in die Schanze, bis der Mietvertrag am Schulterblatt nach fünfzehn Jahren gekündigt wurde. Seit 2018 ist Zardoz nun in unmittelbarer Nachbarschaft von vier weiteren Plattenläden, die teils selbst bewegte Geschichten und mehrere Umzüge hinter sich haben, in der Markstraße beheimatet.

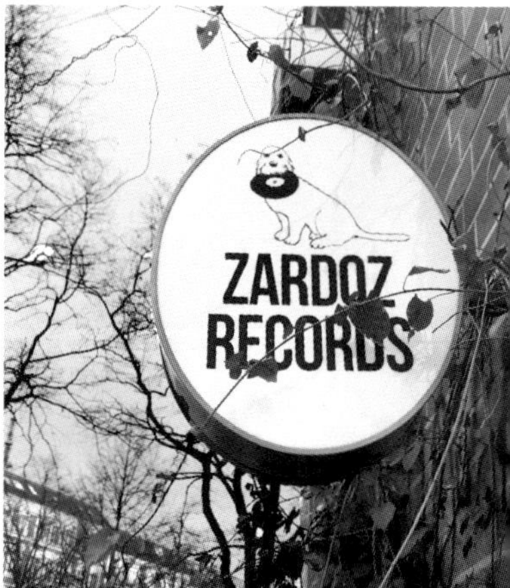

Angeboten werden Vinyl und CDs, als Neuware, Second-Hand-Tonträger oder Reissue, und musikalisch werden alle Genres abgedeckt: So finden sich Oldies/Sixties-Platten, klassischer Rock, Indie, Punk und Avantgarde genauso wie Electronica/Ambient oder Soundtracks. Doch auch der neue Standort ist ein Hotspot der Gentrifizierung: Die bereits im Gange befindliche umstrittene Aufstockung des Hochbunkers in der Feldstraße ist nur das radikalste Zeichen einer auch vor diesem Teil St. Paulis nicht haltmachenden Stadtentwicklung, die auch hier den Läden, die das Viertel prägen, das Leben schwer macht.

Wenn wir Zardoz nun Richtung Feldstraße/Neuer Kamp verlassen, um direkt rechts wieder auf den Lattenplatz abzubiegen, steuern wir nicht nur direkt auf Smallville und die Hanseplatte zu, die beide rechter Hand am Ende des Platzes liegen, sondern befinden uns mit dem Karostar Musikhaus St. Pauli, seinen zahlreichen Mietern aus der Musik- und Medienwirtschaft und dem Livemusikclub Knust auch inmitten eines der wichtigsten Cluster der unabhängigen kreativen Szene Hamburgs.

HOT SPOT
HOCHBUNKER FELDSTRASSE

Der unter seinem ursprünglichen Namen als „Flakturm IV" firmierende Hochbunker wurde einst von Zwangsarbeitern errichtet und bot während des Zweiten Weltkrieges rund 25 000 Menschen Schutz vor Luftangriffen. Zu massiv für eine Sprengung, wird der Bunker, der als Ort der Erstausstrahlung der **TAGESSCHAU** und seit den 1970er Jahren mit der von F.C. Gundlach als ein Zentrum für Fotografie gegründeten Firma **PPS** auf eine lange Mediengeschichte zurückblickt, seit den späten 1990er Jahren vor allem von jüngeren Mietern aus dem Kultur- und Medienbereich genutzt. So befinden sich in den Räumlichkeiten unter anderem der Hamburger Ableger des privaten **SAE INSTITUTE**, eines Ausbildungsanbieters für audiovisuelle Medien, der **RESONANZRAUM**, der das für avantgardistische Streichermusik bekannte Ensemble Resonanz beherbergt und als Experimentierfläche für neue Konzertideen dient, die Clubs **UEBEL & GEFÄHRLICH** und **TERRACE HILL** sowie der vielfach ausgezeichnete Radiosender **BYTE.FM**. Als Ort für Livemusik, Club-Nächte, Lesungen und weitere Veranstaltungen ist das Ue & G weit über die Stadtgrenzen hinaus bekannt, was natürlich nicht zuletzt an der außergewöhnlichen Location liegt. Mitgründer war einst der ehemalige Betreiber des Clubs „Weltbühne" am Nobistor Tino Hanekamp. Die Geschichte von dessen letzter Nacht – der Club musste 2005 schließen – erzählt Hanekamp in seinem mittlerweile verfilmten Debütroman „So was von da".

In der alternativen Radiolandschaft Deutschlands spielt wiederum der Radiosender ByteFM eine herausragende Rolle: Getragen von einem Förderverein, ohne Finanzierung durch öffentliche Mittel und vor allem ohne Werbung, gibt er rund einhundert größtenteils ehrenamtlich arbeitenden Autor*innen in ebenso vielen Sendungen breiten Raum für die Beschäftigung mit Popmusik und Popkultur in all ihren Facetten. Dazu gehören so bekannte Journalist*innen wie Klaus Fiehe, Volker Rebell, Christoph Twickel, Frank Witzel, Klaus Walter oder Sandra Zettpunkt.

Seit dem Frühjahr 2019 wird der rund vierzig Meter hohe Bau durch einen Investor um fünf Stockwerke und damit annähernd die Hälfte der jetzigen Höhe aufgestockt. Die neu gewonnene Fläche soll einmal unter anderem ein Hotel und eine Mehrzweckhalle beherbergen, aber auch für stadtteilspezifische Nutzungsmöglichkeiten zur Verfügung stehen. Als Abschluss ist eine öffentlich zugängliche begrünte Krone in Form eines Dachgartens vorgesehen, zu diesem Zweck ist die Pflanzung von mehreren Tausend Bäumen geplant. Das Projekt ist höchst umstritten und wird von juristischen Auseinandersetzungen und teils erbitterten Protesten begleitet.

SMALLVILLE 5

Neuer Kamp 32
20357 Hamburg
➡ www.smallville-records.com

2005 wagte der Freiburger Julius Steinhoff mit Mitte zwanzig einen Schritt, den man als ziemlich mutig bezeichnen kann: Nach den für die Musikindustrie goldenen 1990er Jahren – man erinnere sich nur an John Nivens Rausch-Erzählung „Kill Your Friends" – gründete er mitten in einer Phase, in der die Musikindustrie mit Umsatzeinbrüchen infolge von Filesharing-Plattformen zu kämpfen hatte und sich auf die Suche nach neuen Strategien im längst angebrochenen MP3-Zeitalter machen musste, einen Plattenladen. Smallville, damals von Steinhoff zusammen mit dem DJ, Produzenten und Labelbetreiber von Dial Records Peter Kersten alias Lawrence und Stella Plazonja (früher unter anderem bei den Labels L'Age D'Or und Yo Mama) betrieben, befand sich zunächst mehr als zehn Jahre an einer anderen Stelle St. Paulis in der Hein-Hoyer-Straße, einer Nebenstraße der Reeperbahn.

Auf Stella Plazonja folgte bald Just von Ahlefeld, auch Kersten stieg irgendwann aus. Seitdem betreiben Steinhoff und von Ahlefeld nicht nur den auf Techno und Housemusic spezialisierten Laden, der 2017 an den Neuen Kamp zog, sondern auch das später gegründete gleichnamige Label zu zweit. Dort veröffentlichen unter anderem Christopher Rau, Move D oder RVDS. Gemeinsam firmieren Steinhoff und von Ahlefeld außerdem als Duo Smallpeople, sind jedoch auch noch unter anderen Aliasen und ihren Klarnamen aktiv. Immer mal wieder gibt es bei Smallville In-Store-Gigs, bei denen auf dem Label beheimatete oder befreundete Künstler im Laden auflegen – wer nicht dabei sein kann, kann die Gigs via Internetstream live verfolgen.

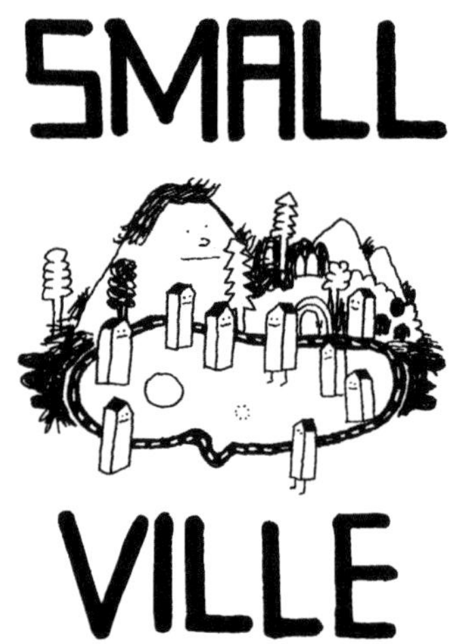

Smallville-Clubnächte finden regelmäßig im Golden Pudel Club statt, auch Open-Air-Raves unter dem Namen des Sublabels „Fuck Reality" veranstalten die Macher im Sommer, zurzeit auf dem Gelände des Dockville-Festivals in Wilhelmsburg. Bis 2019 gab es auch eine Pariser Dependance des Plattenladens. Unverkennbare Trademark von Label und Laden: das visuelle Erscheinungsbild, das seit jeher der Hamburger Zeichner und Künstler Stefan Marx verantwortet.

Direkt gegenüber von Smallville befindet sich die Hanseplatte.

HANSEPLATTE 6

Neuer Kamp 32
20357 Hamburg
➡ www.hanseplatte.de

Gereon Klug ist zwar kein Hamburger, aus dem subkulturellen Leben der Stadt allerdings genauso wenig wegzudenken wie der von ihm mitbegründete Laden Hanseplatte am Rand des Karoviertels. In den vierzehn Jahren seines Bestehens hat sich das Geschäft nicht nur zu einem über die Stadt hinaus bekannten Dreh- und Angelpunkt der lokalen Szene entwickelt, sondern auch zu einem Muss für viele Besucher*innen dieser Ecke St. Paulis.

In der Hanseplatte findet sich heute ein über die Jahre zusammengetragener Kosmos an Hamburger Produkten, der die ursprüngliche Idee, ausschließlich Musik von Hamburger KünstlerInnen und Labels zu verkaufen, über den Plattenverkauf hinaus erweitert. Neben einer großen Auswahl an Büchern über Musik oder von Musikern (etwa Thees Uhlmann, Frank Spilker, Torsun Burkhardt) gibt es mittlerweile auch viel politische Literatur und außerdem Merchandise sowie diverse Produkte von Hamburger Firmen und Manufakturen.

Bereits nach wenigen Jahren gaben Gründer Klug und seine Partnerin Eva Schmid die Hanseplatte in die Hände von Jakob Groothoff, der damit wenige Tage nach Beendigung seiner Ausbildung als Veranstaltungsmanager zu seinem eigenen Laden kam und diesen nun bereits seit elf Jahren, mittlerweile zusammen mit Kollegin Sina Kelting, führt. Die Arbeit des Teams umfasst inzwischen auch Labelarbeit, so kümmert man sich nun bei der Hanseplatte etwa um die Releases von Erobique und Jacques Palminger (und deren Projekt Yvon) sowie

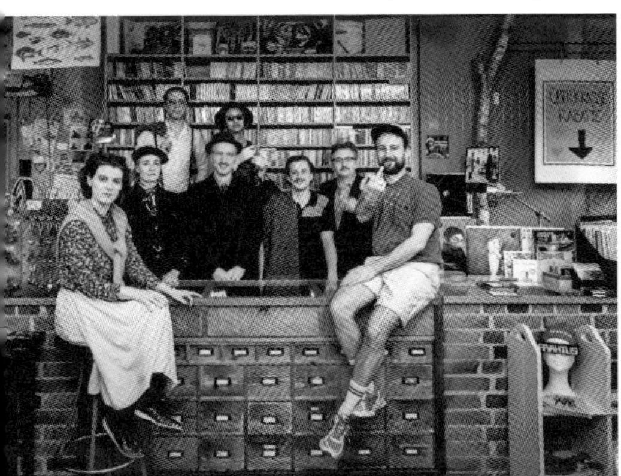

der Band Mutter und fungiert außerdem als Vertrieb, beliefert also andere Plattenläden. Nicht zuletzt gehört zum Laden das Label Hans E. Platte, auf dem diverse Hamburger Bands und Projekte veröffentlicht haben – darunter auch Lafote, deren Sänger und Gitarrist Jakob Groothoff ist.

Bekannt geworden ist die Hanseplatte auch durch ihren durchgeknallten Newsletter, wie die „taz“ die Hausmitteilungen der Hanseplatte einmal lobte, bis heute verfasst von Gründer Gereon Klug unter seinem Pseudonym Hans E. Platte. Als „Spielwiese der freien Form“ hat die Kundeninformation erheblichen literarischen Entertainment-Mehrwert und entwickelt sich mitunter gar zu „psychedelischen Schlachtengemälden" (so ebenfalls die „taz"). Vor ein paar Jahren sind die Newsletter unter dem Titel „Low Fidelity – 70 Briefe gegen den Mainstream" auch in Buchform erschienen. Regelmäßig finden in der Hanseplatte auch Lesungen und Konzerte statt, etwa mit Gisbert zu Knyphausen, Isolation Berlin, Matula, Torsun Burkhardt oder Der Bürgermeister der Nacht.

Wir verlassen die Hanseplatte und den Lattenplatz nun durch die gegenüberliegende Passage, passieren Knust, Centro Sociale und den Buchladen cohen+dobernigg und biegen links in die Sternstraße ein. Am nachladen. vorbei geht's Richtung Neuer Kamp, bis, nach rechts gewandt, die Straße nach gut 200 Metern in den Neuen Pferdemarkt mündet. Diesen gehen wir weitere 200 Meter rechts entlang, um an der Gabelung Schulterblatt/Schanzenstraße links das Schulterblatt runter zum Selekta-Store zu laufen.

SELEKTA REGGAE RECORD SHOP 7

Schulterblatt 18
20357 Hamburg
➡ www.selekta-shop.de

Als Ingo Schepper (Abb. auf der rechten Seite) Mitte der 1980er Jahre aus Münster nach Hamburg kam, wunderte er sich, dass die westfälische Studentenstadt in Sachen Reggae um einiges weiter war als die wesentlich größere Elbmetropole. Das lag ganz wesentlich an den dort seit dem Zweiten Weltkrieg stationierten Angehörigen der britischen und US-amerikanischen Streitkräfte, die in Münsteraner Clubs und Discos zu Funk, Soul oder Hip-Hop tanzten und mit deren musikalischen Vorlieben Schepper an der Peripherie dieser Szene, vor allem aber durch den Soldatensender BFBS und die Radio-DJs David Rodigan und John Peel in Kontakt kam. Auch Reggae wurde damals in Münster schon ganz selbstverständlich auf Partys mit Punk gemischt.

In Hamburg angekommen, findet er zwar eine kleine, aber immerhin vorhandene Reggae-Szene vor. Diese hatte sich bis dahin musikalisch eher an klassischem Roots-Reggae orientiert, doch seit Anfang der 1990er Jahre belebt Schepper sie durch neue Imulse. Denn bevor er mit seinem damaligen Geschäftspartner das erste Ladengeschäft wenige Hundert Meter entfernt vom jetzigen Standort eröffnet, beginnt er als DJ aufzulegen, zuerst Hip-Hop, dann Reggae und dessen damals neue Spielarten wie Dancehall und Ragga.

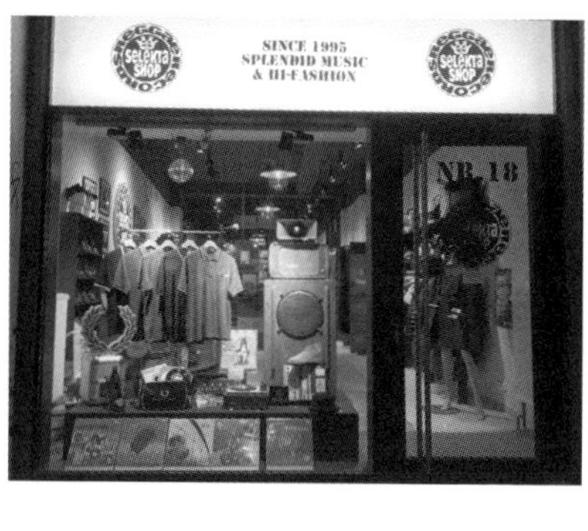

In den folgenden Jahren betreibt Schepper den illegalen Zwinger-Club am Hafen, wo die ersten Soundsystem-Partys stattfanden und Künstler wie Pete Rock oder die KRS-One-Crew Boogie Down Productions auftraten. Später gründet er das Lovetank Soundsystem und im Winter 1995 den Selekta Record Shop – denn ein Plattenladen für Reggae, Dub, Rocksteady, Ska und Artverwandtes hatte in der Hansestadt weiterhin gefehlt. Den Grundstock dafür bringt er sich nach einem mehrwöchigen Aufenthalt bei Coxsone Dodd aus Brooklyn mit, der nicht nur Betreiber eines Soundsystems ist, sondern in seinem legendären Studio One Acts wie Burning Spear, Bunny Wailer, Peter Tosh, The Skatalites oder Bob Marley produziert und auf dem gleichnamigen Label veröffentlicht hat.

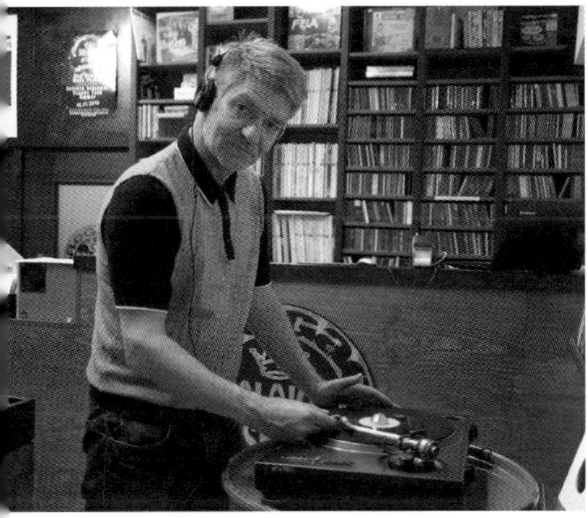

Eine zweite Selekta-Filiale in der Bernhard-Nocht-Straße auf St. Pauli besteht dagegen nur kurz, nach etwa zwei Jahren ist dort 2016 schon wieder Schluss, und es folgt der Umzug an den jetzigen Standort. Neben Platten hält der Selekta-Store im Ladengeschäft und online auch eine exklusive Auswahl an Kleidungsstücken und Schuhen überwiegend britischer Szene-Marken wie Fred Perry, Ben Sherman, Baracuta und Dr. Martens bereit.

Wir verlassen das Schulterblatt wieder in Richtung Neuer Pferdemarkt und überqueren die Stresemannstraße. Am Vintage-Kilo-Sale-Geschäft vorbei, passieren wir auf unserem Weg durch die Straße „Am Grünen Jäger“ bei Hausnummer 14 das etwas in der Einfahrt versteckte Tattoo-Studio der Rapformation 187 Strassenbande (187 Ink), den insbesondere in Sommernächten beliebten Corner-Spot Tabakbörse und den winzigen Arrivati Park, der sich links von uns befindet – das kleine Häuschen in der Mitte ist der Club Zum Grünen Jäger. Die Straße geht nach der Einmündung der Thadenstraße in die Wohlwillstraße über, wir laufen an der Toast Bar, der Kellerbar eldorado und The Walrus Bar vorbei und passieren die Einmündungen Otzenstraße, Brigittenstraße und den Paulinenplatz. Der Schallplattenladen Back Records befindet sich nun nach etwa hundert Metern auf der linken Seite, zwei Häuser hinter dem Graphic-Novel-Geschäft Strips & Stories.

BACK RECORDS 8

Wohlwillstraße 24
20359 Hamburg
➡ www.backrecords.blogspot.com

Seit mittlerweile 17 Jahren gibt es den kleinen Kellerladen Back Records von Steve Calabretta in der Wohlwillstraße, der vor allem Second-Hand-Scheiben führt und sich auf Rockmusik in allen möglichen Varianten spezialisiert hat – so finden sich etwa Hard Rock-, Stoner-, Garage-, Metal-, Doom- oder Blues-Scheiben im Laden und mittlerweile auch online, aber auch Jazz-, Funk- und Soul-Fans kommen hier auf ihre Kosten.

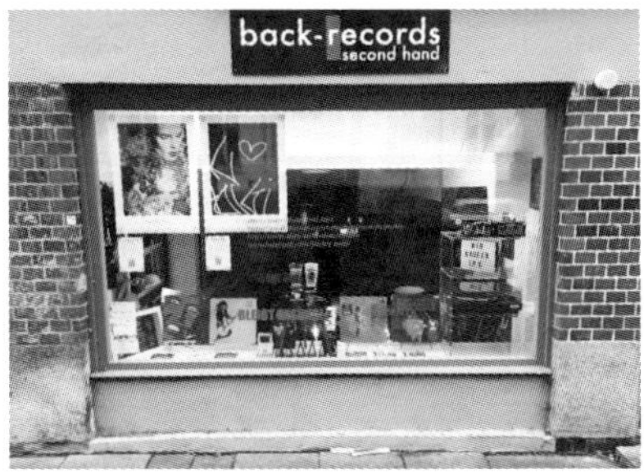

Calabretta fing Ende der 1990er Jahre im Elmshorner Plattenladen Von Gestern an, bevor sein damaliger Chef mit Back Records auf St. Pauli einen zweiten Laden eröffnete. Als der Inhaber sich nur zwei Jahre später zurückzog, übernahm er das Geschäft und führt es seitdem allein. Hin und wieder gibt es Instore-Veranstaltungen, Lesungen zum Beispiel oder Konzerte – das bekannteste ist wohl jenes, das das schwedische Folk-Duo Friska Viljor, bestehend aus Daniel Johansson und Joakim Sveningsson, im Jahr 2006 spielte. Die noch völlig unbekannte Band hatte in ihrem Heimatland gerade ihr Debüt „Bravo!" veröffentlicht und war mit dem Album im Gepäck nach Deutschland gereist, um als Straßenmusiker herauszufinden, ob ihr Sound auch außerhalb Skandinaviens ankommen würde. Bei einem Besuch in Calabrettas Laden nahm der ihnen zuerst ein paar Platten ab und organisierte dann ein Ladenkonzert noch am gleichen Abend. Diesem Auftritt folgten Begegnungen mit anderen Musikleuten, in den folgenden Tagen weitere kleine Konzerte in Hamburg, und schließlich brachte das Hamburger Indie-Label Devil Duck die Platte – wie später auch deren Nachfolger – auf den deutschen Markt. Auf ihrem dritten Longplayer, der in Deutschland auf Haldern Pop Recordings erschien, widmeten die Schweden dieser Episode, den Erlebnissen mit dem Back Records-Besitzer und anderen Leuten in Hamburg den Song „Wohlwill".

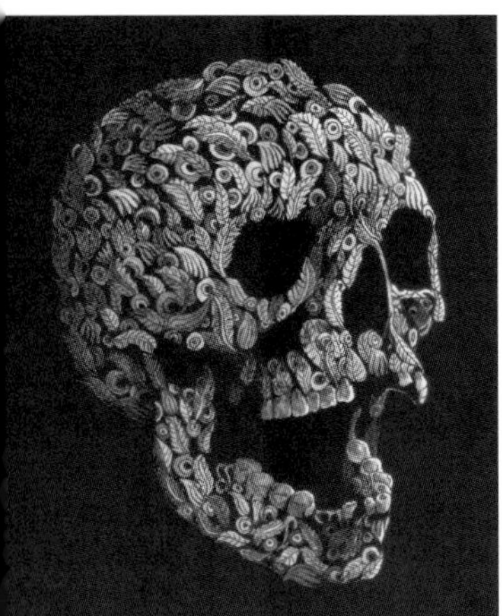

Neben seiner Arbeit im Plattenladen zeichnet Steve Calabretta unter dem Namen „TheCalabretta-Movement" Motive recht morbider Art (Abb. links), gelegentlich auch mal ein Plattencover.

HOT SPOT
JOHN LENNON-DOORWAY

Wer auf Höhe der Wohlwillstraße 22 den Durchgang nimmt, zur sogenannten Jägerpassage, erreicht nicht nur einen wie aus der Zeit gefallen scheinenden Hinterhof, sondern den Ort, an dem ein ganz besonderes Foto aus Hamburger Beatles-Tagen entstand: Im ersten Treppenaufgang lichtete der später sehr bekannt gewordene Fotograf **JÜRGEN VOLLMER** im Frühjahr 1961 den lässig an die Wand gelehnten **JOHN LENNON** ab, der dieses Motiv später als Cover für sein 1975 erschienenes Soloalbum **ROCK 'N' ROLL** auswählte. Es sollte sein letztes reines Soloalbum sein, an den anderen beiden noch vor seinem Tod 1980 erschienenen wirkte, wie auch schon bei einigen Alben zuvor, wieder Yoko Ono mit. Vollmer, der in Hamburg zu den Freunden der Beatles zählte und sie oft mit der Kamera begleitete, soll auch für ihre legendäre Pilzkopf-Frisur verantwortlich gewesen sein, wie Paul McCartney und John Lennon später vielfach berichteten – er trug sie nämlich selbst.

Am Ende der Wohlwillstraße biegen wir erst links in die Clemens-Schultz-Straße, dann die zweite rechts in die Rendsburger Straße ab. An der Kreuzung zur Simon-von-Utrecht-Straße gehen wir diese nach rechts ein paar Hausnummern bis zur Nummer 17 entlang.

MINIGROOVE 9

Simon-von-Utrecht-Straße 17
20359 Hamburg
➡ www.minigroove-hamburg.de

Begonnen hat die Geschichte des Minigroove-Plattenladens 2004, ein paar Jahre bevor das Ladengeschäft eröffnet wurde. Da nämlich beschlossen die Betreiber Stephanie und Christoph Bowlin, einen Teil ihrer riesigen Plattensammlung auf Flohmärkten zu verkaufen. Christoph Bowlin, aufgewachsen in Bremerhaven, hatte zu dem Zeitpunkt nicht nur 15 Jahre Erfahrung in der Musikbranche bei dem Independentvertrieb Indigo und dem Label Strange Fruit Records gesammelt und für das Magazin „Notes" geschrieben, sondern auch in Plattenläden, unter anderem bei Slam Records, gejobbt. Vor allem konnte Bowlin auf eine jahrzehntelange Sammelleidenschaft für Schallplatten zurückblicken, die sich, wie das Sortiment des Ladens, nicht auf einige wenige Genres beschränkte.

Mangels Auto bugsierten die fliegenden Händler fortan wöchentlich kistenweise Platten mit Fahrrad, Sackkarre und Einkaufswagen zu den Märkten, wo sie so gut verkauften, dass sie bald einen Laden in Eimsbüttel eröffnen konnten, den sie sich mit anderen Betreibern teilten. „We Do Wie Du" hieß der, benannt

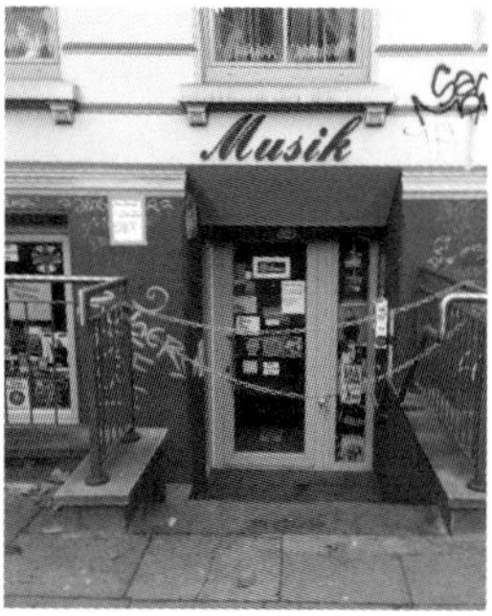

nach einem Stück der in Deutschland lebenden US-amerikanischen Band The Monks, das auf deren als wichtiger Meilenstein für die Entwicklung des Punk geltendem Debütalbum „Black Monk Time" (1966) enthalten war. Zum Konzept von We Do Wie Du gehörten neben Platten auch Klamotten, Kunst – und ein Friseur. Allerdings musste man nach einem knappen Jahr wieder schließen, und die Bowlins verkauften ihre Platten für die nächsten Jahre erst einmal wieder auf dem Flohmarkt, bevor sie 2008 schließlich einen zweiten Anlauf wagten und Minigroove eröffneten.

Die Wände des ehemaligen Milchladens nutzen die Betreiber für regelmäßig wechselnde thematische Coverausstellungen, die gleichzeitig die Deko des Ladens bilden. Neben Platten finden sich bei Minigroove ebenso Bücher, Comics und Kleidung, die einen Bezug zur verkauften Musik hat. An vielen Orten der Stadt wiederum kann man auf die von Stephanie Bowlin handgefertigten Minigroove-7"-Singles mit Name, Logo und Anschrift des Ladens stoßen: Genau wie die dazugehörigen Straßenmalereien sind sie Teil der Guerilla-Marketing-Aktionen des Ladens und Teil der Hamburger Streetart.

Wir verlassen Mingroove rechter Hand. Die Simon-von-Utrecht-Straße führt uns zur Talstraße, die wir nach rechts bis zum Ende durchqueren, um dann links über einen kleinen Abschnitt der Paul-Roosen-Straße gleich wieder rechts zu Otaku Records am Anfang der Bleicherstraße zu gelangen.

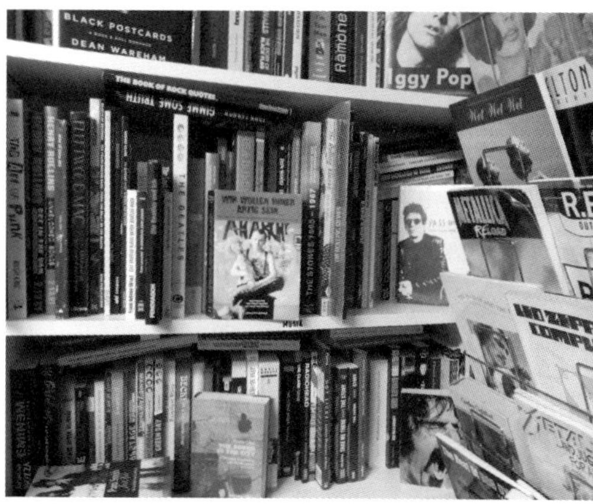

OTAKU 10

Bleicherstraße 3
22767 Hamburg
➡ www.otaku-records.de

Anfang der 1990er Jahre, Techno und House-Music begannen dem Underground zu entwachsen, befand sich auf St. Pauli ein Hotspot für Freunde der elektronischen Musik: Das als Vorreiter der Hamburger Technoclubs geltende Unit in der Talstraße (später am Nobistor, dann in Bahrenfeld), die Clubs Brainstorm, No Limit und Tunnel, der heute noch existiert, aber auch Container Records, waren alle rund um die Reeperbahn angesiedelt. Letzteres zunächst als Label gegründet, wurde schon wenige Monate später um ein Ladengeschäft erweitert. Einer der dortigen Mitarbeiter: der gebürtige Schwarzwälder Gerhard Storz (Abb. unten), der erst Post Punk und New Wave in der alternativen Szene Freiburgs, dann Techno, House und Electro in Frankfurt aufsog, bevor er Ende der 1980er Jahre vom Main an die Elbe zog.

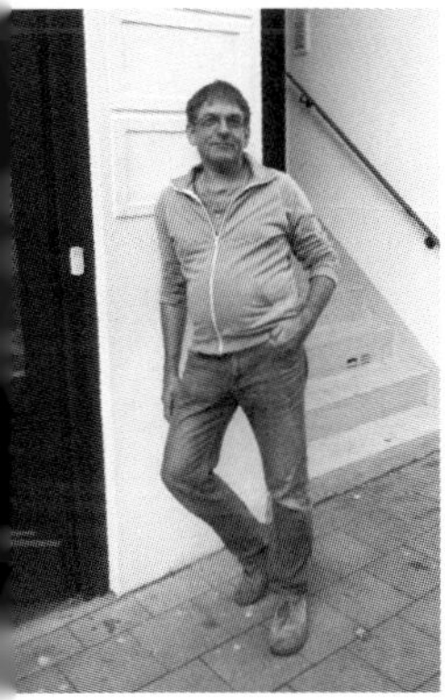

Storz arbeitete zuerst als Gärtner und begann im freien kommunalen Radio die Sendung „Loud and Clear" zu moderieren, in der er alle möglichen Arten von elektronischer Musik aus dem Underground spielte, unter anderem Jungle, Drum 'n' Bass und Hardcore. Auch als DJ trat Storz auf und arbeitete ab 1995 bei Container Records im Ladengeschäft, das allerdings bereits zwei Jahre später wieder schließen musste. Während einer seiner Kollegen daraufhin den heute etablierten Vertrieb Wordandsound gründete, verfolgte Storz seine Idee eines Underground-Plattenladens und eröffnete noch im selben Jahr Otaku Records. Der Name, der aus dem Japanischen stammt und einen Fan beschreibt, der sich mit an Selbstaufgabe grenzender Hingabe und einem hohen Zeitaufwand einer Sache widmet, dürfte in Europa vor allem mit Idol-, Manga- und Anime-Fans in Verbindung gebracht werden, passt aber auch ganz besonders gut zu einem Plattenladen.

In seinem Laden biete er eigentlich seine eigene Sammlung zum Kauf an, hat Storz einmal gesagt. Zu seinen Kunden gehören DJs, Sammler und mittlerweile auch jüngere Leute, die sich für Vinyl interessieren und elektronische Musik für sich entdecken. Auch Größen der Szene wie die kanadische und mittlerweile in Berlin lebende Minimal-Legende Richie Hawtin, DJ Krush oder Love Parade-Mitgründer Dr. Motte haben sich in seinem Laden schon mit Platten eingedeckt, genau wie teils weltweit bekannte Hamburger Künstler wie Extrawelt, Solomun oder The Disco Boys – und sogar Kim Wilde schaute einst vorbei. Wer im Laden nicht fündig wird oder sich vorab inspirieren möchte: Als Radio-DJ spielt sich Storz einmal im Monat in seiner Sendung „Urban Beat Flo" im Freien Sender Kombinat (FSK) quer durch alle Stile und Facetten des elektronischen Undergrounds.

Aus dem Otaku Records Store raus geht es zurück auf die Paul-Roosen-Straße, die wir wenige Hundert Meter nach rechts entlanggehen bis zur Straße Kleine Freiheit. Freiheit & Roosen befindet sich direkt auf der Ecke.

FREIHEIT & ROOSEN 11

Kleine Freiheit 80
22767 Hamburg
➡ www.hafenschlammrekords.de

Anders als in einem gewöhnlichen Plattenladen sieht es in den Räumlichkeiten unserer letzten Station aus: Überall findet sich neben Platten aller Genres charmanter und wild zusammengewürfelter Kram, darunter Möbel, Lampen, Geschirr, alte Videospiele und sogar Gemälde, der den Laden Freiheit & Roosen eher wie das Wohnzimmer eines Sammlers, einen Flohmarkt oder ein Museum wirken lässt. Das habe sich so ergeben, da Leute ihm ständig alle möglichen Sachen zum Kauf angeboten hätten, klärte der heutige Alleinbetreiber Ralph Haiber (Abb. unten) über dieses Sammelsurium einst in einem Interview auf. Viele der alten Eletrogeräte stammen allerdings von Mario Minelli, einem der Mitgründer des Ladens, der unter dem Namen „dephekt“ alte Lo- und HiFi-Geräte repariert und weiterhin über das Geschäft verkauft. Hervorgegangen ist der Laden aus einem Mailorder, den Haiber gründete, nachdem er durch das Verkaufen von Schallplatten zu einem der größten eBay-Verkäufer Hamburgs in diesem Bereich geworden war.

Das war in einer Zeit, als der Handel über Internet-Mailorder oder Plattformen wie Discogs noch nicht in heutiger Form existierte und Haiber, der damals in Hamburg Kriminalistik studierte, hatte anfangen müssen, seine Plattensammlung zu verkaufen, um sein Studium zu finanzieren. Seit mehr als zehn Jahren betreibt Ralph Haiber mit Hafenschlammrekords noch ein kleines Label, über das er immer, wenn der Laden genug Geld abgeworfen hat, Musik herausbringt, die er mag und um damit Freunde zu unterstützen.

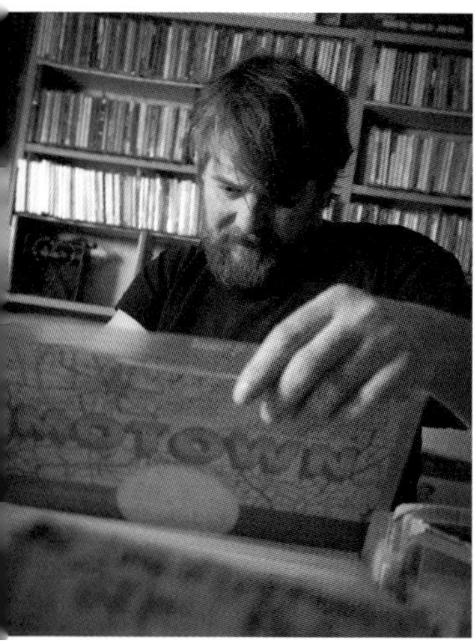

Über die Kleine Freiheit geht es weiter bis zur Ecke Simon-von-Utrecht-Straße, von da bis zur Großen Freiheit, die am Beatles-Platz in die Reeperbahn mündet.

NOCH MEHR ADRESSEN

PLATTEN- UND CD-LÄDEN

➡ www.recordstores.love
Interaktive Website des Hamburger Radiomoderators und DJs Marcus Maack (ByteFM, WobWob), die fortlaufend ergänzt wird und Tausende Schallplattenläden weltweit inklusive Adressen, Fotos, Öffnungszeiten, Anfahrtsbeschreibungen verzeichnet. Mitmachen ist durch Registrierung möglich.

ANDERS HÖREN
Hudtwalckerstraße 26
22299 Hamburg
➡ www.anders-hoeren.com
Musik, Filme, Comics, LPs und CDs aller Genres in Winterhude.

BORGWEG RECORDS
Borgweg 5
22303 Hamburg
➡ borgweg-records@t-online.de
Second Hand, Vinyl, CDs, DVDs aus allen Sparten in Winterhude.

CHECKPOINT CHARLY
Gärtnerstraße 31
20253 Hamburg
➡ checkpoint-charly@gmx.de
Second-Hand-Vinyl und CDs aller Genres in Hoheluft.

CRYPT RECORDS
Julius-Leber-Straße 20
22765 Hamburg
➡ www.cryptrecords.com
Label seit 1983, Mailorder seit 1986, Ladengeschäft unweit des Bahnhofs Altona: Neuware, 60s Punk, Garage, Psyche, Rock 'n' Roll, 60s Soul, 50s Rhythm & Blues.

JU-JU TRUMPET
Erikastraße 50
Hamburg 20251
➡ www.jujutrumpet.de
Vinyl neu und gebraucht: Jazz, Pop, Soul, Rock, Hard 'n' Heavy, Bücher und Vinyl-Boxen in Eppendorf.

NORMA JEAN RECORDS
Mundsburger Damm 55
22087 Hamburg
➡ normajean.metro.biz
Second-Hand-Vinyl: Metal, Hard Rock, Reggae, Soul & Blues, Klassik, Filmsoundtracks an der Mundsburg.

PLATTENKISTE
Gärtnerstraße 16
20253 Hamburg
➡ www.plattenkiste.nonstop-merch.com
Classic Rock, Stoner, Blues, Punk, Heavy, CDs, DVDs in Hoheluft-West seit 1982.

PLATTENRILLE
Grindelhof 29
20149 Hamburg
➡ www.plattenrille.com
Ausgewähltes Second-Hand-Vinyl: Rock, Pop, Country, Klassik, Schlager und Ladenveranstaltungen im Grindelviertel seit 1981.

PURE SOUL RECORDS
Kohlhöfen 17
20355 Hamburg
➡ www.puresoul.de
Mailorder seit 2004, Ladengeschäft seit 2011 in der Neustadt: Soul, Funk, Jazz, Blues, 60s, 50s, rare original 45er Singles, alles Second Hand.

REMEDY RECORDS
Stellinger Steindamm 2
22527 Hamburg
➡ www.remedyrecords.net
Label, Ladengeschäft in Stellingen: Rock, Metal, Vinyl, CDs, DVDs, T-Shirts, Merchandise.

SLAM RECORDS
Schulterblatt 104
20357 Hamburg
➡ www.facebook.com/SlamRecords
Vinyl, CDs, DVDs am Schulterblatt.

VEB MICHELLE
Gertrudenkirchhof 10
20095 Hamburg
➡ www.michelle-records.de
Klassischer Schallplattenladen seit 1977: Vinyl, CDs, DVDs.
Und Schaufensterkonzerte.

PUNK- & AVANTGARDE-TOUR

11

STARTPUNKT

Altonaer Fischmarkt
[Bus-Station Fischmarkt]

ENDPUNKT

Schulterblatt
[S-/U-Bahn-Station Sternschanze]

DAUER

etwa 1,5 Stunden

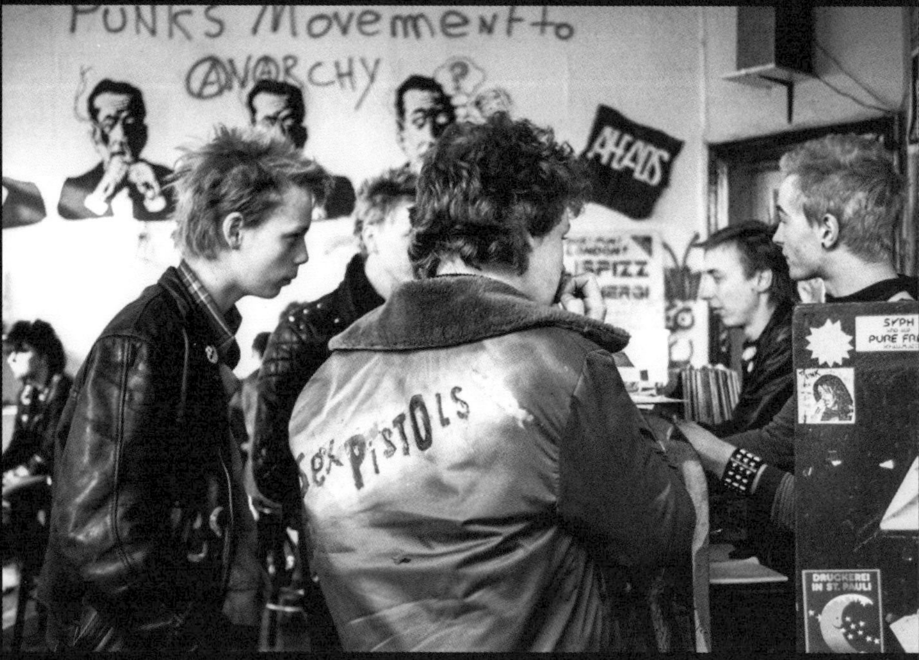

MACHT KAPUTT" titelte das Nachrichtenmagazin „Der Spiegel" in seiner Ausgabe 27/1980 und machte die Leserschaft mit einer bis dahin vor allem aus England bekannten Protestform bekannt, die die Ordnungsmacht im norddeutschen Raum seit einiger Zeit vermehrt beschäftigte: dem Punk. Konkreter Auslöser für das verstärkte Interesse war ein Ereignis, das sich nur wenige Wochen zuvor zugetragen hatte. Anfang Mai des Jahres nämlich hatten etwa zweihundert Punks im schicken Hamburger Stadtteil Pöseldorf Fensterglas und Autoscheiben zum Klirren gebracht und den Sound mit über den Gehweg geschleiften Mülltonnen unterlegt. Ähnlich ratlos wie die staunenden Zuschauer machte der spontan wirkende, aber als Antwort auf eine Polizeirazzia im Karoviertel gut vorbereitete Aufruhr auch die Ordnungshüter, wie der NDR zu berichten wusste: „Die Polizei war ziemlich überrascht von der Randale und verstand nicht, wer die Punks sind und was sie wollen." Allerdings beschränkte sich die Berichterstattung nicht nur auf diese Aspekte der neuen Jugendbewegung. In seinem Artikel stellte der „Spiegel" auch zwei der Figuren vor, die der Szene eine kulturelle Bedeutung gaben: **KLAUS MAECK** (Abb. links, 2. von rechts im Rip Off) und **ALFRED HILSBERG**. Wer mit ihnen und ihrem Umfeld Kontakt suchen wollte, dem verriet das Magazin auch gleich, wo das möglich war: Der Plattenladen **RIP OFF** und die Kneipe **MARKTSTUBE** im Karoviertel wurden als die Keimzellen der Hamburger Szene genannt.

Während die britische Anarcho-Punkband „Crass" bereits zwei Jahre vor dem „Spiegel"-Artikel den Punk zu Grabe getragen hatte – „Punk is dead" hieß das Stück von dem 1978 erschienenen Album „The Feeding of the 5000" – hatte sich in Deutschland gerade erst eine neue Szene entwickelt, die äußerst produktiv war und mit dem Klischeebild des destruktiven, Iro-tragenden Lederkutten-Punks mit Hund und Dosenbier nicht allzu viel zu tun hatte. Überall in der Bundesrepublik geschahen nun seit einiger Zeit überraschende und aufregende Dinge. In Düsseldorf betrieben der Künstler Imi Knoebel und seine Frau Carmen den Ratinger Hof und das Label Pure Freude, in Berlin startete Monika Döring das Loft und Burkhardt Seiler das Label sowie den Plattenladen Zensor Records, der für erste Rough-Trade-Importe in Deutschland sorgte. Und in Hannover schrieb Holger Poscich ein Punk-Manifest, das er als germanistische Magisterarbeit tarnte, und gründete unter seinem Alias Hollow Skai das Label No Fun Records.

Allerorten waren außerdem neue Bands wie etwa die Straßenjungs in Frankfurt, PVC in Berlin, S.Y.P.H. in Solingen oder Clox in Dortmund entstanden (sämtlich 1977 gegründet), die sich zuerst noch stark an den einfachen und aggressiven Arrangements von Vorbildern wie den Sex Pistols und The Clash aus dem Punk-Mutterland England orientierten, bevor sich Anfang der 1980er Jahre langsam erste Unterströmungen herausbildeten: Gruppen wie etwa Der Plan oder DAF, die sich mehr an elektronischer Musik orientierten und damit der Neuen Deutschen

Welle den Weg bereiteten, Hardcore-Punk nach Art von **SLIME**, **RAZZIA**, Vorkriegsjugend, Daily Terror oder der Neurotic Arseholes, später der Fun-Punk, wie ihn Die Ärzte (1982) und **DIE GOLDENEN ZITRONEN** (1984, Abb. rechts) perfektionierten, kristallisierten sich langsam mit eigenen Stilen aus der Ursuppe des Punk der Endsiebziger heraus.

Klaus Maeck und Alfred Hilsberg nahmen derweil von Hamburg aus deutschlandweit entscheidenden Einfluss auf die Szenen. Maeck betrieb Ende der 1970er Jahre den Buchladen **SCHWARZMARKT** in der Bundesstraße, gab das Fanzine **COOLY**

MUSIK ZUR TOUR

ABWÄRTS
MASCHINENLAND
aus dem Album »Amok Koma«
(ZickZack Records 1980)

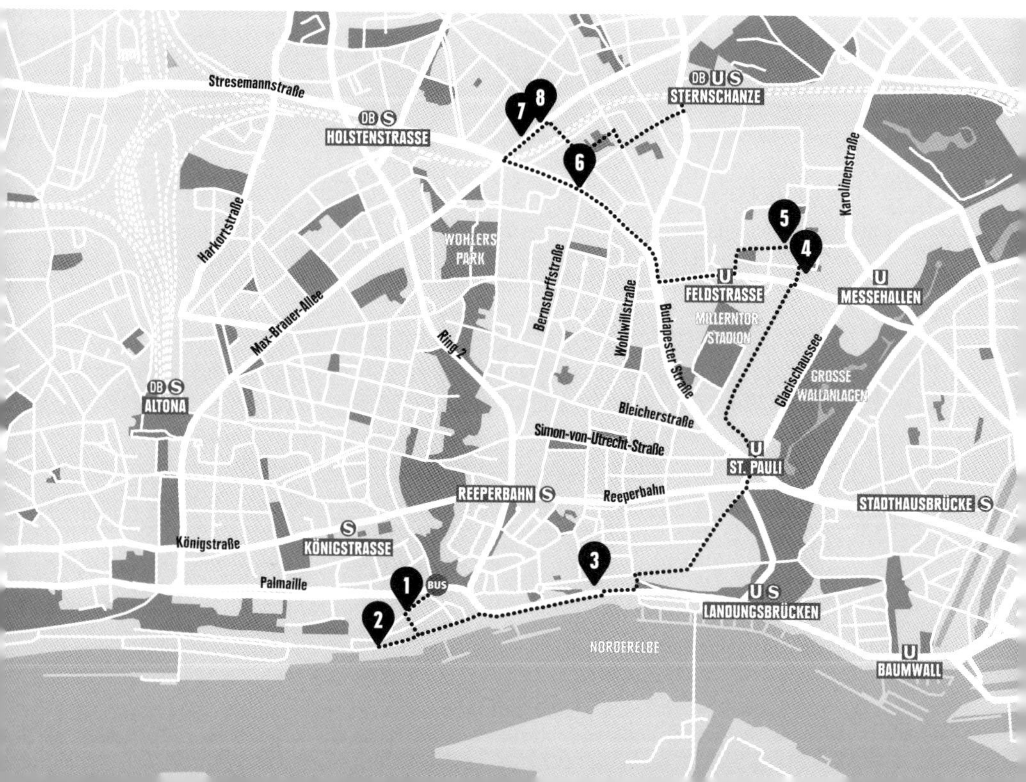

LULLY – MAGAZIN FÜR RADIKALE LEBENSFREUDE heraus (das es auf insgesamt zwei Ausgaben brachte) und verdiente sein Geld als Taxifahrer. 1979 eröffnete er zusammen mit Hilsberg den Plattenladen Rip Off, in dessen Ladengeschäft in der Feldstraße 48 sich heute das von **MICHAEL RUFF**, einem weiteren Veteranen der Szene, betriebene Plattengeschäft **RUFF TRADE** befindet. Wie wenige andere – zu nennen ist etwa noch **ROBERT NITZ**, Betreiber des Plattenladens **UNTERM DURCHSCHNITT**, der sich von 1976 an für fast dreißig Jahre in der Straße „Durchschnitt“ befand, später gab es auch ein gleichnamiges, wegweisendes DIY-Label, das in Uninähe von **ANDREAS WILDNER** betrieben wurde – hatten Hilsberg und Maeck die Zeichen der Zeit erkannt und befeuerten nicht nur mit ihrem Plattenladen die Hamburger Szene. Rip Off, einige Jahre auch als Vertrieb für einschlägige Ware und u.a. das Label **ZICKZACK SCHALLPLATTEN** aktiv, war eine Zeit lang sehr erfolgreich und brachte viele andere Szene-Akteure wie **FRANK Z.**, den Sänger von **ABWÄRTS**, und **JAEKI ELDORADO** (bürgerlich Jäki Hildisch) zusammen, die dort und im Laden aushalfen. Aber so populär der Ort als Kommunikationszentrum der Szene auch war, warf er doch wegen der ganz im Geiste des Punk geführten Geschäfte nie genug Geld ab und musste 1983 schließen. Maeck ging daraufhin nach Berlin und gründete mit Mark Chung, dem Bassisten der Einstürzenden Neubauten, den Musikverlag Freibank Publishing, den die beiden seitdem leiten. Heute ist er außerdem Geschäftsführer der Filmproduktionsfirma Corazón International, die er zwanzig Jahre später zusammen mit Andreas Thiel und Fatih Akin zur Realisierung von dessen Filmen gründete.

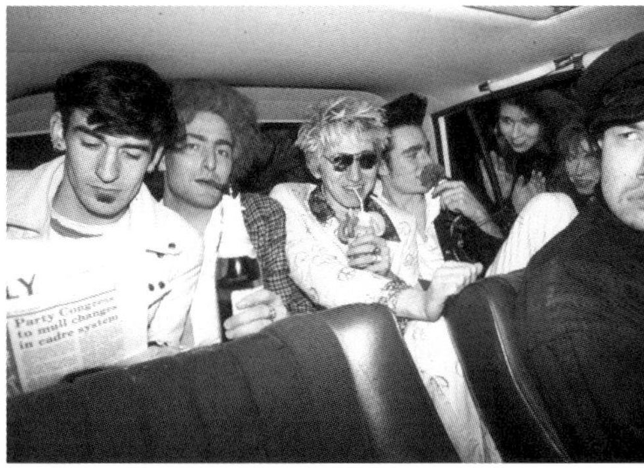

Als Maeck die Hansestadt gen Berlin verließ, hatte Punk seine große Zeit bereits hinter sich, hatte sich in Subgenres aufgesplittet und war in Teilen längst von der Musikindustrie vereinnahmt worden. Auch Alfred Hilsberg hatte da den anfangs massiven Ausstoß seines wegweisenden Labels ZickZack Records schon deutlich zurückgefahren und suchte nach neuen Tönen, für die er sich bald mit dem neuen Label **WHAT'S SO FUNNY ABOUT?** eine neue Plattform erfand. In der Frühzeit des Punk in Deutschland hatte sich Hilsberg schon vor der Eröffnung des Rip Off in der lokalen Szene und darüber hinaus einen Namen gemacht. Er arbeitete für die Zeitschrift **SOUNDS**, deren Redaktion sich damals in Hamburg befand und für die, teilweise unter Pseudonymen, eine Reihe von Künstler*innen schrieben, etwa die **BRÜDER DIEDERICHSEN** und die **OEHLENS**, der Musiker **ANDREAS DORAU** und Peter Hein von Fehlfarben, der Schriftsteller Joachim Lottmann, der Maler **WERNER BÜTTNER**, Xaõ Seffcheque, Michael Ruff und **KID P ALIAS ANDREAS BANASKI**. Durch ihre Themenwahl verlagerte die Redaktion von „Sounds“ den Schwerpunkt des Heftes von gewöhnlichem Rock zu Punk, New Wave sowie schließlich auch der Neuen Deutschen Welle und machte das Magazin zum zeitweiligen Sprachrohr der bundesdeutschen Szene. Nachdem die Auflagenzahlen sanken und immer weniger Anzeigen geschaltet wurden, erschien 1983 die letzte Ausgabe von „Sounds“, bevor die Zeitschrift zunächst mit dem „Musikexpress“ zu „Musikexpress Sounds“ fusionierte und in den 2000er Jahren – inzwischen zu Springer gehörend – noch einmal kurzzeitig als eigenständiges Magazin an den Kiosk zurückkehrte. Aber wie so viele spätere Revivals, die auf die neue Kraft aus dem Geist des Anfangs setzten, scheiterte auch dieser Wiederbelebungsversuch.

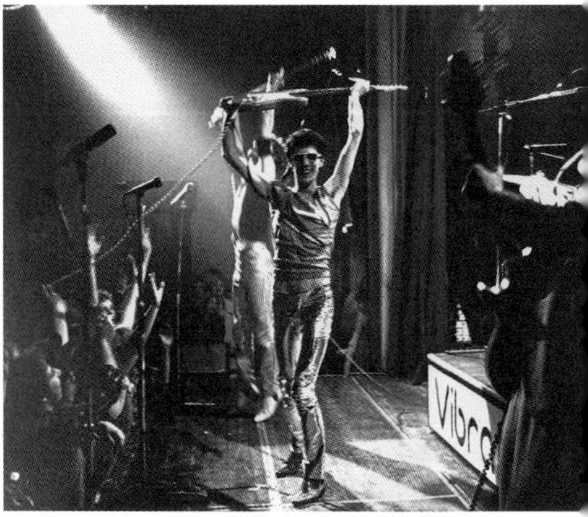

Pionier und Tausendsassa der Szene, der er war, betätigte sich Hilsberg sehr früh auch als Konzertveranstalter und organisierte Konzerte im **WINTERHUDER FÄHRHAUS**, darunter mit dem Auftritt der **VIBRATORS** 1977 wohl das erste Punk-Konzert Hamburgs überhaupt (Abb. rechts). Vor allem aber holte er die Punkmusik in die als Veranstaltungsort neu eröffnete, bis dato vom Großmarkt genutzte **MARKTHALLE** am Klosterwall und warf dort 1979 mit dem Festival **GERÄUSCHE FÜR DIE ACHTZIGER** einen Vorausblick auf das kommende Jahrzehnt. Daneben war Hilsbergs wichtigstes Aktivitätsfeld jedoch das Label ZickZack Records, das er ebenfalls 1979 gründete und zum Spielfeld „des Selbermachens und -denkens” (F.S.K.) machte. Knapp hundert Platten in fünf Jahren, darunter Genre-Klassiker von **ABWÄRTS**, den Einstürzenden Neubauten, **PALAIS SCHAUMBURG**, der all-female Band **XMAL DEUTSCHLAND** und Die Tödliche Doris veröffentlichte Hilsberg dort bis zum vorläufigen Ende des Labels 1984.

Von den damaligen Protagonist*innen sind bis heute noch immer viele aktiv, die Orte von damals sind dagegen kaum noch vorhanden. Auf dieser Tour müssen wir uns deshalb vor allem auf Spurensuche machen, während der Adressenblock am Ende auch einige Orte, Veranstaltungen und Medien aufführt, die für den Punk von heute Bedeutung haben.

Los geht es am Altonaer Fischmarkt, allerdings nicht an den bekannten Fischauktionshallen, die heute als Event-Location genutzt werden, sondern am Kopf des Platzes, direkt an der mehrspurigen Breiten Straße, wo sich eine Station für Stadträder befindet. Von dort laufen wir die kopfsteingepflasterte Carsten-Rehder-Straße ein kurzes Stück rechts herunter bis zur Hausnummer 14. Dort befand sich im Erdgeschoss einst die Kneipe Zum Flohmarkt, die an Wochenenden unter dem Namen „Krawall 2000" für wenige Monate des Jahres 1979 zum angesagtesten Punk-Laden Hamburgs wurde.

KRAWALL 2000 † 1

Carsten-Rehder-Straße 14
22767 Hamburg
➡

„Anfang 79 gab es nur einen Laden, in den man gehen konnte. Das war das Krawall 2000", befindet Jaeki Eldorado in Jürgen Teipels Doku-Roman „Verschwende deine Jugend" und spricht damit vermutlich nicht nur für sich. Den Musiker, der damals unter anderem in der Nina Hagen Band spielte und später als Manager Tourneen von Depeche Mode, den Ärzten und Morrissey organisierte, hatte es mit ganz besonderen Szene-Lorbeeren dekoriert kurz zuvor von Berlin nach Hamburg gezogen. Bei einem Auftritt Iggy Pops im Club Quartier Latin vor dem Godfather of Punk kniend, hatte er diesem nämlich über das Bein geleckt und konnte dann über Jahre den Abglanz des göttlichen Moments genießen – die auf Foto festgehaltene Situation ging durch die Presse, machte Jaeki Eldorado hierzulande für viele Leute zu nicht weniger als dem ersten Punk Deutschlands und ist bis heute unvergessen: „Die Engländer, mit denen ich zu tun habe, freuen sich immer noch darüber", berichtete der heutige Tour-Manager von Robbie Williams unlängst.

Der kleine, ranzige Laden in der Carsten-Rehder-Straße hieß eigentlich „Zum Flohmarkt" und beherbergte tatsächlich einen Flohmarkt-Verein. Zum „Krawall 2000" wurde er, weil die Macher, die ursprünglich mit einer Kirchengruppe eine Stadtteildiskothek in St. Georg betrieben hatten, von der Kirche ein Ultimatum zur Beendigung ihrer Punkveranstaltungen gestellt bekamen und sich einen neuen Raum suchen mussten. Den Kneipenbetreibern wiederum, die kurz vor dem finanziellen Kollaps standen, kam es entgegen, dass sie nun mit den freitäglichen und samstäglichen Konzerten den Laden ordentlich voll machen und so die Einnahmen um ein Vielfaches steigern konnten. Gute Bedingungen für die Nutzung als Konzert-Location bot außerdem eine winzige Bühne, auf der während der kurzen Zeit des Bestehens am Wochenende so ziemlich jede Punkband der damaligen Zeit stand und von wo an konzertfreien Tagen Punk wenigstens vom Plattenteller lief.

Die Kaschemme fasste kaum fünfzig Leute, zu Konzerten kamen aber oft zweihundert. Schlägereien waren bald an der Tagesordnung, vor allem zwischen rivalisierenden Jugendgruppen. Die Savage Army war eine von ihnen, eine Gang, wie es sie bis in die 1980er Jahre hinein in vielen deutschen Großstädten gab, die aber in Hamburg ein besonderes Betätigungsfeld fand, weil die Stadt eine Hochburg für Jugendgangs aus unterschiedlichen Subkulturen war. „Egal ob Mods, Punks, Popper, Teds oder Skins, eigentlich fühlten sich alle damals wie in einer Gang. Auch wenn sich nicht jede Clique einen Namen gegeben hat, sagten wir doch: ‚Das sind meine Leute. Das ist meine Gang!'", erinnert sich ein Akteur, der damals dabei war. Die Savage Army um ihren Anführer Heiner, eine Person of Colour und Sohn eines US-Soldaten, rekrutierte sich aus Ex-Punks. Ihre Mitglieder trugen Hakenkreuze und SS-Uniformen, waren eine der gefürchtetsten Gangs der Stadt und kokettierten nicht nur mit dem rechten Milieu, sondern drifteten mit der Zeit immer mehr dorthin ab. Aus der symbolischen Gewalt, wie sie beim harten Pogotanzen im Krawall zum Ausdruck kam, war so bei Teilen der Besucher immer mehr Lust auf echte geworden.

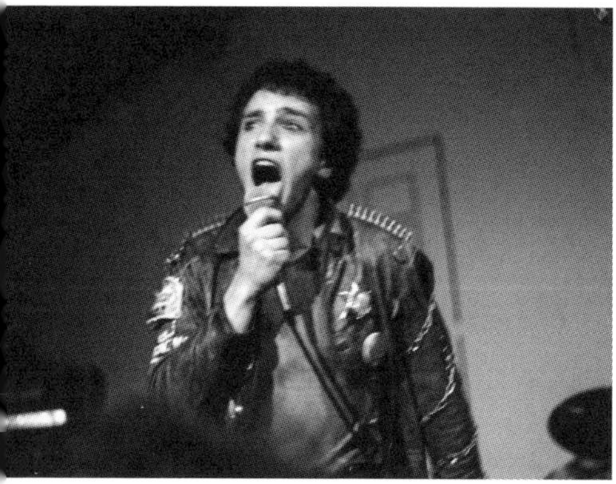

Für wenige Monate war das Krawall, zu dessen Initiatoren Eugen Honold, Herausgeber des Fanzines „Pretty Vacant" gehörte, der angesagteste Punkerladen in Hamburg überhaupt. Auf der Bühne standen hier Pioniere des Hamburger Punk wie The Buttocks (Abb. oben), die Razors, Geisterfahrer, die Coroners und viele andere. Aber nicht nur die Schlägereien hatten dem Laden zu schaffen gemacht, als nach nur sechs Monaten schon wieder Schluss war – auch die Zuhälter, die den Straßenstrich an der Großen Elbstraße kontrollierten, fühlten sich in ihren Geschäften gestört und hatten das Krawall gelegentlich aufgemischt.

Ein paar Schritte dem Straßenverlauf folgend, geht es nun bei erster Gelegenheit links über die Hafentreppe in die De-Voß-Straße, die uns geradewegs weiter zur Großen Elbstraße und mitten ins sogenannte Holzhafen-Quartier mit seinen schick sanierten Speichergebäuden und zahlreichen Läden für Designermöbel führt. Dabei lassen wir die Buttstraße, wo in einer WG im Haus mit der Nummer 50 Ale Dumbsky zusammen mit seinem Bandkollegen Ted Gaier von den Goldenen Zitronen 1987 das Label Buback gründete, linker Hand liegen. Die Große Elbstraße gehen wir rechts entlang und gelangen wenige Meter hinter dem Stilwerk zu unserem nächsten Stopp, dem Hafenklang.

HAFENKLANG

Große Elbstraße 84
22767 Hamburg
➡ www.hafenklang.com

Bereits seit 1970 gibt es das Hafenklang Studio, das einst das erste und dann für einige Zeit einzige Tonstudio der Stadt mit einem 24-Spur-Mischpult war. Hier spielten Bands wie die Einstürzende Neubauten, Abwärts, Palais Schaumburg, Xmal Deutschland und Boytronic Platten ein, später auch Udo Lindenberg, Bernd Begemann und Dirk Darmstaedter. Neben seiner Rolle als Aufnahmeort etablierte sich das Haus aber bald auch als Treff für Künstler*innen. Bernd Begemann, der eine Zeit lang im ersten Stock des Gebäudes in einer WG wohnte, ließ sich durch das Hafenklang zu der Liedzeile „Unten am Fluss, unten am Hafen, wo die großen Schiffe schlafen" aus seinem Stück „Unten am Hafen" inspirieren.

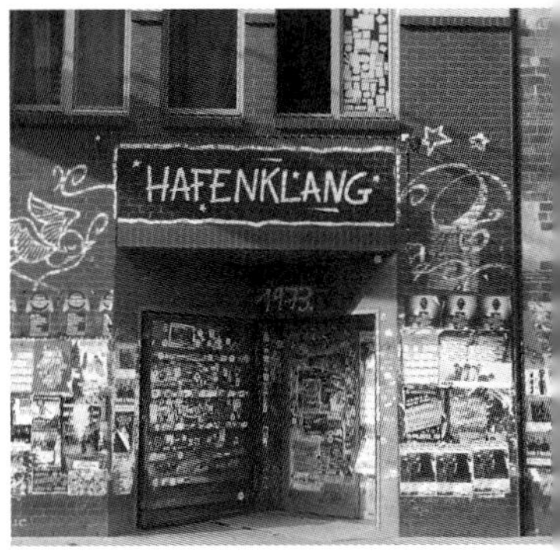

Wie vielen Institutionen der Hamburger Subkultur drohte auch dem Hafenklang zwischenzeitlich der Abriss. Mitte der 1990er Jahre sollte es wie die Häuser der Umgebung durch neue Gebäude ersetzt werden, entging aber nach massiven Protesten der Kulturszene und breiter Unterstützung der Öffentlichkeit sowie der Medien dem Abbruch. Stattdessen wurde es von der Immobilienentwicklungsgesellschaft, der das Gebäude gehört, saniert und aufgestockt. Während der Umbauphase ab 2007 war das „Hafenklang Exil" zeitweise im Frappant, dem ehemaligen Gebäude von Karstadt in Altona untergebracht, wo sich heute in der Großen Bergstraße eine Ikea-Filiale befindet.

An seinem angestammten Platz im properen Holzhafen-Quartier fällt die Front des Hafenklang wegen seiner trashigen Ästhetik heute besonders auf: Über und über sind Fassade und Tür des Clubs mit Plakaten, Stickern und Tags gepflastert. Im Konzertraum im Erdgeschoss des Gebäudes und im Goldenen Salon im ersten Stock spielen heute die unterschiedlichsten Punk-, Garage-, Indie-, Wave- und Noise-Bands, aber auch Hip-Hop-Acts und Elektronisches gehören zum Programm. Im Hafenklang laufen außerdem viele Partys für Freunde von Reggae, Drum 'n' Bass, Dubstep und anderer Stile. Und weil auch Punks im Leben ihre Konstanten brauchen, gibt es allmontäglich im Goldenen Salon einen Punker-Stammtisch.

Wir gehen nun zurück zum Fischmarkt, aber nicht auf dem Weg, den wir gekommen sind, sondern über die Große Elbstraße an der ehemaligen Fischauktionshalle vorbei, wo sich sonntagsmorgens Partygänger und Frühaufsteher auf dem Fischmarkt treffen. Von hier laufen wir entweder die mit Bäumen gesäumte Promenade am Wasser entlang Richtung St. Pauli Hafenstraße oder am Stellplatz für Wohnmobile und dem ausrangierten sowjetischen U-Boot 434 vorbei. Zur Volxküche gelangen wir nach wenigen Fußminuten geradeaus und dann über die links den Geesthang heraufführende Balduintreppe. Sie befindet sich im zweiten Haus des Hafenstraßen-Komplexes mit der Hausnummer 116.

VOLXKÜCHE HAFENSTRASSE 3

St. Pauli Hafenstraße 116
20359 Hamburg
→ www.bewegungsmelder.org/futterkasten

Den Veranstaltungsraum in den ehemals besetzten Häusern an der Hafenstraße gibt es schon seit 1982. Hier finden Lesungen, Vorträge und Filmvorführungen statt, während Live-Konzerte mittlerweile im Störte in der Bernhard-Nocht-Straße 16 gespielt werden. In den 1980er Jahren traten in der Volxküche mehrmals die Woche Bands auf, meist handelte es sich um Hardcore-Konzerte. Auch Die Goldenen Zitronen hatten ihre ersten Hamburg-Gigs hier. Heute veranstalten verschiedene Kochgruppen rund um den „staatlich anerkannten Unruheherd" (so die ironische Selbstbeschreibung) an fünf Tagen in der Woche die vegane Hafenvokü, mit Filmvorführung oder Soli-Kneipe im Anschluss. Vorträge und Diskussionen beschäftigen sich vor allem mit linker Theorie. Mit den Konflikten um die Hafenstraße, die hier einst stattfanden, eng verbunden waren u.a. Slime. Die Band, deren Sänger Dirk „Dicken" Jora zeitweise in einem der Hafenstraßen-Häuser wohnte, prägte den Punk der 1980er und 1990er Jahre – nicht nur in Hamburg – maßgeblich.

Etwa zwei Kilometer ist unser Fußweg zu den nächsten Stationen im Karoviertel nun lang. Am Fischrestaurant Störtebeker erklimmen wir zunächst die Treppe, die uns zur Kreuzung Davidstraße/Bernhard-Nocht-Straße führt. Dort folgen wir rechter Hand der Bernhard-Nocht-Straße, um am ehemaligen Gelände der Astra-Brauerei und am Empire Riverside Hotel vorbei bis zur Ecke des

Zirkuswegs zu gehen, der uns zur Reeperbahn bzw. zum Millerntorplatz führt. Dort überqueren wir die Straße und die Verkehrsinsel, auf der sich der Eingang zur U-Bahn-Station St. Pauli befindet, um dann einmal komplett über das Heiligengeistfeld zu laufen. Während wir die riesige freie Stadtfläche passieren, orientieren wir uns zunächst am Feldstraßenbunker, lassen diesen dann links liegen und verlassen das Gelände bei der Zufahrt am Ende des Platzes, wo ganzjährig ein buntes Schild die Dom-Besucher*innen grüßt. Nach Überquerung der Feldstraße gelangen wir zwischen der Bar Kitty (links) und Ruff Trade Records (rechts) durch die Glashüttenstraße ins Karoviertel. ZickZack Records befand sich früher im Gebäude mit der Hausnummer 113, in einem Hinterhof. In dem mit reichlich Streetart dekorierten Gebäude 112 hat „Die Schraubstelle" ihre Räume, ein DIY-Reparatur-Café für Frauen.

ZICKZACK RECORDS 4

damals Glashüttenstraße 113
20357 Hamburg
➡www.zickzack3000.de

Kaum jemand hat die musikalische Subkultur hierzulande in den letzten vierzig Jahren so sehr geprägt wie Alfred Hilsberg, ein Selfmade-Mann aus Wolfsburg, der seit Ende der 1970er Jahre von Hamburg aus den Punk und alles, was daraus folgte, maßgeblich mitgestaltet hat. Zwar war Hilsberg, als es losging, mit seinen dreißig Jahren eigentlich viel zu alt, um ein Protagonist der neuen Jugendkultur zu sein, machte den Nachteil der zu frühen Geburt aber mit seinem untrüglichen Gespür für Neues wett. Hilsberg begann als Journalist und schrieb für das damals in Hamburg erscheinende Musikmagazin „Sounds", wo er als einer der Ersten über die Punk-Bewegung berichtete, die er gerade in England kennengelernt hatte. 1978 stellte er die deutsche Punkszene in einem Artikel mit dem Titel „Krautrock: Rodenkirchen is burning" vor, dessen Überschrift auf den Clash-Song „London's Burning" anspielte und sich zugleich auf das womöglich erste Konzert zweier Deutschpunk-Bands in einer Schulaula im Kölner Stadtteil Rodenkirchen bezog. Als Veranstalter hatte er da schon die UK-Band The Vibrators ins Winterhuder Fährhaus geholt, worauf 1978 The Clash mit einem legendären Konzert in dem heute als Komödientheater genutzten Bau an der Alster folgten. Das von Hilsberg 1979 in der Markthalle organisierte Festival „Geräusche für die 80er" u.a. mit den Razors, Abwärts und Minus Delta t sowie weitere Veranstaltungen in der Halle am Klosterwall mit mehreren Tausend Besuchern erreichten dann wenig später explosionsartig eine neue Größenordnung und sorgten dafür, dass sich Presse und Major-Labels nun heftig für die neue Bewegung interessierten.

Hilsberg (Abb. auf der rechten Seite, mit Holger Hiller, rechts) gilt als Schöpfer des an den englischen Begriff „New Wave" angelehnten Begriffs „Neue Deutsche Welle" und wird bis heute öfter als „Punk-Papst" bezeichnet. Mit dieser Zuschreibung hat er allerdings genauso seine Schwierigkeiten wie mit ersterem Label, das er deshalb auch mit der Bezeichnung „Neue deutsche Musik" zu konterkarieren versuchte. Als Unterstützer, Ideengeber und Initiator trieb er mit seinen vielfältigen Projekten, vor allem als Veranstalter und Labelbetreiber von ZickZack Records und später What's So Funny About? die Entwicklung von Punk und der folgenden Neutöner in den deutschen Epizentren der Bewegung Hamburg, Düsseldorf und Berlin wie kein anderer voran. In dem kurzen Zeitraum von 1980 bis 1982 veröffentlichte Hilsberg auf ZickZack die ersten Alben von damals einflussreichen Bands wie Abwärts, Palais Schaumburg, Die Zimmermänner, Einstürzende Neubauten, Xmal Deutschland (Abb. links), Andreas Dorau, Freiwillige Selbstkontrolle oder Die Radierer, die sich teilweise mehrere tausend Mal verkauften und schnell die Majors auf den Plan riefen. Viele Künstler*innen wechselten daraufhin zu großen Plattenfirmen, und der auf den Mainstream gerichtete Teil der NDW entwickelte sich immer mehr in Richtung Schlager. Das große Geld blieb für die meisten Bands trotzdem aus.

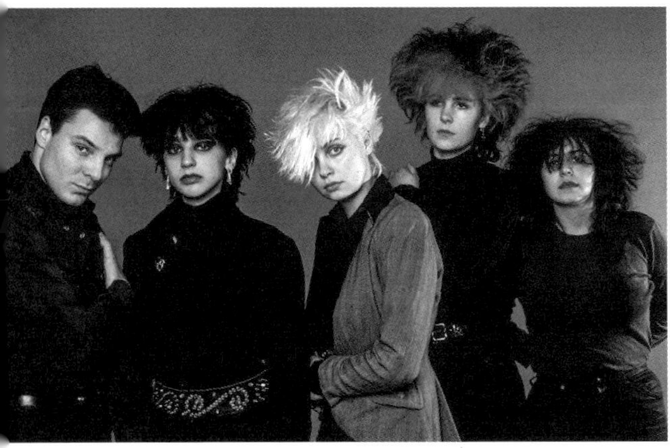

Gleichzeitig vertiefte die stilistische Öffnung und Experimentierfreude den Graben zwischen der Avantgarde und den Vertretern der reinen Lehre, nach der Punk aus nicht mehr als drei Akkorden zu bestehen hatte. Schon 1980 spielten die Buttocks im Hafenklang Studio in der Großen Elbstraße ihren ganz eigenen Kommentar zu Hilsbergs Wirken und den neuen Tönen auf ZickZack ein: „Weg mit Fick Fack, Rotzverein, die produzieren ja doch nur Schleim [...]. Scheiß auf Alfred und die Bande, Punk Rock ist der Herr im Lande", heißt es in dem Song „Nein Nein Nein", der mit einem genauso klaren Statement endet: „Elektroscheiß, macht jetzt Schluss. Nicht mit uns, Punk lebt weiter." Nicht zuletzt entlang der Bandnamen – von Palais Schaumburg bis SS Ultrabrutal reichte das Spektrum – verlief ein deutlicher Riss zwischen den Hamburger Bands der Zeit. Und auch in der Rückschau sieht Slime-Gitarrist Michael „Elf" Mayer den Konflikt nicht in milderem Licht: „Wir wollten diesen Düsseldorfer Dreck nicht. Wir wollten keine beschissene Avantgarde-Kacke hören, sondern Punkrock."

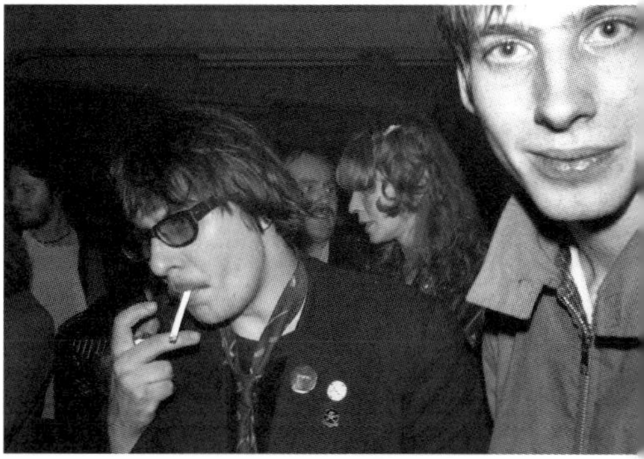

Mit Klaus Maeck zusammen setzte Hilsberg dann 1982 noch einmal als Veranstalter an und eröffnete das Versuchsfeld in der Schützenstraße in Altona, wo das Hamburger Publikum erstmals Nick Cave zu sehen bekam. Weil allerdings unter der Woche nur wenige Fans den Weg nach Bahrenfeld fanden, kam der Laden nicht richtig ans Laufen und machte schon zum Ende des Jahres wieder zu. Im Hinterhofbüro in der Glashüttenstraße organisierte er außerdem gemeinsam mit Jaeki Eldorado Touren für weitere internationale Künstler wie The Cure, The Human League, Pere Ubu oder Dexys Midnight Runners, deren Erlöse zum Überleben des ZickZack-Labels beitrugen. Kurz darauf wurde mit der Januar-Ausgabe die Zeitschrift „Sounds" eingestellt, nach nur wenigen Jahren zeigte der Punk sichtbare Ermüdungserscheinungen, und Hilsberg stellte sich mit der Gründung von What's So Funny About? 1984 neu auf, wo er dann u.a. Blumfeld und später Saalschutz, Knarf Rellöm und Jens Friebe entdeckte. 2016 erschien eine Biografie über den Mann, der seinem Motto „Lieber zu viel als zu wenig" folgend bei seinen Plattenfirmen und Veranstaltungen einen ganzen Kosmos neuer deutscher Musik vereint hat. Auch heute noch ist Hilsberg immer auf der Suche nach neuer Musik.

Wir gehen nun die Glashüttenstraße weiter, die bald einen Linksknick macht und in die Marktstraße übergeht. Rechter Hand passieren wir den etwas zurückgesetzt an einem Platz liegenden Plattenladen Fischkopp, einen nichtkommerziell geführten Shop für Punk, Hardcore, Metal, Crust, Doom, Wave und einiges mehr. Das Gebäude an der vorderen Platzecke ist unsere nächste Station.

MARKTSTUBE † 5

Marktstraße 119
20357 Hamburg
➡

Von außen sah die Marktstube im Karoviertel wie eine gewöhnliche Kneipe aus, was sie in gewisser Weise auch war: Denn neben den Punks, den Kunstleuten um Oehlen, Büttner, Kippenberger und allen möglichen anderen Szene-Akteur*innen, die hier soffen und herumphilosophierten, trafen sich auch Leute aus dem Karoviertel bei Mac, dem früheren Seefahrer und neuen Wirt. Der hatte die Marktstube 1977 als heruntergewirtschaftete Griechenkneipe übernommen und sie eigentlich nur zu einer gewöhnlichen Eckkneipe machen wollen, aber dann durch eine zufällige Geschäftsverbindung auch die Kundschaft der legendären Kneipe „Gans“ am Grindel übernommen. Ein Übriges, um dem Laden eine neue Richtung zu geben, tat dann wiederum kein anderer als Alfred Hilsberg, der in der Marktstraße um die Ecke wohnte: „Er war eigentlich der Auslöser“, erinnerte sich Mac, der 2001 mit der Marktstube aufhörte, vor einiger Zeit im „Ox-Fanzine“: „Alfred war schon vor der Punk-Zeit bei mir Stammgast in der Kneipe, war gut am Wodka-Wegknallen, wir haben uns ganz gut angefreundet. Und eines Tages kamen wir auf einen guten Deal. Er sagte: ‚Wenn die Konzerte zu Ende sind, dann schicke ich dir die Leute in die Marktstube, dann kriegt jeder einen Croque Monsieur und einen halben Liter Bier.' Das zahle er, alles andere müssten sie dann selber zahlen. So ging es los. Und dann hatte ich plötzlich die bunten Herrschaften im Laden.“

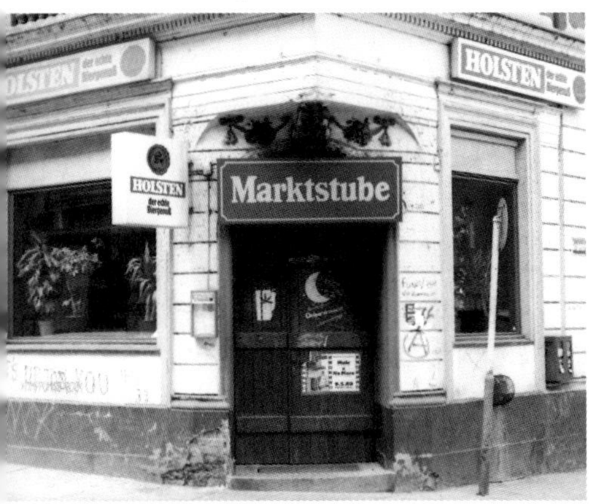

Die Nachbarschaftskneipe Marktstube war ohne jeden Zweifel der Dreh- und Angelpunkt von Punk in Hamburg, ja „Nordeuropas Punkschuppen“, wie der ehemalige Wirt sagt, und für viele Mitglieder der Szene ein zentraler Schauplatz der eigenen Sozialisation. Aber nicht nur die Leute aus dem Viertel, Hilsbergs Musiker und die Avantgarde der Punk-Bewegung versammelten sich hier, um neue Dinge auszubrüten. Irgendwann bestimmten Lederpunks das Bild, der Laden galt als hart und als Ort für spontane Mobilisierungen, wenn irgendwo eine Konfrontation mit der Polizei in Aussicht stand. „Wenn da jetzt irgendwo eine Demo geplant ist“, erzählte eine Protagonistin in dem eingangs erwähnten „Spiegel“-Artikel, „dann gehe ich in die Marktstube und sage den Punks: ‚Kommt'.“ Und der Wirt erinnert sich, dass er irgendwann auch die Ausstattung der Kneipe auf die neue Klientel abstimmte: „War ja nicht immer einfach, von wegen Pogo tanzen und so. Ich habe nachher die Einrichtung so weit vereinfacht, dass nicht viel passieren konnte. Also keine Hängelampen und so Zeug, die hätten da Tarzan gespielt."

Um zu unserer nächsten Station, dem Subito, zu gelangen, folgen wir der Marktstraße bis zur Feldstraße und kommen dabei an vielen Läden vorbei, die die Hauptstraße des Viertels seit langem prägen – Groove City, Herr von Eden, die Druck Dealer, die Karo Ecke und seit einiger Zeit auch der Plattenladen Zardoz liegen auf den wenigen Metern Fußweg. An der Einmündung der Markt- in die Feldstraße laufen wir rund 300 Meter rechts bis zum Neuen Pferdemarkt und folgen dann rechter Hand der Stresemannstraße an der legendären Kneipe Mutter (Hausnummer 11) vorbei für einige Hundert Meter bis zur Hausnummer 71, wo sich einst das Subito befand – und später die Kindermodenboutique Nasenbär. Auf diesen Namen hört die fiktive Kneipe, die Rocko Schamoni in seinem Roman „Tag der geschlossenen Tür" dort ansiedelte. Heute steht das Gebäude direkt hinter der Einmündung in die Juliusstraße leer und ist vollständig mit Graffiti übersät.

SUBITO † 6

Stresemannstraße 71
22769 Hamburg

Unter dem Namen „Schlaflose Nächte" fing ein Team aus Clemens Gertler, Kerstin Eitner und Dirk Jora, dem Sänger von Slime, Anfang der 1980er Jahre mit dem neuen Laden an. Nur wenig später konnte er allerdings erst einmal nur tagsüber – nun mit dem Namen „Traumlose Tage" – geführt werden, weil man die nächtliche Ruhe der Anwohner zu sehr gestört hatte. Nachdem seine Mitstreiter irgendwann aus- und ein neuer Kompagnon eingestiegen waren, machte Gertler den Laden etwas schicker, streute Kies auf den Boden und brachte wechselnde Installationen an die Wände. Auch Hardcore-Punk-Konzerte, wie es sie anfangs gegeben hatte, fanden jetzt nicht mehr statt.

Im Subito mischten sich die Musiker der Punk- und Avantgarde-Szene und die Maler der Jungen Wilden wie Martin Kippenberger, Werner Büttner, Markus und Albert Oehlen mit Werbern und Studenten und machten den für seine exzessiven Nächte bekannten Szene-Treffpunkt schnell zum weit über die Stadtgrenzen hinaus bekannten In-Laden. Diedrich Diederichsen, damals Redakteur der Zeitschrift „Sounds" sowie Kolumnist der „Szene Hamburg", soll das Subito irgendwann zu seinem Stammlokal erklärt und damit zu seinem Durchbruch beigetragen haben. Jedenfalls waren irgendwann alle da – ob Blixa Bargeld und Nick Cave, Die Ärzte wie mehrmals auch Depeche Mode – und bildeten hier eine kleine Künstlerrepublik der Post-Punk-Gitarrenmusik, in der die mehr oder weniger existenziellen Kämpfe um das richtige Verständnis von Sub und Pop ausgefochten wurden. Mit seinem Auftritt beim Ingeborg-Bachmann-Wettbewerb in Klagenfurt im Jahr 1983, wo Rainald Goetz einen Text mit dem Titel „Subito" vortrug, und mehr noch mit seiner Performance während des Vortrags, als er sich einen Schnitt an der Stirn zufügte und Blut auf den Text tropfen ließ, verewigte der Schriftsteller das Subito. 1991 musste der Laden schließen.

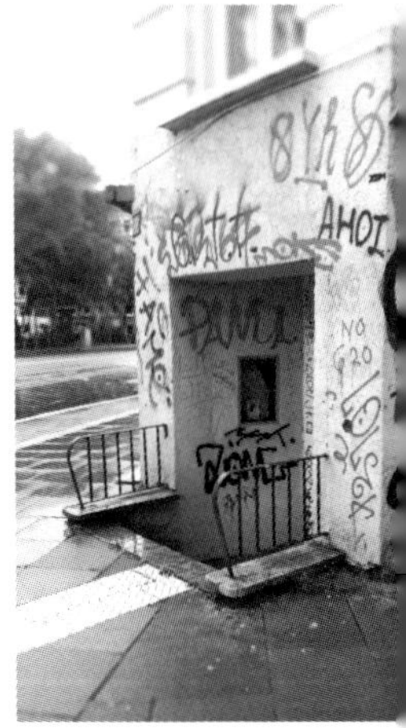

Der Gründer Clemens Gertler war zu dieser Zeit schon länger ausgestiegen, um bald darauf das Luxor zu eröffnen, das nun zusammen mit dem Subito und dem kir das sogenannte Bermuda-Dreieck am Rand es Schanzenviertels bilden sollte. Später machte er das Rialto auf der Fleetinsel und führt heute das Restaurant Freischwimmer an der Fruchtallee in Eimsbüttel.

Die beiden anderen Fixpunkte des Dreiecks gibt es heute nicht mehr bzw. nicht mehr in der hier beschriebenen Bedeutung und Tradition: Das kir hat es unter völlig neuem Betreiber mittlerweile in eine ganz unszenige Ecke Eimsbüttels verschlagen, das Luxor schloss 2014. Um zum früheren Standort des kir zu gelangen, laufen wir nun die Stresemannstraße bis zur Sternbrücke an der Kreuzung mit der Max-Brauer-Allee vor, in die wir dort rechts einbiegen. Unser Weg führt unmittelbar an den Clubs Astra Stube und Waagenbau vorbei, das unscheinbare Künstlerhaus faktor in der Max-Brauer-Allee 229 liegt auf der anderen Seite der Straße. Ein paar Häuser weiter, bei Hausnummer 241, war früher das kir zu finden. Inzwischen steht dort ein Neubau mit Wohn- und Büroeinheiten.

KIR † 7

ehemals Max-Brauer-Allee 241
22769 Hamburg
➡

In Poppenbüttel, gut fünfzehn Kilometer von der Schanze entfernt, tat Clemens Grün 1983 die vor sich hin dümpelnde Vorstadtdisco Sitrone auf, trimmte das Programm auf experimentierfreudigen Underground und verpasste dem Laden auch gleich noch einen neuen Namen: Als „kir" schrieb die Disco danach Hamburger Clubgeschichte. Der Exzentriker Grün war ein, zwei Jahre zuvor als neugieriger Beobachter im Hamburger Nachtleben aufgetaucht, hatte sich eine Weile umgesehen und startete dann mit dem kir, seinem ersten Laden, sofort voll durch. Gleich am Eröffnungsabend spielten Die Zimmermänner (Abb. rechts), die Band um Timo Blunck und Detlef Diederichsen, vor 500 Leuten, während – es war ein ganz gewöhnlicher Wochentag – noch 3000 weitere Gäste vor der Tür feierten. Das kir wurde zur ersten Disco in Hamburg, in der auch Live-Konzerte stattfanden.

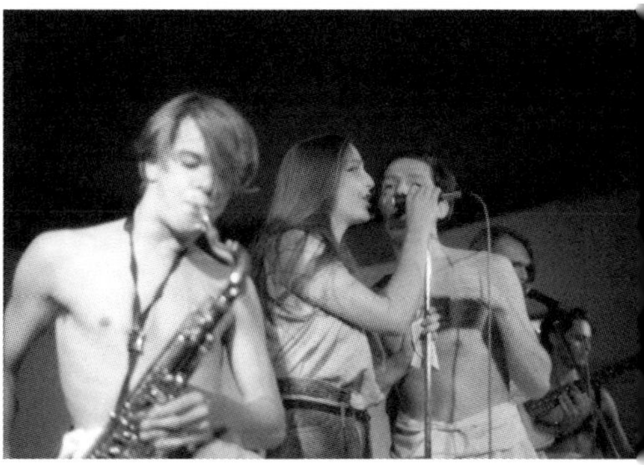

Bei der Auswahl der Bands verließ sich Grün, der musikalische Trends eher sporadisch verfolgte, auf den Rat eines musikalischen Beirats: Bei regelmäßigen Abendessen traf er kundige Hamburger Musikjournalisten, mit denen er die Booking-Anfragen besprach, und buchte dann Underground-Stars wie The Go-Betweens, Television Personalities, die Cocteau Twins und viele Bands des Labels Rough Trade. Die Ärzte spielten hier im Hamburger Nordosten ihre erste Show in der Hansestadt. Schon nach einem halben Jahr brannte der Laden allerdings unter bis heute nicht geklärten Umständen ab.

1984 eröffnete das kir in der vormaligen Rocker-Discothek Airport in der Max-Brauer-Allee neu, wo der Club dann zwanzig Jahre bleiben sollte. Der Laden war nun deutlich kleiner, die größeren Indie-Bands der 1980er Jahre spielten jetzt an Orten wie der Fabrik. Auch Klaus Maeck, Alfred Hilsberg und der umtriebige Nachtleben-Aktivist Götz Achilles mischten beim Programm mit. Die Synthie-Pop-Gruppe Bronski Beat und die britische Indie-Rockband The Housemartins um den Bassisten und späteren Big-Beat-Pionier Fatboy Slim hatten hier denkwürdige Auftritte. Später fanden im kir Konzerte von Tocotronic statt, und irgendwann durften sogar die Sportfreunde Stiller den Club für einen Auftritt nutzen. Nach seiner großen Zeit im Bermuda-Dreieck zog das kir noch öfter um und ist mittlerweile am Langenfelder Damm gelandet, wo es live alle Arten von Rockmusik, Punk, (New) Wave, 80er, auch Dark Wave zu hören gibt und Indie-Partys gefeiert werden.

Zur nächsten Station sind es nur ein paar Schritte weiter auf der Max-Brauer-Allee Richtung Schanzenviertel. Im Flachbau neben dem Kattendorfer Hofladen, an der Ecke zur Langenfelder Straße, befand sich bis vor einigen Jahren das Luxor.

LUXOR † 8

ehemals Max-Brauer-Allee 251
22769 Hamburg
➡

Nachdem Clemens Gertler in aller Freundschaft aus dem Subito ausgestiegen war, begann er mit dem Luxor etwas Neues und schuf einen Ort für die gereifte Avantgarde, ein etwas gediegeneres Pendant zum Subito – heller, sauberer, und im Nebenraum wurden weiße Tischdecken aufgelegt, denn neben dem erlesenen Tresenstehen gab es nun auch immer etwas Gutes zu essen. Zum Programm der Anfangszeit gehörte die Präsentation des Video-Magazins „Schön ist die Welt", dessen Episoden von Leuten wie Daniel Richter, Götz Achilles, Diedrich Diederichsen und Klaus Maeck kamen. Einmal im Jahr wurde das Lokal zur Location für Live-Musik umgebaut und brachte Nachwuchsmusiker wie Jochen Distelmeyer, Bernd Begemann und Niels Frevert auf die Bühne. 2014 schloss der letzte Betreiber Rainer Grießmann das Luxor, das sich davor immer mehr zum Restaurant mit Weinbar und Weinhandel entwickelt hatte, nach vielen Jahren einer nach außen unscheinbaren, aber gastronomisch umso bemerkenswerteren Existenz.

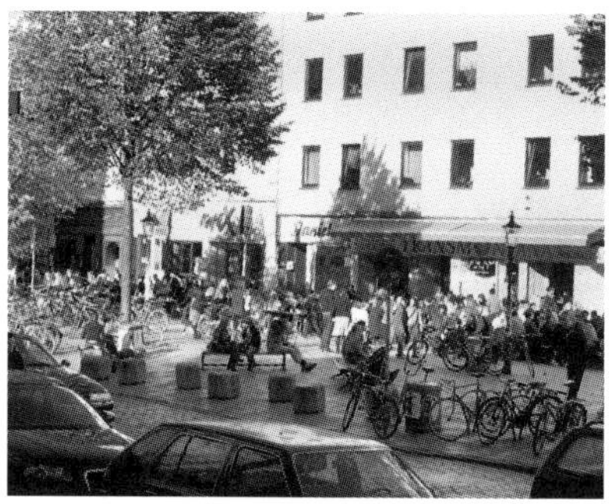

Um das Tourende auf dem quirligen Schulterblatt in der Schanze zu erreichen, überqueren wir die vor uns liegende Kreuzung und laufen etwa 200 Meter die Lippmannstraße hinunter. Sobald wir die Ausläufer des Flora-Parks erreicht haben, durchqueren wir die Grünanlage und gelangen an der Flora vorbei auf das Schulterblatt, von wo aus wir die nächstgelegene S-/U-Bahn-Station Sternschanze über die Susannenstraße nach kurzem Fußweg erreichen.

NOCH MEHR ADRESSEN

PARTYS & FESTIVALS

DAMAGE DONE FEST
Fabrik in Ottensen und im Inselpark / Wilhelmsburg
➡ www.damagedonefest.de
Punk, Hardcore, Ska, Oi mit starkem US-Einschlag. Erste Ausgabe des Festivals 2021 (Indoor), 2022 (Outdoor).

DAMAGED GOODS
im Molotow
➡ www.facebook.com/DamagedGoodsHH
Monatliche Partyreihe. DJs Jojo Brandt, Reklovski und Marco Flöß. Post Punk, New Wave, Synth-Pop, Minimal Wave. Kompilation „Sowas von Egal – German Synth Wave Underground 1 & 2“ als LP bei Bureau B.

GARAGEVILLE
➡ www.garageville.de
Internationales Beat & Garage Punk Festival.

GET LOST! FEST
Festival für Garage Rock und Garage Punk im Hafenklang.

GOTT SEI PUNK
im Indra Musikclub (Große Freiheit 64)
➡ www.gottseipunk.de
Deutschpunk-Festival mit vielen Legenden des Genres.

PUNKROCK HAMBURG FESTIVAL
im Stellwerk (Bahnhof Harburg)
➡ www.facebook.com/EndstationPunk
Zweitägiges Punk-Festival mit Genre-Pionieren und lokalen Acts.

TV PARTY– EIN KESSEL PUNK
aus dem Knust
➡ www.knusthamburg.de
Streaming-Reihe mit Interviews, Kurzdokus, Live-Auftritten, Moderation u.a.

LABEL

AUDIOLITH RECORDS
Holstenkamp 42 (rechts)
22525 Hamburg
➡ www.audiolith.net
Gegründet 2005. Wegbereiter des Electropunk, auch Bookingagentur. Der Tante Renate, Egotronic, Feine Sahne Fischfilet, Frittenbude, Plemo u.a.

NO SPIRIT
Karsten Böttcher
Gerichtstraße 37
22765 Hamburg
➡ www.nospiritmailorder.de
Seit 2017. Vinyl- und Tape-Label, Mailorder und Fanzine. Punk, Hardcore, Post-Punk, Garage, Indie, Alternative, Electronic. Antisocial Skills, Bijou Igitt, Parole 80 u.a.

PAULI PUNKER RECORDS
Possmoorweg 38
22301 Hamburg
➡ www.pauli-punker.com
Label und Tourservice. Partner des argentinischen Labels Despabilia Records. Drunken Swallows, Iwandino, Wilde Zeiten, Zona 84 u.a.

ROOKIE RECORDS
Holstenkamp 42 (rechts)
22525 Hamburg
➡ www.rookierecords.de
Seit 1996. Label, Verlag, Promotion. Punkrock von Bitume, Love A, Pascow, shatten, Spermbirds, Steakknife u.a.

ZICKZACK RECORDS / WHAT'S SO FUNNY ABOUT?
Schanzenstraße 75
20357 Hamburg
➡ www.zickzack3000.de
Seit 1980 bzw. 1984. Legendäre Label von Alfred Hilsberg, auch Verlag und Mailorder. Kosmonautentraum, Die Krupps, Minus Delta t, Wirtschaftswunder u.a. Später Candelilla, Die Gruppe Oil, Doctorella, Katze, Klotz + Dabeler, Rummelsnuff, u.a.

FANZINE, RADIO & BLOG

BROT
➡ www.facebook.com/brotfanzine
Seit 2017. Interviews, Platten- und Zine-Reviews, Konzertberichte, Meinungen, Kreuzworträtsel, Comic u.a.

IT'S ALL ABOUT PUNK SHOW
➡ www.fsk-hh.org
Alle Arten von Punk. Montags von 12 bis 14 Uhr über das Freie Sender Kombinat.

PUNKROCK HAMBURG
➡ www.facebook.com/PunkrockHamburg
Social Media, Blog, Community.

MIND THE GAP
➡ www.facebook.com/mindthegapfanzine
Seit 1998, jährliche Ausgaben. Interviews, Reviews, Konzertberichte, Kolumnen.

TIMEOUT
➡ www.fsk-hh.org
Punk, Avantgarde, New Wave, Pop u.a. Mittwochs von 17 bis 19 Uhr über das Freie Sender Kombinat.

SELBSTVERWALTETE ZENTREN-TOUR

12

STARTPUNKT

S-Bahn-Station Harburg Rathaus [S3, S31]

ENDPUNKT

S-Bahn-Station Holstenstraße [S21, S31]

DAUER

etwa 3,5 Stunden

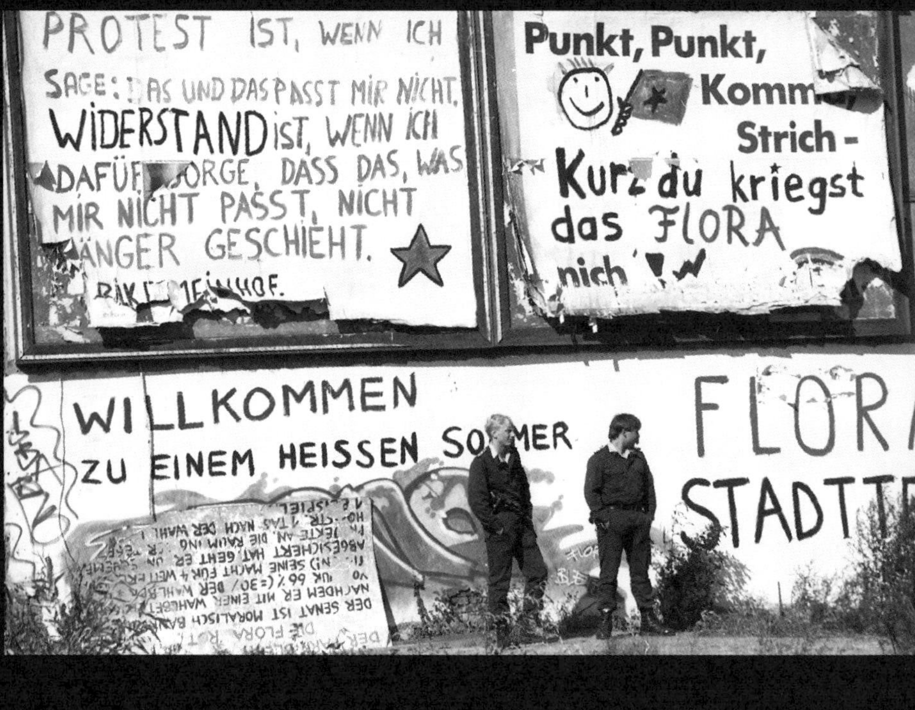

WER DIE BEGRIFFE Hamburg und **AUTONOMES ZENTRUM** (AZ, auch: Alternatives Zentrum) in einem Satz hört, wird unvermittelt an die **ROTE FLORA** denken. Das vor über dreißig Jahren besetzte Gebäude am Schulterblatt, dessen Vorläufer aus der ersten Hälfte des 19. Jahrhunderts stammt und das bereits bei seiner Errichtung als Concerthaus Flora im Jahr 1888 den heute berüchtigten Namen trug, ist sicherlich das bekannteste Autonome Zentrum Deutschlands und eines jener besetzten Häuser, dessen widerrechtliche Inbesitznahme symbolisch am stärksten aufgeladen ist. Das erste oder das einzige in Hamburg besetzte Gebäude ist die Flora dagegen nicht, und ob sie über den Symbolcharakter hinaus das wichtigste ist, wird sehr unterschiedlich beurteilt. Ganz sicher aber steht die Rote Flora für jene Assoziation des Begriffs Autonomes Zentrum, die von weiten Teilen der Presse, der Politik und der Bevölkerung als dessen Kern angesehen wird: der nämlich als eines Treffpunkts, einer Koordinationsstelle und eines Orts der Agitation von gewaltbereiten Linksextremist*innen. Ist dabei auch die Gleichsetzung von Autonomen und linkspolitischen Gewalttäter*innen reichlich unscharf, so ist jedenfalls die Tatsache, dass die Flora auch ein Anziehungspunkt für militante Linke und Krawalltourist*innen ist, Wasser auf die Mühlen konservativer und rechter Politiker, denen sie regelmäßig Anlass zu öffentlichkeitswirksamer, aber letztlich folgenloser Stimmungsmache gibt.

„Autonom", das bedeutet zunächst einmal unabhängig: Ein Autonomes Zentrum ist ein unabhängig von städtischen, gewerblichen, privaten, karitativen, kirchlichen oder Stiftungsträgern kollektiv organisierter Raum, der meist von einem dahinterstehenden Verein oder einer Genossenschaft geführt wird und somit nicht per Definition, aber in der Praxis fast zwangsläufig ein politischer Ort ist – was ihn für die (autonome) Szene mit ihrem hohen Politisierungsgrad und dem entsprechenden Sendungsbewusstsein natürlich attraktiv macht. Ursprünglich geht die Idee der Schaffung von selbstverwalteten Räumen sowohl auf die **JUGENDZENTRUMSBEWEGUNG** der 1970er Jahre wie auf die **HAUSBESETZER*INNEN**-Szene zurück, die ihren Höhepunkt in den 1980er Jahren hatte.

Mit der Inbesitznahme von zumeist leer stehenden Gebäuden und dem damit einhergehenden bewussten Rechtsbruch werden seit jeher ganz unterschiedliche Ziele verfolgt: So kann der Erhalt des besetzten Gebäudes im Mittelpunkt stehen, wenn etwa der Eigentümer dieser Eigentumspflicht nicht nachkommt, oder der Wunsch, für bezahlbaren Wohnraum zu sorgen und damit gegen die unaufhörlich steigenden Mieten zu protestieren, die innerstädtisches Wohnen für immer mehr Menschen unerschwinglich machen. Aber auch das Ziel der Schaffung von Orten für unkommerzielle gemeinschaftliche Aktivitäten, um die es in dieser Tour vor allem geht, bildet einen Hauptzweck der eigenmächtigen Raumnahme für Kultur-, Stadtteil- oder Jugendzentren.

Auf letzteren Ursprung und Bestimmungszweck als Jugendzentrum weist noch heute der Buchstabe "J" in dem Akronym hin, das dem Namen der Einrichtungen oft vorangestellt ist (AJZ Chemnitz, SJZ Siegburg usw.). Ob aber ein solcher Ort nun autonomes, selbstverwaltetes oder alternatives (Jugend-)Zentrum heißt, verfolgen die Macher*innen doch alle das gleiche Ziel: Sie stellen sich gegen ein kommerzielles, staatliches oder sonstwie von traditionellen Institutionen getragenes System von Veranstaltungs- und Bürgerzentren, indem sie qua Organisationsstruktur, Finanzierung und Programm ein Gegenangebot machen. Aber auch das Leben in den Häusern, die zu diesem Zweck besetzt wurden, soll dem Anspruch nach in einer von der Mehrheitsgesellschaft abweichenden, zum Beispiel antipatriarchalischen Weise organisiert und gelebt werden. Wenngleich Hausbesetzungen heute kaum noch nachhaltig erfolgreich sind – Räumungen werden zumeist schnell, oft noch am gleichen Tag vollzogen, so dass sich organisierte Strukturen erst gar nicht entwickeln können –, finden sie auch heute noch statt.

Eine der ersten Hausbesetzungen in Hamburg, die für Schlagzeilen sorgte, war die Einnahme der Häuser in der **EKHOFSTRASSE 37/39** in Hohenfelde durch zweihundert Okkupanten im Frühjahr 1973, die der Schaffung eines selbstverwalteten Kulturzentrums im Sinne der Jugendzentrumsbewegung dienen sollte. Sie wurde nach fünf Wochen durch ein mobiles Einsatzkommando der Polizei beendet und mündete in eine Reihe von teils in Verurteilungen endenden Prozessen. Zu den erfolgreichen und gleichzeitig bekanntesten Hausbesetzungen in Hamburg gehört dagegen zweifelsohne die Inbesitznahme der zwölf Häuser in der **HAFENSTRASSE** und der Bernhard-Nocht-Straße. Begonnen Anfang der 1980er Jahre, entwickelte sich die Besetzung zu einem beispiellosen, über Jahre schwelenden gesellschaftlichen und politischen Konflikt, in dessen Verlauf sich 1986 rund 12 000 Demonstrant*innen mit den Besetzer*innen solidarisierten und für den Erhalt der Häuser starkmachten. 1987 gelang es dem zu dieser Zeit regierenden Ersten Bürgermeister Klaus von Dohnanyi, den Konflikt zu befrieden: Nach gescheiterten Vertragsverhandlungen und tagelangem Barrikadenbau sicherte Dohnanyi den Besetzer*innen gegen den Willen der Bürgerschaft den Verzicht auf die Räumung und eine vertragliche Lösung zu, wenn diese die Barrikaden innerhalb eines gesetzten Ultimatums zurückbauen würden. Sie wurden – die 5000 bereitstehenden Polizist*innen zogen ab, die Besetzer*innen bekamen einen Nutzungs- und Pachtvertrag, konnten 1995 die Gebäude über die zu

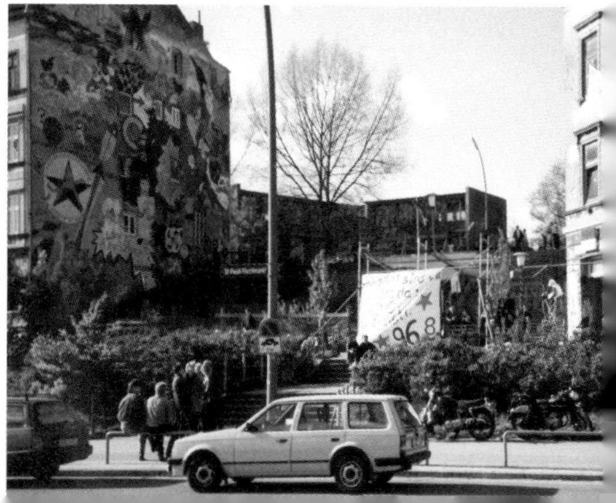

diesem Zweck gegründete Genossenschaft „Alternative am Elbufer" von der Stadt erwerben und somit dem Markt endgültig entziehen.

Ebenfalls erfolgreich war die Besetzung der **FLORA** im Jahr 1989, die seit nunmehr über dreißig Jahren eine Geschichte gescheiterter Nutzungsvereinbarungen wie vertraglicher Absicherungen zwischen Stadt und Besetzer*innen, angedrohter Räumungen, des Verkaufs durch die Stadt an den Privateigentümer Klausmartin Kretschmer und schließlich des Rückkaufs durch die stadteigene Lawaetz-Stiftung im Jahr 2014 nach der Insolvenz des Immobilienunternehmers ist. Einen Mietvertrag haben die Besetzer*innen bis heute zwar nicht, die Schlüssel aber nach wie vor. Und einigen Rückhalt über die radikal linke Szene hinaus: Immer wieder nutzen bekannte Künstler*innen die Flora als Auftrittsort, etwa die Beatsteaks, Madsen, Tocotronic, Turbostaat, Olli Schulz, ZSK, Fettes Brot oder die Beginner, die in oder vor dem Gebäude performten. Die Konzerte, die meist spontan angekündigt werden und nicht selten im Rahmen eines regulären Hamburger Tourstopps der Künstler*innen stattfinden, werden mitunter von Tausenden Gästen besucht – und wenn sie drinnen stattfinden, mittels Leinwand vor das Gebäude übertragen. Das Konzert der Beginner zum 25. Geburtstag der Flora im Jahr 2014 ist sogar einer speziellen CD-Edition ihres 2016 erschienenen Comeback-Albums „Advanced Chemistry" beigelegt, auch ein offizielles Merchandise-T-Shirt, das an den Auftritt erinnert, gibt es. In einem Song mit dem Titel „Flora bleibt", der auf ihrem später indizierten Debütalbum zu finden ist, haben die Neonschwarz-Rapper Johnny Mauser und Captain Gips die linksalternative Institution verewigt. An diesen Solidaritätsbekundungen wird deutlich, dass die Flora vor allem auch als kulturelles Phänomen verstanden werden muss und mindestens ebenso sehr von diffusen Sympathien für ein widerständiges Projekt profitiert wie von der reflektierten Zustimmung zur radikalen politischen Agenda der Flora-Aktivisten.

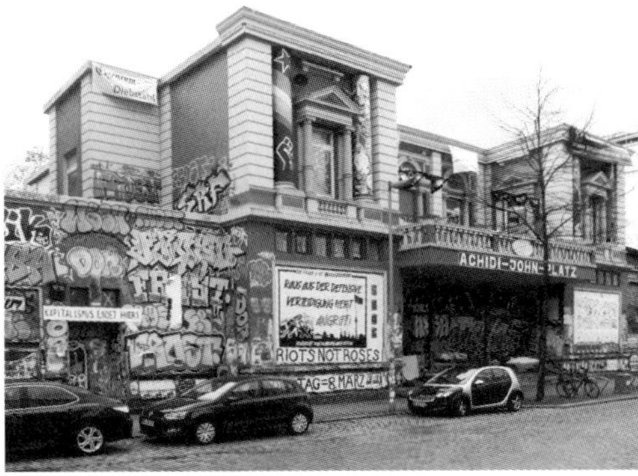

Die letzte erfolgreiche Besetzung, die in Hamburg einiges Aufsehen verursachte, war die der Häuser im sogenannten **GÄNGEVIERTEL** in der Neustadt. Sie ereignete sich 2009 und führte zu einer Solidarisierung weiter Teile der Stadtgesellschaft mit den Zielen der Besetzer. Aus der mehr oder weniger spontanen Vereinnahmung der Häuser unter der Schirmherrschaft namhafter Künstler zum Schutz vor dem Abriss hat sich inzwischen nicht nur ein vielfältiger Kultur- und Kunstort entwickelt, auch eine Grundsanierung mit der Errichtung von

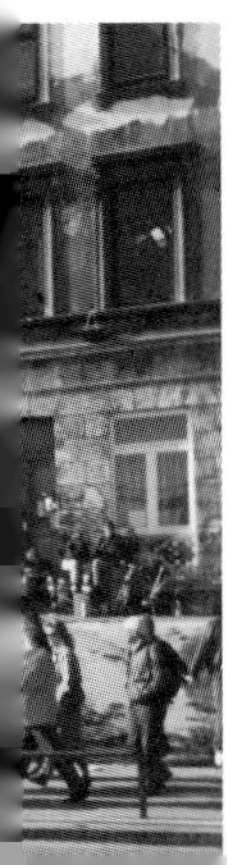

achtzig preisgünstigen Wohnungen, Ateliers und Gewerberäumen ist derzeit im Gange.

Die Tour auf den folgenden Seiten führt uns vom südlichsten Hamburger Stadtbezirk Harburg bis nach Altona und kann durchweg mit öffentlichen Verkehrsmitteln absolviert werden. Die Stopps, die natürlich auch einzeln angesteuert werden können (ein Hinweis auf den direkten Weg findet sich jeweils am Ende der Wegbeschreibungen), befinden sich größtenteils nicht etwa in St. Pauli oder im Schanzenviertel, sondern in Stadtteilen wie Wilhelmsburg, Eimsbüttel

MUSIK ZUR TOUR

TON STEINE SCHERBEN
RAUCH-HAUS-SONG
aus dem Album »Keine Macht für Niemand« (David Volksmund Produktion 1972)

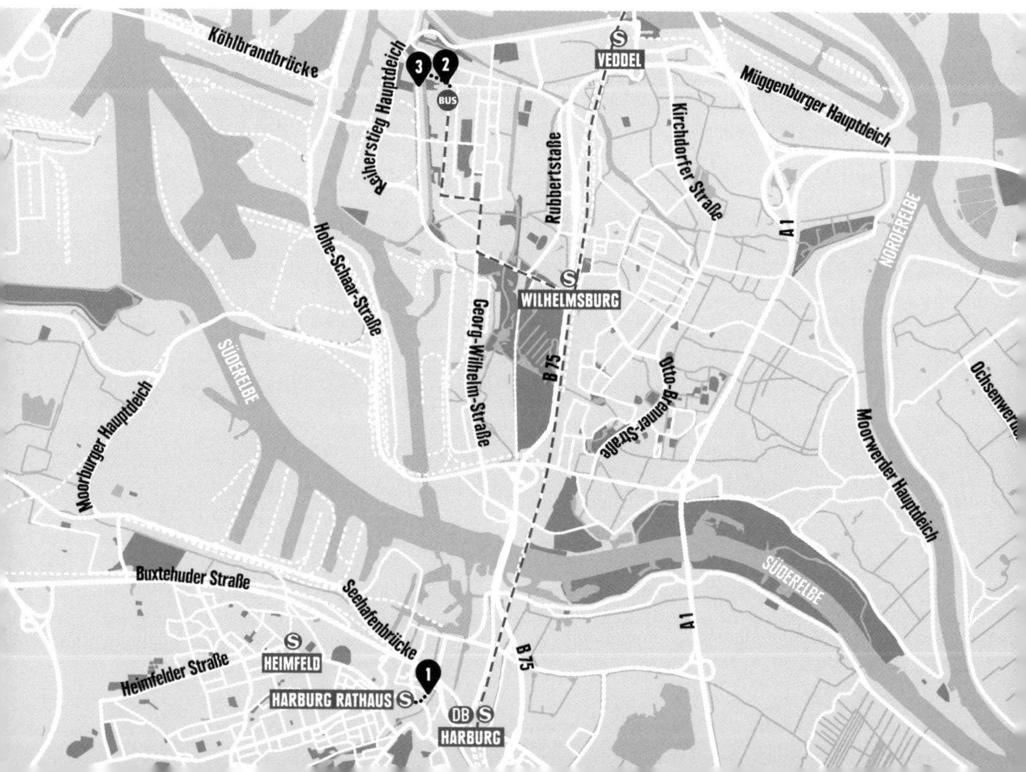

und Rotherbaum. Sie reichen von Zentren mit linkspolitischem Fokus und vor aktivistischen Schriften überquellenden Infoläden über Kulturzentren mit einem breiten Angebot für die ganze Familie und ein Studentencafé bis zum Gängeviertel und der flux eg/frappant, wo auch professionelle kreative Arbeit einen gemeinschaftlich organisierten Raum findet. Da die Stationen nicht täglich und oft nur für ein paar Stunden geöffnet haben, empfiehlt es sich, vor Antritt der Tour oder dem Besuch einzelner Stationen die Öffnungszeiten nachzuschauen und sich über regelmäßig stattfindende Aktivitäten zu informieren.

Das selbstverwaltete Zentrum Harburgs, die Sauerkrautfabrik, liegt unweit der S-Bahn- Station Harburg-Rathaus, die wir mit den Linien S3 und S31 erreichen. Wir verlassen die Station, die den größten noch erhaltenen und für den Katastrophenfall nutzbaren Bunker Hamburgs beherbergt und insgesamt neun Ausgänge hat, über den Ausgang Großer Schippsee. Den winzigen Herbert-Wehner-Platz, der als Platz von den meisten wohl kaum wahrgenommen wird, passieren wir, gehen etwa einhundert Meter die Straße Großer Schippsee entlang, um dann rechts in die Straße Kleiner Schippsee einzubiegen. Die Sauerkrautfabrik befindet sich unübersehbar auf der Ecke zur Straße Am Wall.

SAUERKRAUTFABRIK 1

Kleiner Schippsee 22
21073 Hamburg
➡ www.sauerkrautfabrik.org

Die Idee eines selbstverwalteten, unkommerziellen Kulturzentrums für alle sollte ursprünglich im seinerzeit leer stehenden ehemaligen Freizeitzentrum Nöldekestraße am Rande des Phoenix-Viertels realisiert werden, zerschlug sich jedoch 2012, als der Eigentümer, die städtische Sprinkenhof AG, das Gebäude an eine Musikschule vermietete, die auch heute noch dort angesiedelt ist. Die Gruppe der Gründer fand kurze Zeit später in der ehemaligen und namensgebenden Sauerkrautfabrik unweit des Harburger Karstadt-Hauses geeignete Räume für ihr Projekt und gründete daraufhin den Welt*RAUM e.V., der seitdem als Träger fungiert. Die 150 Quadratmeter großen Räumlichkeiten werden für Kneipenabende, Konzerte, Partys, politische Vorträge und die wöchentlich stattfindende Küche für Alle (KüfA) genutzt. Eintritt wird, wenn überhaupt, nur auf Spendenbasis erhoben.

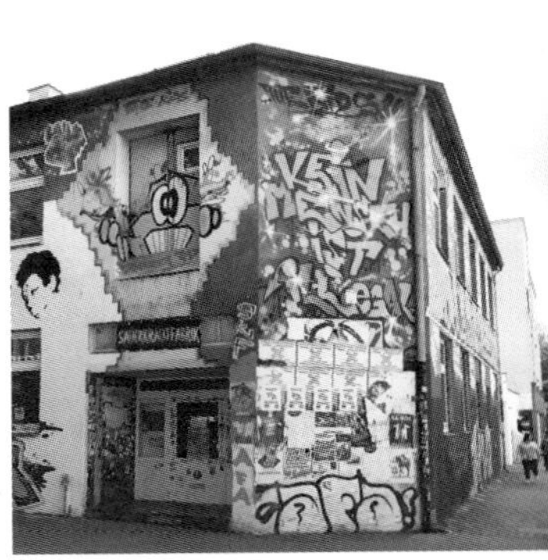

Die SKF dient sowohl der anarchistischen Stadtteilgruppe Libertäre H-Burg als auch einer offenen

Lerngruppe als Treffpunkt. Sie unterhält einen Infoladen, eine Freebox (Bücher, Platten, Schuhe, Kleidung, Küchenutensilien etc.) und eine Food-Sharing-Einrichtung, die auch außerhalb der Öffnungszeiten zugänglich ist. Das Zentrum selbst und Menschen aus seinem Umfeld treten ferner als (Mit-)Organisatoren verschiedener kultureller Veranstaltungen im Süderelberaum auf, etwa eines eigenen Straßenfests, das 2019 erstmals vor der SKF stattfand, des unkommerziellen Musik- und Kulturfestivals „Keine Knete, trotzdem Fete" und diverser Veranstaltungen mit dem AStA der TUHH, deren Campus sich nur wenige Fußminuten entfernt befindet. Die Menschen hinter der SKF initiieren politische Aktionen in Harburg und dem Süderelberaum, zum Beispiel gegen Nazis, oder beteiligen sich daran, wie etwa an den Harburger Gedenktagen im November.

Wilhelmsburg erreichen wir mit der Linie S3 oder S31, das Stadtteilzentrum und den Infoladen von der S-Bahn-Station nach etwa zehnminütiger Fahrt mit dem Metrobus 13, jener Linie, die mit dem Dokumentarfilm „Die Wilde 13" ein Denkmal gesetzt bekam. In Stoßzeiten lässt sich die Elbinsel mit ihr von Veddel bis Kirchdorf-Süd im Drei-Minuten-Takt durchqueren.

INFOLADEN WILHELMSBURG 2

Fährstraße 48
21107 Hamburg
➡ www.infoladen-wilhelmsburg.blackblogs.org

Der kleine Laden mit Hinterhof befindet sich in der Wilhelmsburger Fährstraße im Zentrum des Stadtteils, einige Fahrminuten mit dem Bus vom S-Bahnhof entfernt. Dort wartet ein aktuelles Angebot aus Büchern, Zeitungen, Zeitschriften und Filmen zu politischen Themen darauf, gelesen oder kostenlos bzw. gegen eine Spende ausgeliehen zu werden. Auch mit Mobilisierungsmaterial wie Flyern, Broschüren und Plakaten zu aktuellen politischen Kampagnen vor allem mit den Schwerpunktthemen Stadtteilpolitik, Feminismus und Antifaschismus können sich die Besucher im Wilhelmsburger Infoladen eindecken wie mit einer kleinen Auswahl an Patches, Buttons und T-Shirts, außerdem fair und kollektiv produziertem Kaffee, Mate-Tee, Wein und Olivenöl. Das Café des Ladens ist auf Spendenbasis organisiert.

Seit 2008 dient der Infoladen als Anlaufstelle und Treffpunkt für verschiedene (politische) Gruppen im Viertel: So gibt es Deutschkurse für geflüchtete Menschen in Hamburg- Wilhelmsburg (den „Sprachhafen") und eine Fahrradwerkstatt für FLINT*-Menschen (also Frauen, Lesben, intersexuelle, nicht-binäre und Transpersonen). Wer PC-Probleme hat, findet bei „all computers are broken" die richtigen Ansprechpartner*innen, bei Problemen mit Behörden,

Vermieter*innen oder Chef*innen steht die Gruppe „Wilhelmsburg Solidarisch" mit Rat und Tat zur Seite. Und eine VoKü (die „KüfA") gibt es auch.

Für Organisator*innen unkommerzieller Veranstaltungen bietet der Infoladen außerdem eine sich stetig vergrößerende Auswahl an medientechnischer Ausrüstung und Veranstaltungsequipment, von der Videokamera über Beamer und Laptop bis hin zu Pavillonzelten und Bierbänken, zur Ausleihe an. Eine weitere Besonderheit ist das digitale, audiovisuelle Archiv, das eine Auswahl an Mitschnitten von Vorträgen und Diskussionsveranstaltungen des Infoladens für all diejenigen bereitstellt, die nicht anwesend sein konnten oder Veranstaltungen noch einmal nachhören wollen.

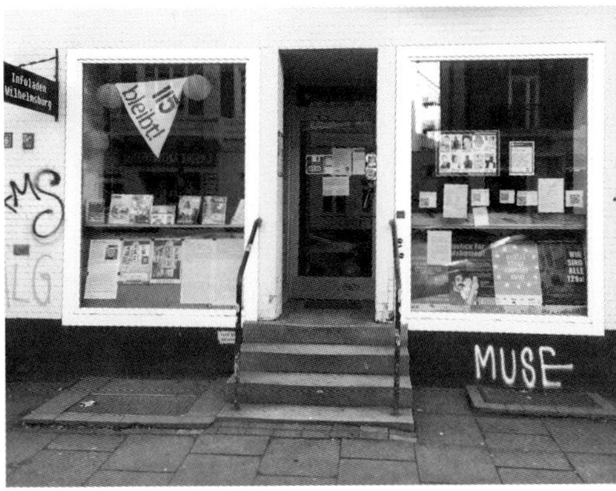

Wenn wir den Infoladen verlassen, geht es nach links die Fährstraße etwa 300 Meter zu Fuß entlang bis zur Einmündung in die Industriestraße, in die wir einbiegen und etwa hundert Meter weiterlaufen, bis wir das Kulturzentrum Honigfabrik erreichen. Auf direktem Weg geht es mit dem Bus 156 vom S-Bahnhof oder der Station Alter Elbtunnel bis zur Haltestelle Industriestraße.

HONIGFABRIK 3

Industriestraße 125-131
21107 Hamburg
➡ www.jim.honigfabrik.de

Als die Firma Gieseke nach Kriegsende in die Fabrik am hiesigen Standort einzog, um fortan in Wilhelmsburg Honig zu produzieren, war der Bau nicht nur schon mehrere Jahrzehnte alt, sondern hatte auch schon verschiedenen Industrien als Produktionsstätte gedient: Zuerst als Margarinefabrik gebaut, stellten die nachfolgenden Besitzer*innen die Produktion auf medizinische Fette und Öle um, bevor Gieseke die mehrfach erweiterten Hallen am Veringkanal im industriell geprägten Stadtteil Wilhelmsburg bis 1977 für die Honigproduktion nutzte. Seit dem Umzug der Firma nach Bremen, seit mehr als vierzig Jahren also, dienen die Räumlichkeiten der Honigfabrik den Wilhelmsburger*innen nun bereits als selbstverwaltetes Kulturzentrum.

Heute beherbergt die Honigfabrik eine Vielzahl von handwerklichen Werkstätten, in denen etwa mit Holz, Metall und Ton gearbeitet werden kann, eine Boots- und eine Kfz-Werkstatt, ein halbes Dutzend Ateliers sowie andere

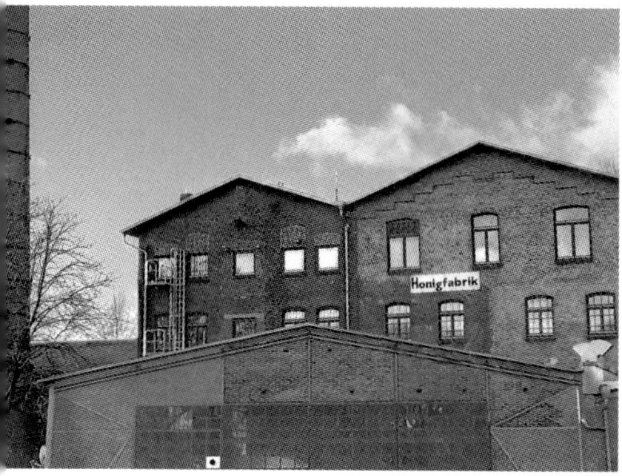

Räumlichkeiten, in denen – gegen feste Kursgebühren, nicht gegen Spende – Kurse für Yoga, Qigong und Tanz angeboten werden. Konzerte, Lesungen, Film- und Theatervorführungen, Poetry Slams und andere Kulturveranstaltungen gehören ebenso zum Angebot, das sich an die ganze Familie richtet, daneben holen eigens konzipierte Kinder- und Seniorenprogramme auch jene Bevölkerungsgruppen ab, die im allgemeinen Programm zu kurz kommen. Nicht zuletzt ist die Freie Schule für Gestaltung (FSG), eine BAföG-anerkannte Schule für Kommunikationsdesign, in der Honigfabrik untergebracht und nutzt die Räume und ein am Kanal liegendes Hausboot für den Unterricht.

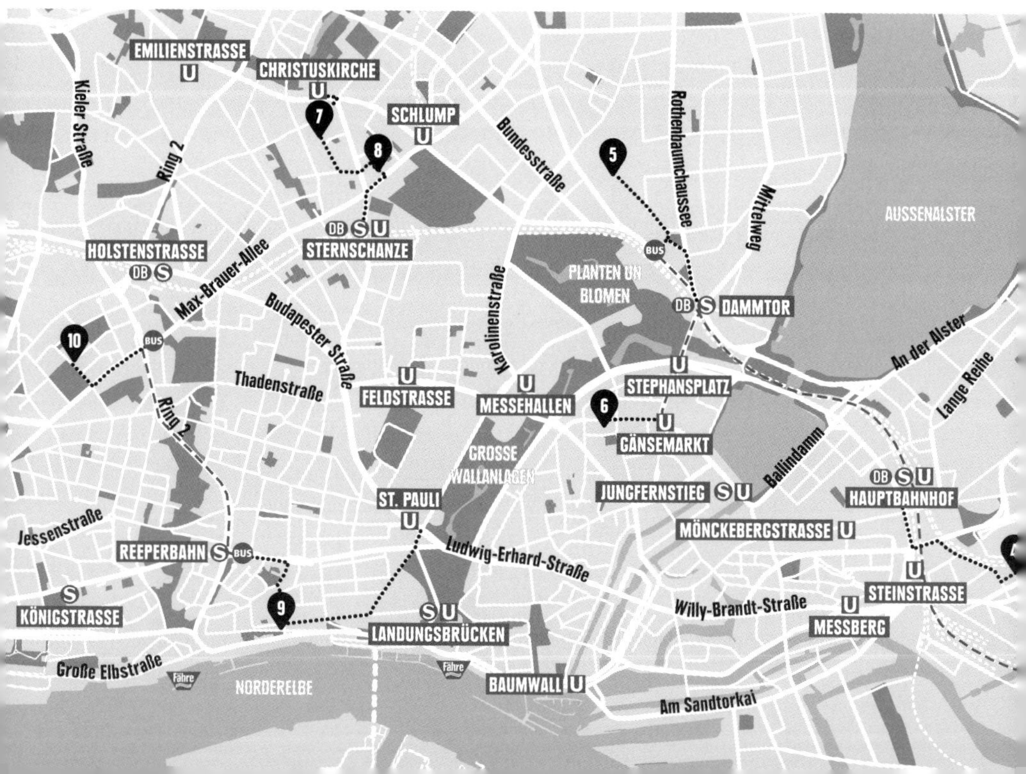

Wer bei dem vielfältigen Angebot nicht fündig wird und selbst etwas auf die Beine stellen will, kann die Räume des Kulturzentrums, zu denen unter anderem das Café Pause gehört, selbstverständlich auch mieten. Die Honigfabrik ist an zahlreichen stadtteilbezogenen Veranstaltungen beteiligt, so etwa an dem jeweils im Sommer stattfindenden zweitägigen kostenlosen Musik- und Kulturfestival „48h Wilhelmsburg", in dessen Rahmen auf dem Hof auch schon Fortuna Ehrenfeld und Kettcar mit dem aus Wilhelmsburg stammenden Sänger Marcus Wiebusch zu sehen waren.

Vom S-Bahnhof Wilhelmsburg geht es nun in das nahe dem Hauptbahnhof gelegene Münzviertel und damit ein weiteres Mal über die Elbe. Den Bahnhof verlassen wir über Hachmannplatz und Steintorplatz, gehen am Museum für Kunst und Gewerbe vorbei durch den Julius-Kobler-Weg, queren über die Altmannbrücke die Schienentrassen des Hauptbahnhofs und biegen in die Münzstraße ein, die an der Zentralbibliothek vorbeiführt. Nach etwa 400 Metern biegen wir am Münzplatz in die Rosenallee ab und gehen bis zur Hausnummer 11 vor.

VIERTELZIMMER 4

Rosenallee 11
20097 Hamburg
➡ www.viertelzimmer.net

Das Viertelzimmer im Münzviertel ist zwar ein noch relativ junges Projekt, die Idee dahinter und die Macher*innen sind allerdings schon lange im Münzviertel (das seinen Namen der früher dort angesiedelten ältesten Münzprägeanstalt Deutschlands verdankt) präsent. Als unmittelbarer Vorgänger des Viertelzimmers kann das Kollektive Zentrum, KoZe, in der Norderstraße gelten, das 2016 geräumt und abgerissen wurde. Es beherbergte bereits die Lebensmittelkooperative Tante Münze und die Radküche, die nun beide seit 2018 im Viertelzimmer in der Rosenallee eine neue Bleibe gefunden haben.

Auch für andere Projekte im Viertel zeichnen die Aktivist*innen der Stadtteilinitiative Münzviertel verantwortlich, etwa das jährlich dort stattfindende Straßenfest, den Nachbarschaftsgarten Münzgarten und das Werkhaus – ein niedrigschwelliges Angebot mit allerlei Werkstätten (Holz, Küche, Fahrrad, Textil etc.), mit Materialien, Gerät und engagierten

Lehrer*innen für wohnungslose oder von Wohnungslosigkeit bedrohte junge Erwachsene bis 27 Jahren sowie für Geflüchtete.

Das Viertelzimmer hat mittlerweile auch eine Siebdruckwerkstatt, ein Fotolabor und betreibt das Münzviertel Archiv, in dem die Geschichte des Quartiers

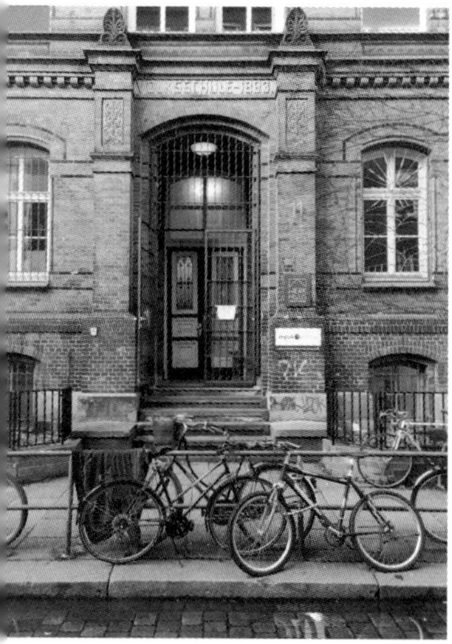

dokumentiert und zugänglich gemacht wird. Das unkommerzielle Veranstaltungs- und Kursprogramm, das sowohl von der Initiative als auch von externen Organisator*innen angeboten wird, umfasst Kulturveranstaltungen wie Konzerte, Partys, Poetry Slams, Ausstellungen und Vernissagen, aber auch Muay-Thai-Boxen, gemeinsames Stricken, Nähen und Basteln („Knit Together") sowie Kneipen- und Caféabende.

Vom Viertelzimmer geht es nun zurück zum Hauptbahnhof und dann mit einer der S-Bahn-Linien S11, S21 oder S31 zum Bahnhof Dammtor. Von dort laufen wir zum Uni-Campus oder nehmen den Bus bis zur Haltestelle Grindelhof (zwei Haltestellen). Auch der direkte Weg zum Café Knallhart führt über den Bahnhof Dammtor bzw. die Haltestelle Grindelhof.

CAFÉ KNALLHART 5

Von-Melle-Park 9
20146 Hamburg
➡ knallhart.blackblogs.org

Wer glaubt, dass linkspolitisches Engagement im universitären Umfeld dominant und auf dem Campus überall sichtbar ist, wird mit Beginn des Studiums meist eines Besseren belehrt. Dass Student*innen sich selbst überdurchschnittlich oft politisch links einordnen, mag zwar stimmen, dass dies mit politischem Handeln verbunden ist, dürfte allerdings ein Mythos sein. Wer an der Uni Hamburg studiert und sich sehr dezidiert links verortet, wird jedenfalls früher oder später im Café Knallhart auf dem Campusgelände landen, das selbstverständlich auch Nicht-Studierenden offensteht.

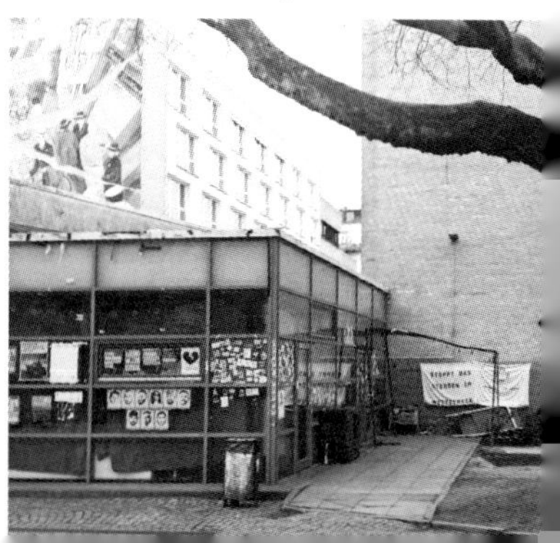

Seit 1987 gibt es diesen Ort für Rückzug, kritische Diskussion und unkommerzielle Veranstaltungen auf dem Campus in Rotherbaum, genauer in einem Gebäude der 2005 mit der Universität Hamburg fusionierten ehemaligen Hamburger Universität für

Wirtschaft und Politik, die heute als Fachbereich Sozialökonomie zusammen mit den Sozialwissenschaften und der Volkswirtschaftslehre die Fakultät Wirtschafts- und Sozialwissenschaften der Universität bildet. Im Café Knallhart finden regelmäßig politische Vorträge, Diskussionsrunden, Filmvorführungen zu Antifaschismus, Antirassismus, Polizeigewalt, Klimaschutz und szenetypischen Themen statt, die von verschiedenen linken (Hochschul-)Gruppen organisiert und durchgeführt werden. Das Café Knallhart und die linken an der Uni beheimateten Gruppen aus seinem Umfeld sind in der Vergangenheit unter andrem als Gastgeber*innen des Antirassistischen Kongresses Hamburg aufgetreten. Alle Veranstaltungen sind frei von Eintritt oder Spenden. Das musikalische Spektrum bei Konzerten und Partys reicht von Punk über „Zeckenrap“ zu Roots-Reggae und Trash.

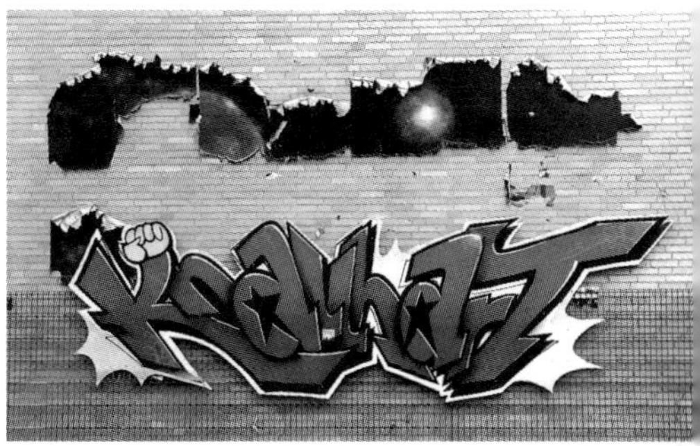

Aktivist*innen aus dem Cafe Knallhart-Umfeld haben sich an verschiedenen, teils heftig umstrittenen Protesten auf dem Unigelände beteiligt, darunter gegen die Rückkehr Bernd Luckes, des Mitbegründers und ehemaligen Bundessprechers der AfD an den Lehrstuhl für Makroökonomie zum Wintersemester 2019/2020, der für seine parlamentarischen Aktivitäten einige Jahre von seinen Lehrtätigkeiten freigestellt gewesen war. Außerdem organisierten sie die Proteste gegen den Auftritt der Postrock-Band Algiers im Jahr 2018. Die US-Amerikaner gehören zu den Unterstützer*innen der transnationalen, als antisemitisch eingestuften Kampage BDS (Boycott, Divestment and Sanctions), die unter anderem den Rückzug Israels aus allen besetzten Gebieten fordert und zur Durchsetzung ihrer Ziele die politische, wirtschaftliche und soziale Isolierung des Staats Israel propagiert.

Unsere nächste Station, das Gängeviertel, erreichen wir von der Uni aus am schnellsten mit den Buslinien 4 oder 5 vom Grindelhof, beide brauchen etwa fünf Minuten bis zur U-Bahn-Station Gänsemarkt, die sich direkt am Gängeviertel befindet (Ausgang Valentinskamp/Caffamacherreihe). Auf direktem Weg erreichen wir das Viertel mit der U2 und steigen am Gänsemarkt aus.

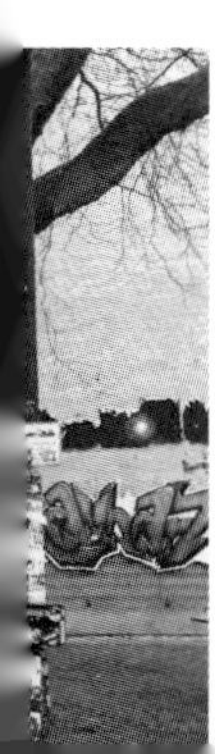

GÄNGEVIERTEL 6

Valentinskamp 28 A
20355 Hamburg
➡ das-gaengeviertel.info

Das als „Gängeviertel" bekannte Ensemble der zwölf historischen Häusern rund um die Straßen Valentinskamp, Caffamacherreihe und Speckstraße in der Neustadt dürfte gleich nach der Roten Flora das bundesweit bekannteste aus einer Besetzung hervorgegangene Hamburger Projekt sein. Die Gängeviertel, von denen die hier und an einigen wenigen anderen Stellen der Stadt erhaltenen Häuser nur ein kleiner Rest sind, entstanden durch zunehmende Stadtverdichtung im 19. Jahrhundert, etwa infolge des Großen Brands von 1842, der rund 20 000 Menschen obdachlos machte, oder der Errichtung der Speicherstadt ab 1883 und der damit einhergehenden Zwangsumsiedlung der dort lebenden 24 000 Menschen. Ein Übriges tat die bis 1860 geltende Torsperre, nach deren Bestimmungen die Stadt abends und nachts nur gegen Zahlung einer Gebühr über die Stadttore betreten werden durfte, so dass sich der Druck, sich innerhalb der Befestigungsanlagen niederzulassen, erhöhte.

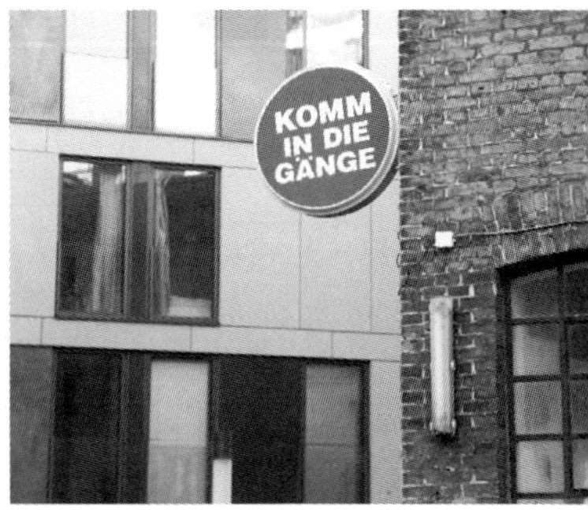

In den „Gängen", wo überwiegend Menschen aus den ärmeren Bevölkerungsschichten lebten, herrschten katastrophale hygienische Zustände: Bedingt durch die schmalen, eng aneinander gebauten Häuser, Gässchen und Hinterhöfe sowie eine Bevölkerungsdichte von fast 1500 Einwohnern je Hektar in den 1880er Jahren, bildeten die Gängeviertel den idealen Nähr- und Verbreitungsboden für Krankheiten: Die Cholera-Epidemie von 1892, der letzte große Ausbruch der Krankheit in Deutschland, führte neben einem Umdenken bei der Wasserversorgung Hamburgs schließlich zu Abriss und Sanierung der Gängeviertel.

Das heute als Gängeviertel bundesweit bekannte Projekt entstand infolge einer Besetzung durch Aktivist*innen im August 2009, nachdem die leer stehenden und baufälligen Häuser, darunter unter Denkmalschutz stehende Gebäude, durch die Stadt an einen niederländischen Investor verkauft worden waren. 3000 Gäste bis weit ins bürgerliche Spektrum kamen bereits am ersten Wochenende der Besetzung, um ihre Sympathie mit der Initiative zum Erhalt des stadtgeschichtlich bedeutsamen Ensembles auszudrücken. Noch im Dezember des gleichen Jahres erfolgte der Rückkauf der Gebäude durch die Stadt Hamburg, im Frühjahr des Folgejahres legten die Aktivist*innen ein Sanierungs- und Nutzungskonzept vor.

Von Anfang an hat sich das alternative Wohn-, Kunst- und Kulturprojekt zu einem Protagonisten der Hamburger alternativen Szene entwickelt. Die Häuser, die Namen wie „Fabrik“, „Druckerei“, „Kupferdiebhaus“ oder „Puppenstube“ tragen, werden mit zahlreichen Angeboten und Veranstaltungen bespielt, darunter Konzerte, Partys, Performance-Kunst, Ausstellungen, Lesungen, Workshops. Einige von ihnen beherbergen daneben Ateliers, Studios, Werkstätten, sonstige Arbeitsplätze und Wohnraum. Ein Besuch im Gängeviertel lohnt sich auch, wenn gerade keine Veranstaltungen oder ein Fest wie zum alljährlich groß gefeierten Geburtstag des Projekts stattfinden: Irgendein Haus hat immer geöffnet, irgendwo ist immer etwas los.

Neben den unkommerziellen Räumen gibt es im Gängeviertel Läden wie den feministischen Sexshop des Kollektivs Fuck Yeah, das Café Nasch mit vegetarischen und veganen Speisen sowie Mittagstisch im Kupferdiebhaus oder die Jupi-Bar. Fassaden, Mauern, Gänge, Gässchen, Ecken und Nischen des Viertels bieten für das Auge reichlich zu sehen: Streetart zum Beispiel, darunter teils riesige Murals von international tätigen Künstler*innen wie Darko Caramello Nikolic, Nychos oder den Low Bros. Welch exponierte Stellung das Gängeviertel unter den auf dieser Tour vorgestellten Projekten in Hamburg und darüber hinaus hat, zeigt auch ein Blick auf die Mitgliederliste der 2010 gegründeten Gängeviertel Genossenschaft: Konzertveranstalter Karsten Jahnke, Fettes Brot, Christoph Lieben-Seutter, Generalintendant der Laeiszhalle und Elbphilharmonie, und Schauspielerin Pheline Roggan gehören zu den Genoss*innen. Von der UNESCO wurde das Gängeviertel zum Ort kultureller Vielfalt ernannt.

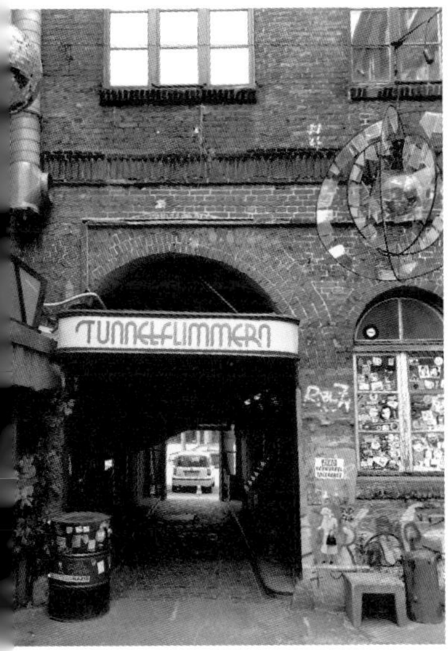

Ebenfalls keine zehn Minuten benötigen wir vom Gängeviertel bis zum nächsten Ziel, dem Kultur- und Aktionszentrum Schwarze Katze in der Fettstraße. Wir erreichen das selbstverwaltete Zentrum vom Gänsemarkt aus mit der U2 Richtung Niendorf Markt über die Station Christuskirche. Von dort laufen wir durch die Bellealliancestraße bis zur Fettstraße.

SCHWARZE KATZE 7

Fettstraße 23
20357 Hamburg
➡ www.libertaereszentrum.de

Seit 1986 besteht das libertäre Kultur- und Aktionszentrum Schwarze Katze, das sich als Anlaufpunkt für alle versteht, die sich für Anarchismus und anarchistische Aktionsformen interessieren. Zum Angebot gehört unter anderem die Libertäre Bibliothek Hamburg, die etwa 5000 Bücher und Broschüren umfasst, welche ausgeliehen und vor Ort gelesen bzw. digital eingesehen werden können. Den thematischen Hauptschwerpunkt der Bibliothek bilden dabei die Themenfelder anarchistische Theorie und Geschichte. Aber auch zur Arbeiter*innenbewegung, zu Marxismus, Feminismus, Antifaschismus und verwandten Themen finden sich Medien. Die Bibliothek wird von einer in den Räumlichkeiten ansässigen Gruppe organisiert, die auch Lesungen und Buchvorstellungen, die „Lesekneipe" (eine Veranstaltung, bei der überschüssige Bücher neue Besitzer*innen suchen) und den Lesekreis „Subversion und Größenwahn" organisiert, in dem von anarchistischen Klassikern bis zu jüngeren Publikationen alles diskutiert wird, was sich die Teilnehmer*innen wünschen – Vorkenntnisse sind nicht erforderlich.

Die Schwarze Katze dient ebenso der Hamburger FAU (Freie Arbeiterinnen- und Arbeiter-Union), einer anarchosyndikalischen Gewerkschaft, die seit Ende der 1970er Jahre in Deutschland und der Schweiz aktiv ist, sowie dem Hamburger Ableger der Arbeiter*innen-Gewerkschaft Industrial Workers of the World (IWW) als Treff- und Aktionsort. Zu den regelmäßigen öffentlichen Terminen in der Schwarzen Katze gehört auch der Kneipenabend „Libertäre Freitagskneipe".

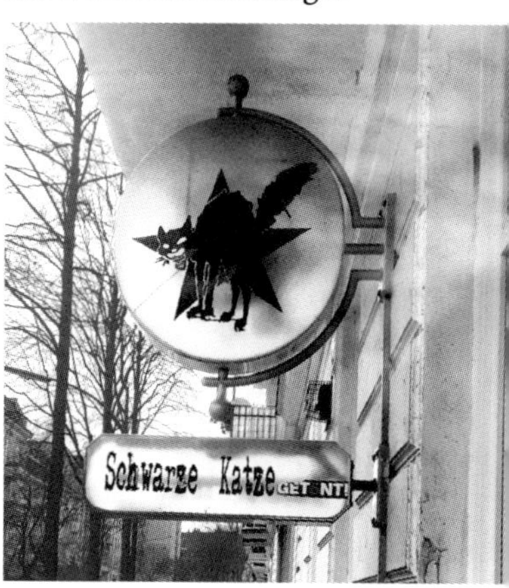

Knapp fünf Minuten Fußweg entfernt befindet sich unsere zweite Station in Eimsbüttel. Um sie zu erreichen, müssen wir nur die Weidenallee kreuzen. Wer den Infoladen Schwarzmarkt direkt ansteuert, fährt mit den Linien U2 oder U3 bis zur Haltestelle Schlump. Dort die Schäferkampsallee überqueren und in der Straße Kleiner Schäferkamp bis zur Hausnummer 46 laufen.

INFOLADEN SCHWARZMARKT 8

Kleiner Schäferkamp 46
20357 Hamburg
➡ schwarzmarkt.noblogs.org

Im Erdgeschoss eines linken Wohnprojekts befindet sich dieser unkommerziell und kollektiv betriebene Infoladen, den es im Kern bereits seit über dreißig Jahren gibt. Infoläden entstanden Ende der 1970er Jahre in Deutschland zum einen mit dem Ziel, eine Netzwerkstruktur für Information und eine Gegenöffentlichkeit zu schaffen, die sich als unabhängig von der kapitalistischen Verwertungslogik der Medienkonzerne verstand und mit kritischen Medien eine radikal andere Sicht der politischen Dinge ermöglichen wollte. Sie waren aber auch Teil einer bundesweiten linken Infrastruktur, die durch regelmäßige Vernetzungstreffen der Infoläden aufrechterhalten wurde.

Das im Infoladen Schwarzmarkt zu findende Material deckt ein breites linkspolitisches Spektrum ab: Von Antirassismus über die Anti-AKW-Bewegung, von linker Theorie und Globalisierungskritik über Feminismus und (Trans-)Genderthemen bis zum Internationalismus gibt es Informationen zu Theorien und Ideen, Bewegungen und Konzepten in Form von Zeitungen, Zeitschriften, Broschüren und Büchern. Ergänzt werden die Medien durch Material zu aktuellen Hamburger, regionalen, deutschlandweiten und internationalen Kampagnen und außerdem durch T-Shirts, Hoodies, Aufnäher, Sticker, Buttons sowie Musik und Filme. Und da ein Infoladen Informationen nicht nur bereithalten, sondern auch verbreiten will, stehen Einzelpersonen und Gruppen daneben PC-Arbeitsplätze, Internet, Kopierer und Postfächer zur Verfügung. Angeboten werden ferner nach Wunsch zusammengestellte Infotische für Veranstaltungen, Kaffee, Kaltgetränke, manchmal Kuchen. Auch eine Leseecke gibt es.

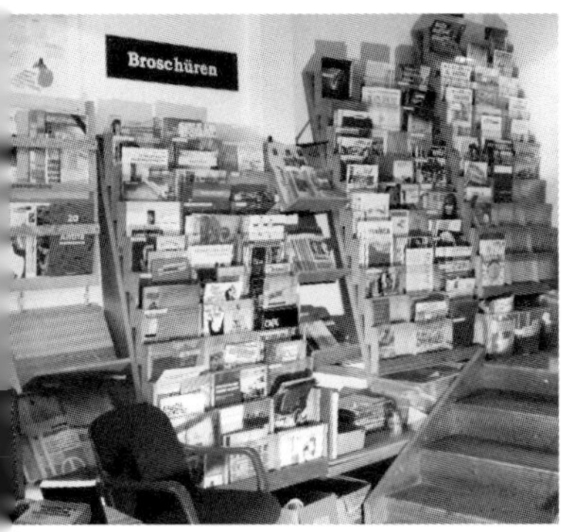

Um zur nächsten Station zu kommen, fahren wir mit der U3 bis St. Pauli. Wir verlassen diese und gelangen über die Kreuzung Reeperbahn/Millerntorplatz in den Zirkusweg. Hinter den Tanzenden Türme und am Atlantic-Haus vorbei geht es nun bis zur Bernhard-Nocht-Straße. Wir passieren Tropeninstitut, Empire Riverside Hotel und den Veranstaltungsort Nochtspeicher und erreichen nach etwa zehn Minuten Fußweg das Störte. Alternativ erreichen wir die Hafenstraße auch mit der S-Bahn, zum Beispiel über die Station Landungsbrücken. Für etwa 600 Meter geht es von dort die St. Pauli Hafenstraße bis zur Balduintreppe entlang, die wir hinaufgehen, um in der Bernhard-Nocht-Straße vor der Kneipe Onkel Otto zu landen. Hier wenden wir uns nach links.

STÖRTE 9

Bernhard-Nocht-Straße 16
22769 Hamburg
➡

Untrennbar mit der Geschichte der Hafenstraßen-Häuser verbunden ist die des Störtebeker („Störte“), eines als Veranstaltungsort für Punk- und Hardcore-Konzerte genutzten Parterres und Kellers an der Balduintreppe, anfangs noch „Katakomben“ genannt. Die Zeit scheint hier vollkommen stehen geblieben zu sein. Draußen kleben überall Flugblätter und kleine Konzertplakate an der Fassade, Konzerte kosten fünf Euro und das Bier unter zwei.

Wer hier wann auftritt, wird ganz wie früher im Plenum entschieden. Ende der 1980er Jahre waren das Bands wie No Means No, Fugazi oder Butthole Surfers, die in ihren unterschiedlichen Post-Hardcore-Strömungen allmählich zu etwas Größerem heranwuchsen. Teilweise fanden ihre offiziellen Tourstopps in Hamburg längst in größeren Locations wie der Markthalle oder der Fabrik statt, aber oft spielten sie einen Tag davor, danach oder noch in derselben Nacht für einen Bruchteil des Eintritts für Eingeweihte im Störte. Dass man im Störte Bands erleben kann, die später einen gewissen Bekanntheitsgrad erlangen wie etwa Against Me!, hat sich bis heute nicht verändert. Die aus Florida stammende Punkrock-Band trat hier am Anfang ihrer Karriere vor etwa vierzig Zuschauer*innen auf, ebenso waren die belarussische all-female Punkband Messed Up, die Hamburger Formation Captain Planet, Acht Eimer Hühnerherzen aus Berlin-Kreuzberg oder der US-amerikanische Punkrocker Lee Hollis mit Steakknife bereits früh im Störte zu erleben. Bis heute verzichten die Macher*innen des Störte auf jegliche Werbung.

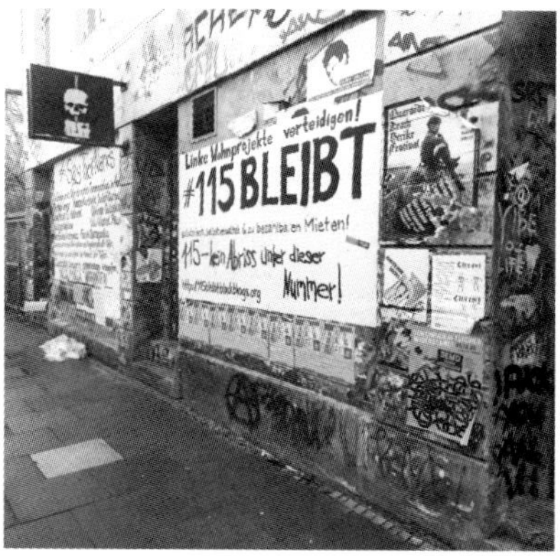

Auf der parallel zur Bernhard-Nocht-Straße verlaufenden Hafenstraße wird beim Hafen-Rock-Festival alljährlich die Jolly-Roger-Bühne aufgebaut. Das Team der FC St. Pauli-Fankneipe kuratiert dort ein dreitägiges Programm, bei dem Bands aus dem Punk-/Ska-/Rock'n' Roll/Alternative-Bereich aufspielen. Unter anderen Slime, Emils, Toxoplasma, Knochenfabrik, Kotzreiz, Popperklopper und Kettcar waren in den letzten Jahren zu Gast und spielten kostenlos. In unmittelbarer Nachbarschaft des Störte befinden sich das Onkel Otto und die HafenVoKü. Anders als andere VoKüs hat sie unter der Woche fast jeden Tag geöffnet und bietet neben vegetarischem und veganem Essen Veranstaltungen und Konzerte.

Wir gehen nun über die Balduinstraße und die Silbersackstraße zur S-Bahn-Haltestelle Reeperbahn, nehmen dort allerdings den Bus 115 und fahren bis zur Station Max-Brauer-Allee (Mitte). Von dort sind es noch etwa 600 Meter Fußweg über Max-Brauer-Allee und Bodenstedtstraße bis zur Viktoria-Kaserne. Direkt ist unsere nächste Station mit den Linien S11, S21 und S31 über die Station Holstenstraße zu erreichen. Über den Ring 2 und den Zeiseweg geht es an der Kneipe Aalhaus vorbei zu unserem Ziel, das direkt gegenüber der Heimstätte des Fußball-Regionalligisten SC Teutonia 1910 liegt.

FUXBAU / FRAPPANT 10

Zeiseweg 9
22765 Hamburg
➡ frappant.org

Ähnlich alt wie die Gebäude, in denen sich heute die Rote Flora und die Honigfabrik befinden, ist die sogenannte Viktoria-Kaserne in Altona. Die ab Ende der 1870er Jahre errichtete Anlage diente zunächst dem preußischen Militär und nach dem Ersten Weltkrieg bis Mitte der 1980er Jahre der Polizei in unterschiedlichen Funktionen als Präsidium, Schule und zentrales Fahrzeuglager. Heute beherbergen die Räumlichkeiten unter anderem den unter dem Namen seines alten Standorts an der Großen Bergstraße bekannten Verein frappant e.V., in dem sich eine heterogene und basisdemokratisch organisierte Gemeinschaft aus Produzent*innen von Kunst, Kultur, Gestaltung, Gewerbe und Bildung sowie kleinen Firmen und sozialen Organisationen zusammengeschlossen hat. Die betreibende und zu diesem Zweck gegründete Genossenschaft fux eG konnte das denkmalgeschützte Gebäude 2015 von der Stadt erwerben und sorgt seitdem mit ihren über 250 nutzenden Genoss*innen für Sanierung, Umbau und Erweiterung des Komplexes.

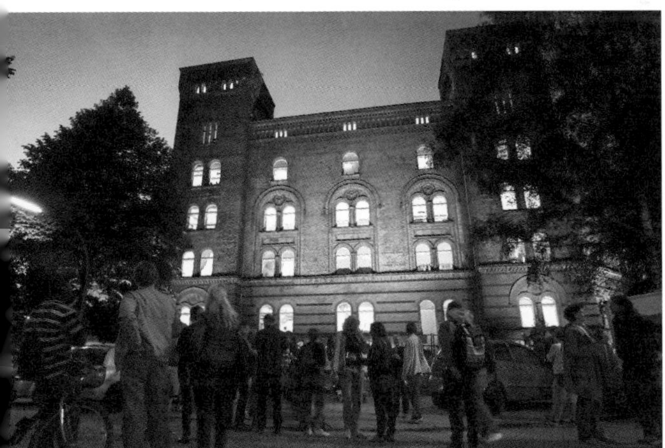

In den letzten Jahren hat sich die alte Kaserne zu einem zentralen Ort des Viertels entwickelt und steht nicht nur Besucher*innen offen, sondern auch Fremdveranstalter*innen. Das als Atelier nutzbare Fraplab, Räume, die sich für

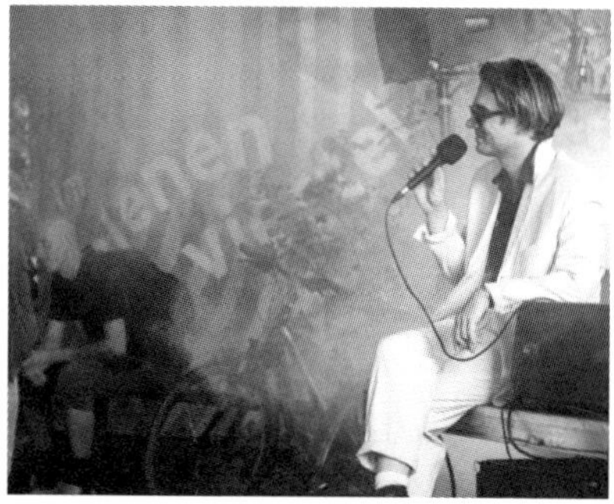

Seminare und Workshops eignen, der Gastraum der Cantina und der für Partys hergerichtete Kachelraum oder die genossenschaftseigenen Kinoräume, die fux Lichtspiele, lassen sich für Veranstaltungen buchen. Wer das sogenannte Helenenviertel kennenlernen möchte, in dem sich die Viktoria-Kaserne befindet, schaut am besten beim sommerlichen Straßenfest vorbei: Unter dem Motto „Von Aal bis fux" findet zwischen der Kneipe Aalhaus und der Kaserne seit einigen Jahren ein zweitägiges Kunst- und Kulturfestival für die ganze Familie statt, dessen Herzstück ein das Viertel verbindender Straßenflohmarkt ist, der sich fast über den gesamten Zeiseweg erstreckt. Dank der Kooperation des Aalhaus mit dem bis 2019 unter anderem von Tapete Records organisierten „Müssen Alle Mit Festival" in Stade befanden sich im musikalischen Live-Programm mit The Screenshots, International Music, Klaus Johann Grobe , Voodoo Jürgens oder John Moods (Abb. oben, 2019) immer auch aufstrebende Künstler*innen für Indie-Fans.

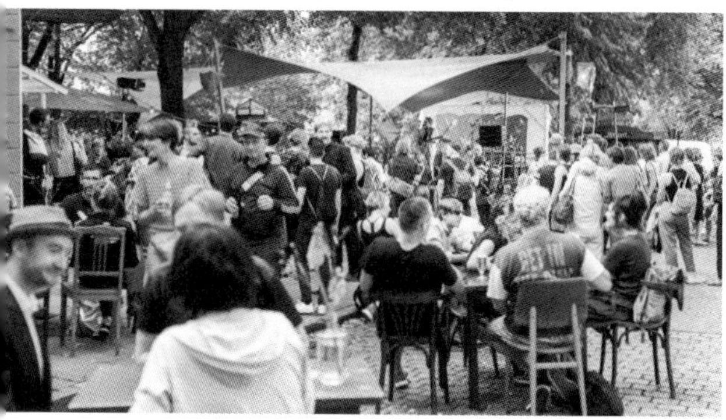

▬ Von der S-Bahn-Haltestelle Holstenstraße aus erreichen wir alle Regional- und Fernverkehrsbahnhöfe sowie andere zentrale Stationen wie das Berliner Tor ohne Umsteigen.

NOCH MEHR ADRESSEN

ANNA&ARTHUR LÜNEBURG
Katzenstraße 2
21335 Lüneburg
➡ www.anna-und-arthur.de
Infocafé mit Raum für linke Politik, Konzerte, Vorträge, Diskussionsrunden, VoKü, Theater und mehr. Gruppen: Antirepressionsgruppe, SoKü - Solidarische Küche, Literaturbetrieb, Veranstaltungsgruppe New Cats on the Block, fem.trails, Salt City Antifa u.a.

INCITO
Balduinstraße 22
20359 Hamburg
Neuer, erst seit Mitte 2020 bestehender anarchistischer Raum auf St. Pauli direkt neben den Räumlichkeiten des hinterconti e.V. Bücher, Broschüren, Flyer und weiteres Material, Veranstaltungen, Austausch- und Netzwerkort.

INIHAUS BAD OLDESLOE
Turmstraße 14 A
23843 Bad Oldesloe
➡ www.inihaus.de
Selbstverwaltetes Jugendzentrum. Konzerte, Partys, Buchvorstellungen, Filmvorführungen, politische Diskussionsrunden und anderes. Bibliothek, Seminarraum, Cafébetrieb.

JUKS SCHENEFELD
Osterbrooksweg 25
22869 Schenefeld
➡ www.juks-schenefeld.de
Sozialkulturelles Zentrum, eng mit Fettes Brot verbunden. Verschiedene kulturelle Angebote, Stadtteilbüro, Medienpädagogisches Zentrum und offene Kinder- und Jugendarbeit sowie Seniorenarbeit und Erwachsenenbildung.

RIA* FEMINISTISCHES KULTURZENTRUM
Vogelhüttendeich 30
21107 Hamburg
➡ www.ria-fem.de
Teil des neuen Wohn- und Stadtteilprojekts Rialto* in Hamburg-Wilhelmsburg. Safe Space für FLINTAS* und ihre Unterstützer*innen, verschiedene Beratungsangebote, Fahrradselbsthilfewerkstatt, Veranstaltungsraum und mehr.

SOZIALES ZENTRUM NORDERSTEDT
In de Tarpen 8
22848 Norderstedt
➡ www.sz.nadir.org
Selbstverwaltetes Zentrum für linke Politik und Kultur in Norderstedt. Konzerte, Partys, Buchvorstellungen, Filmvorführungen, Diskussionsrunden, Vorträge. Gruppen: Interventionistische Linke Norderstedt, Linksjugend [solid] Norderstedt, diverse Kneipen-Gruppen, Punkrock-Chor.

TATTOO-TOUR

13

STARTPUNKT

U-Bahn-Station Steinstraße [U1]

ENDPUNKT

S-Bahn-Station Reeperbahn [S1, S2, S3]

DAUER

etwa 2,5 Stunden

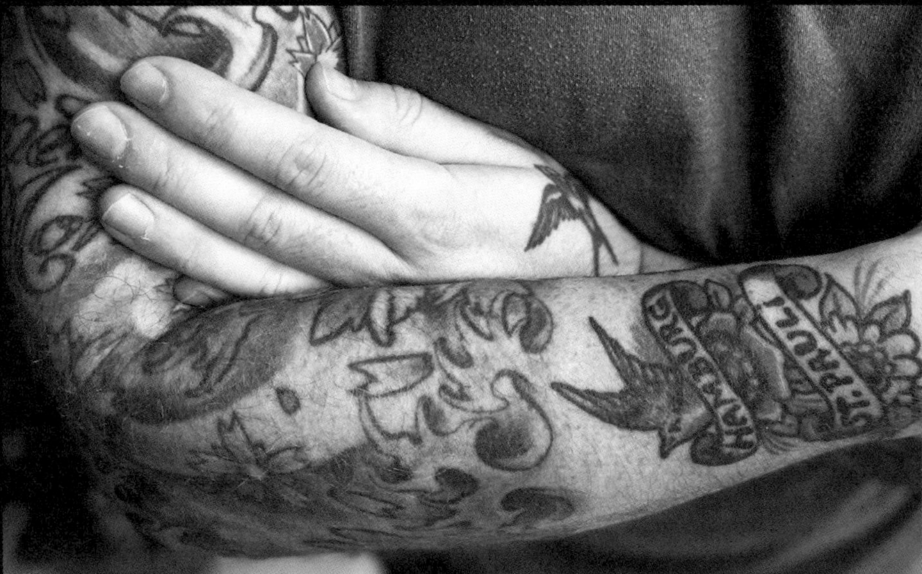

ASS DIE WURZELN deutscher Tätowierkunst in Hamburg liegen, mag wie ein Klischee klingen und die romantischen Vorstellungen all jener bestätigen, die diese Körperkunst noch immer mit Seemännern und anderen eher raubeinigen Gesellen aus dem Kiezmilieu verbinden. Aber tatsächlich spielten Seeleute bei der größeren Verbreitung dieser Kunst zu Anfang des 20. Jahrhunderts, als die Tattookunst nach Europa kam, eine große Rolle. Einer der Pioniere hierzulande war der in Hannover geborene, nach Lehr- und Gesellenjahren im Ruhrgebiet und einiger Zeit auf See mit Mitte zwanzig nach Hamburg übersiedelte **CHRISTIAN WARLICH** (1891–1964), der seit den frühen Jahren der Weimarer Republik bis weit in die Nachkriegszeit die Szene in Deutschland maßgeblich entwickeln und prägen sollte.

Warlich, der auf einer Überseefahrt das erste Mal mit einer Tätowiermaschine Bekanntschaft gemacht hatte, übernahm ganz unterschiedliche Motive in sein Programm, auf die er bei seinen Reisen gestoßen war – etwa Figuren aus US-amerikanischen Comics, exotische Tiere und Drachen, japanische Geishas sowie zahlreiche andere Darstellungen aus dem asiatischen Raum –, und überführte sie in die in Europa vorherrschende Bildsprache (das Bild links zeigt ein typisches Warlich-Motiv). Aber auch durch die Vorlagen, die seine Kundschaft mitbrachten und die er dieser zunächst in einem abgetrennten Bereich seiner Kneipe in der Kieler Straße auf St. Pauli (heute Clemens-Schultz-Straße) unter die Haut brachte, ließ er sich zur Erweiterung seiner Bildwelten inspirieren – insgesamt soll es sich um rund 50 000 Tattoos gehandelt haben. Warlich entwickelte sein Geschäft aber nicht nur durch die Erweiterung der Motivpalette und die damit einhergehende größere bildliche Komplexität der Tätowierung, sondern er hob ebenso das handwerkliche Niveau und entwickelte einen hohen künstlerischen Anspruch, der schließlich den Weg zum Selbstverständnis des Tätowierers als Künstler und zur Anerkennung der Tätowierkunst als eigener Kunstform ebnete.

Früh begann Warlich auch nach Möglichkeiten der Tattooentfernung zu suchen und entwickelte eigene, auf Säure basierende Rezepturen, mit deren Hilfe sich die tätowierten Hautschichten allmählich ablösen ließen. Und wenngleich sich durch die Anwendung Narben bildeten, wurden seine Mittelchen doch so erfolgreich, dass irgendwann auch das Hamburger Universitätsklinikum Interesse an seinen Entwicklungen anmeldete und Patienten an ihn verwies. Zu einer Zusammenarbeit, für die sich der Künstler zu Lebzeiten stets offen gezeigt hatte, kam es dann wegen des plötzlichen Todes Warlichs allerdings nicht mehr.

Warlichs Werk ist bis heute Inspiration für Tätowierer*innen auf der ganzen Welt, die durch den Verweis auf ihn als Vorbild und Gründungsfigur wiederum zur anhaltenden Popularität des Künstlers beitragen – der Hamburger **CHRISS DETTMER** zum Beispiel, selbst eine Ikone der heutigen Szene und Betreiber des Studios **THE BLACK HOLE** am Alsenplatz in Altona, ist einer von ihnen. Aber auch wenn Warlich heute ein Mythos ist und als der populärste Pionier der profes-

wenn Warlich heute ein Mythos ist und als der populärste Pionier der professionellen Tätowierkunst in Deutschland gelten kann, ist er doch keineswegs der Erste oder gar Einzige, der dafür sorgte, das Tätowieren als eigenständige Kunst zu etablieren.

Bereits seit 1914 betrieb der Ringer und Schausteller **KARL FINKE** (1865–1935), ebenfalls ein nach Hamburg Zugezogener, in der Großen Marienstraße in Altona eine sogenannte Tätowieranstalt und brachte zudem Alben mit seinen Motivvorlagen heraus, von denen damals gar Otto Dix eines erworben haben soll. Aber auch **WILLI**

MUSIK ZUR TOUR

DROPKICK MURPHYS
ROSE TATTOO
aus der LP »Signed and Sealed in Blood«
(Born & Bred Records 2013)

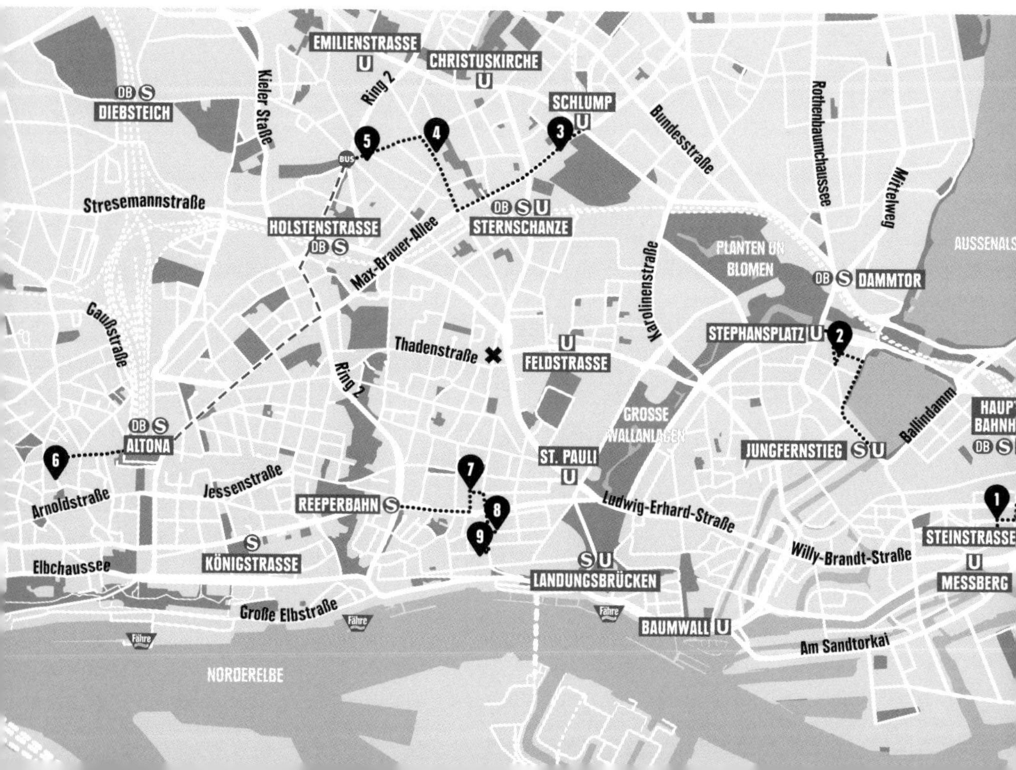

SPIEGEL, MARTIN AHLERS und **PAUL HOLZHAUS** müssen genannt werden, wenn von den Anfängen der Tattookultur in Deutschland die Rede ist. Holzhaus etwa war es, der 1946 in der Seilerstraße auf St. Pauli die älteste noch heute existierende Tätowierstube Deutschlands eröffnete, die nach einem frühen Umzug an den Hamburger Berg Nr. 8 seit nunmehr über siebzig Jahren am selben Ort zu finden ist.

Betrieben wurde das Ladengeschäft seit Anfang der 1960er Jahre von einer weiteren Ikone der deutschen Tätowierszene, **HERBERT HOFFMANN** (1919–2010), der sich von Christian Warlich nicht nur tätowieren, sondern später auch ausbilden ließ. Hoffmann führte das Geschäft zu großer Popularität, bis er sich 1981 zurückzog und es zunächst durch seinen Partner und dann durch seinen Neffen weiterführen ließ. Wie viele seiner Berufskolleg*innen wurde Hoffmann, der über mehrere Jahrzehnte eine umfangreiche Sammlung von Porträts und Bildern der Tätowierungen seiner Kund*innen anlegte, mit dem Tattoo-Boom der 1990er Jahre im hohen Alter wiederentdeckt, war Gast auf zahlreichen Conventions, konnte Motivbände veröffentlichen und stellte seine Bilder in den letzten Lebensjahren europaweit in zahlreichen Museen aus. Sein Leben, das seines Partners **KARLMANN RICHTER** und jenes der niederländischen Tattoo-Legende **ALBERT CORNELISSEN** erzählt die nach dem ersten Tattoo-Motiv Hoffmanns benannte Filmdokumentation **FLAMMEND' HERZ** von Oliver Ruts und Andrea Schuler aus dem Jahr 2004 nach. Sie entstand unter Beteiligung der drei damals hochbetagten Männer und lief u.a. im Wettbewerb der Berlinale. Hoffmann distanzierte sich allerdings nach Fertigstellung von dem Film. Man habe ihn zur Mitwirkung eigentlich nur überredet und letztlich sei es dem Film nicht gelungen, sein Leben und Wirken zu erklären.

Die Veteranen Finke, Warlich und Hoffmann sind heute längst Gegenstand der wissenschaftlichen Forschung geworden. So kümmern sich etwa der ehemalige Tätowierer und Branchen-Aktivist **MANFRED KOHRS** mit seinem **INSTITUT FÜR DEUTSCHE TATTOO-GESCHICHTE** (IDTG) sowie jüngere Forscher wie der Hamburger Kunsthistoriker **OLE WITTMANN** darum, den Nachlass der Künstler zu erschließen und in Form von Motivbüchern und Ausstellungen einem breiten Publikum zugänglich zu machen. In Hamburg etwa wurde das Thema Tattoo 2015 im Museum für Kunst und Gewerbe erstmals im großen Stil museal aufbereitet, bevor dann 2019 mit „Tattoolegenden. Christian Warlich auf St. Pauli" eine große Warlich-Schau im Museum für Hamburgische Geschichte folgte, die von Wittmann unter www.nachlasswarlich.de im digitalen Raum weitergeführt wird.

Die folgende Tour führt uns zu zehn besonderen Tattoo-Läden in Eimsbüttel, Altona und St. Pauli, erzählt von ihrer Geschichte und den Tätowierer*innen, die hinter den Läden stecken. Eine kleine Auswahl von Studios, die nicht an der Strecke der Tour liegen und deshalb hier keinen Platz gefunden haben, sowie Tipps zu regelmäßigen Veranstaltungen finden sich im Adressblock am Ende dieses Spaziergangs.

Wir starten an der Haltestelle Steinstraße der U1. Über den Ausgang Johanniswall erreichen wir die Straßenebene direkt gegenüber der Saturn-Filiale Mönckebergstraße, gehen zum Johanniswall herüber und biegen nach etwa fünfzig Metern rechts in die Altstädter Straße ein. Die komplette Straßenfront zu unserer Linken nimmt das Gebäude des Sprinkenhofs ein, ein im Stil des Backstein-Expressionismus erbauter neunstöckiger Kontorhaus-Komplex mit drei Innenhöfen, dessen Erdgeschoss einige kleine Geschäfte und Gastronomie beherbergt. Bei der nächsten Gelegenheit wenden wir uns nach rechts und biegen in das Teilstück der Springeltwiete ein, das die Altstädter Straße und die Steinstraße miteinander verbindet. Unsere erste Station befindet sich nach wenigen Schritten auf der linken Seite der Springeltwiete.

KOOL TATTOO 1

Springeltwiete 5
20095 Hamburg
➡ www.kool-tattoo.de

„Death Before Decaf" steht auf der Banderole, darüber ist eine Kanne zu sehen, die zu einer klassischen Filterkaffeemaschine gehört. Gezeichnet hat sie Sebastian Winter, und als kaffeesüchtig bekennt sich mit der Wahl des Motivs kein Geringerer als der Rapper Casper, dessen Unterschenkel das Werk ziert. Sebastian Winter und sein Team bringen im Kool-Tattoo-Shop vor allem Motive traditionell-westlicher Stile („Old School") unter die Haut oder geben Bildern diesen Look wie eben der Kanne, die sich in Farbgebung und Linienführung an diesen Vorbildern orientiert, beschränken sich allerdings keineswegs darauf. Auch Fineline und traditionelle japanische Motive werden hier gern gestochen. Seit 2017 betreibt der gebürtige Heidelberger Winter mit Kool Tattoo in der Altstadt seinen eigenen Laden und kann damit auf insgesamt zehn Jahre Erfahrung zurückblicken. Komplettiert wird das Team durch Eleonora Eichholz (Eli Eye) und die studierte Illustratorin Sina Hainzl, die beide schon seit längerem zur Kool-Tattoo-Familie gehören.

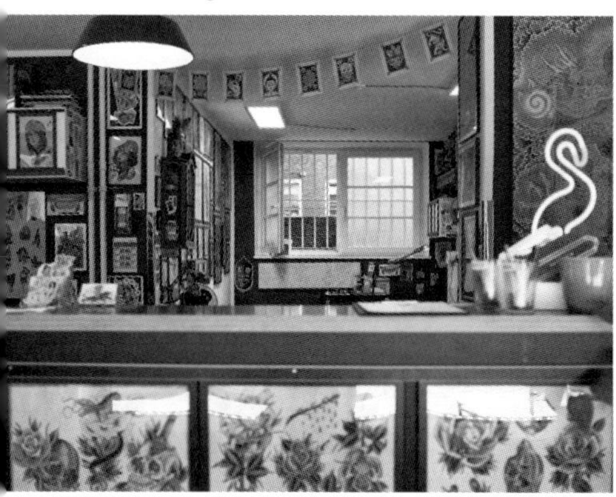

Auf Tradition hält man bei Kool Tattoo allerdings nicht nur bei den Motiven, sondern auch die Gestaltung des Ladens zeichnet sich durch eine Reihe sorgfältig ausgewählter Bezüge aus. Von der klassischen Ladenfront über die großflächig mit Flashsheets geschmückten Wände bis zu typischen Details wie dem in Shops auf der ganzen Welt beliebten Schild „Free Tattoos – Tomorrow" zeigt sich der Laden als im besten Sinne traditionsbewusstes Tattoo-Studio. Regelmäßig finden hier auch Events wie Walk-in-Tage statt, und wer kein Tattoo gestochen bekommen möchte, kann im Studio trotzdem fündig werden, denn das Team verkauft auch verschiedene Kunstdrucke und Merchandise.

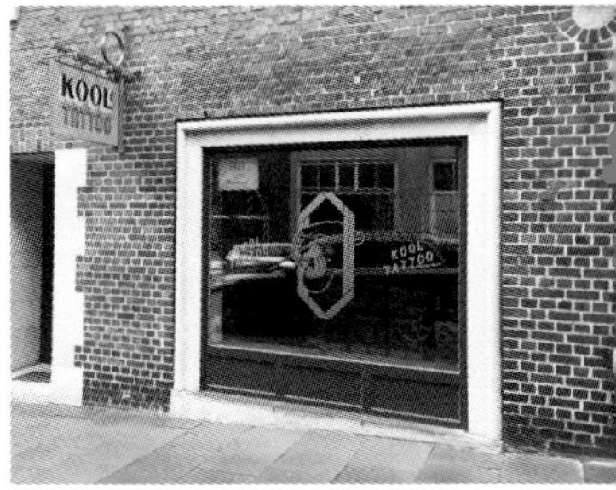

Wir verlassen Kool Tattoo und laufen die Springeltwiete weiter zur Steinstraße durch, wenden uns nach rechts und gehen zurück zur U-Bahn-Station Steinstraße, von wo wir mit der U1 drei Stationen bis zum Stephansplatz (CCH/Messe) fahren. Dort verlassen wir die U-Bahn über den Ausgang Oper/Esplanade/Colonnaden, laufen die Colonnaden Richtung Neuer Jungfernstieg und stoßen nach etwa 200 Metern auf den Gustav-Mahler-Platz, von dem mehrere Straßen abzweigen. Eine davon ist die Fehlandtstraße, dort befindet sich im Erdgeschoss des zweiten Gebäudes auf der linken Seite unsere nächste Station. Am einfachsten ist sie durch Orientierung an der Hausnummer zu finden, denn hier prangt weder ein Studioname, noch deutet sonst etwas auf einen Tattoo-Laden hin.

VADERS.DYE 2

Fehlandtstraße 50
20354 Hamburg
➡ www.vadersdye.de

Die ausgeprägte Vorliebe, die die Inhaberin von Vaders.Dye, Melina Wendlandt, für klare Linien, Symmetrie und Ordnung hegt, sieht man nicht nur ihren Tätowierungen, sondern auch ihren Studios an. Die Filialen in Hamburg, Berlin und Los Angeles sind durchdesignt, in der Berliner Repräsentanz etwa dominieren karger Beton und weiße Wände, fast wie in einer Galerie. Das Hamburger Studio in der Nähe der Binnenalster mutet in mancherlei Hinsicht wie ein modernes Hotel an, so erinnert zum Beispiel der Wartebereich an das Arrangement von Sitzgelegenheiten in einer schicken Lobby.

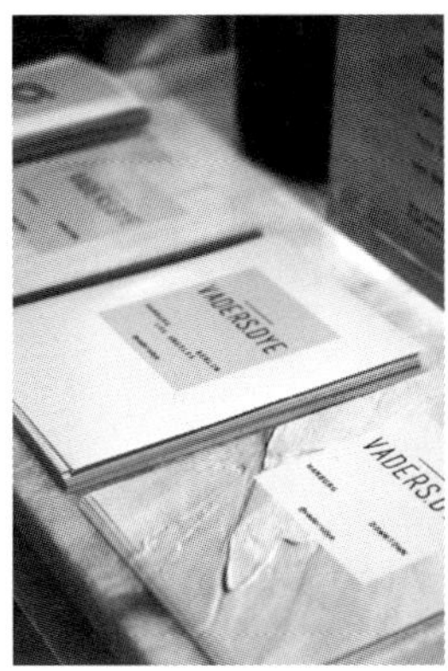

Bis zu einem Jahr im Voraus muss ein Termin bei Melina und ihrem Team gebucht werden, um dann von einem der rund ein Dutzend Vaders.Dye-Künstler*innen ein Tattoo aus filigranen Line- und Dotworks gestochen zu bekommen, das zumeist nur

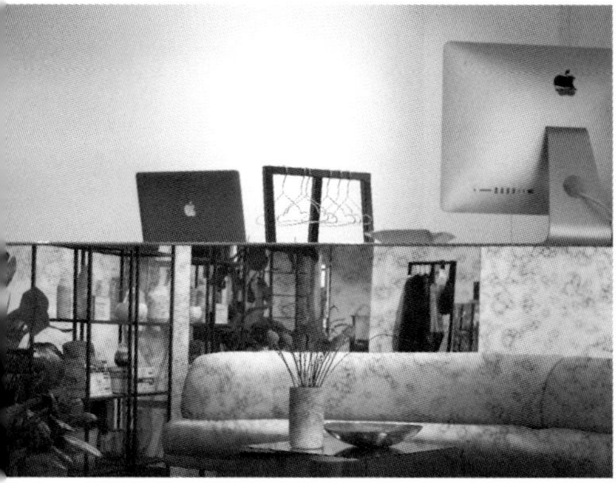

aus Outlines besteht. Wo Old-School-Motive auf klaren und breiten Outlines, kräftigen Farben und einer über Jahrhunderte etablierten Bildsprache basieren, zeichnet diese Arbeiten eine völlig andere Ästhetik und Visualität aus. Statt satt und bold gestochenen Dolchen, Schlangen und Herzen dominieren hier feine Linien und ein eher minimalistisches Formenrepertoire zwischen floralen Motiven und abstrakten geometrischen Figuren.

Wir folgen nun der Fehlandtstraße weiter, die nach einer Kurve und etwa hundert Metern auf das Ufer der Binnenalster und das Nivea-Haus an der Ecke Neuer Jungfernstieg/Jungfernstieg trifft, überqueren den Jungfernstieg und gehen bis zur S- und U-Bahn-Station Jungfernstieg, deren Eingang sich vor dem Apple Store befindet. Von hier nehmen wir die Linie U2 Richtung Niendorf Markt und steigen nach einigen Minuten Fahrt an der Haltestelle Schlump aus. Dort gehen wir in den Kleinen Schäferkamp, der uns geradewegs Richtung Schanze führt. Auf der linken Straßenseite befindet sich bei Hausnummer 31, direkt neben der Einfahrt zum Hof des Fachgeschäfts für Künstlerbedarf Gustav Jerwitz, unsere nächste Station.

IMMER & EWIG ③

Kleiner Schäferkamp 31
20357 Hamburg
➡ www.immerundewig-tattooing.de

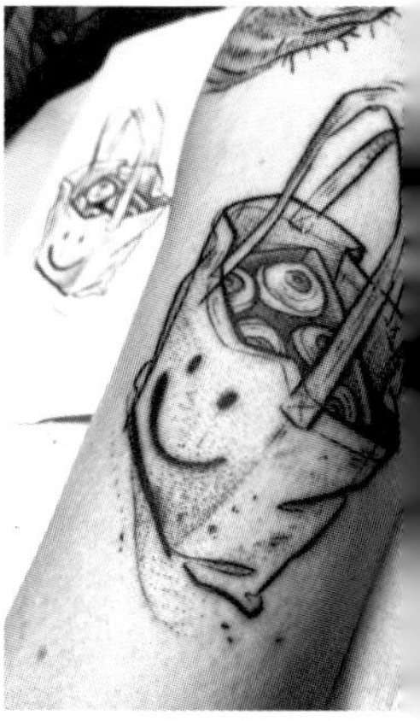

Vom Klempner zum Tätowierer: Mit diesem Karriereweg wurde vor einiger Zeit Christian Hensen im Podcast „Queraussteiger" vorgestellt. Der Berufswechsel ist ganz offensichtlich gelungen, denn seit nunmehr zehn Jahren betreibt der Gründer mit Immer & Ewig sein eigenes Studio in Hamburg, mit dem er sich auf Traditional, Lettering und Black & Grey spezialisiert hat. Als Tätowierer mit langjähriger Erfahrung setzt er aber auch Kundenwünsche aus anderen Bereichen souverän um. Zum Team gehört außerdem Doro Hoffmann, die vor einigen Jahren von Hensen bei Immer & Ewig ausgebildet wurde. Auch sie sticht traditionelle westliche Motive, egal ob Flash oder basierend auf Kundenideen.

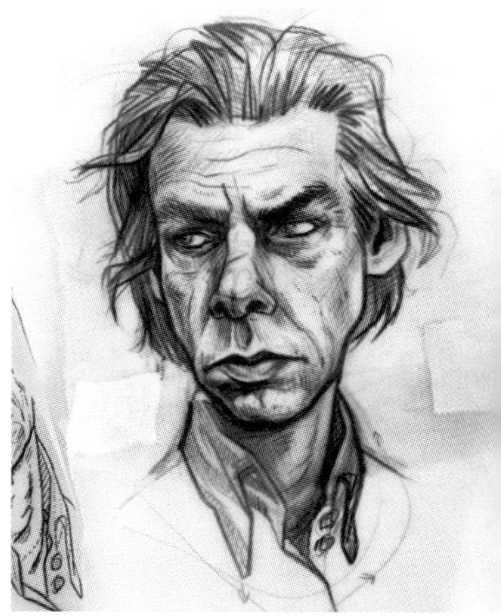

Das dritte feste Teammitglied im Studio ist Jules Wenzel. Sie tätowiert bereits seit 2011 und fast ebenso lange bei Immer & Ewig. Wenn sie nicht gerade Nick Cave, die Hauptfiguren des Kinderbuchklassikers „Pettersson und Findus“, Orko aus „Masters of the Universe“ oder eine ihrer unzähligen Schiffsvariationen tätowiert (Abb. linke Seite unten und rechts), illustriert sie Plattencover (u.a. für Schreng Schreng & La La), gibt Veranstaltungskampagnen ein Gesicht (zum Beispiel für das Überjazz-Festival), arbeitet für verschiedene Medien und hat nicht zuletzt ein Bar-Design mit ihren Arbeiten bereichert (M&V Bar, Lange Reihe 22). Ihr markanter Stil lässt ihre Ausbildung als Illustratorin durchscheinen. So sind zum Beispiel ihre detailverliebten Black-Work-Tattoos durch eine spezielle Kombination aus Stippling und spezieller Linienführung auf den ersten Blick als ihre Arbeiten zu erkennen.

Den Kleinen Schäferkamp geht es nun über die Kreuzung mit der Weidenallee und der Schanzenstraße, wo die Straße in die Altonaer Straße übergeht, Richtung Schulterblatt hinunter. Beim Schulterblatt biegen wir rechts ab, nach etwa 300 Metern wird das Schulterblatt zur Eimsbütteler Chaussee. Direkt gegenüber dem Edeka-Markt befindet sich unsere nächste Station.

SPADETATTOO 4

Eimsbütteler Chaussee 18
20259 Hamburg
➡ www.spadetattoo.de

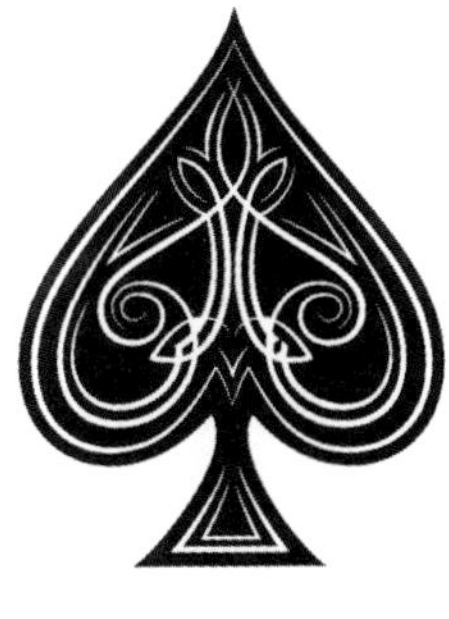

Seit 2016 erstrahlt das einige Jahre zuvor gegründete Studio Spadetattoo am Rand des Schanzenviertels in neuem Glanz, auch der ursprüngliche Namenszusatz „Moe's“ ist entfallen. Moe Ness, Gründer und einer der Geschäftsführer des Ladens, war vor der Eröffnung mehr als zehn Jahre bei Jungbluth Tattoo im Karoviertel u.a. seiner Liebe für asiatische, besonders japanische Tattookunst nachgegangen und als Teil der dortigen Crew Protagonist der Doku-Soap „Tattoo – Eine Familie sticht zu“, deren letzte beiden Staffeln in Hamburg gedreht wurden.

Bei Spadetattoo decken Moe und Team seit 2012 eine große Bandbreite an Stilen ab: Tattoo-Fans können hier zwischen Arbeiten des auf Porträts spezialisierten Künstlers Andy, Realistic-Arbeiten von Kris oder den Blackwork-, Linework- (Fineline), Dotwork- und Mandala-Werken von Mit-Geschäftsführerin

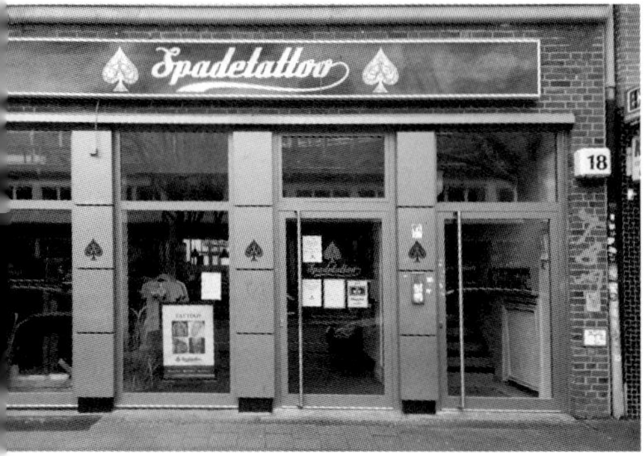

Nancy wählen – oder sie entscheiden sich eben für ein Werk des Asien-Spezialisten Moe.

Auch die nächste Station ist wieder fußläufig zu erreichen. Wir gehen zunächst ein paar Meter vor bis zur Waterloostraße, die links von der Eimsbütteler Chaussee abzweigt, folgen dieser Anwohnerstraße für rund 400 Meter und stoßen direkt auf den Alsenplatz. Obwohl der Platz recht unübersichtlich ist – die Platzmitte wird als Parkplatz genutzt, einige anliegende Gebäude haben andere Adressen –, müssen wir nicht lange nach unserer nächsten Station suchen: Das Studio Black Hole befindet sich direkt am Anfang des Platzes im Erdgeschoss der dortigen Altbauten und ist schon wegen der Beschilderung kaum zu übersehen.

THE BLACK HOLE 5

Alsenplatz 1
22769 Hamburg
➡ www.theblackholetattoo.de

Schon ein erster flüchtiger Blick auf die Ladenfront verrät, dass wir bei The Black Hole vor einem klassischen Tattoo-Studio stehen. Durch die Scheiben sind Wände voller Flashsheets zu sehen, das Wort „Tattoo" prangt in mannshohen, handgemalten Lettern neben dem Eingang. Die Schaufenster sind liebevoll mit Schriftzügen und Vorlagemotiven verziert, die Fassade schmücken von Hand gemalte Schilder, die die Kunden mittels Schriftzügen wie „Electric Tattooing", „Hamburg's Finest", „Clean and Sterile" sowie „Bright and Bold" wissen lassen, was sie erwarten können. Und wie bei Kool Tattoo findet sich auch hier das beliebte Versprechen „Free Tattoos – Tomorrow" in der Eingangstür.

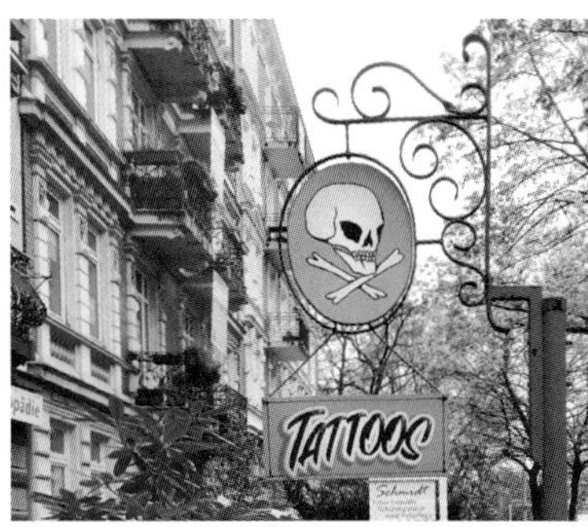

Seit 2014 versorgt Chriss Dettmer hier seine Kundschaft mit neuen Bildern. Weit über Hamburg hinaus bekannt geworden ist der einflussreiche Tattoo-Künstler mit der Perfektionierung des westlich-traditionellen Stils, auch Old School genannt. Seine oft düsteren Motive – verschiedene Totenköpfe, Tiere oder Fabelwesen – sind durch seine spezielle Fähigkeit geprägt, das Wesentliche eines Bildes auf eine simpel anmutende Struktur zu reduzieren. Dettmer, der als maßgebliche Inspiration Christian Warlich nennt, haben seine in mehr als zwei Jahrzehnten erworbene Erfahrung und sein Wissen zu handwerklichen Fähigkeiten gebracht, die ihn zu einem der gefragtesten Künstler der Szene machen.

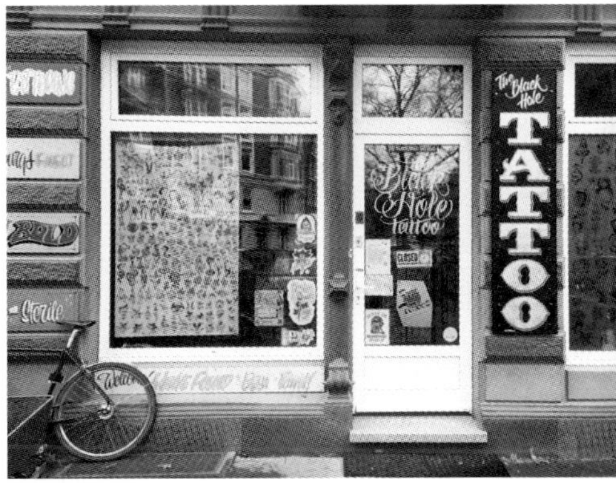

Auf eine fast ebenso lange Erfahrung kann auch der Niederländer Yobbo zurückblicken, der nach längerem Amsterdam-Aufenthalt 2015 in Hamburg heimisch geworden ist und seitdem bei The Black Hole arbeitet. Spezialisiert hat Yobbo sich auf Traditionals mit häufig psychedelischen Motiven. Die zugrunde liegenden Sujets sind zwar ohne Zweifel traditionell – Adler, Dolche, Herzen, Meerjungfrauen –, die fertigen Tattoomotive zeichnen sich dafür umso mehr durch spannende Neuanordnung und Dekonstruktion der konventionellen Bildstereotype aus. Ganz andere Einflüsse wiederum prägen die Arbeiten des Künstlers Uptown Danny, die von Comics, Zeichentrick und Graffiti geprägt sind. Nicht zuletzt das OZ-Tag auf seinem rechten Oberarm verrät, wie nah sich Graffiti und Tätowieren in seinen Arbeiten kommen. Das neueste Mitglied der Familie ist schließlich Philipp Lemm, der sich ebenso wie Dettmer dem traditionellen Stil verschrieben hat. Er tätowiert seit inzwischen fünf Jahren und hat davor unter anderem bei Immer & Ewig gearbeitet.

Die Bushaltestelle Alsenplatz befindet sich am Ring 2, den wir nun überqueren, um mit den Linien 20 oder 25 nach Altona zu fahren. Nach etwa zehnminütiger Fahrt erreichen wir dort den Busbahnhof am Bahnhof Altona, gelangen über die Busspuren in die Ottenser Hauptstraße, die in diesem Teil Fußgängerzone ist, und gehen dann einige Minuten immer geradeaus, bis wir die Mottenburgerstraße erreichen. In diese biegen wir links ein und sind nach 150 Metern auf einem von Graffitis und Streetart-Objekten gesäumten Weg bei unserer nächsten Station angelangt.

THE BLACK MESS 6

Mottenburger Straße 5
22765 Hamburg
➡ www.theblackmess.com

Stefan Holst, der Chef-Tätowierer von The Black Mess, ließ sich einst im ostfriesischen Leer ausbilden, holte sich dann den Feinschliff im Studio Tattoo Nouveau in der Gärtnerstraße, um schließlich 2014 bei The Black Mess in Ottensen die Führungsrolle zu übernehmen. Zu den Vorlieben des dienstältesten Tätowierers im Studio sowie seines Teams, das derzeit durch Jan van Dinther und Lene komplettiert wird, gehören aufwendige Arbeiten in den Stilen Traditional, Neo-Traditional, Dotwork und Black & Grey. Vor allem die Arbeiten von Stefan Holst bestechen durch einen Realismus, der dank des Detailreichtums der Motive, der präzisen Linien und der sauberen Schatten seinesgleichen sucht.

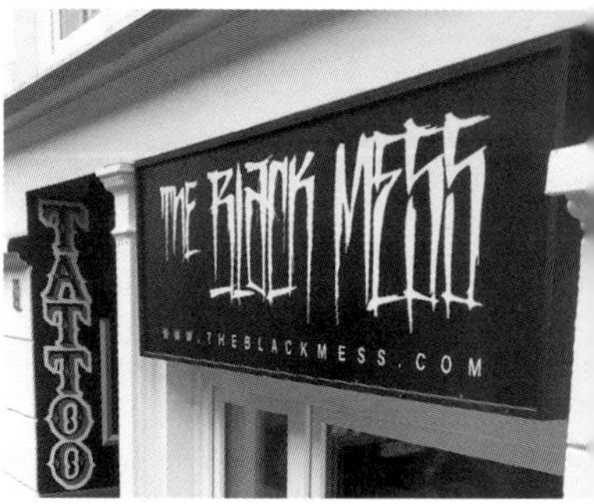

Im Souterrain gelegen, ist auch The Black Mess ein klassisches Tattoo-Studio. Schon beim ersten Schritt durch die Tür hört man das leise Summen der Tätowiermaschinen, ein leichter Geruch nach Desinfektionsmitteln liegt in der Luft, und die Wände werden von Flashsheets der unterschiedlichen Tätowiererinnen und Tätowierer geschmückt. Das Team veranstaltet regelmäßige Walk-ins mit speziell vorbereiteten Flashsheets. Außerdem gibt es im Laden auch Studio-Merchandise und ausgewählte Motive als Prints zu kaufen.

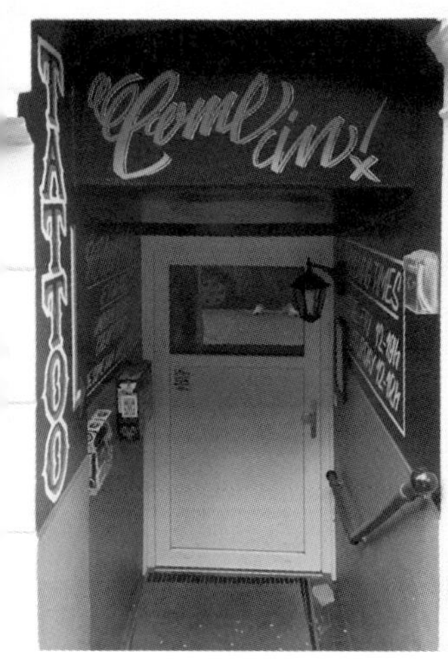

Wir gehen nun zum Altonaer Bahnhof zurück, von wo wir mit den Linien S1, S2 oder S3 innerhalb von fünf Minuten die S-Bahn-Station Reeperbahn erreichen. Diese verlassen wir in Richtung Talstraße, laufen die Reeperbahn ein kleines Stück hoch und biegen dann links in die Straße Hamburger Berg ab, die wir – vorbei am Goldenen Handschuh (Hausnummer 2), dem Elbschlosskeller (auf der anderen Straßenseite, Hausnummer 38) und Rosi's Bar (Hausnummer 7) – bis zur Hausnummer 8 vorlaufen.

HOT SPOT
187 INK

Obwohl Rapper oft über und über tätowiert sind, verlegten viele von ihnen ihre kommerziellen Nebenaktivitäten zunächst nicht auf das Tätowieren, sondern auf das Geschäftsfeld von Sisha-Tabak und Zubehör. Erst vor einigen Jahren tat dann die Hamburger Crew **187 STRASSENBANDE** das Naheliegende, eröffenete ein Tattoo-Studio und fand in Rapper*innen wie dem Frankfurter **AZAD** und seinem Studio **BOZZ INK** bald Nachahmer. Fünf Jahre gibt es **187 INK** nun schon an recht prominenter Stelle auf dem Weg von der Schanze zum Kiez, direkt neben dem für seine Currywurst berühmten Imbiss bei Schorsch, Beim Grünen Jäger 14. Für viele mag die Rap-Formation um **BONEZ MC, GZUZ, LX, SA4** und **MAXWELL**, die dem Studio ihren Namen geliehen hat, den Anlass für einen Besuch im Laden oder auf der Website www.187inkhambug.de bieten. Wer den Tattoo-Shop 187 Ink allerdings als reines Zusatzgeschäft oder Absicherung für musikalisch magere Zeiten versteht, tut nicht nur den Tätowierer*innen des Studios Unrecht. Das Team, das sich vor allem auf Motive in den Stilen Black & Grey und Black & Grey Realistic spezialisiert hat, sich aber hinsichtlich spezieller Vorlieben der einzelnen Teammitglieder unterscheidet, besteht aus **A-DEM, PACO SANCHEZ, YANIK NIFFELER** und **JULIA BERWEIN**. Yanik Niffeler etwa findet seine Inspirationen unter anderem in den Werken von Renaissance-Künstlern wie Michelangelo und Leonardo da Vinci, der Basketball-Fan A-Dem hat sich auf Motive aus der Welt des Sports verlegt, und Paco Sanchez tauschte einst seine Graffiti-Cans gegen die Tätowiernadel ein, so dass sein Stil und seine Motive noch heute deutliche Anleihen bei Graffiti- und Hip-Hop-Kultur erkennen lassen. Auch die Mitglieder der 187 Strassenbande statten dem Studio hin und wieder einen Besuch ab – wenn draußen eines der in auffälligen Farben folierten Luxusautos mit dem Stern parken sollte, sind die Chancen gut, einen der Rapper im Laden anzutreffen.

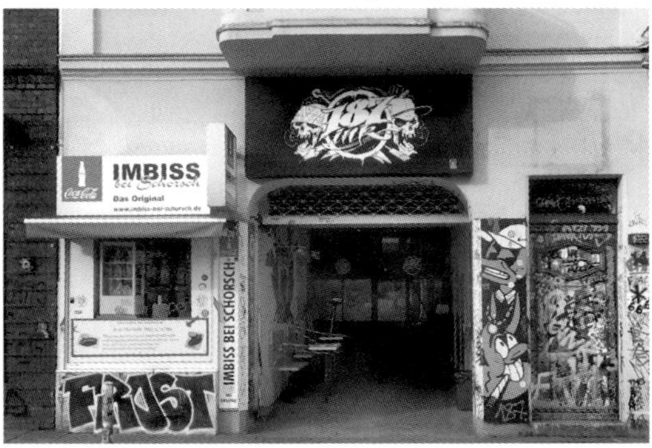

ÄLTESTE TÄTOWIERSTUBE IN DEUTSCHLAND 7

Hamburger Berg 8
20359 Hamburg
➡ www.die-aelteste.de

Wie sollte es anders sein: Die Geschichte der Ältesten Tätowierstube in Deutschland ist eng mit den frühen Protagonisten der Szene hierzulande verknüpft. Ob das Studio seinen Namen zu Recht trägt und tatsächlich das älteste seiner Art in Deutschland ist, ist zwar keinesfalls gesichert. Aber angemeldet wurde es unter diesem Namen bereits 1946 von dem Tätowierer Paul Holzhaus, damals noch in der Seilerstraße 44 A.

In den Anfangsjahren scheint die Tätowierstube einen recht zweifelhaften Ruf gehabt zu haben. So will die Legende wissen, dass Koberer öfter betrunkene Seeleute in den Laden gelockt hätten, wo ihnen nicht nur Tätowierungen aufgeschwatzt, sondern auch die Taschen geplündert worden seien, während sie sich die Farbe unter die Haut stechen ließen. Seit Anfang der 1960er Jahre ist die Älteste Tätowierstube nicht nur bei ihrer heutigen Adresse auf dem Hamburger Berg zu finden, sondern konnte in dieser Zeit auch das unseriöse Image der frühen Jahre ablegen: Der neue Inhaber Herbert Hoffmann brachte den Laden auf Vordermann, mehrte schnell seinen Ruf und wurde in den folgenden Jahren zu einem über die Landesgrenzen hinaus bekannten Tätowierer und einem der ersten Stars der Szene.

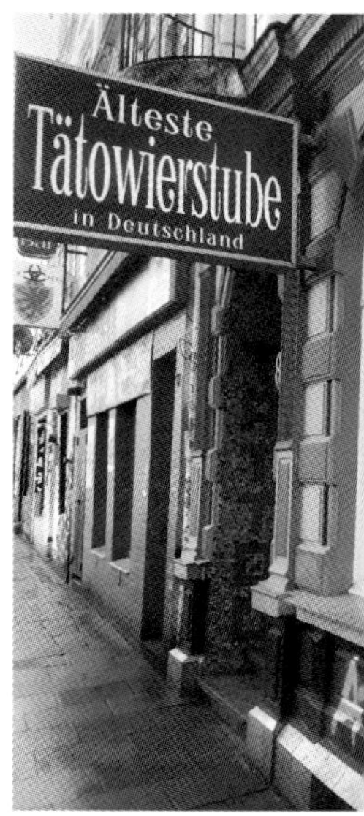

Wie die meisten der frühen Tattoo-Künstler war Hoffmann naturgemäß ein Seiteneinsteiger. Nach seiner Rückkehr aus sowjetischer Kriegsgefangenschaft hatte er zunächst als Anzeigenakquisiteur gearbeitet und war auf seinen beruflichen Reisen durch Deutschland mit der Tätowierkunst in Kontakt gekommen.Unter den ersten eigenen Tattoos, die er sich stechen ließ, befanden sich Motive von Albert Cornelissen (Rotterdam), Tattoo Ole (Kopenhagen) und Christian Warlich, bei dem Hoffmann sich schließlich auch zum Tätowierer ausbilden ließ. Für seine akkuraten und präzisen Arbeiten bekannt, führte Hoffmann das Geschäft seit den 1970er Jahren zunächst gemeinsam mit seinem Lebenspartner Karlmann (Karl-Herrmann) Richter, zog sich Anfang der 1980er Jahre jedoch immer mehr zurück, woraufhin zuerst Richter und kurz darauf Hoffmanns Neffe Ernst Günter Götz die Älteste Tätowierstube in Deutschland übernahmen. Götz sollte den Laden dann von 1984 an für 35 Jahre leiten und erlebte dabei auch den Anfang des in den 1990er Jahren aufkommenden Tattoo-Booms, der bis heute anhält und Tätowierungen aus der Schmuddelecke in den Mainstream befördert hat.

Heute besteht das Team der Tätowierstube aus Götz, der die Inhaberschaft und die Geschäftsführung aber 2019 abgegeben hat, dem neuen Kopf des Teams namens Sebi und außerdem aus Anja, Catharina und Andi. In der Kombination der individuellen Fähigkeiten und Stile der Teammitglieder ergibt sich eine Bandbreite, die die Umsetzung von nahezu jedem Kund*innenwunsch ermöglicht: Von Oldschool/Traditional über New School, Realistic, Mandalas, Tribal, Maori, Asiatisch, Blackwork/Dotwork, von klar strukturierten bis zu verschnörkelten, ornamentalen und floralen Arbeiten sowie stilisierten Adaptionen realistischer Objekte ist alles dabei. Cover-ups, die nicht mehr gewünschte Tätowierungen verschwinden lassen, werden hier genauso angefertigt wie kosmetische Tätowierungen, etwa von Augenbrauen oder Lippen. Und nicht zuletzt können Fans der Themen Maschinenwesen und Biomechanik bei Sebi ihren Körper mittels Farbe zu einer hybriden Mensch-Maschine umgestalten lassen. Der neue geschäftsführende Inhaber, der bereits seit zwanzig Jahren in der Tätowierstube arbeitet, ist ein kundiger und erfahrener Spezialist, wenn es um die extrem aufwendigen, auffälligen und oftmals großflächigen Biomechanic-Tattoos geht – die okkulten und morbiden Werke des Schweizer Künstlers HR Giger lassen grüßen.

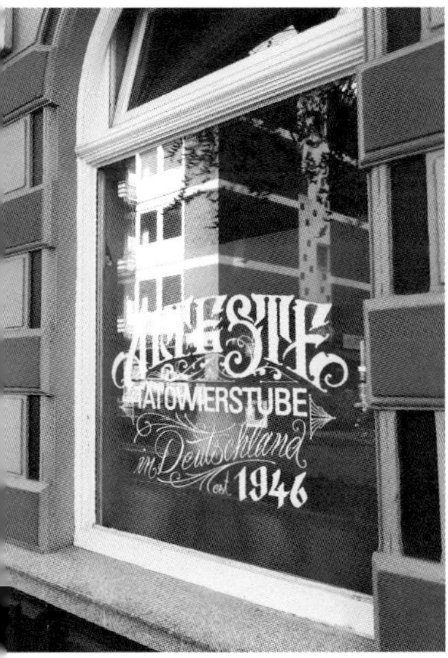

Die Wegstrecke zu unserem nächsten Stopp beträgt etwa 300 Meter. Um dorthin zu gelangen, gehen wir zuerst schräg gegenüber der Ältesten Tätowierstube in Deutschland in die Seilerstraße, biegen dann nach hundert Metern rechts in die Hein-Hoyer-Straße und überqueren die Reeperbahn. Weiter geht es dann Richtung Hafen, bis wir am Mothers Fine Coffeeshop links in die Kastanienallee abbiegen und bis zur Hausnummer 36 vorlaufen.

TATTOOSTUDIO DÄNEMARK 8

Kastanienallee 36
20359 Hamburg
➡ www.ta2dk.de

Unter der vielfältigen Kundschaft, der Christian Warlich in seiner Karriere rund 50000 Tattoos gestochen haben soll, sollen sich mit Prinz Axel von Dänemark († 1964) und seinem Bruder Viggo († 1970), dem späteren Grafen von Rosenborg, auch zwei waschechte Vertreter des europäischen Hochadels befunden haben. Mit ihrer Vorliebe für extravaganten Körperschmuck waren die blaublütigen Geschwister bei ihresgleichen allerdings in guter Gesellschaft. Denn anders als das Bild einer vor allem von strenger Etikette beherrschten Klasse vermuten lässt, war der kunstvolle Körperschmuck als Ausdruck einer gewissen Libertinage bei europäischen Adeligen des 19. und 20. Jahrhunderts durchaus angesagt – auch Sissi trug ein Tattoo.

Schon wegen der geografischen Nähe und nicht zuletzt wegen der langen Fremdherrschaft der Dänen gibt es bis heute allerlei Verbindungen zwischen der Hansestadt und dem skandinavischen Königreich. Im Bereich der Tattookunst ist das nicht anders. Herbert Hoffmann etwa ließ sich nicht nur von Christian Warlich und dem Niederländer Albert Cornelissen Farbe unter die Haut bringen, sondern legte sich auch bei dem legendären dänischen Tätowierer Tattoo Ole unter die Nadel – bereits seit 1864 existiert das Studio seines Namens, eine Kopenhagener Institution, wo sich bereits König Frederik IX., der Großvater des heutigen Kronprinzen, tätowieren ließ. Brust und Oberarm des Monarchen schmückte ein asiatischer Drache, die Unterarme unter anderem ein klassischer Anker. Mit sichtlichem Stolz auf seine Tätowierungen ließ sich

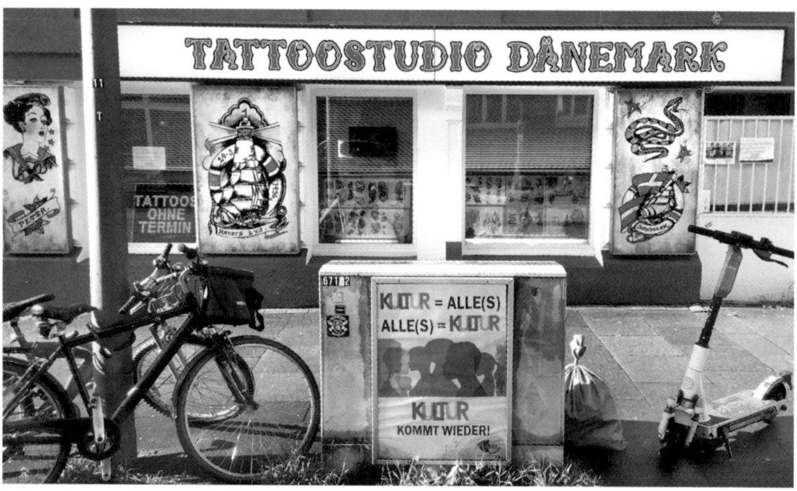

der Adlige während seiner Regentschaft 1951 mit nacktem Oberkörper für das „LIFE Magazin“ fotografieren.

Das kleine Studio in der Kastanienallee auf St. Pauli gibt es nun immerhin schon seit über vierzig Jahren und betrieben wird es von den beiden waschechten Dänen und Brüdern Stephan Joseph und Frantz Joseph, die seit Mitte der 1990er Jahre als Tätowierer und Piercer arbeiten. Nicht zuletzt für Kurzentschlossene ist Tattoo Dänemark eine gute Adresse, hier kann man sich auch ohne Termin ein Motiv stechen lassen. Die Stilpalette des vierköpfigen Teams reicht von Old School und Black & Grey über Sketch-Tattoos, Arbeiten im Polynesian Style, Ornaments, Freehand bis hin zu Blackwork.

In der weiteren Nachbarschaft des Tattoo-Studios Dänemark befindet sich das letzte Studio unserer Tour, das nur rund 150 Meter entfernt in der Erichstraße ansässig ist. Unser Weg führt zunächst zurück zur Davidstraße, diese weiter Richtung Hafen und dann bei der ersten Möglichkeit rechts in die Erichstraße. Das Tattoo-Studio Endless Pain befindet sich direkt neben der Komet-Musik Bar, die eine Station der Kneipen- & Bar-Tour in diesem Buch ist.

ENDLESS PAIN 9

Erichstraße 1
20359 Hamburg
→ www.endlesspain.com

Auch das Studio Endless Pain ist eine echte Tattoo-Legende der Hansestadt und der Betreiber und Chef-Tätowierer Frank Krabbenhöft ein echtes Unikum der jüngeren Hamburger Tattoo-Geschichte. Aufgewachsen in Bayern, bereits als junger Bursche tätowiert, sozialisiert zwischen Punkrock und Psychobilly und seit den frühen, noch etwas wilderen 1990er Jahren in St. Pauli fest verwurzelt, kann er nicht nur zum Thema Tätowieren lebenssatte Anekdoten zum Besten geben. Ab 1991 wurde Krabbenhöft vom Vorbesitzer zum Tätowierer bei Endless Pain ausgebildet, später übernahm er das Geschäft.

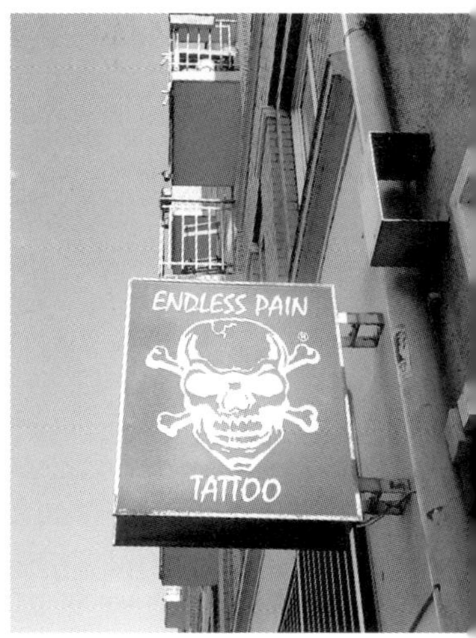

Ob bunt oder schwarz-weiß, Porträts und andere realistische Abbildungen, Maritimes, Tribals, Maori-Tattoos, Tiere oder Fineline Work – die Motive und Stile des dreiköpfigen Endless-Pain-Teams sind so vielfältig wie die Wünsche der Kund*innen, zu denen unter anderem Musiker*innen von Metal-, Hardcore- und Punk-Bands wie Biohazard, Pro-

Pain, Fear Factory und Die Ärzte gehören. Bei dem Label des Bassisten der letztgenannten Band, Rodrigo González oder kurz RodRec, ist auch nicht zufällig die DVD zur 12. Ausgabe der Hamburg Tattoo Convention erschienen, die neben einem Streifzug über die Messe auch das letzte Interview mit Herbert Hoffmann beinhaltet. Organisiert und veranstaltet wird dieses jährliche Zusammentreffen der Szene, das im Jahr 2020 zum ersten Mal in Verbindung mit den Hamburger Motorradtagen stattfand, nämlich seit 1993 neben seiner Arbeit im Studio von Frank Krabbenhöft.

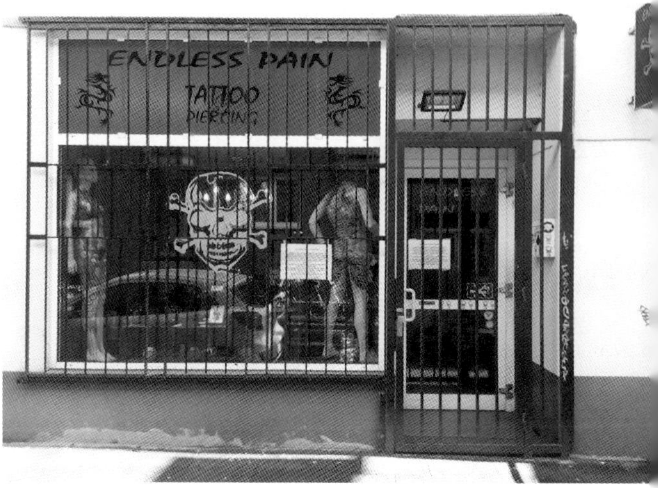

NOCH MEHR ADRESSEN

TATTOO STUDIOS

ATELIER TIETCHEN

Roggenkamp 4
22305 Hamburg
➡ www.ateliertietchen.de
Tattoo-Studio und mehr in Barmbek-Nord, seit 2015. Stile: modern, klassisch, farbig. Neben dem Studiobetrieb regelmäßig Events, Lesungen und Design-Kooperationen mit Firmen wie Gin Sul und Viva con Agua. Außerdem Weinverköstigungen und eigene Wein-Edition.

JUNGBLUTH PIERCING & TATTOO

Sternstraße 4
20357 Hamburg
➡ www.jungbluth-tattoo.jimdo.com
Über die Stadtgrenzen hinaus populäres, 1994 gegründetes Studio in der Nachbarschaft von Knust und Hanseplatte. Stile: Realistic, Old School, Neo-Traditional, Blackwork, Sketchy und Cover-up-Arbeiten.

TATTOO FREESTYLE

Wexstraße 36
20355 Hamburg
➡ www.tattoofreestyle.de
Besteht seit Mitte der 1990er Jahre. Einst dienstältestes Studio Harburgs, nun in der Neustadt. Verschiedene Stile, stark von Graffiti-, Hip-Hop- und Street-Culture sowie Comics inspirierte Kreationen.

AUSSTELLUNGEN, CONVENTIONS & MESSEN

1. HAMBURGER TATTOO-TAGE

➡ www.tattoo-convention-hamburg.de
Seit 1993, werden neuerdings im Rahmen der Hamburger Motorradtage durch Endless Pain Tattoo in den Messehallen veranstaltet.

INK & RIDE HAMBURG

➡ www.ink-ride.com
Seit 2013, hybrides Festival für Streetart, Tattoo Art, BMX, Skateboard und andere Sportarten mit Affinität zur Subkultur. Über hundert Austeller*innen/Tätowierer*innen auf dem Gelände des Museums der Arbeit in Barmbek.

NACHLASS WARLICH

➡ www.nachlasswarlich.de
Digitales Archiv des Nachlasses von Tattoo-Ikone Christian Warlich, kuratiert von dem Kunsthistoriker Ole Wittmann und unterstützt von der Stiftung zur Förderung von Wissenschaft und Kultur. Ausstellung, Shop für Bücher (inkl. Vorlagen) u.a.

PODCAST

ZUERST WAR DIE HAUT

➡ zwdhpodcast.podigee.io
Tattoo-Podcast mit Oliver Plöger. Neue Folgen etwa einmal im Monat. Gespräche mit Tattookünstler*innen, nicht nur über Tattoos.

BILD-NACHWEIS

Aalhaus: 148, 161

Ajepbah: 121 (Billhorner Röhrendamm 4 (Hamburg-Rothenburgsort), CC BY-SA 3.0)

Robert Anders: 217 (NN 170524III, CC BY 2.0)

ANEK: 52

basic_sounds: 99 (DJ Koze, CC BY-SA 2.0)

Cathy Bernhardt: 221 (Tattoo von „Yobbo" Job de Quay auf Max Enzl)

Torben Bittner (Sammlung): 98 oben

Stephanie Bolwin: 178 unten

Stefan Brending: 96 (ARGO-Konzerte, Beck's Park Stage, Beginner, Jan Delay, Jan Philipp Eißeldt, Konzert, Livekonzert, Livemusik, Musik, RiP, Rock im Park 2017, CC BY-SA 4.0)

Juliane Breternitz: 176 (Foto)

Michael Brux: 84

Buback Tonträger: 104 (Logo)

Christian Bue: 189 (Hafenklang Entrance, CC BY-ND 2.0)

Steve Calabretta: 176 (Design)

Club Stellwerk Harburg: 111 (Flyer)

cohen+dobernigg: 139

Die Cigaretten: 90, 91

Nic Diedrich: 87

Frank Egel: 169

Nils Emde: 46 unten

Thomas Ertmer (www.facebook.com/th.ertmer): 218

Etamotess: 31 (Uebel und Gefährlich; Nacht- und Tanzclub, Veranstaltungsort für Konzerte etc. in Hamburg, Deutschland, CC BY-SA 4.0)

Filmgalerie 451: 127 oben

Freiheit & Roosen: 180

Pascal Fuhlbrügge: 78, 88, 92 (Flyer), 93

Oliver Gayck: 33

Corinne Giuliani (www.co-o-peration.com): 18 unten

Kevin Goonewardena: 6, 11, 12, 20, 21, 23, 30, 32, 35, 37 oben, 44, 45, 47, 48, 53, 54, 55, 60, 63, 64, 65, 66, 67, 69, 70, 71, 73 unten, 74, 75, 82, 83, 101, 103, 105, 106, 119, 122, 125, 152, 153, 154, 155, 156, 157, 158, 159, 160, 168, 170, 176, 178 oben, 196, 205, 207, 208, 210 oben, 211, 212, 213, 214, 216, 225 oben, 228, 229, 230, 231, 232/233, 234, 235, 236

Juha Hansen: 37 unten, 38

W. Hell: 198 (Straße „Schulterblatt" im Hamburger Schanzenviertel)

Hilka Nordhausen Archiv: 49, 50

Hinnerk11: 203 (Rote Flora (2021), CC BY-SA 4.0)

Huhu Uet: 86 (Hamburg-St. Pauli Molotow 01, CC BY-SA 2.0)

Infoladen Schwarzmarkt: 215

Jens Jordan: 85

J-Store: 137

Ute Kampmann: 9

Kass3tte: 94 (Astra Stube, CC BY-SA 2.0)

Michael Kellner: 43

Florian Kettner: 58 (Hamburg/OZ, CC BY-ND 2.0)

Heike Kölzer: 138 , 143

licht jäger: 129 (Wittenbergen, CC BY-SA 2.0)

mairisch Verlag: 145

Maison Blessing: 27 (Flyer Design)

marcwitzel: 123 (Grosse Freiheit 36, CC BY-SA 2.0)

Stefan Marx: 172 (Logo-Design)

MikaV: 108 (Dj Marius No.1 bei der Arbeit, CC BY-SA 4.0)

Nähschule St. Pauli/Rosi Bätz: 18 (Logo)

Martin Neumeyer: 124 (Manche hatten Krokodile, 2015, R: Christian Hornung)

Isabela Pacini (www.isabelapacini.de): 102

Michael Pfisterer: 40, 56

Photocapy: 61 (For it is written in the law of Moses.., CC BY-SA 2.0)

Carsten Pilch: 13

really nothing: 81 (Tocotronic #3, CC BY 2.0)

Michael B. Rehders: 175

Tim Reuscher: 19

Rock Kids e.V. St. Pauli: 15

Georg Roll (Tunnel Club): 26

Michael Ruff: 167

Ilse Ruppert: 192

Schmerse: 151 (Rainer Baumann im Pö, CC BY-SA 3.0)

Sabine Schwabroh: 182, 186, 188, 193, 194, 197

Selekta Records: 164, 174

Spade Tattoo: 227 unten (Logo)

Lena Storz: 179

Strips & Stories: 133, 141

sup3rnice: 72 unten (oz, CC BY-SA 2.0)

Axel Sylvester (FabLab St. Pauli): 16, 17

Rüdiger Trautsch: 24, 36

Manuela Trimborn: 112, 210 unten

txmx 2: 72 oben (OZ, CC BY 2.0)

UM: 202 (Hafenstraßen-Häuser an der Balduintreppe, April 1989, CC BY-SA 4.0)

Anna Unterstab: 46 oben

URBANISTER: 212 (Komm in die Gänge, CC BY 2.0)

Vaders.Dye: 225 unten, 226 oben

Mika Väisänen: 73 oben (Früher OZ Smiley auf einem Hamburger Straßenschild [1999] CC BY-SA 4.0), 98 (Samy Deluxe mit Tropf, Ben Kenobi, D-Flame im Studio in Hamburg 2002, CC BY-SA 4.0)

Viertelzimmer: 209 (Logo)

Jules Wenzel: 226 unten, 227 oben (Motive & Umsetzung)

Weser Label: 185

Wimox: 127 unten (alter Elbtunnel Hamburg, CC BY-SA 2.0)

Conny Winter: 173

X Filme Creative Pool GmbH (Produzent): 126, 128 ➡ Die DVD des Films „Absolute Giganten" ist über den Shop der X Verleih AG erhältlich: www.shop.x-verleih.de

Günter Zint (panfoto): 114, 118, 200

DANK

Für Elias – My Moon, My Man

Steffen Herrmann, Maren Schlierkamp, Jochen Schneider

Björn Warns, Boris Lauterbach, Dennis Albrecht (Dennis Albrecht Filmproduktion), Die Cigaretten, Frank Spilker, Jens Jordan, Malte von der Lancken ([sic]nal/Uebel & Gefährlich), Martin Vandreier, Nandor Olah (Club Stellwerk), Oliver Huntemann, Rick McPhail, Tobias Peper (Kunstverein Harburger Bahnhof)

Allen Fotograf*innen

Den Gästen der [sic]nal-Radioshow (DJ Stylewarz, Timo Blunck & Franziska Herrmann, Harre Kühnast, Pascal Fuhlbrügge, Andi Schmidt)

Dennis Sand, Manuela Trimborn